Videogame e violência

Salah H. Khaled Jr.

Videogame e violência
Cruzadas morais contra os jogos eletrônicos no Brasil e no mundo

1ª edição

Rio de Janeiro
2018

Copyright © Salah H. Khaled Jr., 2018

Design de capa: Anderson Junqueira

Imagens de capa: Andrey Popov/iStock e Natsco/iStock.

CIP-BRASIL. CATALOGAÇÃO NA PUBLICAÇÃO
SINDICATO NACIONAL DOS EDITORES DE LIVROS, RJ

K21v

Khaled Jr., Salah H.
 Videogame e violência: cruzadas morais contra os jogos eletrônicos no Brasil e no mundo/Salah H. Khaled Jr. – 1ª ed. – Rio de Janeiro: Civilização Brasileira, 2018.
 504 p.: il.; 23 cm.

 Inclui bibliografia
 ISBN 978-85-200-0989-5

 1. Comunicação de massa. 2. Fantasia na comunicação de massa. 3. Violência na comunicação de massa. 4. Criminologia. I. Título.

17-46578   CDU: 343.2

Direitos de edição da obra em língua portuguesa no Brasil adquiridos pela EDITORA CIVILIZAÇÃO BRASILEIRA. Todos os direitos reservados. Nenhuma parte desta obra pode ser apropriada e estocada em sistema de bancos de dados ou processo similar, em qualquer forma ou meio, seja eletrônico, de fotocópia, gravação etc., sem a permissão do detentor do copyright.

Texto revisado segundo o novo Acordo Ortográfico da Língua Portuguesa.

EDITORA CIVILIZAÇÃO BRASILEIRA
Um selo da
EDITORA JOSÉ OLYMPIO LTDA.
Rua Argentina, 171 – Rio de Janeiro, RJ – 20921-380 – Tel.: (21) 2585-2000.

Seja um leitor preferencial Record.
Cadastre-se e receba informações sobre
nossos lançamentos e nossas promoções.

Atendimento e venda direta ao leitor:
mdireto@record.com.br ou (21) 2585-2002.

Impresso no Brasil
2018

Shall we play a game?

– Joshua (*Jogos de guerra*, 1983)

Para minha filha, Martina.
Um imenso *backlog* de games nos aguarda.
Temos muito trabalho pela frente.

Sumário

Prelúdio: Videogame e violência   13

Fase 1. Pré-história: as primeiras cruzadas morais contra os jogos eletrônicos

As regras do jogo   25

Os empreendedores morais e as cruzadas contra as histórias em quadrinhos e o rock   32

Death Race *como esboço inicial do pânico moral: relato da gestação de uma cruzada contra os games*   40

Custer's Revenge *e* Chiller: *micróbios do discurso de ódio nos jogos eletrônicos*   71

Prenúncios de uma criminalização cultural futura: flertes iniciais com a temática do crime nos games   81

Mortal Kombat, Night Trap *e o surgimento da ESRB: entra em cena o segundo estágio do pânico moral*   86

Wolfenstein 3D *e* Doom: *o advento dos "simuladores de assassinato"?*   102

Os ventos do pânico moral chegam aos jogos de computador: o caso de Phantasmagoria   108

Carmageddon: *relato de uma epidemia mundial de pânico moral*   112

Fase 2. Tiros em Columbine e atentado no Morumbi Shopping: a consolidação do pânico moral

Doom e a tragédia de Columbine: a acentuação da
criminalização cultural e o advento do terceiro
estágio do pânico moral 127

Os atiradores nas escolas e sua motivação: o limitado
"lugar" dos games na discussão 154

Os músculos judiciais do pânico moral são flexionados:
o processo como campo de disputa de significado e
ritual de luto familiar 162

Duke Nukem 3D e o atentado no Morumbi Shopping:
o pânico moral avança no Brasil 170

O ativismo judicial a serviço da criminalização cultural:
o banimento de Duke Nukem 3D, Doom,
Mortal Kombat, Requiem, Blood e Postal 173

A recepção do pânico moral pelo Legislativo: os projetos
de lei que criminalizam os games no Brasil 183

Fase 3. A mercantilização do crime e a virtualidade real da guerra: matéria-prima para a circularidade cultural do pânico moral?

O crime como mercadoria e o marketing da transgressão:
o pânico moral adquire uma nova dimensão 197

Grand Theft Auto: a liberdade e a ruptura com o tédio
da vida contemporânea 207

A criminalização cultural e a manufatura intencional
do pânico: uma nova derivação do pânico moral 220

Criminalidade digital e violência real: algumas
considerações com base nas profecias que se
autorrealizam e na teoria da associação diferencial 231

Manhunt e o caso Warren Leblanc 248

A criminalização cultural de Bully e sua proibição
no Brasil 253

O *banimento de* The Crims   259

Counter-Strike *e os massacres de Virginia Tech e*
Northern Illinois: a escalada do pânico moral e a
proibição do jogo no Brasil   262

Call of Duty: *guerras virtuais, pânicos propositais e*
atentados reais na Rússia, Holanda e Noruega   277

A *virtualidade da guerra e a realidade da virtualidade:*
os casos de Kuma\War, America's Army, Under Ash,
Under Siege *e* Special Forces   288

Quando a fronteira entre o virtual e o real é borrada:
Medal of Honor *e* Six Days in Fallujah   292

"*Não atire nos civis": para a Cruz Vermelha, a*
jogabilidade de games militares deve aderir a leis
internacionais sobre conflitos armados   298

Fase 4. O lado negro da força: quando os discursos de ódio se
hospedam nos games

A utilização dos games como veículos para a disseminação
de ódio   311

RapeLay: *o jogo de estupro digital*   313

Plataformas virtuais de manifestação de ódio ao
diferente: os casos de Postal, Ethnic Cleansing,
Left Behind: Eternal Forces *e* Muslim Massacre:
The Game of Modern Religious Genocide   315

JFK Reloaded: *o verdadeiro simulador de assassinato?*   322

Jogos baseados em massacres escolares: Super
Columbine Massacre RPG!, V-Tech Rampage *e*
School Shooter: North American Tour 2012   324

Hatred: *o próximo estágio dos games estruturados*
em torno de massacres?   331

Fase 5. Videogame, agressividade e dessensibilização: verdade ou ilusão?

Os jogadores e o que está em disputa neste jogo: panorama
inicial da questão 337

O General Aggression Model *e a hipótese de causação: os
games violentos provocam agressividade e
dessensibilização?* 340

*Molhos picantes e disparos sonoros em adversários
inexistentes: finalmente a comprovação científica
da relação de causa e efeito?* 344

*Desconstrução das pesquisas que sustentam a relação
de causa e efeito: colocando* o General Aggression
Model *e seus resultados em questão* 359

Fase 6. A batalha decisiva e o contra-ataque dos empreendedores morais

O veredito da Suprema Corte dos Estados Unidos: estado da
Califórnia (Edmund G. Brown, governador) *versus* The
Entertainment Merchants Association e Entertainment
Software Association 395

*O massacre na escola de Sandy Hook e o reaparecimento
do pânico moral* 409

*O atentado na base naval de Washington: causa para que
os gamers sejam submetidos a monitoramento estatal?* 417

O massacre de Realengo 422

O caso Pesseghini e a criminalização cultural de
Assassin's Creed 426

O pânico persiste. Até quando? 448

Epílogo
Em defesa de uma inigualável experiência do impossível 459

Agradecimentos 463
Créditos finais 465

Prelúdio

Videogame e violência

Praticamente todo livro que investiga um problema relativo aos games começa com uma espécie de justificativa. É preciso explicar por que o autor optou ou não pelo contato direto com seu objeto de pesquisa. Em outras palavras, ele jogou games extensivamente como parte do processo de reunião de subsídios para a elaboração da obra em questão? Participou, mesmo que apenas por alguns momentos, do universo gamer, compartilhando experiências com jogadores? Como justificar perante o leitor a opção escolhida, seja ela pela imersão direta, seja pelo distanciamento científico, que supostamente garantiria a objetividade necessária para uma análise imparcial?

Confesso que para mim isso não representa um problema. Não aborrecerei o leitor com uma extensa exposição sobre os méritos da opção analítica escolhida. Não preciso me preocupar com justificativas por um motivo muito simples: não tive alternativa. Os games me acompanharam durante praticamente toda a vida. Sou Doutor em Ciências Criminais, pesquisador e professor universitário, e gamer há mais de trinta anos. Não observo a tribo com um olhar estrangeiro, pois faço parte da subcultura gamer. Assumo essa condição sem reservas, deixando claro de que lugar de fala parte meu horizonte compreensivo e efetivamente colocando as cartas na mesa antes que o jogo sequer comece.

Não acredito que essa condição comprometa a objetividade da análise que aqui desenvolvo. Pelo contrário, ela permite que a relação entre videogame e violência seja abordada de forma qualificada, conectando dois universos distintos (jogos eletrônicos e criminologia) sem que noções típicas do senso comum, como a de que games são apenas para crianças ou adolescentes, interfiram na apreciação da temática em questão. Inclusive não vejo como seria possível que alguém que não conheça a fundo os games possa escrever com autoridade sobre eles. Uma análise assim sem dúvida soaria oportunista para o leitor, que facilmente identificaria essa flagrante falta de familiaridade. Essa é uma crítica que não poderá ser levantada contra a obra, embora muitas com certeza virão, em especial por parte de quem sucumbiu ao discurso sobre o tema que é disseminado pela imprensa, ou que porventura dê crédito a pesquisas cuja credibilidade científica é muito questionável.

Esclarecida essa questão, posso apresentar a obra, que discute a conexão entre videogame e violência com base em dois vetores: a suposta *relação de causa e efeito* e a disseminação do *pânico moral*. Minha posição quanto ao tema é clara e vou deixá-la explícita desde o princípio: não há nenhuma evidência concreta de que jogos eletrônicos provocam violência, ou seja, de que existe uma relação de causa e efeito entre videogame e violência. A suposta conexão entre games e violência não é mais que um discurso produzido pela imprensa, recepcionado por políticos e grupos de pressão e, de certo modo, "certificado como verdadeiro" por alguns pesquisadores, cujo resultado conduz à criminalização cultural dos games, e também dos criadores e dos jogadores. Trata-se de um complexo processo de difusão de pânico moral por reacionários culturais.

Esse tema é de particular interesse para o leitor brasileiro. Não só porque o Brasil é o quarto maior mercado consumidor de games do mundo, como pelo fato de que recentemente um episódio de pânico moral de grandes proporções foi desencadeado no país: a criminalização cultural do jogo *Assassin's Creed*, com base em seus supostos efeitos criminógenos, no caso Pesseghini. Mas existe outro fator que merece ainda mais atenção: em fevereiro de 2015 foi desarquivado o projeto de lei 1.654/1996, de autoria do deputado Herculano Anghinetti (PPB/MG). Seu objetivo é nada menos que proibir a "fabricação, importação e comercialização de jogos eletrônicos e programas de computador de

VIDEOGAME E VIOLÊNCIA

conteúdo obsceno ou violento". O argumento empregado é de que jogos violentos conformam "indução à violência ou ao crime" e há previsão de detenção de seis meses a dois anos para quem praticar as condutas referidas. O projeto não traz uma definição objetiva do que consistiria conteúdo violento: apenas fala genericamente em situações de violência, simulação de agressão e uso de armas de fogo nos games. O projeto de lei em questão representa uma ameaça concreta de banimento de séries consolidadas como *Grand Theft Auto, Call of Duty, Battlefield, Halo, Gears of War, Assassin's Creed* e inúmeros outros games indicados para o público adulto.

É evidente que o conteúdo do projeto é criminalizante e ataca diretamente o direito fundamental de liberdade de expressão artística. Como se isso não bastasse, no fim de 2016 o então ministro da Justiça do governo Dilma Rousseff, José Eduardo Cardozo, chegou a declarar que a "apologia à violência" nos games alimenta a criminalidade. Tudo parece indicar que uma grande cruzada contra os games pode estar sendo preparada pelos autointitulados gestores da moral alheia, e a discussão que desenvolvo aqui é de extrema importância para um debate que certamente virá: o deputado federal Jair Bolsonaro e seu filho, Eduardo Bolsonaro, também se manifestaram publicamente contra os ditos "jogos violentos".

Como o leitor terá oportunidade de conhecer, foram três as grandes ondas de pânico moral que atingiram os games no Brasil: a primeira delas foi deflagrada com a proibição de *Carmageddon* e o posterior banimento de vários games em razão do atentado protagonizado por Mateus da Costa Meira, no cinema do Morumbi Shopping; a segunda é produto do ativismo judicial que proibiu *Bully, The Crims, Counter-Strike* e *EverQuest*; por fim, a terceira onda foi produto da criminalização cultural dos games promovida pela imprensa em virtude da abordagem irresponsável do Massacre de Realengo e do Caso Pesseghini.

Nesse sentido, você encontrará neste livro uma análise que enfrenta e desconstrói as duas facetas do discurso moralista que condena os games: o ciclo vital de disseminação do pânico moral sobre videogame e violência e as pesquisas que indicam que agressividade e dessensibilização são efeitos decorrentes dos jogos violentos e, com isso, reforçam de modo argumentativo as guerras culturais contra a indústria dos games. Como o leitor certamente percebeu, a obra é escrita por um autor engajado e o tom é de denúncia contra a criminalização simbólica dos games, criadores e gamers. Não são poucos os motivos para resistir: como o leitor terá a oportunidade de constatar, os games foram considerados indiretamente responsáveis pelos três maiores massacres em escolas da história dos Estados Unidos. A abordagem utilizada pela imprensa nos atentados de Columbine, Virginia Tech, Sandy Hook e no Massacre de Realengo demonstra de forma impactante quanto é perigoso o discurso irresponsável que criminaliza os games.

O somatório de cobertura jornalística e pesquisa acadêmica conforma uma problemática convergência de interesses que dissemina em conjunto o discurso que relaciona videogame e violência, difundindo pânico moral. Trata-se de um fenômeno complexo e que exige uma análise aprofundada para que sua compreensão seja minimamente qualificada. O ciclo vital do pânico moral contempla vários estágios, uma vez que o formato do pânico em torno dos games sofreu alterações significativas durante cinco décadas de história.

Ao longo da obra você descobrirá como o pânico moral em torno dos games surgiu na segunda metade dos anos 1970 e se disseminou nas décadas seguintes, bem como terá contato com inúmeros casos nos quais a relação de causa e efeito entre videogame e violência foi suscitada pela imprensa, por meio de uma irresponsável atribuição de rótulos. Não é por acaso que no senso comum predomina a ideia de que videogame e violência mantêm uma relação de afinidade: isso em grande medida pode ser explicado pela cobertura jornalística e por uma série de casos nos quais se afirmou a existência dessa relação. A insistência nessa hipótese desafia as premissas mais básicas da racionalidade e é digna de uma desconstrução que efetivamente revele como se reproduz de modo contínuo o ciclo vital do pânico moral em torno dos games.

As razões que fizeram com que a crença na relação de causa e efeito entre videogame e violência se tornasse dominante principalmente nos Estados Unidos, mas também no Brasil, compõem boa parte da pro-

VIDEOGAME E VIOLÊNCIA

blemática deste livro, que não se restringe à desconstrução da conexão entre videogame e violência, uma vez que o tema é complexo e abrange muitos fatores.

Nesse sentido, não é somente a alegada relação entre videogame e violência que interessa, mas também o discurso que se forma a partir da exploração dessa possível conexão, de modo que também é preciso abordar o histórico da questão e a maneira com que ela foi respondida por diversos atores sociais em inúmeros casos emblemáticos de violência.

Muitos interesses gravitam em torno do discurso sobre os supostos efeitos nocivos dos games: advogados ativistas em busca de projeção, pesquisadores desejosos de reconhecimento acadêmico e verbas, organizações religiosas e conservadoras, pacifistas iludidos, lobby de setores contrários ao aumento do controle sobre a venda de armas e, principalmente, a imprensa, como discutirei em detalhes mais adiante.

Mas as coisas não são tão simples quanto uma leitura inicial pode sugerir. Não se trata de um simples confronto entre o bem e o mal. O leitor perceberá que diversas vezes a polêmica não só beneficiou as produtoras de games, como elas mesmas a procuraram deliberadamente em busca de publicidade e credibilidade junto ao público gamer. Este é um elemento importante para a compreensão efetiva dos pânicos morais contemporâneos que envolvem os games. A questão sem dúvida é mais complexa do que pode aparentar inicialmente.

As controvérsias em torno dos jogos eletrônicos violentos se confundem com a própria história dos games. A partir do final da década de 1990, os games alcançaram em definitivo as páginas dos grandes jornais, particularmente os norte-americanos. A cobertura jornalística conferiu, de maneira deliberada, um sentido peculiar a inúmeras tragédias: o elemento central das reportagens rotineiramente consistiu na responsabilidade atribuída a um autor desequilibrado no aspecto mental, e o fator determinante da perturbação teria sido um jogo eletrônico violento. Tornou-se cada vez mais comum relacionar videogame e violência, como se a violência pudesse ser considerada consequência direta da influência de jogos eletrônicos, particularmente – mas não exclusivamente – em jovens. Dentre todos os fatores possíveis, a suposta relação de causa e efeito sempre foi eleita como objeto de predileção e destaque em reportagens repletas de argumentos sensacionalistas.

Em muitos casos a crença é tão forte que a cobertura jornalística imediatamente destaca os efeitos maléficos dos games como elemento central de dada tragédia, apesar de o fato de o agressor jogar videogame ser apenas um elemento dentro de sua história de vida e do contexto de um episódio complexo de violência.

O resultado da insistência nessa abordagem é visível: para muitas pessoas, os games são motivo de desconfiança e devem ser combatidos implacavelmente. O fato de esses juízos morais não estarem embasados em qualquer elemento comprovável pouco parece importar para os adeptos dessa linha de pensamento: os games devem ser objeto de veemente repúdio, como outrora foram as histórias em quadrinhos nos anos 1950 ou as letras de músicas de muitas bandas e artistas da década de 1980.

Ainda que posteriormente a suposta relação de causa e efeito tenha permanecido indeterminada ou explicada de forma insatisfatória, sempre persistiu na imprensa, com raras exceções, a ideia de que existe um vínculo entre videogame e violência, mesmo que jamais tenha sido aceito nos tribunais, pelo menos nos Estados Unidos, berço da controvérsia em questão.

Nesse sentido, a história das polêmicas em torno da relação entre videogame e violência é também, em boa medida, uma história de disputas judiciais. Advogados moveram ações milionárias contra a indústria dos games, sem alcançar nenhum sucesso: inúmeras sentenças rejeitaram por completo qualquer vínculo entre violência virtual e violência real.

Como será visto ao longo desta obra, os juízes dos casos em questão atentaram estritamente para os fatos e perceberam que o suposto vínculo não passa de mera especulação, não preenchendo os requisitos necessários para reconhecimento judicial de qualquer responsabilidade dos desenvolvedores. Discutirei como essa diferença de apreciação guarda relação com o alto grau de exigência probatória das práticas judiciais, algo que as diferencia claramente dos critérios empregados pelos jornalistas para definir o que é ou não aceito como verdadeiro.

Por outro lado, juízes proibiram jogos no Brasil e emitiram sentenças repletas de valores morais, sem qualquer embasamento que de fato com-

VIDEOGAME E VIOLÊNCIA

provasse o prejuízo que os games supostamente poderiam causar para a sociedade e, em especial, para o desenvolvimento sadio de crianças e adolescentes.

Mas o sensacionalismo e os discursos apaixonados de combate aos efeitos nefastos dos games não se restringem ao âmbito da imprensa e do judiciário. Políticos americanos e britânicos sucumbiram ao pânico moral e tornaram-se notórios por suas posições contrárias aos games: diversas vezes defenderam a censura e o banimento de jogos eletrônicos, considerando insuficientes os sistemas de classificação etária estabelecidos por órgãos oficiais e pela própria indústria dos games. No Brasil não é diferente: tramitam inúmeros projetos de lei que refletem as concepções morais de seus autores, que, inadvertidamente ou não, estão se arvorando no papel de censores culturais.

Como se isso já não fosse surpreendente, para muitos policiais parece não haver dúvida de que os games têm efeitos criminógenos, ou seja, de que estimulam a criminalidade. Policiais ingleses e americanos muitas vezes condenaram o que chamam de apologia da violência nos games e literalmente afirmaram que eles induzem jovens ao cometimento de crimes.

Tudo isso faz com que a relação entre videogame e violência represente um objeto privilegiado de estudo para a Criminologia, uma vez que é a ciência ou o saber que por excelência estuda a criminalidade e os discursos sobre ela: integram seu objeto de análise o autor, a vítima, o delito e a maneira como se atribui social e juridicamente esse status, além da reação social e jurídica à criminalidade; a criminalização simbólica de formas de cultura; bem como a linguagem sobre o crime e a criminalidade nas mais variadas instâncias, ou seja, no pensamento científico, na política, na imprensa e – por que não? – nos games e sobre os games. Nesse sentido, a compreensão da percepção veiculada pela cobertura jornalística a respeito dos jogos eletrônicos e de sua conexão com a violência real certamente pode se beneficiar de uma análise de viés criminológico. Essa justificativa ganha ainda mais força quando se percebe que o *contradiscurso* que desenvolvo na obra é voltado contra nada mais nada menos do que a criminalização cultural dos games, criadores e gamers, e contra isso é preciso esboçar uma resistência intelectual no âmbito de uma Criminologia abertamente engajada.

Mas, antes que se tenha uma expectativa equivocada em relação ao livro, é preciso dizer que não tenho aqui qualquer pretensão de desenvolver uma teoria criminológica sobre a questão, que aborde o tema de maneira exaustiva e estritamente acadêmica. Minha intenção consiste em investigar a relação entre videogame e violência como discurso produzido por inúmeros atores sociais, mas de forma acessível a todos os interessados no assunto, mesmo que não tenham familiaridade com a abordagem da Criminologia. Este não é um livro estritamente acadêmico, e seria equivocado julgá-lo como tal ou nutrir expectativas nesse sentido. Isso não impede que alguém que tenha familiaridade com a Criminologia identifique com maior facilidade certas questões do que um leitor leigo. Mas não é um livro dirigido a criminologistas ou a estudantes dessa área do conhecimento. Eu me empenhei em resistir a essa tentação, e em muitas oportunidades propositalmente procurei ser o mais claro possível, mesmo que para isso as convenções acadêmicas fossem deixadas de lado. Espero que tenha sido bem-sucedido na tarefa. Caso não tenha, não foi por falta de tentativa. O juízo sobre a acessibilidade do livro será do público leitor. Penso que é uma obra para quem gosta ou ao menos tem interesse em videogame e, logo, despreza o processo de criminalização dos games, como também é um livro para quem possa ter interesse nos efeitos que jogos violentos podem ter no comportamento das pessoas. Não é um estudo dirigido a pais preocupados com o que os filhos jogam. Não foi escrito com essa intenção, ainda que o contato com a discussão que desenvolvo aqui possa ajudar nessa tarefa, como um desejável efeito colateral.

Como observei anteriormente, a análise não está restrita ao discurso jornalístico: hipóteses científicas de aumento de agressividade e *dessensibilização* foram desenvolvidas por inúmeros pesquisadores. Carreiras acadêmicas foram construídas e polpudas verbas governamentais e não governamentais foram e continuam sendo concedidas para autores de pesquisas que partem de pressupostos que são no mínimo muito questionáveis, tanto no que diz respeito à metodologia empregada quanto aos resultados produzidos. É comum que convicções morais recebam verniz científico para ganhar aparência de verdade, configurando uma

VIDEOGAME E VIOLÊNCIA

relação promíscua de troca entre a academia e os moralistas de plantão que fazem da imprensa veículo para divulgação de seus pontos de vista. O leitor não encontrará aqui qualquer concordância com esses juízos morais ou devaneios cientificistas.

Uma parcela da comunidade científica municia os argumentos contrários aos games com uma espécie de legitimidade que somente estudos científicos podem reivindicar. Muitos ainda pensam que ciência e verdade são equivalentes, ou que a ciência é um meio para a revelação da verdade. Colocam a ciência no topo do edifício do saber, conferindo a ela capacidades sobrenaturais para a promoção de milagres. Como acadêmico, tenho profunda desconfiança das "verdades" produzidas por uma concepção superada de ciência, que adota o que já foi chamado de paradigma simplificador.

Nesse sentido, posso afirmar, como já o fiz em outros escritos, que me posiciono como herege diante dessas crenças infundadas, me propondo a profaná-las. O esforço de profanação pode ser compreendido como intenção de desmascarar mitos que são aceitos como se fossem realidade, ainda que não passem de mera fantasia.

No entanto, mesmo um discurso falso pode produzir resultados assombrosos na realidade, como bem sabem os próprios gamers, que muitas vezes acabam sendo objeto de reservas e discriminação.

Nesta obra o leitor encontrará um espírito de desconfiança acerca da ciência ou, para ser mais claro, *de certo tipo de ciência*, que desconsidera a complexidade da realidade: as pesquisas sobre o tema não atingiram qualquer resultado universalmente aceito, não sendo possível falar em consenso e muito menos em uma "verdade" sobre o tema.

De um lado, pesquisadores afirmam que jogos violentos provocam agressividade e dessensibilização. Embora não sustentem que há uma relação direta de causa e efeito, argumentam que definitivamente existe um incremento nos níveis de agressividade dos indivíduos que jogam games violentos e que eles perdem boa parte de sua sensibilidade diante da violência. De outro lado, um grupo de pesquisadores defende que as pesquisas que apontam aumento nos níveis de agressividade apresentam falhas metodológicas e não são capazes de apontar com segurança nenhuma relação causal entre os games e os níveis de agressão, quem dirá perda de sensibilidade diante da violência real. Para eles, não há nenhum motivo para crer que os jogos eletrônicos tenham qualquer capacidade para motivar atos de violência, o que soa muito mais convincente do que a hipótese contrária. No entanto, rotineiramente apenas uma faceta das pesquisas é divulgada pela imprensa: justamente a que coincide com a hipótese de causação por ela insistentemente veiculada.

Mas não tenha uma impressão equivocada: não me contento apenas em reproduzir as investigações realizadas por outros pesquisadores. A rejeição da suposta relação de causa e efeito será sustentada aqui a partir de um horizonte compreensivo muito peculiar, dado por minha formação acadêmica no âmbito da Criminologia, do Direito e da História, o que faz com que o estudo apresentado aqui seja fundamentalmente inédito. E isso não diz respeito somente ao referencial teórico: também guarda relação com o extensivo emprego de fontes de pesquisa, que incluiu a grande imprensa e também a especializada em games. Afinal, se o objeto do livro consiste no discurso de causa e efeito entre videogame e violência, nada mais apropriado do que apreciar esse discurso nos campos político, científico, judicial e jornalístico, o que obviamente deve incluir os veículos dedicados à cobertura de jogos eletrônicos, assim como as falas dos designers e representantes da indústria dos games. É preciso examinar a forma como se desenvolvem e se inter-relacionam os discursos sobre videogame e violência, e isso impõe uma análise abrangente.

No entanto, é evidente que este livro não pretende esgotar um tema tão complexo. A humildade é uma exigência prévia para quem dialoga com um objeto tão rico. A intenção é bem mais modesta: apresentar a questão ao leitor brasileiro – gamer ou não gamer –, tornando possível que ele faça um juízo sobre a relação entre videogame e violência, que não precisa necessariamente se ajustar ao ponto de vista sustentado nesta obra, mas que deve ser qualificado por uma pesquisa séria, que não compartilha do sensacionalismo que costuma predominar na cobertura da imprensa sobre o tema. Explorarei um conjunto de jogos e casos, procurando situar o leitor na questão e abrindo espaço para que chegue às suas próprias conclusões, mesmo que não coincidam necessariamente com as minhas.

VIDEOGAME E VIOLÊNCIA

Por fim, esclareço que o que proponho não é de modo algum uma história exaustiva dos games violentos e dos casos nos quais eles foram implicados, ainda que seja suficientemente abrangente para satisfazer minha formação como historiador. Creio que consegui compilar uma seleção compreensiva dos games, das tragédias a eles relacionadas e do desenvolvimento de discursos sobre o tema no âmbito da imprensa, da política, do sistema judicial e da academia. Videogame e violência desfrutam, em alguma medida, de uma relação de proximidade, uma vez que são inúmeros os jogos com uma dinâmica que pode ser tida como violenta. A própria origem dos games nos sistemas de simulação militar da Guerra Fria não pode ser negada, assim como o fato de que o *joystick* foi desenvolvido para finalidades militares na primeira metade do século XX. Por uma questão de objeto de pesquisa, é evidente que o foco estará direcionado para os jogos com conotação violenta, uma vez que o que me interessa é a suposta relação de causa e efeito entre eles e a violência real. Mas os games têm uma diversidade de conteúdo tão grande quanto a de outras formas de entretenimento, como os filmes, os seriados e os livros. Não há dúvida de que a maioria dos games sequer pode ser considerada violenta, a não ser que o critério de violência se estenda ao de um desenho animado, um nível que considero irrelevante para os fins desta análise.

Espero que goste da obra. Que os jogos comecem. Boa leitura!

Salah H. Khaled Jr.
Verão de 2018

Fase 1. Pré-história: as primeiras cruzadas morais contra os jogos eletrônicos

As regras do jogo

Começo com algumas definições importantes.

Em primeiro lugar, como o leitor certamente percebeu pelo título da obra, optei por utilizar a forma *videogame*, empregada pelo *Dicionário Houaiss da língua portuguesa*, e não *vídeo game*, como figura no *Novo Dicionário Aurélio da língua portuguesa*. Apesar de ser uma inovação inusitada do original em inglês (*video game*), o termo videogame está consolidado no vocabulário dos brasileiros, motivo pelo qual se justifica seu emprego.

No entanto, isso não basta para esclarecer inteiramente seu sentido, já que videogame é coloquialmente o nome dado ao console de videogame no Brasil e não aos jogos, que costumam ser chamados apenas de games, ao passo que no original em inglês *video game* designa o jogo eletrônico em si mesmo. Em outras palavras, quando um brasileiro diz que "comprou um videogame", isso significa que adquiriu um console – como o Playstation 4, por exemplo – e não um jogo, como *Grand Theft Auto*.

A expressão videogame também é usada em referência ao universo dos games em sentido amplo, como no título do livro que você tem em mãos. Nesse sentido, quem gosta de videogame é adepto e entusiasta do universo dos jogos eletrônicos: um gamer.

Seguirei a nomenclatura com que os brasileiros estão familiarizados, referindo os jogos eletrônicos como games, os jogadores como gamers e o console de videogame como o sistema para o qual os jogos foram feitos (com a óbvia exceção dos jogos desenvolvidos para computadores).

Em segundo lugar, para efeito do que discuto nesta obra, uma definição bastante simples e restritiva de violência basta, visto que é basicamente em torno dela que transitam os debates sobre o entretenimento interativo e seus possíveis efeitos: *violência é o dano físico deliberado (doloso, ou seja, intencional) causado a pessoas, animais ou propriedade pública e privada, ou dito de outra forma, contra a vida, a integridade física e o patrimônio.* Definições semelhantes são empregadas nos estudos que problematizam a suposta conexão entre videogame e violência: Olson e Kutner conceituam violência como "uma pessoa ou coisa é fisicamente atacada com intenção de ferir ou danificar".[1]

Dito de modo simples, o que está em questão aqui é se os games causam essa espécie de violência e fazem com que os gamers percam a sensibilidade a ela ou não. Como deixei claro no prelúdio, penso que não: não há nenhuma evidência concreta de que a tão suscitada relação de causa e efeito entre videogame e violência tenha validade, ainda que existam pesquisas científicas que sugerem a existência dessa conexão, indicando que os games provocam aumentos nos níveis de agressividade e dessensibilização.

Esta é a hipótese inicial da qual eu parto e que será testada ao longo do livro.[2] E para isso, como referi na introdução, creio que minha condição de gamer contribui de forma significativa. Como disse Becker, "particularmente, me parece que, uma vez que o objeto de pesquisa da sociologia é a vida social na qual estamos todos envolvidos, a capacidade de fazer uso imaginativo da experiência pessoal e a própria experiência pessoal de alguém serão contribuições importantes para a capacitação técnica dessa pessoa".[3]

VIDEOGAME E VIOLÊNCIA

O autor aponta para o risco de que pesquisadores alimentem hipóteses patentemente falsas sobre outros grupos sociais por falta de contato com membros desses grupos e, portanto, que nutram noções esdrúxulas acerca deles.[4]

Penso que isso é suficiente para justificar teoricamente meu lugar de fala como pesquisador engajado do tema. Como observa Ferrell, "a análise da relação entre crime e cultura não é um mero exercício intelectual abstrato; é, antes de tudo, um exercício de cidadania engajada e ativismo informado".[5]

Em terceiro lugar, tenho uma última questão metodológica a enfrentar: muitos dos autores que utilizei nesta obra não escreveram especificamente sobre os games, ou escreveram muito pouco sobre eles, como é o caso dos que transitam no âmbito da chamada Criminologia Cultural. Isso significa que um extenso processo de "apropriação criativa" foi usado na elaboração deste livro. Trata-se de um método que empreguei na minha tese de doutorado em Ciências Criminais, que discutiu a questão da verdade no processo penal a partir de uma linguagem interdisciplinar e foi muito bem recebida no mercado e no meio acadêmico.[6]

Por outro lado, existem pessoas que têm uma relação de fidelidade tão grande com certos autores e doutrinas que qualquer reimaginação criativa do que eles propõem soa como heresia. Como não me contento em simplesmente reproduzir o "já dito", é possível que o texto cause algum dissabor a leitores com essas características. Espero que não seja o seu caso.

Em quarto lugar, talvez o leitor tenha percebido que no prelúdio eu evitei usar a palavra "mídia" e empreguei no lugar dela "imprensa". O motivo dessa opção inicial é a necessidade de definir o significado de "mídia" para efeito deste livro antes de utilizá-lo, para evitar futuras incompreensões. No Brasil, é comum que o termo "mídia" seja empregado quase que como sinônimo de jornais e revistas, como meios de comunicação social, seja na forma impressa ou digital. Fala-se, assim, em "grande mídia" e até em "mídia alternativa". Utilizarei a expressão "grande mídia" com esse sentido na obra. Mas a expressão "mídia" é muito mais rica. O *Dicionário Houaiss da língua portuguesa* traz a seguinte definição: "Todo suporte de difusão da informação que constitui um meio intermediário de expressão capaz de transmitir mensagens; meio de comunicação social de massas não diretamente interpessoais tais quais as conversas, diálogos públicos e privados. Abrange esses meios o rádio, o cinema, a televisão, a escrita impressa (manuscrito no passado), em livros, revistas, boletins, jornais, o computador, o videocassete ou videogame, os satélites de comunicação e, de um modo geral, os meios eletrônicos e telemáticos de comunicação em que incluem também as diversas telefonias..."

Portanto, o videogame também é mídia: um suporte de difusão de informação que constitui um meio intermediário de expressão capaz de transmitir mensagens. Nesse sentido, quando se fala em relação de causa e efeito entre videogame e violência, o que está sendo dito é que a mensagem mediada por um game para o jogador de algum modo o estimula à prática de atos violentos no sentido que referi anteriormente: danos intencionais a pessoas, animais ou patrimônio.

A versão científica da relação de causa e efeito certamente é mais sutil: sustenta que a informação mediada pelos games provoca aumento nos níveis de agressividade e dessensibilização, sem dizer pura e simplesmente que causa violência diretamente, como discutirei a seu tempo.

Como referi no prelúdio, a hipótese de causação tem sido sustentada com insistência pela grande mídia nas últimas décadas, conformando um cenário de contínua instalação e reiteração de pânico moral sobre os games no público em geral. Trata-se de um processo extensivo de criminalização de uma forma de expressão artística, o que atinge obras, criadores e consumidores, ainda que não com a mesma intensidade.

De particular importância nesse sentido é a contribuição da Criminologia Cultural para o debate. Ferrell discute a noção de "cultura como crime", que indica a reconstrução discursiva de um empreendimento cultural como empreendimento criminal, por exemplo, a criminalização de produtores culturais por meio de canais midiáticos e legais. Ferrell aponta que bandas de heavy metal e punk, assim como as respectivas gravadoras, distribuidoras e os lojistas, enfrentaram acusações de obsce-

VIDEOGAME E VIOLÊNCIA

nidade, processos civis e criminais, batidas policiais e interferência das autoridades em shows. Artistas, produtores, distribuidores e lojistas de rap e "gangsta rap" enfrentaram prisões, condenações por obscenidade, confisco legal de álbuns, protestos públicos, boicotes, audiências públicas organizadas por políticos e policiais e contínuas campanhas da grande mídia e processos nos quais foram acusados de promover – e até mesmo de causar diretamente – crime e delinquência.[7] Como observa Oxley da Rocha, produtores culturais "nunca estão livres de terem seus produtos redefinidos como criminosos, e serem, conforme a época, acusados de disseminar obscenidades, pornografia, violência, estimulando o comportamento social criminoso, influenciando, especialmente os jovens, a cometer estupros, consumir drogas, cometer assaltos, homicídios ou suicídios, ou, ainda, a cometer crimes copiando ou imitando os conteúdos disseminados pela mídia".[8]

Penso que dois casos ajudam a ilustrar o fenômeno em questão. Eles foram relatados com luzes sensacionalistas por inúmeros tabloides que deram crédito a discursos infundados de causa e efeito e contribuíram – inadvertidamente ou não – para a criminalização cultural das músicas e dos criadores referidos a seguir.

Embora não tenha sido um processo criminal, destaca-se o julgamento da banda Judas Priest, em 1990. O processo foi movido pelas famílias de James Vance e Raymond Belknap. Em 1985 os rapazes, de 20 e 18 anos, respectivamente, se dirigiram a uma igreja em Sparks, Nevada, nos Estados Unidos, após terem passado horas bebendo cerveja, fumando maconha e supostamente ouvindo Judas Priest. O objetivo deles era o suicídio, e utilizaram uma espingarda para essa finalidade. Belknap morreu na hora, após colocar a arma sob o queixo e disparar. Vance sobreviveu, mas sofreu inúmeras lesões. O rapaz faleceu três anos após o pacto de suicídio. A alegação de causação tinha como base a suposta existência de uma mensagem subliminar na canção "Better by you, better than me", do álbum *Stained Class*, de 1978. Ela supostamente teria provocado o suicídio dos rapazes, e o processo tinha como base justamente a alegação dessa relação de causa e efeito.

O julgamento durou dois meses. As partes concordaram em não submeter o caso ao júri. A decisão do magistrado singular apontou que não havia evidência de mensagens subliminares na música, inocentando os membros da banda e sua gravadora, a CBS.[9]

Uma das testemunhas de defesa, o Dr. Timothy E. Moore, escreveu um artigo detalhando o julgamento. Ele foi incisivo: "Não existe e nunca existiu evidência empírica de que a estimulação subliminar pode produzir mais do que breves e inconsequentes reações."[10]

Ozzy Osbourne também enfrentou processos semelhantes. Em 1984, o adolescente John McCollum cometeu suicídio enquanto ouvia "Suicide Solution", do álbum *Blizzard of Ozz*, de 1980. A música discute os perigos do abuso do álcool. A morte do rapaz fez com que surgissem acusações de induzimento contra Ozzy. Apesar de saber que o filho sofria de depressão, os pais processaram o artista, sustentando que a letra da música teria motivado o suicídio. O advogado da família chegou a sugerir que Ozzy fosse processado criminalmente por encorajar o ato de John. Osbourne insistiu que a mensagem da música era contra o suicídio. O julgamento o favoreceu: nenhuma conexão foi encontrada entre a canção e a morte do rapaz.[11]

Ele foi processado outra vez pela mesma razão em 1991 pelos pais de Michael Waller, que pediram nove milhões de dólares de indenização. Mas o julgamento novamente favoreceu Ozzy. Em sede de apelação, a Suprema Corte dos Estados Unidos decidiu que os direitos de liberdade de expressão protegiam Ozzy contra processos que alegassem que sua música encorajava o suicídio.[12]

De modo mais amplo, muitos programas de televisão, filmes e desenhos animados tornaram-se alvos de campanhas públicas que alegam que eles incitam delinquência, provocam crimes "por imitação" e servem como forças criminógenas, ou seja, impulsionadoras da criminalidade.[13]

Como o leitor terá oportunidade de ver, incontáveis processos judiciais dessa natureza foram movidos contra a indústria dos games.

O processo de criminalização de formas e criadores de cultura é gestado pela grande mídia. Com base nele, advogados, policiais, líderes religiosos, jornalistas e outros produzem imagens criminalizadas dos

VIDEOGAME E VIOLÊNCIA

trabalhos de artistas, músicos e cineastas. Com isso, constroem os próprios significados e efeitos que supostamente pretendem combater. Em virtude disso, os criminólogos ampliaram a noção de "criminalização" para incluir mais do que a simples criação e aplicação da lei penal. Cada vez mais é investigado o processo mais amplo de "criminalização cultural", ou seja, a reconstrução mediada de significado e de percepção em torno das questões de cultura e crime.[14]

Presdee define a criminalização como um processo cultural por meio do qual quem tem poder define e molda as formas dominantes de vida e lhes dá significados especiais. É o meio pelo qual os poderosos definem como e o que vemos, e, assim, como percebemos o comportamento social dos demais. Eles definem o que é uma perversão e, portanto, o que é considerado desviante e o que é considerado criminoso. Seu poder influencia os processos de elaboração da lei para definir quais são os prazeres e passatempos aceitáveis e quais são os proibidos e considerados ilegais e criminais. Os poderosos também definem por meio da cultura quais estilos de música são criminalizados ou não; onde ela pode ser tocada ou não; onde podemos pintar e no quê; onde podemos caminhar e quando; o que é erótico e o que não é.[15] A criminalização contemporânea da cultura pop emergiu como parte de "guerras culturais" empreendidas por políticos conservadores e reacionários culturais, interessados em definir como desviantes determinadas expressões culturais, com base em seus próprios critérios morais. Como é um processo conduzido em grande medida no espaço público, a criminalização cultural contribui para percepções populares e pânicos, bem como para a marginalização da forma de expressão cultural eleita como alvo. Quando é bem-sucedida, constrói um nível de desconforto social que se estende da cultura pop para as práticas da vida cotidiana.[16]

Diante desse cenário, não seria exagero falar em um verdadeiro policiamento cultural por parte de inúmeros atores sociais que são verdadeiros reacionários culturais.

A intenção por trás da obra consiste na denúncia dos processos de disseminação de pânicos morais, por meio da produção de um *contradiscurso* que denuncia a criminalização cultural empreendida pelos refletores midiáticos contra os games, criadores e gamers.

OS EMPREENDEDORES MORAIS E AS CRUZADAS CONTRA AS HISTÓRIAS EM QUADRINHOS E O ROCK

Estão estabelecidas as balizas iniciais da abordagem que aqui proponho, mas não seu ponto de partida. É notório que o debate sobre os efeitos do entretenimento e sua conexão com a violência real é de uma amplitude imensa.[17]

Nesse sentido, é com alguma relutância que estabeleço um ponto de partida, até porque o debate em questão extrapola as fronteiras dos jogos eletrônicos e, logicamente, precede seu surgimento: os games fazem parte de uma polêmica maior, que gira em torno dos efeitos das mídias violentas em geral, o que inclui livros, filmes, histórias em quadrinhos, seriados etc.

São incontáveis os estudos sobre os efeitos da televisão na personalidade de crianças e adolescentes. Alguns deles chegaram a acompanhar a vida de centenas de pessoas durante décadas.[18] Muitos desses estudos apontam a existência de uma relação forte entre a exposição de crianças à violência por meio da TV e a criminalidade adulta. No entanto, ainda que rotineiramente os resultados tenham sido recebidos e reproduzidos de maneira massiva e não crítica, muitos pesquisadores apontam a existência de questões não esclarecidas nessas pesquisas: desconsideração de dados discrepantes, problemas metodológicos e assim por diante. Em outras palavras, são pesquisas manifestamente inconclusivas. Não merecem o crédito que inicialmente desfrutaram, ainda que tenham sido utilizadas para disseminar pânicos.

Apesar de não haver consenso sobre os supostos efeitos nocivos de inúmeras mídias, a espada continuou a ser brandida sem trégua, não apenas contra os seriados de televisão, como também contra outras formas de expressão narrativa.

Não disponho do fôlego necessário para buscar a gênese dessa controvérsia em sentido amplo, até porque isso exigiria um estudo do discurso moralizante sobre o entretenimento que também levasse em consideração os filmes e seriados, por exemplo. Nesse sentido, os games integram uma história abrangente de perseguição moralista a formas

VIDEOGAME E VIOLÊNCIA

de arte emergentes no último século. Uma história cujo final ainda está para ser escrito, por sinal.

Pode ser dito que de certo modo os games ainda enfrentam uma espécie de *rito de passagem* que qualquer nova forma de entretenimento teve que superar: cinema, televisão, quadrinhos, rock 'n' roll, rap, heavy metal e tantas outras "inovações subversivas" tiveram que enfrentar o discurso moralizante e de algum modo sobreviveram a ele. Foram sistematicamente acusados de serem ameaças para a sociedade, para os valores, os costumes e a moral. Mas saíram fortalecidos da experiência, por mais traumático e irracional que tenha sido o batismo de fogo imposto pelos empreendedores morais de plantão.

É possível que você estranhe o termo. Não culpo o leitor pela falta de familiaridade com o conceito de empreendedor moral.[19] A expressão designa o conjunto de pessoas que se dedica de modo deliberado a disseminar pânico de ordem moral: elegem os "inimigos", ou seja, as coisas, as pessoas ou os discursos que de algum jeito ameaçam seu modo de vida, seus valores ou suas crenças, e passam a capitanear cruzadas morais contra eles com o objetivo de provocar sua segregação, proibição ou, no mínimo, contenção. E eles têm proliferado cada vez mais nas últimas décadas.

Para Thompson, é amplamente reconhecido que esta é a era do pânico moral. O autor aponta que jornais alertam constantemente para a existência de novos perigos decorrentes da frouxidão moral, enquanto programas de televisão ecoam o assunto em documentários sensacionalistas. De certo modo, pânicos morais não são exatamente novidade. Por mais de um século tem persistido o pânico sobre o crime; o comportamento da juventude, em particular, é apresentado dia após dia como potencialmente imoral e ameaçador para a sociedade.[20] No passado recente, o rock 'n' roll, a liberdade sexual e o feminismo foram vistos como verdadeiros desestabilizadores sociais, inimigos que precisavam ser combatidos ferrenhamente para preservar o modo de vida tradicional.

Segundo Thompson, os pânicos morais podem ser identificados a partir de algumas características: a) costumam assumir a forma de campanhas (cruzadas) que se sustentam durante certo período, seja ele longo ou curto; b) apelam para pessoas que se sentem alarmadas pela fragmentação ou ruptura da ordem social, o que representa um risco para elas de algum modo; c) as linhas morais que orientam os pânicos não são claras; d) políticos e alguns membros da grande mídia anseiam por liderar campanhas por medidas que, de acordo com eles, suprimiriam a ameaça; e) as campanhas não enfrentam as causas reais do problema social em questão.[21]

Para que o leitor tenha contato com pelo menos parte dessa extensa história de atribuição de etiquetas por empreendedores morais e resistência e eventual rejeição de rótulos moralizantes pelos setores estigmatizados, trago dois exemplos que ajudam a compreender como funciona a dinâmica social de uma cruzada de cunho moral.

O primeiro deles diz respeito às histórias em quadrinhos e ao advento do Comics Code Authority (CCA) em 1954, em decorrência da publicação do livro *Seduction of the Innocent*, do psiquiatra alemão radicado nos Estados Unidos Fredric Wertham. Embora tenham existido restrições anteriores aos quadrinhos, é com a obra de Wertham que a campanha contra eles efetivamente ganhou status de cruzada. O livro reúne artigos publicados por ele desde 1948 e consiste em acusações feitas pelo autor aos *comic books*: segundo ele, fazem mal às crianças e promovem a delinquência, levando jovens à violência, ao consumo de drogas e ao crime. Em seu livro, Wertham reproduz vários trechos do que chama de "quadrinhos do crime", que supostamente glorificam a delinquência e motivam imitação. Ele também faz acusações duras contra editoras e distribuidoras de revistas, deflagrando uma verdadeira cruzada moral contra a indústria dos quadrinhos. Wertham compara as revistas a uma epidemia que se alastraria cada vez mais se não fosse combatida. A credibilidade do autor como pesquisador contribuiu para a disseminação de histeria contra revistas em quadrinhos, o que provocou a queima de exemplares nas ruas em verdadeiras cerimônias públicas de reafirmação da moral e dos bons costumes.

Por mais que a hipótese de causação de violência por *comic books* pareça despropositada hoje em dia, não foram poucas as pessoas que

VIDEOGAME E VIOLÊNCIA

deram crédito à tese de Wertham na época: revistas em quadrinhos foram banidas em várias cidades, o que demonstra a extensão alcançada pelo pânico moral difundido nos Estados Unidos nos anos 1950. A questão chegou até o Senado, que elaborou um relatório sobre histórias em quadrinhos e delinquência juvenil, basicamente reproduzindo o ponto de vista do psiquiatra alemão.

Mas a satanização empreendida por Wertham encontrou resistência: as editoras não cederam completamente diante da campanha que era movida contra elas. Estabeleceram uma instância de certificação de conteúdo própria, o que evitou o controle estatal: o CCA. Com a iniciativa, o selo "Approved by the Comics Code Authority" passou a indicar a conformidade do conteúdo de revistas em quadrinhos a "valores familiares", supostamente assegurando a proteção de crianças diante de eventuais tópicos inadequados para seu desenvolvimento.

No entanto, essa "vitória" teve um componente de derrota, pois trouxe limitações severas aos conteúdos que poderiam ser abordados nas revistas em quadrinhos, fazendo com que ficassem praticamente restritas por muito tempo ao público infantil e juvenil, um estigma do qual não se livraram completamente até hoje.[22]

O CCA seguia diretrizes que estipulavam de forma clara e definida o que era aceitável em um *comic book*. Ele raramente foi desafiado, pelo menos nas primeiras décadas de existência. O sistema foi adotado religiosamente pelas grandes editoras americanas até o novo milênio, quando finalmente foi abandonado pela Marvel e pela DC. Apenas revistas de editoras independentes, como *First* ou *Eclipse*, nos anos 1980, ou com temática adulta, como a linha *Vertigo*, da DC, na década de 1990, circulavam sem o selo. Ainda que o CCA não tivesse controle direto sobre as editoras, muitos lojistas se recusavam a trabalhar com revistas "não aprovadas" por medo de represálias, o que comprometia muito a possibilidade de abordagem de temáticas adultas, por razões comerciais bastante óbvias.

Foram raras as oportunidades em que revistas de grandes editoras circularam sem o selo do CCA, como ocorreu com uma sequência de histórias que enfocava a temática da guerra às drogas, em *Amazing*

SALAH H. KHALED JR.

Spider-Man #96-98, publicada em 1971. Para Adkinson, as edições da revista colocaram em xeque padrões editoriais há muito predominantes no que se refere à retratação de crime, delinquência, polícia e drogas estipuladas pelo CCA e, ao fazer isso, confrontaram as bases da própria ideologia da justiça criminal.[23] O autor considera que o embate com as regras rígidas do CCA ajudou a legitimar os quadrinhos como uma mídia de discurso crítico e, logo, merecedora de estudo científico, como livros, filmes, imprensa, música, games etc.[24]

Um artigo recentemente publicado no *New York Times* discute um estudo feito por Carol L. Tilley, professora assistente da Universidade de Illinois. Ela aponta que Wertham manipulou, desconsiderou e fabricou indícios, particularmente as entrevistas com crianças por ele conduzidas. Para ela, a pesquisa apresenta resultados falsificados.[25]

O episódio de pânico moral provocado por Wertham sugere que pesquisadores, membros da sociedade e figuras políticas reconheceram o potencial educativo dos quadrinhos muito cedo; no entanto, muitos erraram assumindo efeitos meramente criminógenos e desconsiderando os efeitos positivos, revelados por estudos posteriores. Como o furor em torno do debate sobre quadrinhos sugere, quando a ordem social é posta em xeque por supostas ameaças, políticos bem-intencionados, pais, educadores, legisladores e até mesmo cientistas sociais esquecem a importância de analisar de maneira crítica os problemas sociais.[26]

Certamente não foi o primeiro e não é de modo algum o último caso no qual um pesquisador ultrapassou todos os limites éticos para fazer com que um estudo confirmasse sua hipótese inicial. Embora não seja uma forma aceitável de ciência, é muito mais comum do que se supõe.

O segundo exemplo de cruzada moral que trago é o surgimento do Parents Music Resource Center (PMRC) nos Estados Unidos, na metade da década de 1980. O PMRC era um comitê dedicado ao aumento de controle familiar sobre o acesso de crianças a músicas com referências a violência, drogas ou sexo. Seu objetivo consistia em estabelecer um sistema de classificação ou controle de conteúdo de letras de músicas que permitisse restringir o acesso de jovens a conteúdos moralmente inadequados. Foi fundado por Tipper Gore, esposa do senador e futuro vice-presidente Al Gore; Susan Baker, esposa do secretário do Tesouro James Baker; Pam Howar, esposa do corretor Raymond Howar; e Sally Nevius, esposa de John Nevius, ex-presidente do Conselho da Cidade de Washington. Elas eram conhecidas como "as esposas de Washington", em razão das conexões dos maridos com o governo. O PMRC chegou a ter 22 membros dedicados ao "empreendimento de moralização dos hábitos musicais da juventude da América".

O órgão até publicou uma relação de músicas cujas letras eram consideradas "as mais inapropriadas de todas", o que refletia, obviamente, a mera opinião de seus membros sobre o que era ou não adequado para crianças e adolescentes. A lista era composta de 15 músicas de Judas Priest, Mötley Crüe, AC/DC, Madonna, Black Sabbath, Twisted Sister, Prince e outros. Até mesmo bandas obscuras, como o Mercyful Fate, não escaparam das garras do PMRC.

Dee Snider, vocalista da Twisted Sister, compareceu em uma audiência do Senado diante do PMRC e desconstruiu todos os argumentos suscitados pelos membros da iniciativa, surpreendendo os presentes: ele provou que a interpretação das letras de sua banda pelos membros do PMRC não era nada além de um reflexo da própria subjetividade preconceituosa de quem as lia de determinada maneira. Frank Zappa foi ainda mais incisivo: "Fatos mal interpretados se traduzem em legislação ruim e pessoas que legislam mal são muito piores do que compositores que celebram sexualidade. A liberdade de expressão, de religião e o direito ao devido processo legal dos compositores, artistas e lojas estão em perigo se o PMRC e as grandes gravadoras consumarem essa barganha", declarou ele.[27]

De fato, uma barganha foi selada: a polêmica acabou levando ao surgimento da tarja "Parental Advisory", uma espécie de aviso para os pais, posicionada na capa dos álbuns, de acordo com critérios estabelecidos pela Recording Industry Association of America (RIAA).

Curiosamente, muitos argumentaram que o aviso gerava ainda mais vendas para os artistas, que parodiaram Tipper Gore, esposa de Al e líder da iniciativa, em inúmeras ocasiões, com músicas verdadeiramente hilárias e comentários ácidos nos shows e em entrevistas.

Não é incomum que pânicos morais em torno de produtos culturais acabem beneficiando os criadores e produzindo um efeito contrário ao que esperam os empreendedores morais. No caso dos games, isso é ainda mais visível, como veremos.

Apesar da criação do indicador "Parental Advisory", Tipper não ficou satisfeita: escreveu um livro intitulado *Raising PG Kids in an X-Rated Society* (que poderia ser traduzido como "Criando filhos em uma sociedade promíscua", fazendo trocadilho com os sistemas de classificação de conteúdo da indústria do cinema). Na obra, ela defende que pais e consumidores têm o "direito" de pressionar a indústria do entretenimento e fazer com que ela se conforme a seus padrões morais.

O caso de Tipper demonstra que é inteiramente possível que uma preocupação moral torne-se uma verdadeira ocupação, com dedicação praticamente total da vida de alguém a uma cruzada moral. Quando fracassam, esses moralizadores derrotados são relegados ao esquecimento ou encontram novas causas para esposar. Mas muitos continuam a professar uma doutrina que soa cada vez mais estranha com o passar do tempo, entrando em franco descompasso com a realidade social.[28]

Tais pregadores jamais desistem de sua missão de estigmatização do outro. Atacam criadores, obras e público consumidor, indistintamente. Consumidos pela visão maniqueísta que cultuam, satanizam culturas e grupos sociais de forma implacável, acreditando piamente que agem em nome do bem comum.

Fredric Wertham e Tipper Gore podem ser considerados empreendedores morais, que se dividem em dois tipos: criadores de regras e impositores de regras. Em um primeiro momento interessam os primeiros, que refletem as condutas de Wertham e Tipper: são reformadores cujo objeto de interesse consiste na inexistência ou insuficiência de regras para normatizar o mundo. Operam com uma ética absoluta, identificando o mal e considerando aceitável qualquer meio disponível para extirpá-lo. Acreditam que sua missão é sagrada e, apesar de tentarem impor sua moral aos outros, com frequência têm fortes motivações humanitárias e acreditam que se as pessoas fizerem o que consideram "certo" será realmente melhor para elas.[29]

VIDEOGAME E VIOLÊNCIA

Por isso mesmo são tão perigosos: creem cegamente que sua causa é justa, verdadeira profissão de fé. Sem dúvida, é uma questão bem diferente saber se os que estão abaixo dos empreendedores morais – que em geral ocupam posições sociais de destaque – aprovam os meios propostos para sua "salvação".

Não que para um empreendedor moral isso seja motivo de preocupação: ele sempre pensa em si mesmo como um bastião da moral. Sempre acredita que conhece o que é melhor para os outros, mesmo que seja comum que ele próprio não respeite integralmente os padrões de moralidade que deseja impor.

Por cinco décadas, criadores e gamers têm enfrentado cruzadas movidas por empreendedores morais.

O leitor conhecerá essas pessoas e as campanhas que elas patrocinaram, bem como os interesses que gravitam em torno dessas agendas moralizantes. O espírito do censor ainda prospera em nosso tempo: existem pessoas que simplesmente amam jaulas e mordaças. Pessoas que não suportam a diferença e que querem banir do mundo tudo o que não se encaixa em seus esquemas morais preestabelecidos. Nesse sentido, tudo o que não se conforma à visão de mundo tacanha a que elas aderem é objeto de desprezo e perseguição, mesmo que tais juízos não encontrem amparo em argumentos minimamente racionais.

Por outro lado, não é raro que indivíduos ou grupos alheios aos propósitos imediatos das cruzadas deem apoio a elas, por motivos menos "puros" que os dos criadores de regras: muitos empresários apoiaram a Lei Seca porque acharam que ela tornaria a força de trabalho mais disciplinada, por exemplo.[30]

Como discutirei a seu tempo, não são poucos os grupos alienígenas ao universo dos games que têm interesse velado na propagação contínua do discurso moralizante que os criminaliza culturalmente. O principal deles diz respeito ao controle de armas de fogo nos Estados Unidos e a uma organização não governamental (ONG) em particular: a National Rifle Association, uma das maiores lobistas norte-americanas.

Nesse sentido, o pânico moral em torno dos games representa uma cortina de fumaça muito conveniente, estabelecendo um bode expiatório para inúmeras tragédias que ocorreram em solo americano, como discutirei ao longo do livro.

Também é interessante observar que o empreendedor moral sempre está mais preocupado com os fins do que com os meios, e frequentemente recorre ao conselho de especialistas, como psicólogos, advogados e juristas, para encaminhar inovações legislativas específicas que tornem concreta sua pretensão moral abstrata.[31] É comum que empreendedores convoquem especialistas para dar credibilidade a certas hipóteses, como é o caso dos acadêmicos que sustentam que existe uma relação de causa e efeito entre videogame e violência. Por isso é preciso pensar para além de uma visão ingênua sobre as teorias científicas e perceber que muitas vezes o moralismo pode estar disfarçado como pesquisa acadêmica ou travestido com roupagem jurídica. Não é incomum que um acadêmico ou advogado vista a armadura de empreendedor moral, como o leitor verá adiante.

DEATH RACE *COMO ESBOÇO INICIAL DO PÂNICO MORAL: RELATO DA GESTAÇÃO DE UMA CRUZADA CONTRA OS GAMES*

Como já referi anteriormente, os games também foram e continuam sendo um grande objeto de preocupação para pregadores morais. Mas, ao contrário de praticamente todos os outros casos, o pânico moral em torno dos games se prolonga no tempo: os medos são continuamente revividos e reafirmados, conformando um caso muito peculiar de contínua reiteração de um discurso satanizante cuja gênese ocorreu na década de 1970.

Nesse sentido, a história deste livro reflete os desdobramentos, nas últimas décadas, do embate entre gamers e indústria dos games de um lado e empreendedores morais de outro: jornalistas, advogados, políticos, acadêmicos e até mesmo policiais manejaram os gatilhos da criminalização cultural e dispararam implacavelmente, disseminando pânicos morais.

VIDEOGAME E VIOLÊNCIA

Temos um longo caminho a percorrer, que se inicia nos primórdios dos jogos eletrônicos, quando a tecnologia era rudimentar, e o fundo narrativo, praticamente inexistente, até os dias atuais, nos quais os games podem ser considerados tão relevantes quanto outras formas de entretenimento adulto, movimentando somas equivalentes às bilheterias dos maiores *blockbusters* da indústria cinematográfica.

O ponto de partida mais indicado para a abordagem do tema é a controvérsia em torno do jogo *Death Race*, que chegou aos *arcades* (fliperamas) americanos em 1976, literalmente na pré-história do entretenimento eletrônico interativo: *Space Invaders* (1978) e *Pac-Man* (1980) nem sequer tinham sido criados.

Death Race efetivamente desencadeou uma polêmica que se estende até hoje, sem qualquer sinal de esgotamento: definiu as diretrizes em torno das quais opera a difusão de pânico moral pela grande mídia, fundando um conjunto de chaves interpretativas que continuam sendo utilizadas de forma quase equivalente hoje em dia, por mais incrível que pareça.

Produzido pela Exidy, *Death Race* foi inspirado no filme *Death Race 2000 (Corrida da morte – ano 2000)*, estrelado por David Carradine e Sylvester Stallone, cujo slogan consiste na seguinte mensagem: "No ano 2000 o atropelamento não é mais um crime, é um esporte nacional."

O filme retrata um futuro fictício no qual os Estados Unidos, ou as Províncias Unidas, sua nova nomenclatura, estão sob o controle de um único partido, que comanda tanto a Igreja quanto o Estado. Os esportes funcionam como ópio do povo e, dentre eles, um em particular é o mais popular: a Corrida Transcontinental Anual, considerada um dos símbolos mais importantes da nação. O evento consiste no atropelamento de pedestres pelos pilotos, que são recompensados com pontos: idosos rendem setenta pontos, mulheres valem dez pontos a mais que homens – independentemente da idade –, adolescentes valem quarenta pontos e assim por diante. A corrida coincide com o "Dia da Eutanásia", ocasião em que os motoristas podem contribuir para o "bem comum" atropelando pessoas doentes, cujas cadeiras de rodas e camas são estrategicamente posicionadas para a ocasião.

Apesar do clima de sátira política e da pretensão de ser mais do que um filme de ação, os críticos receberam muito mal *Death Race 2000*, com raras exceções. Ele foi até acusado de glorificar a violência que supostamente criticava. O famoso crítico de cinema Roger Ebert não lhe deu sequer uma estrela. Mas isso não impediu que o filme fosse um sucesso, arrecadando mais de dez vezes seu custo de produção.

Curiosamente, o jogo *Death Race*, por vezes chamado de *Death Race 98*, não contava com a licença do filme e apenas buscava aproveitar sua popularidade, trazendo para um ambiente interativo sua premissa básica, de modo bastante simples.

Se por um lado a estratégia da Exidy garantia reconhecimento imediato do sentido do jogo, por outro também praticamente chamava a controvérsia, que viria de modo inevitável. O filme já havia causado comoção. Era de esperar que com o jogo não fosse diferente.

A empresa já tinha experiência com jogos de carros. Recentemente havia lançado um game que desafiava os parâmetros normais, intitulado *Destruction Derby*. O objetivo não era vencer a corrida, e sim destruir os veículos dos adversários.

Death Race era uma modificação do jogo anterior e foi programado em tempo recorde. O intuito da empresa era gerar lucro rápido enquanto era desenvolvido o jogo seguinte, *Car Polo*. Mas ele não era apenas uma adaptação: o game era muito mais intenso que *Destruction Derby* e assim foi promovido na revista *RePlay*, destinada aos proprietários de *arcades*.[32]

Linda Robertson, chefe de vendas da Exidy, desenvolveu uma campanha de divulgação centrada nas imagens publicitárias do jogo – com esqueletos e tumbas –, que para ela chamaria a atenção dos jogadores, assegurando o sucesso junto ao público, já que a "jogabilidade era tão divertida que eles sempre retornariam".[33]

Como a intenção era vender o máximo de máquinas, as empresas desenvolviam uma série de estratégias para convencer os proprietários de fliperamas de que jogos como *Death Race* eram um bom investimento. Mas nem mesmo o mais otimista dos marqueteiros poderia imaginar o impacto que o game causaria, o que certamente teve pouca relação com a publicidade desenvolvida pela empresa.

VIDEOGAME E VIOLÊNCIA

A "jogabilidade" de *Death Race* é bastante previsível, reproduzindo de forma simplificada o elemento central do filme: os jogadores devem atropelar criaturas chamadas de *gremlins*, que são imediatamente substituídas por sepulturas e cruzes após o impacto, o que gera pontuação. Quanto mais atropelamentos, maior é o *score* do jogador. O material promocional do game reforçou a imagem sinistra de *Death Race*, dando ênfase ainda maior a uma premissa que certamente geraria controvérsia.

Não poderia ser diferente: as reações indignadas foram quase instantâneas. Trata-se de um momento genético de fundação do pânico moral em torno dos games, cujo marco inicial é a publicação de uma matéria assinada por Wendy Walker, repórter da Associated Press, que questionou se *Death Race* era apropriado para crianças.

Preste atenção nos parâmetros da cobertura jornalística do jogo e você verá que eles praticamente se repetem até hoje. Na reportagem, Wendy relatou o que havia presenciado enquanto passeava em um shopping de Seattle: uma fila de garotos que se estendia de dentro do fliperama e invadia os corredores. Curiosa, ela resolveu ver do que se tratava e descobriu que os meninos faziam fila para jogar *Death Race*.[34]

Após ter visto o game em ação, a repórter concluiu que era um "jogo horrível", no qual "pessoas eram atropeladas por carros". Como se isso não bastasse, para ela o som do impacto se assemelhava aos gritos de uma criança. A matéria de Wendy inicia com um parágrafo contundente: "Por apenas 25 centavos você pode fingir que atropela pedestres com um carro."[35]

Citado na matéria, o diretor de marketing da Exidy, Paul Jacobs, não se intimidou diante da possibilidade de controvérsia: "Se as pessoas se divertem atropelando pedestres, você tem que permitir que elas façam isso [...] é o tipo de desafio que mexe um pouco com a mente delas." Ele declarou que *Death Race* era o jogo mais popular da empresa naquela época. Jacobs reconheceu que o nome do game (corrida mortal) podia chocar o público, mas que a empresa considerava o jogo hilário. Por outro lado, admitiu que *Death Race* ofendeu alguns distribuidores, que se recusaram a trabalhar com ele.[36]

Bill Aubbon, gerente do fliperama visitado por Wendy Walker, declarou que o jogo chegou na loja "duas semanas antes" e que "até o momento" ninguém havia feito qualquer reclamação. Questionado sobre sua premissa, disse ter ficado aliviado ao verificar que *gremlins* são atropelados, e não humanos: "Não é para você pensar que são pessoas", declarou ele.[37]

Jacobs afirmou que, intencionalmente ou não, "eu suponho que se pareçam com formas humanas, mas não acredito que os jogadores se divirtam pensando que atropelaram um pedestre. Apenas querem ver se são bons de pontaria".[38]

Wendy também entrevistou Byrde Meeks, um psicólogo que tinha experiência com detentos agressivos. Ele discordou veementemente da opinião de Jacobs: para Meeks, um jogo como esse apela para o "lado mórbido" dos indivíduos, e afirmou "que esse tipo de interesse era comum nos prisioneiros com quem trabalhava: eles teriam adorado o jogo".[39]

Perceba como já no nascedouro podem ser identificadas as chaves interpretativas que possibilitam a criminalização cultural: a matéria claramente funda percepções e significados do público sobre os supostos efeitos criminógenos do game, além de fazer uma associação entre detentos agressivos e entretenimento interativo. A insinuação é mais do que clara e não atinge apenas o jogo, que é criminalizado enquanto produto cultural: atinge também os jogadores, já que diz algo sobre eles, ou seja, sobre suas supostas identidades e predileções.

Segundo Meeks, "alguém poderia dizer que um jogo como esse permite que as pessoas deem vazão a sua hostilidade, mas já foi provado inúmeras vezes que a violência decorre de imitação".[40]

A frase do psicólogo soa como ameaça velada para o potencial catastrófico que o jogo supostamente carregaria. Embora não tenha dito isso diretamente, sugeriu de maneira implícita que *Death Race* poderia motivar atos de violência real, veiculando de forma irresponsável um discurso de causa e efeito desprovido de qualquer suporte factual. As alegações de Meeks de que "já havia sido provado inúmeras vezes que a violência decorre de imitação" são desprovidas de mérito, já que também existem inúmeros estudos que refutam essa alegação, inclusive na época em que ele foi entrevistado.

VIDEOGAME E VIOLÊNCIA

Mas o estrago estava feito. Já existia uma preocupação moral com os fliperamas, considerados por muitos ambientes inadequados para crianças e adolescentes. A matéria de Wendy Walker bastou para que a controvérsia se espalhasse por todos os jornais do país, que rapidamente se interessaram pela história – o "perigo" era muito maior do que originalmente se imaginava.

Death Race acabou se tornando elemento central de um deslocamento de sentido, que fez com que as restrições ao ambiente dos fliperamas fossem reorganizadas discursivamente como receio moralista diante do potencial maléfico dos games.

A repórter em questão claramente partiu de seu próprio universo de significações morais ao escrever a matéria. Os fatos não são fabricados, mas o artigo não se limita a narrá-los de forma objetiva: sistematiza uma inquietação que já tinha sido despertada pelo filme e que certamente encontraria resguardo no mesmo público que o havia condenado, garantindo notoriedade para a repórter pelo "furo". O texto é construído como denúncia movida por intenção de garantia da paz social diante de uma ameaça para a coletividade.

O recurso a um "especialista" garante credibilidade científica à condenação moral que é feita ao jogo, satisfazendo as condições necessárias para que o pânico moral fosse efetivamente instalado na sociedade norte-americana. Por fim, as declarações de um representante da Exidy garantem o contraditório, que confere aparência de objetividade jornalística para uma abordagem que flerta abertamente com o sensacionalismo.

Como observa Ferguson, crenças sociais, que podem incluir noções de senso comum, crenças morais, religiosas, dogmas científicos e outras convicções, podem desencadear o pânico moral, fazendo com que surja uma preocupação generalizada em torno de algo que é novo. É provável que pessoas de idade mais avançada, que não têm familiaridade com uma nova tecnologia e se sintam ameaçadas pela rebeldia juvenil contra a ordem social, sejam os progenitores do pânico.[41]

Em 1976, isso é mais do que claro. Não havia nenhum precedente para preparar as pessoas e atenuar o pânico inicial: diferentemente das cruzadas contra os quadrinhos e do surgimento do rock 'n' roll nos anos

1950, não havia nenhum referente prévio de significado. O rock 'n' roll era uma espécie de música e os quadrinhos derivavam da literatura. Os games eram algo inteiramente novo. Poucas pessoas tinham contato com computadores, que praticamente eram restritos ao Estado e a grandes empresas. Tudo isso aumentava a incompreensão em torno do que a nova forma de mídia representava ou poderia representar.

A riqueza de significados desse marco inicial não pode ser subestimada. A retratação inicial de *Death Race* é um momento genético de fundação que condicionou toda a cobertura posterior na grande mídia, que maximizou o alcance do episódio inicial de pânico moral.

É preciso ter em mente que o pânico moral é construído por meio de um complexo processo de interação social, que efetivamente inventa – ou produz – um problema que até então era inexistente, com base em uma atribuição externa de sentido. Um estereótipo é construído por meio de diagnósticos apressados e exagerados, emitidos por pessoas que supostamente desfrutam de uma condição moral privilegiada e que desejam que a realidade se conforme a sua visão de mundo particular. A "solução" adotada diante da ameaça é a criminalização pelo discurso, ou seja, a criminalização cultural.

Para que a compreensão do pânico moral seja adequada, é interessante recorrer ao clássico conceito elaborado por Stanley Cohen, na década de 1970.

Cohen escreve que "as sociedades costumam estar sujeitas periodicamente a períodos de pânico moral. Uma condição, episódio, pessoa ou grupo de pessoas são definidas como ameaça aos interesses e valores sociais: sua natureza é apresentada de maneira estereotipada e caricaturada pela mídia de massa; as barricadas morais são manejadas por editores, padres, políticos e outras pessoas de direita; experts com credibilidade social anunciam diagnósticos e soluções; meios de lidar com o problema são desenvolvidos ou (mais frequentemente) se recorre a meios já existentes; algumas vezes o objeto do pânico é uma novidade, e outras vezes é algo que já existia e repentinamente é iluminado pelos refletores. Algumas vezes o pânico passa e é esquecido, a não ser pelo

VIDEOGAME E VIOLÊNCIA

folclore e pela memória coletiva; outras vezes tem repercussões sérias de longo prazo e pode provocar mudanças no sistema jurídico, nas políticas sociais e até mesmo na forma que a sociedade concebe a si mesma."[42]

Segundo Thompson, de acordo com essa definição, os elementos ou estágios centrais do pânico moral são:

a) Algo ou alguém é definido como ameaça para determinados valores ou interesses;
b) A ameaça é retratada de maneira facilmente compreensível pela grande mídia;
c) Há uma escalada rápida da preocupação pública;
d) Existe uma resposta por parte das autoridades ou dos formadores de opinião;
e) O pânico perde força ou provoca mudanças sociais.[43]

Implícita na ideia de pânico moral está a sugestão de que a "ameaça" afeta algo considerado sagrado ou fundamental para a sociedade. Como o desenvolvimento sadio de crianças e adolescentes, por exemplo. O pânico é chamado de moral porque não se refere a algo mundano, mas a uma ameaça à própria sociedade ou a uma concepção idealizada de parte dela. A ameaça e seus responsáveis são considerados perversos e são satanizados, despertando fortes sentimentos moralistas. A resposta a tais ameaças geralmente consiste em uma demanda por maior regulação e controle e também pelo retorno a valores tradicionais, ou sua reafirmação.[44]

O grupo, pessoa ou coisa não é ameaça em si mesmo; passa a ser considerado tal em função da etiqueta que é socialmente atribuída a ele por meio da grande mídia, que dissemina o pânico moral. Justamente o que referi antes como criminalização cultural, ainda que neste caso ela tenha sido concentrada no produto cultural e aparentemente não tenha atingido seus criadores de forma direta.

Se o conceito inicialmente parece inadequado para o universo dos games, peço ao leitor que me dê crédito. Cohen não o desenvolveu com essa questão em mente, mas isso não significa que ele não seja de grande valia para a compreensão do problema aqui exposto. Ao longo do livro demonstrarei como a suposta relação de causa e efeito entre videogame e violência pode ser discutida – com algumas adaptações – a partir do conceito de pânico moral, como a princípio formulado por Cohen e posteriormente discutido por outros autores.

A obra de Cohen possibilita algumas indagações interessantes a partir do que ele chama de *inventário*. Nesse estágio, a grande mídia cria chaves de interpretação para o problema, geradas a partir de: a) processos de distorção sensacionalista da questão; b) previsão de desdobramentos futuros, com anúncio de aprofundamento e ampliação dos efeitos indesejados; c) invenção e construção simbólica de imagens estereotipadas e exageradas.[45]

São gestadas assim duas condições necessárias para a gênese do pânico moral: a) a invenção de uma questão como problema social; e b) a fundação de um esquema interpretativo que condicionará todas as interpretações futuras, que sempre remeterão ao momento de atribuição de significado original, reforçando retroativamente aquela compreensão inicial.

O leitor certamente é capaz de identificar os elementos relacionados no pânico em torno de *Death Race*.

Cohen esclarece que a grande mídia trabalha com certas definições do que é digno de notícia. Não é como se existissem manuais de instrução que indicam que certos tópicos (como drogas, sexo e violência) vão interessar aos leitores ou que certos grupos (como a juventude e os imigrantes) devem ser continuamente expostos ao escrutínio público. Na verdade, existem fatores internos que vão desde a intuição de um repórter individual sobre o que constitui uma "boa história" até preceitos como "dê ao público o que ele quer" e questões ideológicas que predispõem a grande mídia a fazer de um evento uma notícia.[46]

Muitos autores discutiram os mecanismos pelos quais a interação entre grande mídia, opinião pública, políticos, cientistas sociais e grupos de pressão provoca pânico moral na população. Dentre eles, merecem menção Cohen, Young, Burns e Crawford, Gauntlett, Lawrence e Muller,

VIDEOGAME E VIOLÊNCIA

Sternheimer, Trend, Hall, Ben-Yehuda e Goode, Thompson, McRobbie e Thornthon, Hayward, Ferrell e muitos outros.

Não adotarei integralmente o modelo de qualquer um desses autores, ainda que possa referi-los ocasionalmente e aproveitar algumas de suas ideias a partir do que indiquei anteriormente como "apropriação criativa". Sob alguns aspectos, minha análise se aproxima das discussões de Christopher F. Ferguson, que especificamente discutiu o pânico moral relativo aos games a partir de um modelo híbrido, semelhante ao que emprego aqui. Mas sua análise não me pareceu suficientemente abrangente para explorar quanto é multifacetado o pânico moral em torno dos games. Nesse sentido, o grande desafio consiste na elaboração de um modelo capaz de contemplar a complexidade da questão de forma razoavelmente satisfatória.

Em linhas gerais, é possível dizer que o pânico moral ocorre quando um segmento da sociedade acredita que o comportamento ou as escolhas morais de um dado grupo social – ou mesmo uma mídia ou produto cultural específico – representam um risco significativo para a sociedade como um todo: pânicos morais podem facilmente emergir de confrontos culturais dentro de uma dada sociedade. Por isso empreguei a expressão "guerras culturais" anteriormente.

Como o pânico em questão diz respeito a algo particularmente caro, ou seja, ao desenvolvimento sadio de crianças e à contenção da violência, é relativamente compreensível que ele seja forte, uma vez que é desencadeado com base em intenções de proteção a elas e ao restante da sociedade.

Lembre-se do que já foi discutido: os empreendedores morais costumam acreditar na causa que esposam, e isso vale inclusive para conhecimento acadêmico. Muitas vezes as convicções morais podem estar disfarçadas como pesquisa científica, que frequentemente é de péssima qualidade. Nesse sentido, para Becker: "Um moralismo que exclui a investigação empírica, decidindo *a priori* questões de fato, é cientificamente imoral."[47] Como o leitor verá na Fase 5, penso que é o caso das pesquisas que sustentam a existência de uma relação de causa e efeito entre videogame, agressividade e dessensibilização.

Por outro lado, grupos de pressão da sociedade civil, políticos, jornalistas e cientistas sociais têm seus próprios motivos para promover histeria em torno do entretenimento violento e dos games especificamente.[48] As possíveis causas da criminalidade violenta, como insegurança ontológica, privação relativa e sedução da transgressão são difíceis de discernir e enfrentar.[49] O mesmo pode ser dito do aprendizado de disposições desfavoráveis ao cumprimento da norma, do pertencimento a subculturas criminais e dos complexos processos de interação social que resultam na atribuição do rótulo de criminoso (ou desviante) a alguém, por meio da criação e imposição de regras.[50] Boa parte da Criminologia contemporânea abandonou o chamado paradigma *etiológico* (centrado nas possíveis *causas* da criminalidade) e passou a se preocupar com outro tipo de objeto, como os discursos que orbitam em torno das práticas punitivas, o funcionamento do sistema penal e os complexos processos de criminalização cultural.

Diante da dificuldade que representa o efetivo combate à violência, que não pode ser compreendida como algo isolado da sociedade, mas, que decorre dela, os jogos eletrônicos podem ser um bode expiatório conveniente, pelo qual políticos podem transmitir a sensação de que estão "lutando contra o crime" enquanto outras questões não são devidamente enfrentadas por meio de políticas públicas, como o controle de armas de fogo, por exemplo.

O pânico moral também contempla questões de fundo comercial: já é notório há bastante tempo que notícias ruins e especialmente aquelas que promovem visões extremas e alarmantes de um potencial problema "vendem" mais do que notícias boas. Não é por acaso que o sensacionalismo em torno do tema prospera com tanta facilidade.

Tudo isso faz com que a grande mídia e os políticos deem maior atenção aos dados negativos sobre os jogos do que aos positivos. E eles se alimentam de moralismo disfarçado de pesquisa científica para isso. Um grupo inicialmente pequeno de acadêmicos, particularmente depois do final da década de 1990, obteve enorme destaque divulgando pesquisas negativas sobre os games e ignorando as pesquisas que as desmentem, bem como os problemas com sua própria metodologia.

VIDEOGAME E VIOLÊNCIA

Como muitos pesquisadores construíram sua reputação profissional com base no ativismo anti-games – a ponto de que talvez seja possível considerá-los empreendedores morais –, é muito difícil que eles consigam manter qualquer objetividade científica sobre os próprios estudos, como considerou Ferguson.[51]

Como se isso não bastasse, é comum que agências de financiamento garantam verbas quando um problema potencial é identificado e não para um estudo cujo enfoque pode consistir na eventual demonstração de que não há motivo para preocupação. Isso explica a rápida proliferação de pesquisas que apontam que os games são um problema, particularmente a partir do final da década de 1990.

Ainda mais preocupante é o fato de vários pesquisadores receberem fundos de grupos ativistas anti-games, como o já extinto National Institute on Media and the Family e o Center for Sucessfull Parenting, uma organização que deliberadamente procura confirmação dos efeitos negativos do entretenimento violento, o que revela claro conflito de interesses e coloca em questão a seriedade dos acadêmicos envolvidos.[52]

Por sinal, caso o leitor esteja se perguntando, esta pesquisa não contou com apoio de nenhuma espécie e, logo, não foi "encomendada" para defender os interesses de eventuais financiadores, sejam eles favoráveis ou desfavoráveis aos games.

Como já referi, a discussão aprofundada sobre a "condição de verdade" que essas pesquisas reivindicam está reservada para a Fase 5 da nossa jornada. Nas fases iniciais irei me ater à dinâmica de construção social do pânico moral e à disseminação da relação de causa e efeito entre videogame e violência, em particular ao discurso da grande mídia e dos empreendedores morais comprometidos com o mito de causação.

Como relatei, *Death Race* representou uma ruptura significativa para a compreensão do público sobre o jovem universo dos games. Não é difícil entender o que possibilitou a difusão da argumentação satanizante. Tudo era muito novo e soava bastante ameaçador, particularmente para pessoas de índole conservadora.

O jogo pode ser considerado precursor das séries *Carmageddon* e *Grand Theft Auto*, que também permitem o atropelamento virtual de personagens como elemento essencial da jogabilidade ou ao menos como parte significativa dela. Se essa possibilidade permanece controversa até hoje, imagine o que representava na década de 1970.

O filme *Death Race 2000* havia se tornado notório pela violência, conhecida até por quem não lhe tinha assistido. Como já indiquei, no filme não eram monstros e sim pessoas que eram atropeladas. Mas a conexão entre o filme e o game por causa do nome quase idêntico fez com que fosse produzida na mente do público uma interpretação contextual de que os alvos do jogo também eram humanos. E isso era inaceitável para muitas pessoas.[53]

Jogos igualmente violentos da época, como *Cops N Robbers*, *Outlaw*, *Jetfighter*, *Tank 8*, *Avenger*, *Air Combat* e *Bombs Away*, não despertaram atenção como *Death Race*, que ultrapassava uma linha perigosa demais para os moralistas de ocasião. Tudo parecia indicar que o jogo celebrava a violência, com um detalhe muito grave: não existia nenhum contexto justificador, como a violência "legitimamente" exercida pela polícia, pelo exército ou mesmo nos faroestes norte-americanos, situação na qual se encaixavam seus predecessores violentos.[54]

Death Race não remetia a nenhuma dessas realidades, assemelhando-se muito a uma situação real da vida urbana: um atropelamento seguido de fuga, com omissão de socorro por parte do motorista (*hit and run*). As pessoas interpretavam que não se tratava apenas de violência, mas de violência ilegal e destituída de qualquer justificativa moral.[55]

Young aponta que nas retratações fictícias de violência nos filmes e nos games, histórias de cunho militar são frequentes e estão em geral centralizadas em uma narrativa de violência legítima. A grande maioria dessas retratações (praticamente todas) envolve o triunfo da violência legítima (os mocinhos, os heróis) sobre a violência ilegítima (os bandidos, os vilões). O comportamento antissocial é sempre punido. Com isso, a violência ganha justificação e conotação positiva dentro da narrativa.[56] Esse aspecto simplesmente inexistia em *Death Race*.

Mas não era só isso. Mesmo nos jogos que se encaixavam com facilidade em narrativas militares de guerra, nos quais a violência era de algum modo justificada, existia uma espécie de "regra não escrita" que

VIDEOGAME E VIOLÊNCIA

sempre era respeitada: os alvos jamais eram humanos. Apesar de tanques, helicópteros, submarinos e aeronaves virtuais serem – presumivelmente – pilotados por humanos, essas "pessoas" jamais apareciam na tela dos jogos como adversários nos anos iniciais da história dos games.[57]

Portanto, estavam reunidas as condições para que o pânico moral fosse efetivamente deflagrado. Decerto isso não significa que ele era justificado – ou sequer estaria se falando em pânico moral –, mas que é possível de algum modo traçar as circunstâncias que possibilitaram que o problema fosse efetivamente inventado e, mais do que isso, que alcançasse o status de uma preocupação social enormemente disseminada.

A controvérsia foi tão grande que outros representantes da indústria dos games também opinaram em público. Um deles é particularmente relevante: o fundador da Atari, Nolan Bushnell, disse que "nós não ficamos nada felizes com aquele jogo. A Atari tinha uma regra que não permitia a violência contra pessoas. Você podia explodir um tanque ou um disco voador, mas jamais pessoas. Nós sentíamos que isso não era aceitável e mantivemos essa postura enquanto eu estive por lá".[58]

Não que a própria Atari não tenha enfrentado alguns problemas. O jogo *Gotcha* já havia causado controvérsia em 1973, em razão de os controles se assemelharem demais a seios, com o agravante de que eram pressionados pelos jogadores, e de os funcionários da Atari supostamente o chamarem de *"The Boob Game"* (o jogo dos peitos, em tradução livre). Mas *Gotcha* teve péssimo desempenho nos fliperamas, mesmo após a substituição dos controles pelos tradicionais *joysticks*. Nunca chegou a realmente despertar o interesse da grande mídia: a pequena controvérsia que cercou o jogo sequer se aproximou do dilúvio de atenção e do pânico moral escandalizante que rondou *Death Race*, que proporcionou um alvo concreto para todos aqueles que desaprovavam a presença de crianças e adolescentes nos fliperamas. Já havia uma preocupação bastante difundida sobre o ambiente dos *arcades* e seus possíveis efeitos criminógenos. Ainda que os jogos fossem projetados como entretenimento para adultos em bares, a crescente popularidade deles com menores dava amplo combustível para a ansiedade dos moralistas de plantão.

O resultado disso é que para aqueles que suspeitavam ou eram hostis à nascente cultura do videogame, *Death Race* tornou-se o exemplo mais claro de sua influência corruptora. Ele "confirmava" os medos já existentes. Para muitas pessoas, não era mais apenas uma questão de "más companhias": os próprios jogos continham um inaceitável elemento de risco para a formação moral da juventude.

Gerald Driessen, um cientista comportamental, afirmou que "o jogo desloca uma tendência violenta para uma forma de comportamento que não traz nenhum tipo de consequência para o seu autor [...] de um ponto de vista psicológico e comportamental, *Death Race* é absolutamente negativo".[59]

A criminalização cultural ganhava cada vez mais fôlego.

O título da matéria publicada no *Bangor Daily News* não esconde o sensacionalismo da abordagem: "Jogo de caça a pedestres é chamado de doentio, doentio, doentio."[60]

Estavam reunidas as condições para que a primeira grande cruzada moral contra os games fosse deflagrada.

O National Safety Council (NSC), ONG americana que atua nas áreas de saúde e segurança, fundada em 1913, chegou a considerar o jogo "mórbido", em um texto publicado em sua revista *Family Safety* (Segurança Familiar).

Uma matéria publicada no jornal *Times Picayune* mostra como o nível de condenação moral de *Death Race* aumentou exponencialmente com o passar dos meses: o NSC estaria "ultrajado" com o jogo, que "atribui pontos ao atropelamento de pedestres". A descrição do game dá o tom da matéria: "Os jogadores pilotam um simulador, equipado com direção e acelerador, perseguindo figuras de pedestres em uma tela eletrônica. Se uma das figuras é atingida, a máquina emite um rugido alto e surge a cruz de uma sepultura, gerando pontuação."[61] Até o título da matéria é sensacionalista: "Conselho atropela o jogo 'Atinja o Pedestre'."

Como na reportagem anteriormente referida, o cientista comportamental Gerald Driessen dita o tom de condenação moral do jogo, dando-lhe verniz de cientificidade. Suas declarações soarão familiares para qualquer um que tenha contato com os discursos contemporâneos

VIDEOGAME E VIOLÊNCIA

que versam sobre a questão: "Uma das características mais insidiosas e imperceptíveis é a mudança de imagens imaginárias de violência, como as vistas na televisão, para ações desempenhadas pelo jogador [...] a pessoa não é mais apenas uma espectadora, atua diretamente no processo de criação de violência."[62]

A matéria – que sintetiza o artigo publicado na *Family Safety* – traz ainda as declarações de Dennis Row, consultor de segurança do Automobile Club of Southern California: "Nós estamos tentando ensinar a evitar colisões na estrada, como se desviar de pedestres [...] e aí surge um jogo mórbido como esse, tentando ensinar a habilidade oposta, ou seja, como atingir pessoas."[63]

Com certeza o leitor não imaginava que um "especialista" desse tipo seria consultado, não é mesmo? Mas esse tipo de abordagem definitivamente jamais deixa de surpreender.

Entrevistado por telefone, Paul Jacobs classificou *Death Race* como um jogo divertido, que requer habilidade: "Nele não há violência como na televisão e não sentimos remorso algum por ter desenvolvido o jogo, nem por ter comercializado milhares de máquinas [...] não há nada nele que se assemelhe a uma rua ou estrada."[64]

O tom das matérias dificilmente variava. Em algumas, adolescentes e proprietários de fliperamas eram entrevistados. As opiniões se dividiam entre os jovens que achavam o jogo divertido e os que o consideravam mórbido – essa parece ter sido a mais popular das etiquetas atribuídas –, e proprietários que não pareciam se importar com a polêmica e outros que a temiam, dizendo que retirariam a máquina da loja, já que tinham um "negócio familiar".

Jacobs, como sempre, não baixava o tom do discurso: "Se um jogador se imagina atropelando pessoas e o jogo o ajuda a lidar com suas frustrações, que Deus o abençoe."[65]

A importância desse tipo de declaração não deve ser subestimada: como observa Rusel DeMaria, autor que durante décadas escreveu sobre games: "Os criadores de jogos também fazem parte da controvérsia. Sempre demonstraram uma disposição para testar as fronteiras e violar convenções sociais, praticamente desde o início da história dos games."[66]

Dezenas de reportagens foram publicadas: *Newsweek*, *Playboy*, *National Enquirer*, *National Observer*, *Midnight*, *New York Times* e também na revista alemã *Stern*, como em muitas outras. A polêmica ganhou o mundo. A NBC fez cobertura do jogo, assim como a CBC (Canadá) e a BBC (Inglaterra). O famoso programa de TV *60 Minutes*, da CBS, tratou da temática em um segmento dedicado à violência nos games, discutindo os possíveis efeitos psicológicos que *Death Race* poderia provocar.

Um artigo do *New York Times* referiu que os *gremlins* eram pedestres simbólicos e incluiu inúmeras citações de Gerald Driessen. Segundo ele, 9 mil pedestres foram mortos em 1975, presumivelmente em acidentes de carro. Driessen afirmou categoricamente que a violência nos jogos é diferente daquela exibida na televisão: "Na TV, a violência é passiva... neste jogo uma pessoa dá o primeiro passo para a violência. Ela não é apenas uma espectadora, atua no processo... tenho certeza de que a maioria das pessoas que joga este jogo não entra no carro com o intuito de atropelar pedestres... mas uma em cada mil? Uma em um milhão? Estremeço ao pensar no que pode acontecer se isso for encorajado. Será terrível."[67]

Driessen simplesmente anunciava uma hecatombe urbana. Era de esperar que dentro de alguns anos as ruas fossem tomadas por condutores assassinos e algo semelhante ao cenário apocalíptico de *Mad Max* se tornasse realidade, o que obviamente não ocorreu.

No mesmo artigo pode ser encontrada a resposta de Phil Brooks, representante da Exidy, que afirma que o jogo não inclui violência gráfica: "Se quiséssemos ter carros atropelando pedestres poderíamos muito bem ter feito isso [...] o ruído que acompanha a destruição dos *gremlins* não é um grito... poderíamos ter colocado efeitos sonoros de pneus derrapando, gemidos e gritos, mas não faríamos um jogo assim... também somos seres humanos."[68] O tom de Brooks é bem mais contido que o de Jacobs, mas ele também é firme em suas declarações.

Na época do artigo em questão, a Exidy já havia vendido novecentas máquinas e Brooks admitiu que a cobertura sobre o jogo, apesar de negativa, estava impulsionando as vendas, o que mostra que a polêmica

VIDEOGAME E VIOLÊNCIA

acabou sendo uma bênção disfarçada.[69] Na Fase 3 tratarei de como, a partir de um dado momento, isso introduziu uma mudança significativa na dinâmica social do pânico moral: as próprias produtoras de games começaram a desencadear deliberadamente o pânico, uma vez que perceberam que teriam muito a ganhar com ele.

Com o que apresentei até aqui, estão reunidas as condições para tentar traçar um modelo inicial do pânico moral relativo aos games. Desde os primórdios da questão pode ser percebida uma articulação entre a cobertura midiática, grupos organizados de pressão (no caso, a NSC) e autoridades em um determinado campo de saber. Essa atuação coordenada produz um discurso conjunto, possibilitando a fundação de um esquema interpretativo que condiciona a compreensão pública, valendo-se de medos existentes, como o receio em relação ao ambiente dos *arcades*.

A grande mídia, como lhe é peculiar, recorre a uma linguagem de senso comum, assumindo para si a condição de porta-voz de uma opinião pública que é efetivamente condicionada e produzida por ela, com auxílio de especialistas e ONGs. Nesse sentido, sempre é preciso diferenciar opinião pública de opinião *publicada*, uma distinção importante e muitas vezes esquecida por quem recepciona o discurso da grande mídia como se fosse espelho da realidade.

O discurso dos especialistas dá lustro científico ao que é, na verdade, convicção moral, confirmando a abordagem jornalística inicial e incorporando-se a ela, em uma relação de troca. A grande mídia tem sua abordagem confirmada como "verdade" enquanto o especialista ganha notoriedade junto ao público e aos gestores de verbas governamentais e de organizações interessadas no combate aos jogos violentos.

Ainda que possa existir uma inquietação prévia, a grande mídia canaliza, reformula, sistematiza e amplifica essa inquietação, dedicando-se à disseminação de uma cultura de medo que convoca, mesmo que indiretamente, uma cruzada contra o mal em nome de uma suposta moralidade coletiva que os próprios meios de comunicação são chamados a representar. O resultado final é a produção de criminalização cultural e difusão de pânico moral.

A dinâmica do primeiro ciclo do pânico moral em torno dos games pode ser vista no esquema a seguir:

Figura 1.1 *Death Race*: o primeiro estágio do pânico moral em torno dos games.

O medo é um instinto de sobrevivência. Precisamos dele em várias ocasiões da vida. Não há dúvida de que inúmeras vezes ele nos salva do perigo. Mas aquele provocado pelo pânico moral é completamente diferente do que nos é instintivo e em grande medida necessário. É um medo irracional, provocado por um discurso inflamado que não tem bases reais e faz com que as pessoas reajam de modo irrefletido diante de ameaças imaginárias. E o que é pior: estabelece bodes expiatórios que muitas vezes impedem que as efetivas causas por trás de problemas reais sejam adequadamente enfrentadas, como discutirei oportunamente.

As consequências dos pânicos morais muitas vezes são drásticas, como observou Cohen: eles podem ser esquecidos para sempre ou momentaneamente, mas também podem provocar mudanças no sistema

VIDEOGAME E VIOLÊNCIA

jurídico, nas políticas sociais e até mesmo na forma que a sociedade concebe a si mesma.

O pânico moral em torno dos games é incomum porque persiste, ainda que com algumas alterações: é de uma longevidade impressionante. A tensão arrefece brevemente, apenas para retornar com intensidade equivalente ou ainda maior, sobretudo em situações traumáticas nas quais os games são convocados como habituais suspeitos.

De qualquer modo, o pânico moral momentâneo em torno de *Death Race* não foi tão impactante assim, pelo menos no início. Pode ser dito que a produtora faturou e muito com ele: representantes da Exidy deixaram claro que a controvérsia incomodava, mas, por outro lado, gerava publicidade gratuita.[70] Um ex-funcionário da Exidy indicou que a controvérsia favoreceu o jogo: mais de mil máquinas foram vendidas. Apesar de alguns proprietários de *arcades* se recusarem a trabalhar com *Death Race*, as vendas quadruplicaram com a cobertura da imprensa.[71] Paul Jacobs, que se tornou vice-presidente da empresa nos anos 1980, declarou: "Nós não nos sentimos envergonhados de falar sobre *Death Race*... o resultado final foi ótimo para a indústria dos games e nós lidamos muito bem com a situação. A atenção da mídia tornou o jogo mais popular do que jamais imaginamos que ele poderia ser. Fabricamos dez vezes mais máquinas do que originalmente previsto."[72]

Como a distribuição do jogo jamais chegou a ser proibida, a percepção negativa que ele adquiriu perante o público não lhe causou revés, catapultando as vendas e lançando a Exidy nos holofotes nacionais.

O resultado da polêmica permite também perceber desde os primórdios da história dos games algo que adquiriu enorme relevo mais tarde: a transgressão, mesmo que digital, contém um elemento de liberdade e subversão da vida regrada em sociedade que é absolutamente fascinante para as pessoas. Não é por acaso que jogos que conseguem explorar de forma adequada esse elemento atingiram um sucesso tão significativo. Retornarei a essa questão na Fase 3, quando abordarei a retratação da criminalidade nos games e, em especial, a série *Grand Theft Auto*.

Mas a publicidade gratuita é apenas um aspecto da questão, que retrata os reflexos imediatos do pânico moral instalado pela grande mídia.

SALAH H. KHALED JR.

O mais importante é constatar que a controvérsia em torno de *Death Race* criou uma conexão entre videogame e violência que se sedimentou cada vez mais no imaginário social e cujos efeitos são sentidos até hoje, esboçando as diretrizes gerais de um mito que não cessa de se reproduzir. Um problema social foi inventado e um esquema de interpretação e atribuição de sentido foi fundado para ele. A cobertura jornalística sempre remete a esse mito fundador, que é continuamente revigorado, apesar da falta de comprovação. O significado não é construído apenas uma vez: é sempre reafirmado como parte de uma espiral de efeitos que circula através de abordagens midiáticas, iniciativas concretas e percepções públicas. Esse foi o grande legado de *Death Race* para o mundo.

Olson e Kutner, fundadores e diretores do Centro de Saúde Mental e Mídia (do Hospital de Massachusetts/Escola de Medicina de Harvard), compartilham um exemplo em seu livro sobre a relação entre videogame e violência que ajuda a compreender o que é discutido aqui. Eles apontam que uma das mais importantes habilidades que você pode ter como pesquisador, cientista, pai ou mãe é o ceticismo. É preciso manter um espírito de dúvida permanente, sem assumir de forma não crítica a verdade de certas hipóteses. Vamos a ele.

Durante a Primeira Guerra Mundial, o eminente jornalista H.L. Mencken escreveu um artigo no *New York Evening Mail* que relatava a história da banheira. Foi uma piada intencional, destinada a aliviar os leitores diante das terríveis notícias daquele dia. Depois Mencken descreveu seu artigo como "uma montanha de absurdos, todos eles deliberados e a maioria deles óbvios". O artigo inclui descrições de médicos que afirmam que a banheira é perigosa e leis aprovadas contra ela em Massachusetts e na Pensilvânia.[73]

Seu artigo "bombou", se o leitor me permite a expressão. O texto foi reimpresso em jornais de todo o país. Surpreendente, não é mesmo?

Mas havia algo mais: Mencken começou a perceber coisas estranhas. Seu relato intencionalmente absurdo estava sendo citado em publicações respeitadas como se fosse composto de fatos incontestáveis. "Médicos começaram a citar os fatos relatados no artigo como prova do progresso da higiene pública. Eles se difundiram em jornais e foram mencionados

VIDEOGAME E VIOLÊNCIA

no Congresso. Finalmente, comecei a encontrá-los em livros de referência. Hoje, acredito que são aceitos como dogmas em todos os lugares da Terra. Questioná-los seria o mesmo que questionar a Invasão da Normandia."[74]

E tudo isso quase cem anos antes das redes sociais. Você pensa que o compartilhamento viral é novidade? Certamente que não. Uma mentira repetida e difundida centenas ou milhares de vezes rapidamente pode se tornar uma "verdade". Ainda mais se um setor significativo da sociedade – com amplo acesso a canais de visibilidade social – estiver disposto a difundir essa "nova verdade", que rapidamente pode se tornar um dogma inatacável. Pensar diferente pode ser indicativo de heresia, como o próprio autor indica.

Espantoso, não é? Gostaria que o leitor guardasse com carinho essa história. Que ela seja o seu guia, pois estamos prestes a adentrar o reino do absurdo. Se você é gamer, diria que está prestes a adentrar o inferno. E Charon o conduzirá nessa viagem. Provavelmente em uma banheira, ao que tudo indica.

Que esse pequeno episódio de humor negro sirva de lição inicial.

Vamos adiante. Nada do que foi dito até agora parece explicar de forma realmente satisfatória uma pergunta: como *Death Race* se tornou um fenômeno tão grande? Como explicar que o jogo tenha gerado tanta atenção em uma época em que os *arcades* eram de pouco interesse para o público em geral?

O jogo produziu uma polarização impressionante. As pessoas amavam ou odiavam *Death Race*. Para quem o amava, o aspecto de transgressão que ele permitia pode ser um elemento para a compreensão do fascínio provocado pelo jogo. Mas como compreender o ódio e o medo? Eles não podem ser explicados somente com base na cobertura jornalística. Existia uma matéria-prima básica para a deflagração do pânico no próprio game. Parte dela já foi discutida: a ausência de um contexto de justificação. Mas existem outros elementos que merecem atenção.

Death Race apenas reproduzia de forma rudimentar a violência do filme no qual era inspirado. O jogo era absolutamente rudimentar, como não poderia deixar de ser, já que era fruto da precariedade tecnológica da época em que foi desenvolvido. Embora reproduzisse em um ambiente virtual e interativo as premissas de *Death Race 2000* – sem representação virtual de seres humanos, apesar de toda a incompreensão –, enfrentou uma oposição muito mais ferrenha do que o filme.

Não há dúvida de que era um alvo muito mais vulnerável: nos anos 1970, a indústria do cinema já estava mais do que consolidada. Claramente os jogos eletrônicos não desfrutavam do mesmo status. É como se não estivessem abrigados pelos mesmos pressupostos de exercício de liberdade de expressão artística que valem para outras formas de entretenimento.

Como discutirei na Fase 6, essa questão só foi resolvida décadas depois, quando foi diretamente enfrentada pela Suprema Corte dos Estados Unidos, inaugurando uma nova era no que se refere ao rito de passagem a que são submetidos games, criadores e gamers.

A combinação de imprensa marrom assumida como "verdade" cujo status era "certificado" por especialistas se mostrou devastadora: juízos apressados foram emitidos de maneira bastante irresponsável e referendados por "autoridades" no campo da psicologia. Um discurso com esse potencial de sedução era praticamente irresistível para um público que não tinha qualquer familiaridade com os games.

Aparentemente, o que causava mais desconforto era o fato de que ninguém sabia que consequências poderia representar a exposição duradoura à violência interativa, por mais rudimentar que ela fosse. Muitas pessoas não estavam dispostas a dar qualquer chance para que seus piores temores se confirmassem e jovens saíssem pelas ruas atropelando pedestres.

Os guardiões da moral já tinham reservas quanto à presença de crianças e adolescentes em fliperamas: não surpreende que considerassem *Death Race* a confirmação de seus piores temores. A juventude não corria apenas perigo de degeneração moral nos *arcades*. Uma possibilidade muito mais sinistra existia: a de que se transformassem em ameaças para a sociedade. E o veículo, se me permitem o trocadilho, era o efeito criminógeno da mensagem mediada por *Death Race*.

Os historiadores dos jogos eletrônicos são praticamente unânimes em apontar que *Death Race* é detentor da duvidosa honra de ser o primeiro game a inspirar debates em torno da violência interativa e seus potenciais

VIDEOGAME E VIOLÊNCIA

efeitos. Mas é absolutamente espantoso que um jogo tão rudimentar pudesse gerar reações tão intensas, evidenciando temores irracionais que produziam um ódio incontrolável. Para Steve L. Kent, autor do livro *The Ultimate History of Videogames*, o que incomodou as pessoas foi o grito emitido pelas vítimas quando os *gremlins* eram atropelados, o que ocasionava o surgimento instantâneo de uma sepultura.[75]

Quando chegou ao conhecimento do público que o título provisório do jogo era *Pedestrian* (Pedestre), a polêmica ganhou ainda mais força: era como se acreditassem que ele transformaria jovens em potenciais assassinos quando eventualmente assumissem o volante. Existem inclusive relatos de máquinas retiradas de fliperamas e incendiadas.[76] Apesar de os programadores insistirem que *gremlins* eram atropelados, os gráficos primitivos do jogo davam margem para outra interpretação, que logo prevaleceu. Pouco importava que todo o material publicitário divulgado antes do lançamento indicasse que o jogador perseguia monstros.[77] Nada parecia ser capaz de romper a associação com os pedestres que eram atropelados no filme de mesmo nome.

Mas cerca de um ano depois, a controvérsia havia perdido a força: a Exidy já tinha parado de fabricar *Death Race*. Uma matéria publicada em agosto de 1977 no *New York Times* – com tom de fechamento da questão – revelava uma declaração singela de um menino de 13 anos: ele considerou estúpida a ideia de que um jogo pudesse torná-lo violento, sem falar que ele nem sabia dirigir. Em suma, o texto deu a questão por resolvida, apesar de crianças ainda estarem jogando o game taxado de ofensivo.[78]

A Exidy chegou a aprontar uma sequência, *Super Death Chase*, que introduzia algumas modificações no jogo original: esqueletos no lugar de "gremlins" e um fantasma que ocasionalmente aparecia na tela. O jogo até foi mostrado em um evento promocional, mas aparentemente nunca chegou ao mercado de forma massiva: apenas algumas unidades foram produzidas. Seria esse o fim da polêmica em torno dos games?

Certamente que não. A semente havia sido plantada e germinou ao longo dos anos seguintes de maneira impressionante.

Em 1979, quando a maioria dos jogos nos *arcades* ainda era em preto e branco, uma mulher chamada Ronnie Lamm lançou uma verdadeira guerra contra os games, que, de acordo com Kent, foi bastante eficaz. Ronnie é a primeira figura que merece a designação de empreendedora moral contra os games. Ela rapidamente se tornou a opositora mais identificável da nascente indústria: denunciou tanto a violência nos jogos quanto o "ambiente nocivo" dos fliperamas, locais onde muitas crianças passavam horas após as aulas. Sua campanha resultou no banimento de jogos eletrônicos em várias cidades norte-americanas de menor porte, o que contribuiu para que a percepção pública sobre os games piorasse ainda mais.[79]

Ronnie se tornou símbolo de uma cultura de oposição aos *arcades* e aos games em geral: em dezembro de 1982 ela explicou em um programa de televisão como seus esforços e de outros ativistas empenhados no banimento de jogos eletrônicos tinham resultado na criação de legislação "para limitar e controlar o que consideravam proliferação massiva de fliperamas em sua comunidade". De acordo com a transcrição da entrevista, ela e seu grupo conseguiram estabelecer limites legais para a proximidade de *arcades* a escolas, bem como restringir a quantidade de horas que crianças podiam jogar. Ronnie argumentava que a falta de supervisão nos fliperamas motivava sua luta.

Sua cruzada moral também se estendia ao aspecto comercial: "Em nossa comunidade existe um grande incentivo para que desempregados abram um fliperama e façam dinheiro fácil, moedas e moedas entrando em seus bolsos sem cobrança de impostos, sem investimento necessário e qualificação para trabalhar com jovens", insistiu ela.[80]

Em uma matéria intitulada "A batalha pela juventude da América", publicada no *New York Times* em 1982, Ronnie Lamm declarou que "os jogos estão corrompendo nossa juventude [...] eles hipnotizam nossas crianças, fazem com que elas fiquem viciadas e gastem moedas e moedas nas máquinas [...] meninos de quinze anos jogam em horário escolar [...] nós queremos expulsar os fliperamas da cidade".[81] Qualquer familiaridade entre a corrupção da juventude denunciada por Ronnie e a cruzada de Wertham contra os quadrinhos nos anos 1950 certamente não é mera coincidência.

VIDEOGAME E VIOLÊNCIA

Mas ela não se contentava em combater os *arcades*: Ronnie acreditava que games estimulam o comportamento agressivo e fazem com que crianças cometam crimes: "Crianças furtam bolsas e correntes de ouro para conseguir dinheiro para jogar."[82] Claro que Ronnie relacionou a motivação ao "vício" que sustentava existir, mas o argumento é claramente de causação, ainda que indireta, já que não decorre de "imitação". O suposto efeito criminógeno dos games continuava a ser insistentemente "denunciado" por empreendedores morais. E muitas pessoas davam crédito a ele.

Mãe de duas crianças, Ronnie afirmou que o grupo liderado por ela seria vitorioso, alertando que o "poder das mães da América não devia ser subestimado". Ela formou uma verdadeira rede que centralizava interessados em se juntar a sua cruzada e combater a "influência maléfica" dos games em todo o país: conseguiu que inúmeras licenças para abertura de fliperamas fossem indeferidas pelas autoridades. E se dava ao luxo de se gabar do feito: "Estamos achando tudo surpreendentemente fácil", declarou. Steven Fink, que participou de um programa de televisão junto com Ronnie, afirmou que "nosso medo é que daqui a dez ou vinte anos teremos que lidar com crianças que se tornaram adultas e não veem pessoas como seres humanos, mas como objetos a destruir, como coisas".[83]

Se o leitor desconfiava da minha referência inicial ao processo de criminalização cultural, imagino que agora as coisas já tenham ficado bastante claras. Percebe-se a importância que os autoproclamados guardiães da moral atribuíam à questão. Viam a si mesmos como combatentes em uma verdadeira luta civilizatória que não dizia respeito apenas ao presente, mas também às próprias possibilidades sadias do futuro. O argumento é o mesmo de Driessen: o futuro parece ameaçador se "nossas crianças" continuarem jogando "esses jogos". Como indiquei antes, a matéria-prima para a produção de pânico moral era muito rica: defesa do bem-estar das crianças e da segurança da sociedade.

São visões que fundaram horizontes compreensivos e preconceitos que ainda se mantêm, mesmo décadas depois da veiculação dos discursos moralistas originais. Pode-se dizer até que ganharam ainda mais impulso, o que se relaciona com questões que extrapolam o universo dos games. Nesse sentido, para Thompson, a rapidez das mudanças sociais e o crescimento da pluralidade social potencializam conflitos de valores e estilos de vida entre diferentes grupos, que podem recorrer a empreendimentos morais para defender ou assegurar seus valores contra os dos demais grupos. Eles fazem isso no âmbito de uma arena pública que oferece muitos meios de amplificação dos seus medos e articulação de demandas por controle social e regulamentação para a defesa de seus valores.[84]

O texto do *New York Times* descreve Ronnie Lamm como "apenas uma de um exército crescente de pessoas" que luta contra a maré de *Space Invaders*, *Asteroids* e *Astro Blasters*. Na própria matéria é utilizada a expressão "cruzada", indicando que outros participantes acreditavam que games causam danos emocionais, mentais e espirituais. Além disso, supostamente prejudicam a visão das crianças. O "contraponto" coube ao jovem Andrew Bershad, um garoto de catorze anos. Desviando rapidamente sua atenção de *Pac-Man*, ele sentenciou: "Eu faço meu dever de casa. Eles deviam deixar a gente se divertir."[85]

Não há dúvida de que é a mais sensata declaração de toda a matéria.

No entanto, por mais que possa ser objeto de desdém, não há como negar que a cruzada moral de Ronnie Lamm alcançou resultados bastante palpáveis. Suas ações efetivamente desencadearam uma série de iniciativas legais contra *arcades*, que eram seu alvo principal, embora ela também não poupasse os consoles caseiros de videogame. Ronnie participou de mais de 180 programas de televisão e 3 mil programas de rádio ao redor do mundo, atuando como "porta-voz de incontáveis pais, médicos e professores" preocupados com "os potenciais efeitos negativos dos games nas crianças".[86] Foi uma empreendedora moral profundamente dedicada à criação de regras. Para ela, a criminalização do conteúdo e de seus potenciais efeitos jamais bastou. Nada menos que a adoção de medidas extremas de proibição a satisfaziam, o que demonstra que os processos de criminalização cultural realmente produzem reflexos nas práticas da vida cotidiana.

VIDEOGAME E VIOLÊNCIA

Mas nem todos aprovavam o moralismo dominante: em um artigo publicado em 1982 pelo *Christian Science Monitor*, David Clark Scott discutiu o outro lado da moeda e verificou que, embora existissem de fato problemas, muitos proprietários de *arcades* estavam inconformados com a satanização de seus negócios. Alguns deles chegavam a dar fichas como prêmio para estudantes que tinham boas notas, tentando reverter a má imagem disseminada na grande mídia. A matéria inclui algo raro: o depoimento de um especialista que não compartilhava do moralismo hegemônico da opinião publicada. David Elkind, que coordenava o Departamento de Estudos Infantis na Tuff University, parecia avaliar o problema de forma bastante equilibrada, ainda mais considerando o pouco que se sabia sobre os games na época: "Existem perigos muito mais sérios do que os games. Preocupações com a escola, pressão dos colegas, violência e sexo na TV. Eu vejo os games como algo muito mais inofensivo que a TV, mesmo que você veja apenas os noticiários. Pais que não estão dispostos a conversar sobre a que as crianças assistem é um problema muito mais sério. Mas os games e os *arcades* são um alvo fácil. São um alvo direto. Você pode projetar toda raiva e frustração nos games. Tira toda a pressão dos pais. Acho que é um bode expiatório."[87]

Infelizmente, argumentos que tentavam ponderar a questão de modo racional raramente ocupavam espaço na grande mídia. Como observa Rusel DeMaria, as notícias sobre jogos eletrônicos e, em particular, sobre jogos que alcançam maior visibilidade, são rotineiramente sensacionalistas e superficiais. Apesar da existência de sérias divergências no meio acadêmico e científico no que se refere aos potenciais efeitos dos games, é muito mais simples relatar as coisas em termos de um suporte incontestável de causa e efeito do que apontar a existência de controvérsia. Até mesmo as declarações dos mais ardentes opositores dos games costumam ser retiradas de contexto, ignorando seus próprios avisos sobre o fato de que os jogos violentos são apenas parte de um universo muito maior: tudo isso é ignorado em função de um discurso unilateral, mais facilmente digerido pelo público.[88]

Com isso não digo que exista uma intenção deliberada de manipulação por parte de jornalistas ou mesmo de ativistas e pesquisadores:

como referido, os empreendedores morais em geral acreditam piamente no que dizem, embora sem dúvida seja mais interessante quando se pode obter um ganho pessoal a partir dessa crença, como muitos obtiveram.

Por outro lado, a preocupação do público com uma dada questão na sociedade contemporânea raramente se desenvolve de maneira linear e espontânea. Muitas vezes os problemas resultam de rótulos atribuídos a pessoas, objetos e situações. Tais rótulos são produzidos por inúmeros atores sociais: uma dada condição ou situação é constituída como ameaça a partir de um complexo processo de interação social, no qual alianças são construídas e significados são atribuídos. O que se percebe ao longo de cinco décadas de existência dos jogos eletrônicos é um complexo processo de acumulação de discursos moralistas que rotulam impiedosamente os games, a indústria e os consumidores. Os rótulos foram se acumulando de tal forma sobre o "objeto" que é quase impossível para muitas pessoas compreender a questão de outra maneira. O fato de alguns desses rótulos terem partido de pessoas que ocupavam posições de grande destaque social certamente contribuiu muito para a difusão desses discursos de forma generalizada.

Em 1982, o chefe do Serviço de Saúde Pública dos Estados Unidos, C. Everett Koop, afirmou que os jogos eletrônicos causam "aberrações no comportamento infantil" e alertou que os jovens estão se tornando viciados "de corpo e alma" nos games: "Não há nada de construtivo nos games, que se resumem a eliminar, matar e destruir", declarou ele. Os comentários foram feitos em uma palestra no Western Psychiatric Institute, em Pittsburgh, Pensilvânia. Apesar de ter se retratado posteriormente, dizendo que suas palavras tinham sido retiradas de contexto, o estrago já estava feito.[89] Depois de uma declaração tão impactante, qualquer retratação soaria como concessão diante da eventual pressão da indústria dos games. O primeiro – e espontâneo – pronunciamento "certamente" era indicativo inequívoco das convicções de Koop.

Pelo menos mais duas pesquisas da época merecem menção, ainda que breve. Um estudo realizado em 1984, intitulado *Video Games, Television, and Aggression in Teenagers*, publicado pela Universidade da Geórgia, concluiu que o hábito de jogar em *arcades* está ligado ao

VIDEOGAME E VIOLÊNCIA

aumento de agressão física. Mas um estudo publicado um ano depois pelo Albert Einstein College of Medicine, *Personality, Psychopathology, and Developmental Issues in Male Adolescent Video Game Use*, chegou a conclusões opostas: indicou que os games têm um "efeito relaxante" e que os garotos os utilizam como válvula de escape. Os dois estudos empregaram metodologias simples: entrevistas e questionários com jovens e crianças do sexo masculino.[90] Apesar de nítidas limitações, essas pesquisas demonstram que sempre houve controvérsia no meio acadêmico sobre a influência negativa ou positiva dos games. Na Fase 5, veremos que os estudos contemporâneos são muito mais sofisticados e que a divergência ainda existe, talvez mais forte do que nunca.

Com o passar do tempo, o pânico moral em torno da violência nos jogos se fortaleceu cada vez mais e, como já afirmei, a indústria dos games não é inteiramente inocente nesse processo, como veremos adiante. De qualquer modo, observamos até agora apenas o começo. O tempo fez com que essa explosão inicial de moralismo fosse elevada a níveis insuportáveis. Não é por acaso que Rusel DeMaria afirma que, ao longo de boa parte dos primeiros trinta anos da história dos games, as mensagens negativas e repletas de medo dominaram o discurso da grande mídia e dos políticos. Na melhor das hipóteses, os jogos eram vistos como perda de tempo; na pior delas, uma verdadeira ameaça rondando a juventude e a sociedade.[91]

Como mostrarei ao longo das primeiras "fases", a linguagem da grande mídia construiu um mito, com a ajuda da academia, de grupos de pressão e de ativistas que conduziram cruzadas morais: videogame e violência desfrutam de uma relação de causa e efeito, ou seja, violência virtual provoca violência real. A versão relativizada e científica desse discurso não é tão incisiva, contentando-se em dizer que jogos violentos provocam aumento no nível de agressividade e dessensibilização, como discutirei na Fase 5.

De qualquer forma, como já indicado, a convergência entre os dois discursos é altamente capacitada para a produção de pânico moral e, como consequência, favorece a invenção de um mito social, que é continuamente reforçado em episódios de violência a que os games são relacionados. O mito pode não ter resguardo na realidade, já que essa relação de causa e efeito jamais foi comprovada de forma satisfatória. Mas isso não impede que ele produza efeitos assustadoramente reais. Trata-se de um discurso moralista e infundado, que apresenta uma explicação simples – e em alguma medida reconfortante – para inúmeras tragédias. Um discurso que mascara assustadoramente problemas reais por meio de um processo de criminalização cultural e difusão de pânico moral. Com isso aumenta cada vez mais a preocupação com a questão e, consequentemente, até mesmo a hostilidade contra as produtoras e os próprios consumidores de games. O reflexo é desconcertante: as causas reais por trás de inúmeras tragédias não são propriamente confrontadas, o que potencialmente poderia contribuir para o desenvolvimento de meios preventivos para que elas não ocorressem ou, ao menos, que fossem reduzidas de maneira significativa.

Como se isso já não fosse estarrecedor, o leitor verá que o medo irracional que atinge os games se estende em potencial também aos próprios gamers, com sugestão de sistemas extensivos de monitoramento de compradores de jogos por parte de empreendedores morais da grande mídia. Por mais ridícula que a ideia possa parecer, foi veiculada em 2013, nos Estados Unidos, por uma âncora de televisão da *Fox News* como forma de "se precaver" contra o perigo latente que "essas pessoas" representam para as demais. Em outras palavras, o estigma não está mais se restringindo apenas aos jogos eletrônicos. Começam a proliferar discursos que sugerem que os jogadores devem ser considerados ameaças em potencial para o bem-estar social, o que revela quanto é gigantesca a expansão do pânico moral irracional em torno dos games: subitamente gostar de videogame pode ser suficiente para que alguém se torne objeto de vigilância por parte do controle social exercido pelo aparato do poder punitivo estatal.

O bode expiatório tem sua serventia, como discutirei oportunamente. Trata-se de uma questão de grande relevo para os direitos civis e, em particular, para a liberdade e intimidade do cidadão.

Mas não é conveniente apressar certas conclusões. Tudo a seu tempo. O pânico moral em torno dos games conhece muitas facetas, e "pular de fase" pode ser prejudicial para o desenvolvimento e a compreensão plena do que está em jogo neste jogo.

VIDEOGAME E VIOLÊNCIA

CUSTER'S REVENGE *E* CHILLER: *MICRÓBIOS DO DISCURSO DE ÓDIO NOS JOGOS ELETRÔNICOS*

No intuito de que eu não seja mal interpretado, é preciso que fique claro desde o princípio que não faço apologia de games que violam limites éticos de respeito ao outro. A liberdade de expressão artística não comporta discurso de ódio, não importa em que mídia ele apareça. Uma definição bastante simples de "discurso de ódio" basta para meus propósitos: todo discurso que ataca, ameaça, insulta, inferioriza ou discrimina uma pessoa ou um grupo de pessoas com base em nacionalidade, etnia, cor, religião, sexo, gênero, identidade de gênero, orientação sexual ou deficiência.[92]

Logicamente que não só não é aceitável, como não está acobertada pela liberdade de expressão a conduta de quem justifica, espalha ou incita ódio por qualquer meio, o que vale também para o entretenimento interativo.

Felizmente, são bastante restritas as manifestações de ódio nos games. Sem dúvida são infinitamente menores do que seus detratores nos levariam a crer. Os jogos que de fato têm tais características não são de modo nenhum representativos do que costumamos encontrar nos games, mesmo nos assumidamente mais "violentos".

São games universalmente desprezados, até mesmo pela própria imprensa especializada. E não é sem motivo: a mensagem que veiculam é absolutamente infeliz. Se o pânico moral motiva resistência intelectual engajada, o parasitismo da cultura de ódio nos jogos eletrônicos provoca outro tipo de reação. É de se lamentar que tais jogos existam. Depõem contra o universo dos games e jamais deveriam ter sido criados.

O game que discutirei a seguir inaugurou uma tradição felizmente restrita, mas indiscutivelmente merecedora de atenção, de conteúdo questionável no âmbito dos jogos eletrônicos.

Se a polêmica provocada por *Death Race* em 1976 parece despropositada, o mesmo não pode ser dito de *Custer's Revenge*, lançado em 1983 para o Atari 2600, sem autorização do fabricante do console.

O jogo desenvolvido pela Mystique e distribuído pela American Multiple Images (AMI) causou muita controvérsia, em boa parte justificada. *Custer's Revenge* é um jogo que jamais deveria ter sido criado. Como observou Lauren Gonzalez, do site GameSpot, se não fosse pela atenção que gerou, *Custer's Revenge* com certeza estaria sepultado pela história, visto que o jogo é tão ruim que irremediavelmente estaria fadado ao fracasso. Mas infelizmente sua má qualidade é o fator que menos chama atenção.[93]

Na capa do jogo, a tarja *"An Adult Video Game Cartridge"* e o logotipo da *Swedish Erotica* (revista adulta sueca, muito popular nos anos 1980) são os primeiros indicativos do conteúdo explícito de *Custer's Revenge*. Na gravura encontramos a imagem de um Custer cartunesco e seminu e de uma índia com expressão facial de prazer.

A Mystique pertencia à Caballero Control Corporation, empresa especializada em filmes pornôs. Nada promissor, não é mesmo? Mas nem mesmo as piores expectativas possíveis podem se comparar ao que de fato é encontrado no jogo.

O conteúdo de *Custer's Revenge* viola todos os limites do bom senso: atenta contra a cultura indígena, contra a liberdade sexual das mulheres e zomba de um genocídio. E não se trata de uma visão anacrônica, ou seja, de projetar valores do presente no passado: essa foi a percepção do público na época, muito antes do que hoje em dia é referido por muitos – de forma pejorativa – como império do politicamente correto.

Qualquer pessoa razoavelmente bem informada sabe que a "conquista do Velho Oeste" foi um processo brutal de espoliação e massacre da população nativa do continente. Os invasores europeus não trouxeram a civilização: trouxeram morte e destruição em escala jamais vista. São incontáveis as narrativas glorificantes do expansionismo europeu, sobretudo no cinema americano. Mas provavelmente nenhuma delas foi tão longe quanto *Custer's Revenge*, um jogo simples e rudimentar, desenvolvido de forma irregular para o Atari 2600.

O personagem do jogo é uma representação grosseira do general George Armstrong Custer, conhecido militar do século XIX que esteve envolvido na expansão americana para o Oeste e foi morto em combate por uma coalizão indígena de tribos Cheyennes e Sioux na Batalha de Little Big Horn, em 1876.

VIDEOGAME E VIOLÊNCIA

O título do jogo claramente faz alusão à derrota de Custer, mas é bem provável que nem o mais criativo dos leitores que o desconheça poderá imaginar no que consiste a "vingança" da qual o jogador é encarregado.

Como é mais do que previsível, trata-se de um desastre em todos os sentidos possíveis e imagináveis: a jogabilidade de *Custer's Revenge* consiste basicamente em controlar o personagem e fazer com que ele se desvie de flechas indígenas até chegar à nativa, que se encontra amarrada em um poste. Uma vez que a atinge, Custer a estupra, ato pelo qual o jogador é recompensado com pontos.

Não é difícil perceber por que o game foi objeto de inúmeros protestos, claramente justificados: a liberdade de expressão criativa não autoriza manifestações de desprezo pelo outro, sejam elas eletrônicas ou não.

Pela primeira vez desde 1976, um jogo se envolvia em uma polêmica de grandes proporções. E dessa vez isso era plenamente compreensível. Não só pelo conteúdo, mas pelas próprias circunstâncias que cercaram o lançamento de *Custer's Revenge* e que agravam ainda mais o absurdo da situação.

Tom Moriarty, da revista *Videogaming and Computergaming Illustrated*, relata que em outubro de 1982, enquanto a imprensa e os distribuidores estavam reunidos no New York Hilton a fim de assistir à apresentação do jogo, cerca de duzentas e cinquenta pessoas protestavam do lado de fora.

Kristin Reilly, líder da Women Against Pornography, organizou os protestos, com ajuda da National Organization of Women e da American Indian Community House.

Entrevistada por Moriarty, Kristin declarou que o jogo apresenta a imagem de um branco estuprando uma indígena presa a um poste. Logo que a polêmica começou, a empresa negou que se tratava de estupro, afirmando que as imagens demonstram consentimento mútuo, o que ela considerou uma tolice.[94]

Mas o detalhe mais surpreendente é que a AMI havia convidado propositalmente membros de organizações dedicadas à causa das mulheres e dos indígenas para uma prévia do game, antes do evento no New York Hilton.

É óbvio que todos consideraram *Custer's Revenge* deplorável e se sentiram manipulados: a empresa deliberadamente buscou publicidade gratuita para o jogo, tentando reproduzir a controvérsia que inadvertidamente impulsionara o sucesso de *Death Race* no mercado, sete anos antes.

Muitos dos presentes preferiram se calar sobre o game. Mas alguns representantes decidiram protestar publicamente, como o fez Virgina Cornue, da NOW: "O jogo é racista e vulgar; diz que é aceitável estuprar mulheres indígenas", declarou ela.[95]

Phil Seitz, representante da AMI, declarou: "Não é pornografia. É para ser engraçado. É bem leve perto dos filmes pornôs que estão por aí." A empresa alegou que o jogo não seria comercializado para menores.[96]

Custer's Revenge era vendido por 49,95 dólares, ou seja, 15 dólares a mais do que qualquer jogo licenciado da época. A ganância da distribuidora é absolutamente impressionante. De certo modo, pode-se dizer que foi até satisfeita: o game vendeu 80 mil cópias, mais do que qualquer outro da empresa. Claro que os números encolhem diante dos sucessos da Atari, que chegaram a vender mais de um milhão de unidades. Mas mesmo assim foi uma marca inédita para a AMI.

Custer's Revenge também gerou polêmica no Canadá, que foi retratada em uma matéria da rede de televisão CBC.[97]

Como na época pouco se conhecia sobre os consoles e os games, a própria Atari foi alvo de protestos, embora não tivesse relação com o desenvolvimento do jogo, e decidiu processar a Mystique e a AMI, que ainda lançaram mais dois jogos de qualidade duvidosa (*Beat 'Em and Eat 'Em* e *Bachelor Party*) antes de finalmente encerrarem suas operações.[98]

Michael Moone, representante da Atari, disse que a companhia, como o público em geral, estava ultrajada com o jogo: "A Atari não autoriza o uso de sua tecnologia [...] seus produtos são voltados ao entretenimento familiar." Lois Red Elk, do American Indian Movement, afirmou que o jogo é "absolutamente enojante". Não foi diferente a opinião de Michael Bush, também do American Indian Movement. Ele declarou que o jogo "reforça estereótipos dos indígenas americanos como não humanos".[99]

O designer do game, Joel Miller, negou que exista estupro: "Ele a seduz, mas ela é uma participante voluntária."[100] Mas nem a imprensa especializada estava disposta a dar crédito a essa afirmativa, nem na época nem hoje. Tyler Nagata, do site GamesRadar, acertadamente considerou *Custer's Revenge* o mais ofensivo e desprezível jogo de todos os tempos: além de combinar racismo e machismo, trata de forma leviana um genocídio e inclui estupro.[101]

Apesar da polêmica, a AMI não se entregou facilmente: moveu um processo de onze milhões de dólares contra o condado de Suffolk, em Nova York, e contra Philip Nolan, autor de uma resolução local que proibiu a venda e a distribuição de *Custer's Revenge*. A reação da AMI foi objeto de atenção da revista *Billboard*, na edição de 11 de dezembro de 1982. A grande mídia fez ampla cobertura do assunto.

No entanto, embora seja difícil quantificar e comparar a extensão da indignação contra *Death Race* e *Custer's Revenge*, minhas pesquisas parecem indicar que o primeiro surpreendentemente gerou muito mais atenção na grande mídia. As razões para essa aparente desproporção de tratamento merecem alguma especulação. Afinal, não há nenhuma dúvida quanto ao fato de que *Custer's Revenge* merecidamente foi repudiado, tanto pelo conteúdo do jogo quanto pelo comportamento antiético de sua distribuidora. *Death Race* certamente não merecia o mesmo nível de reprovação, se é que merecia algum. No caso de *Death Race* pode-se falar em pânico moral, que decerto não é aplicável a *Custer's Revenge*.

Um dos fatores que possivelmente explica a menor atenção dedicada a *Custer's Revenge* é a crescente familiaridade do público com os jogos eletrônicos. Muita coisa mudou de 1976 para 1983. Os consoles caseiros se tornaram bastante populares. Atari 2600, Intellivision e Colecovision disputavam de maneira acirrada um mercado em expansão, em um período que antecede a primeira grande crise da indústria dos games. Mas esse critério não explica como o pânico moral continuou a se difundir nos anos posteriores e, portanto, parece de pouca valia, ainda mais considerando que *Custer's Revenge* motiva indignação mais do que justificada. É provável que a explicação seja pouco reconfortante: a categoria "pedestre" é muito mais universal que a categoria "mulher indígena", ainda mais em uma imprensa majoritariamente composta por homens brancos. Também não é possível ignorar a popularidade das narrativas de justificação da colonização americana, sobretudo no cinema. De algum modo, a violência do jogo estava "acobertada" por uma narrativa "vitoriosa", embora inexista, salvo melhor juízo, uma justificação tão extensiva para o extermínio indígena que faça até do estupro algo aceitável, como se fosse espólio de guerra do vencedor em combate.

De qualquer forma, é possível que isso tenha contribuído de algum modo para atenuar a revolta contra o jogo, que mesmo assim foi muito forte, particularmente em função da atuação de ativistas, que chegaram a conseguir que o game fosse banido em Oklahoma. A oposição mais forte partiu de associações comprometidas com os interesses das mulheres e dos nativos americanos, que chamaram a própria Atari para a briga.

Mas se na época não existia ainda uma sensibilidade tão difundida quanto a essas questões, o mesmo não pode ser dito do contexto contemporâneo, inclusive na imprensa que se dedica aos games. Em uma matéria de 2011, Luke Plunkett, do site especializado Kotaku, escreveu que "uma coisa é fazer um jogo com conteúdo adulto. Existe um mercado para sexo nos jogos eletrônicos e os desenvolvedores têm o direito de explorá-lo. Mas não há desculpa para produzir um jogo cujo objetivo é o estupro, como não há desculpa para fazer um jogo que desdenha da luta de um povo que já viu sofrimento suficiente nos últimos quatrocentos anos".[102]

Uma opinião mais do que certeira, sem dúvida. E seria mais do que suficiente. Mas a história de infâmia de *Custer's Revenge* não termina aqui, por incrível que pareça.

No fim de 2014, a designer indígena Elizabeth LaPensée descobriu que um *remake* do jogo havia sido feito e encabeçou uma campanha contra ele no Twitter. LaPensée contou que o game fez com que ela chorasse e se sentisse enojada: "Eu respeito seu direito de existir, mas para mim é impossível entender como alguém pode considerar que esse jogo tenha qualquer valor cultural para quem quer que seja", disse ela.[103]

Definitivamente, não há como discordar. Nada mais precisa ser dito sobre *Custer's Revenge*: fica claro que o conceito de pânico moral não

VIDEOGAME E VIOLÊNCIA

é aplicável a ele. A questão aqui não é de medo irracional diante de supostos efeitos nocivos que um game tem o potencial de causar, mas de conteúdo abertamente discriminatório que extrapola os limites compreendidos pela liberdade de expressão, ao mediar uma mensagem de ódio e desprezo pela cultura indígena e pela mulher, em busca de lucro fácil e polêmica deliberada.

Custer's Revenge jamais deveria ter chegado ao mercado. Mas não havia nenhuma instância de controle prévio de conteúdo dos games, fosse ela estatal ou não. Somente uma década depois uma iniciativa semelhante surgiria, como discutirei em breve. De qualquer modo, a revolta contra o game era justificada, mas ninguém o responsabilizou por qualquer estupro que tenha acontecido na época.

São dois níveis distintos de compreensão. Uma coisa é a eventual condenação do conteúdo de um jogo, o que até pode ser acertado algumas vezes, embora na imensa maioria não seja; outra coisa bem diferente é afirmar que existe uma relação de causa e efeito entre um game e um episódio de violência real, expressão máxima da intenção de disseminação de pânico moral e construção deliberada de bodes expiatórios.

O leitor verá que com o tempo a alegação dessa conexão tornou-se surpreendentemente rotineira, constituindo-se em elemento argumentativo central da abordagem jornalística de inúmeros episódios de violência.

Mas estamos apenas na gênese do pânico moral em torno dos games. Ainda temos muito terreno a percorrer antes de alcançarmos as fases decisivas dessa aventura.

A próxima etapa dessa pequena história remete a 1986, quando a desenvolvedora Exidy novamente lançou um jogo violento e polêmico, cerca de dez anos depois de *Death Race*. Mas se este entrou para a história em razão da histeria injustificada que o cercou, o mesmo não pode ser dito de *Chiller*. Não são poucos os jornalistas da imprensa especializada que consideram que uma fronteira foi cruzada, ainda que não de forma tão aguda como em *Custer's Revenge*.

Quando chegou aos *arcades*, *Chiller* gerou bastante controvérsia. E não é possível dizer que ela foi inteiramente gratuita. A jogabilidade de *Chiller* consiste em mutilar e matar vítimas indefesas, que sequer podem reagir, algo reservado a pouquíssimos personagens do jogo. Considerado por muitos o mais violento jogo de fliperama de todos os tempos, *Chiller* inclui instrumentos de tortura do período medieval, relembrando as práticas persecutórias de extermínio de hereges da Santa Inquisição, e cenários típicos de filmes de terror.

A própria forma de interação do jogador com *Chiller* favorecia a polêmica que o cercou, visto que o controle não é o tradicional *joystick*, mas uma pistola virtual (*light gun*). Quando o jogador dispara e atinge os instrumentos de tortura a que as vítimas estão presas, as máquinas partem as pessoas ao meio, ou – na melhor das hipóteses – as desmembram. Não é necessária muita habilidade: os "alvos" sequer se movem. Decididamente, as coisas tinham mudado muito desde o clássico *Carnival*, da Sega.

Como se isso não bastasse, também existe a opção de atirar nas vítimas diretamente, o que resulta em grandes quantidades de sangue. Na segunda fase do jogo é até possível fazer com que uma mulher se afogue em um rio de sangue. Repetitiva e enojante: eis a jogabilidade de *Chiller.*

Apesar dos gráficos rudimentares para os parâmetros atuais, a tecnologia havia avançado muito em relação a *Death Race* e *Custer's Revenge. Chiller* pode ser considerado o primeiro jogo que reproduz violência de maneira relativamente realística, em quatro telas diferentes que correspondem aos estágios nos quais se desenrola a galeria de tiro. Por outro lado, é um jogo visivelmente preguiçoso e calcado no elemento de choque: os cenários e os personagens praticamente não são animados. Decerto ele não é o melhor exemplo do que foi capaz a produtora Exidy, em mais de uma década de existência.

O game pode ser considerado precursor da violência gráfica de *Mortal Kombat*, embora visivelmente a exceda, já que não apresenta nenhum contexto de justificação: é violência gratuita, simplesmente. Não há dúvida de que *Chiller* atingiu um patamar até então inédito. Nenhum game havia retratado tortura e violência de maneira tão intensa: as "vítimas" gritam de dor quando seus membros são decepados. A ousadia da fase "câmara de tortura" provavelmente não foi superada até hoje por um produto comercial interativo de grande escala.

VIDEOGAME E VIOLÊNCIA

Não é difícil imaginar por que muitas pessoas se sentiram incomodadas diante das premissas de *Chiller*: o jogo foi acusado de tratar de forma leviana temas bastante sérios, sem apresentar nenhuma justificação contextual que de algum modo suavizasse a intensidade de suas imagens.

Apesar de tudo isso, curiosamente ele não recebeu a mesma atenção negativa que *Death Race*, o que em alguma medida pode ter relação com o fato de o cenário não ser contemporâneo e estar repleto de elementos sobrenaturais. Não existia um cenário legítimo para a violência, seja ele policial, militar ou mesmo o dos faroestes. Mas como *Chiller* remetia a uma realidade muito distante da vida das pessoas, ao contrário de *Death Race*, cujo contexto era extremamente familiar, jamais provocou reações tão intensas. Também não havia nenhum "alvo" social concretamente definido, como em *Custer's Revenge*, que desrespeitava mulheres e nativos americanos. Por outro lado, é possível que a explicação mais convincente seja seu fracasso comercial: o jogo nunca chegou a ser popular nos fliperamas, como *Death Race* havia sido. Steven Kent aponta que *Chiller* vendeu bem em países do Terceiro Mundo, mas que nos Estados Unidos muitos proprietários de *arcades* se recusaram a trabalhar com ele. Para Kent, isso demonstra que a própria indústria se policiou. Mas do outro lado do Atlântico, a polêmica foi mais intensa: *Chiller* foi banido no Reino Unido.[104] Não que isso seja inteiramente surpreendente para um jogo estruturado em torno do emprego de tortura, mas salvo melhor juízo, trata-se de uma das primeiras iniciativas do gênero no mundo.

Como justificar um game cuja jogabilidade consiste na tortura de seres humanos por meios cruéis? Será *Chiller* um meio de realização das mais sombrias fantasias que habitam nosso inconsciente? De algum modo ele poderia ser uma válvula de escape para nossos desejos mais sinistros?

Convenhamos: comprar fichas para um jogo assim parece algo tétrico demais até para o mais insensível dos espíritos. A história recente está repleta de relatos traumáticos de pessoas torturadas por regimes políticos ditatoriais. Não é possível dizer que a tortura foi erradicada por completo do mundo contemporâneo. Violações de direitos humanos não se prestam a banalizações para o entretenimento alheio. É um tema delicado, que foi tratado de forma completamente irresponsável pela Exidy. E essa não é uma leitura que parte de mães horrorizadas com *Chiller*: é um diagnóstico compartilhado por inúmeros membros da imprensa especializada em games.

Brett Elson, do GamesRadar, disse que *Chiller* é chocantemente grotesco.[105] Para Levi Buchanan, do IGN, ele não merece nada além de desprezo: o jogo é enojante. Seu único mérito consiste em chocar as pessoas, o que de fato conseguiu. Buchanan pondera que se filmes como *O albergue* e *Jogos mortais* agradam ao leitor, pode ser que ele goste de *Chiller*. Caso contrário, considere que este foi um dos títulos que ajudou a "baixar o nível" dos games e, logo, dar munição aos seus detratores. Para Buchanan, é irônico que *Chiller* tenha passado quase despercebido nos Estados Unidos, enquanto *Mortal Kombat* e *Night Trap* despertaram atenção dos políticos, como veremos logo adiante.[106]

Quando *Chiller* foi lançado para o console de videogame Nintendo Entertainment System, em 1990, houve uma tentativa deliberada de aliviar a violência do jogo: as "vítimas" eram descritas como "mortos-vivos" na embalagem e no manual. A estratégia adotada demonstra que a produtora tentou estabelecer um contexto de legitimação para a violência gratuita que caracterizava o jogo. No entanto, os gráficos claramente indicam o contrário: apesar da perda de qualidade em relação à versão que chegou aos *arcades*, os cenários permaneciam idênticos aos originais.

O jogo foi lançado pela American Game Cartridges e não contava com a licença oficial da Nintendo, o que era expressamente indicado na caixa do game, repetindo em outro console a mesma situação que ocorrera com *Custer's Revenge*, ainda que sem gerar muita atenção. *Chiller* fracassou em todos os sentidos possíveis. O jogo "redefinido" passou relativamente despercebido e não chegou a causar impacto na mídia: suas vendas foram insignificantes. Como não era um jogo oficial, não contava com distribuição nos canais habituais e isso prejudicou sua difusão, além de ser uma péssima conversão do original (que já era ruim). Uma vez que não havia sido bem-sucedido nos *arcades*, acabou relegado ao esquecimento, relembrado apenas em listas nada honrosas de jogos desprezíveis.

VIDEOGAME E VIOLÊNCIA

Poderíamos parar por aqui. Mas, infelizmente, o *hall of shame* dos games, como é chamado pela imprensa especializada, não se restringe a *Custer's Revenge* e *Chiller*.

Como mostrarei na Fase 4, existem outros jogos que ultrapassaram todos os limites e podem ser considerados elementos de uma cultura de ódio, tão inaceitável no universo dos games quanto em qualquer outro que porventura possam aparecer.

PRENÚNCIOS DE UMA CRIMINALIZAÇÃO CULTURAL FUTURA: FLERTES INICIAIS COM A TEMÁTICA DO CRIME NOS GAMES

Até o momento já falei de atropelamentos, estupros e tortura. Definitivamente, não se poderia esperar algo muito diferente de um livro que trata da relação entre videogame e violência. Se as coisas continuarem seguindo esse rumo, é possível que algum pesquisador acuse a obra de dessensibilizar os leitores para violência, o que seria uma incrível ironia do destino. Brincadeiras à parte, imagino que o leitor esteja sedento por uma temática em particular, que se transformou em um dos enredos prediletos das narrativas dos games contemporâneos: o submundo do crime.

Muitas das questões que chamariam a atenção da grande mídia nas décadas seguintes já faziam parte da jovem história dos jogos eletrônicos, ainda que não causassem a comoção e a histeria típicas das abordagens atuais. Quem é gamer há bastante tempo sabe que existe uma história muito rica de exploração do universo do delito nos jogos eletrônicos, cujo maior expoente é, sem dúvida, a série *Grand Theft Auto*. Os confrontos entre criminosos e policiais praticamente se confundem com a história do videogame, remetendo aos fliperamas e ao clássico console Atari 2600.

Provavelmente o primeiro jogo a ter essa temática foi *Lock 'n' Chase*, lançado em 1981. Ele chegou ao mercado um ano depois de *Pac-Man* e pode ser considerado uma cópia dele, com a diferença básica de que é um ladrão que foge de policiais em um labirinto, coletando moedas e tesouros. Apesar de colocar o jogador no papel de bandido, os gráficos rudimentares e a premissa simples de *Lock 'n' Chase* não causaram polêmica, seja na versão que chegou aos fliperamas ou na adaptação posterior para consoles de videogame caseiros.

A jogabilidade de *Pac-Man* se presta muito facilmente a essa adaptação um tanto quanto oportunista, mas o cenário é tão simples que não parece suscitar nenhuma conexão direta com a realidade. O game nunca chegou a ser um sucesso e passou completamente despercebido do grande público, apesar de claramente "inverter os papéis", o que seria inaceitável para círculos conservadores. Se tivesse alcançado maior difusão, talvez a história tivesse sido diferente, mas o fato é que isso não passa de especulação. *Lock 'n' Chase* sempre terá a honra de ter inaugurado a jogabilidade centrada no bandido e de ter conseguido a proeza de fazer isso sem atrair o estigma decorrente do processo de criminalização cultural.

De qualquer modo, o gamer não personificou sempre o ladrão: várias vezes os jogadores desempenharam o papel de policiais e interagiram com as criações dos designers plenamente amparados por narrativas sedimentadas de legitimação da violência.

É o caso de *Keystone Kapers*, inspirado na série de filmes mudos *Keystone Cops*, do início do século XX. Trata-se de um jogo para Atari 2600, lançado em 1983. A jogabilidade é bastante simples: um guarda controlado pelo jogador persegue um ladrão dentro de uma loja de departamentos, devendo capturá-lo antes que consiga escapar. Quando o jogador alcança o ladrão, é recompensado com pontuação correspondente ao tempo restante no cronômetro.

Como era de esperar, *Keystone Kapers* também não provocou nenhuma controvérsia. O jogo não fazia mais do que trazer para um ambiente virtual e de forma bastante simples as brincadeiras infantis de polícia e bandido. E o jogador sempre controlava o policial, um detalhe muito importante. Se *Lock 'n' Chase* flertava com o desastre e não teve problemas, *Keystone Kapers* não tinha por que se tornar objeto de preocupação e até foi muito bem-sucedido.

Também é digna de menção a franquia *Police Quest* de jogos para computador, desenvolvida pela Sierra. Os três primeiros jogos da série

VIDEOGAME E VIOLÊNCIA

foram projetados por Jim Walls, um ex-policial. Os restantes foram projetados por Daryl F. Gates, que comandou a polícia de Los Angeles. Os games são bastante realísticos e muitos dos desafios exigem procedimentos policiais autênticos para serem resolvidos.

É claro que a série jamais enfrentou problemas: o contexto de legitimação da autoridade policial facilmente eliminou qualquer restrição moral que pudesse ser feita ao jogo. Além disso, os jogos de computador, que tinham narrativas muito mais sofisticadas, voltadas para o público adulto, praticamente não despertavam o interesse da grande mídia, "voando por baixo do radar" dos guardiões da moral.

Mas esse era apenas o começo de uma longa história de pânico moral e implicações em acontecimentos assustadoramente reais. Como veremos na Fase 3, as coisas mudaram. E muito.

Foi com o jogo *Bonanza Bros.*, lançado originalmente para os *arcades* pela Sega e depois adaptado para os consoles Master System e Genesis/Megadrive no início da década de 1990, que os primeiros fantasmas começaram a assombrar o gênero. O objetivo do jogador ou jogadores consiste em saquear bancos, cassinos, galerias de arte e mansões, eventualmente fugindo com os objetos roubados e enfrentando guardas em inúmeras missões.

Não é preciso muito esforço para imaginar que algumas pessoas interpretariam que o jogo era perigoso para a formação moral de gamers mais jovens. Apesar de os gráficos do game não serem nada sérios, não há dúvida de que *Bonanza Bros.* tem "qualidades" que *Lock 'n' Chase* não tinha: suas missões eram suficientemente elaboradas para despertar a cólera de reacionários culturais com enorme facilidade.

Com certeza o jogo deve ter suscitado uma onda de objeções nos Estados Unidos, não é mesmo? Estaríamos diante de um novo *Death Race* e da fase dois do pânico moral em torno dos games?

Negativo. *Bonanza Bros.* nunca foi objeto de atenção da imprensa, nem sequer foi alvo de nenhuma cruzada moral de qualquer espécie. O motivo é bastante simples: a história do jogo foi completamente modificada nas versões ocidentais do game. A polêmica não foi deflagrada nos Estados Unidos pelo simples fato de que praticamente "outro jogo" foi lançado no país. A própria Sega se encarregou de exercer uma "censura prévia" que decerto teve como objetivo evitar a controvérsia que *Bonanza Bros.* possivelmente geraria.

A forma que essa "censura" assumiu não é nada menos que fascinante. Se na versão japonesa os irmãos são ladrões, na americana eles estão "testando os sistemas de segurança" dos prédios e ajudando a polícia a "recuperar indícios". É a descrição do game que consta no manual, pelo menos. Mas é uma reviravolta no mínimo mirabolante, já que modifica completamente o sentido da atividade dos "irmãos Bonanza": a própria expressão *bonanza* indica a existência de uma grande quantidade de algo extremamente valioso. Em outras palavras, com a troca do enredo original do jogo, o título (que foi mantido) deixou de ser condizente com a atividade que o jogador desenvolve.

O mais surpreendente de tudo é que com a inusitada mudança introduzida na versão ocidental, a história de *Bonanza Bros.* deixa de fazer sentido: se eles estão apenas testando sistemas de segurança, como explicar que quando os "irmãos" falham em uma missão aparecem algemados e claramente "atrás das grades"? Será que eles também estão "auxiliando a polícia" a compreender a dinâmica contemporânea da pena privativa de liberdade?

Convenhamos que isso parece absolutamente inverossímil. Ao que tudo indica, a Sega inteligentemente preferiu uma saída elegante, ainda que levemente desastrada, para escapar das controvérsias que *Bonanza Bros.* poderia causar nos Estados Unidos. Preferiu exercitar a precaução e evitar que sua imagem fosse associada a um jogo que poderia ser interpretado como "incentivador de delitos" e promotor de "degeneração da juventude". Não é preciso muito esforço para imaginar o furor que um game com essas características causaria, já que ele é extremamente vulnerável ao processo de criminalização cultural. E a estratégia deu certo: salvo melhor juízo, *Bonanza Bros.* passou despercebido pela grande imprensa.

Lock 'n' Chase, Keystone Kapers e *Bonanza Bros.* são jogos que retratam o mundo do crime de forma relativamente "inocente" e "inofensiva". *Police Quest* era muito mais maduro, mas colocava o jogador no papel

VIDEOGAME E VIOLÊNCIA

de "braço forte da lei" e não tinha por que causar preocupação. Com o tempo o tom mudaria completamente, suscitando objeções que envolveriam os games em intermináveis controvérsias, como veremos adiante.

Uma rápida recapitulação mostra que ainda era tímido o processo de criminalização cultural. *Death Race* foi visto com maus olhos, mas nunca foi acusado de ter causado um atropelamento real. Mesmo *Custer's Revenge* e *Chiller* nunca foram diretamente relacionados à prática de estupros ou de tortura na grande mídia, com apenas uma exceção: em 1986, a ativista feminista Andrea Dworkin acusou *Custer's Revenge* de ter sido responsável por um estupro, reproduzindo até um relato de uma suposta "vítima do jogo". O texto foi originalmente publicado na revista feminista alemã *Emma* e levou anos até chegar aos Estados Unidos, perdendo relevância no que dizia respeito ao jogo, já fora do mercado. O próprio Atari 2600 praticamente havia saído de cena, salvo em países como o Brasil.[107]

O mesmo pode ser dito de outros jogos violentos do período, como *Splatterhouse*, que foi lançado originalmente nos fliperamas e depois chegou aos consoles caseiros sem causar qualquer histeria, apesar dos cenários demoníacos e da grande quantidade de "sangue".

Os jogos eletrônicos viviam ainda sua infância e eram tidos como brincadeira de criança. Causavam comoção somente quando certos limites eram ultrapassados, o que era muito raro, até em função de quão rudimentar era a tecnologia. Como vimos, um somatório complexo de condições foi necessário para gerar a histeria em torno de *Death Race*. E esse cenário não se repetiu tão cedo, fazendo com que as cruzadas morais contra os games tivessem uma proporção comparativamente reduzida diante do impacto inicial, embora jamais tenham desaparecido por completo.

Literalmente centenas de jogos eram produzidos a cada ano, sem despertar qualquer atenção negativa da grande mídia. E isso apesar da desconfiança que boa parte do público nutria em relação aos games por causa das sementes plantadas com o escândalo de *Death Race* e as cruzadas movidas por Ronnie e seus companheiros.

O cenário da década de 1980 era relativamente tranquilo. Os consoles eram muito primitivos e os jogos de computador – que eram muito mais sofisticados – faziam parte de um universo que era de pouco interesse para a grande mídia, que mal sabia que ele existia.

Mas no início da década de 1990 as peças foram rearranjadas no tabuleiro e o jogo ganhou outra dimensão.

MORTAL KOMBAT, NIGHT TRAP *E O SURGIMENTO DA ESRB:*
ENTRA EM CENA O SEGUNDO ESTÁGIO DO PÂNICO MORAL

A compreensão do sentido do entretenimento eletrônico interativo somente começou a se modificar de forma substancial nos anos 1990, apesar de vários jogos de computador terem explorado temáticas adultas ainda na década de 1980. É o caso da série *Ultima*, que retrata um conjunto de dilemas morais muito antes de essas temáticas efetivamente se tornarem relevantes nos jogos contemporâneos.

Apesar dos primeiros indícios, o tempo do grande pânico moral ainda não havia chegado: *Death Race* parecia um episódio relativamente isolado de histeria massiva. Mas, com o passar do tempo, a imprensa passou a fomentar medo e produzir sensação de insegurança, o que não é por acaso: o medo vende. Não são poucos os teóricos que consideram que a grande mídia faz parte da indústria do entretenimento: ela vende um produto, que é a notícia. É comum que ao "fabricar" esse produto ela se valha de estratégias de maximização de demanda e de sedução do potencial consumidor. Submetida às pressões do mercado, muitas vezes a grande mídia produziu narrativas dramáticas e repletas de forte teor moral.[108]

De qualquer modo, a relação de causa e efeito permanecia como questão latente em um discurso sensacionalista que ainda não havia ultrapassado a fronteira entre a condenação do conteúdo e a conexão direta de causalidade entre universos tão distintos como a violência virtual e a violência real. Ainda não havia sido produzido o mito da relação de causalidade entre videogame e violência.

VIDEOGAME E VIOLÊNCIA

Seria necessário um ingrediente a mais na receita do pânico moral para superar esse limite: um caso emblemático no qual os games fossem elementos importantes da vida dos protagonistas e em que a violência em alguma medida se assemelhasse à sua representação em um jogo eletrônico. Seria preciso que ocorresse um evento impactante, uma tragédia em grande escala, para que o pânico moral alcançasse sua forma mais aperfeiçoada.

No final dos anos 1990, esse tipo de caso começou a surgir, despertando um interesse cada vez maior pela questão e motivando o surgimento de inúmeros estudos científicos que começaram a explorar extensivamente a hipótese de causação, como mostrarei adiante.

Mas antes que esse limite fosse ultrapassado, *Mortal Kombat* chegou aos fliperamas americanos em 1992, modificando para sempre as regras do jogo e abrindo as comportas para que a representação realística de violência se tornasse um componente rotineiro nos games contemporâneos. Trata-se de um jogo de luta corporal no qual é possível combater contra um adversário virtual ou contra um adversário controlado por outro jogador. Ainda que não fosse o primeiro jogo de luta a apresentar gráficos digitalizados, a jogabilidade de *Mortal Kombat* era muito superior à de *Pit Fighter*, um jogo que fez sucesso, mas cujo atrativo passava rapidamente após o impacto inicial.

O impacto do jogo foi profundo e inegável. Produzido pela Midway Games, *Mortal Kombat* gerou inúmeras sequências e pode ser encontrado em praticamente todos os consoles de videogame desde a década de 1990 até hoje. A série alcançou status de fenômeno cultural, gerando filmes, desenhos animados, seriados e revistas em quadrinhos.

É difícil determinar se a enorme polêmica em torno do game foi decisiva ou não para seu sucesso, embora ela sem dúvida tenha contribuído. Diferentemente de *Death Race, Custer's Revenge, Chiller* e outros títulos já referidos, *Mortal Kombat* é considerado um grande jogo pelo público gamer, ainda que talvez jamais tivesse tido tanta exposição se não fosse pelo elevado nível de violência: as *fatalities* permitem arrancar a cabeça e a coluna dos adversários, o que invariavelmente é acompanhado de enormes quantidades de sangue. A história do jogo, com a qual os

SALAH H. KHALED JR.

frequentadores dos *arcades* raramente tomavam contato, decerto não se encaixa nas narrativas de legitimação de violência que referi anteriormente, embora transcorra dentro de um contexto de fantasia que de certo modo a justifica como parte de um cenário de ficção.

O jogo decididamente é um fenômeno: *Mortal Kombat* penetrou de tal forma na cultura ocidental que o termo *fatality* inclusive extrapolou a comunidade gamer, assim como a expressão *finish him*, indicativa do momento de "finalização" do adversário, que é executado de modo implacável. Steven Kent considera que a aniquilação do oponente se transformou em uma forma de arte com *Mortal Kombat*: arrancar o coração do adversário pode ser algo extremo, mas certamente contribuiu para a popularidade do jogo. Não é por acaso que ele usou o trocadilho *Monetary Kombat* para descrevê-lo.[109] Em 1995, a franquia já havia faturado mais de um bilhão de dólares.[110]

Originalmente planejado como um jogo estrelado por Jean Claude Van Damme, a série transcorre em um universo fictício que consiste em dezoito realidades criadas pelos Deuses Anciãos. O primeiro jogo da série ocorre na realidade terrestre: sete diferentes guerreiros participam de um torneio no qual entraram por seus próprios motivos. O prêmio consiste na preservação da liberdade de sua própria realidade.

Mas não é a história do jogo que fez com que ele se tornasse um marco na história dos games. Os gráficos de *Mortal Kombat* eram verdadeiramente revolucionários para um game do gênero, rompendo com os tradicionais cenários e personagens com estilo de desenho animado, típicos da série *Street Fighter*, e empregando um sistema de digitalização que produziu imagens com um grau de realidade inédito para um jogo de luta até então.

Os elevados índices de violência virtual com certeza contribuíram para que o jogo alcançasse sua enorme popularidade, que em grande medida se mantém até hoje, embora provavelmente o auge da série já tenha passado.

De acordo com Greg Kasavin, editor do site GameSpot, *Mortal Kombat* era difícil de ser ignorado, mesmo em um cenário competitivo como o da cena *arcade* dos anos 1990. Para ele, foi o primeiro jogo

VIDEOGAME E VIOLÊNCIA

que reproduziu de forma realística conteúdo violento, o que para muitos adultos representava o verdadeiro motivo pelo qual adolescentes e crianças eram fascinados por ele, apesar de os fãs insistirem que o que mais importava era a jogabilidade.[111]

A décima edição do game trouxe uma revolução gráfica impressionante. *Mortal Kombat X* foi apresentado ao público na edição de 2014 da E3, o maior evento da indústria dos games, realizado todos os anos nos Estados Unidos. As inovações da edição mais recente da série são significativas: representações virtuais de violência extrema, com modelos em 3D renderizados no aspecto ósseo e muscular. A fidelidade gráfica atingiu um patamar jamais visto até então. Não foram poucos os críticos especializados que manifestaram desconforto diante da intensidade e brutalidade das execuções, demonstrando que a série parece ter ultrapassado até mesmo as expectativas de violência decorrentes do histórico de *fatalities* sangrentas que sempre a caracterizou. E isso em 2013. Imagine o impacto que o jogo causou em 1992.

Por mais que se possa argumentar que a violência é o critério que definiu o sucesso da série, o fato é que outros jogos tentaram reproduzir o *blueprint* sangrento de *Mortal Kombat* e falharam miseravelmente nos fliperamas, como é o caso de *Time Killers* e *Bloodstorm*, por exemplo. Brett Elston, do site GamesRadar, disse que não é por acaso que os dois jogos são tão violentos: são péssimos.[112]

São inúmeros os exemplos de games violentos que não foram bem-sucedidos, mas mesmo assim muitas pessoas permanecem insistindo que a violência é um ingrediente que assegura sucesso no mercado.[113]

No entanto, a história comprova: nenhum jogo ruim jamais foi capaz de alcançar sucesso somente com base na representação gráfica de violência e na busca intencional de polêmica. Nenhuma maquiagem é capaz de mover produtos de má qualidade das prateleiras. E como não fizeram sucesso, tais jogos jamais chamaram a atenção da grande mídia.

De qualquer modo, apesar do elevado índice de violência de *Mortal Kombat*, o jogo não gerou muita polêmica enquanto esteve restrito aos *arcades*. Foi com a licença obtida pela Acclaim para lançar o jogo nos consoles que a discussão em torno dele ganhou impulso, em 1993.

Na versão do jogo para Super NES (Super Nintendo Entertainment System), a violência foi minimizada: o sangue foi substituído por suor e as *fatalities* foram discursivamente atenuadas para *finishing moves*, com redução significativa da brutalidade. Como empresa tradicionalmente comprometida com o entretenimento familiar, a Nintendo exigiu que precauções fossem tomadas para que o jogo não causasse um levante moralista contra si própria. Mas a concorrente Sega não foi tão cautelosa: na versão para Sega Genesis (console conhecido como Megadrive no Brasil), era possível incluir sangue e *fatalities* com a inserção de um código, liberando o conteúdo violento.

A chegada de *Mortal Kombat* aos lares norte-americanos é sem dúvida um divisor de águas: a história do pânico moral em torno dos games mudou definitivamente por causa da série. A diferença entre as versões do jogo logo se tornou notória, gerando muita atenção na grande mídia. Proprietários do console Super NES chegavam a comprar o Sega Genesis para ter acesso à versão "completa" do game.

Em uma matéria publicada no *The News*, que trata da pouca quantidade de jogos desenvolvidos para o público feminino, uma garota de 10 anos disse que adorava *Sonic The Hedgehog*, mas que alguns dos games dos seus irmãos lhe davam calafrios: "Os outros jogos são tão violentos [...] em *Mortal Kombat* um personagem arranca a cabeça do outro [...] o pior é quando eles jogam no Sega, porque você vê mais detalhes. Mas eu não quero ver mais detalhes", disse ela.[114]

Reportagens clamando pelo banimento do jogo começaram a surgir com enorme rapidez nos Estados Unidos.

Uma matéria publicada na edição de 15 de setembro de 1993 do *Kingman Daily Miner* começa com uma pergunta singela: "Onde esse mundo vai parar?" A partir do foco em *Mortal Kombat*, o artigo acusa o jogo de *"dessensibilizar nossas crianças"* para a violência e aponta até um dado: um menino de 12 anos teria matado sua irmã "em combate", em Dallas, no Texas. O próprio jornalista não parece estar seguro das informações que compartilha, mas mesmo assim não hesita em fazê-lo: "Aparentemente o menino passava dias a fio jogando esse tipo de game", diz ele.[115]

VIDEOGAME E VIOLÊNCIA

O processo de criminalização cultural era novamente desencadeado e dessa vez a condenação não se restringia ao significado moral: a relação de causa e efeito entre videogame e violência já era explicitamente suscitada, ainda que no campo da suposição. O contraponto é utilizado como meio de garantir a "objetividade" do texto: um representante da Acclaim, empresa responsável pela conversão do jogo para os consoles, defende *Mortal Kombat*, dizendo que vários estudos mostram que jogos de artes marciais são bons para garotos, provendo um mecanismo para lidar com a agressão.[116] Mencionei esse argumento anteriormente como "teoria da válvula de escape", cujo mérito explorarei a seu tempo.

A matéria refere ainda uma declaração de um membro do National Center of Children, que tenta desacreditar o representante da Acclaim, indicando que "foi provado inúmeras vezes" que ver violência não elimina a agressividade de crianças; elas podem se mostrar menos tensas, mas não menos agressivas na aparência ou no comportamento. Se a condição de verdade dessa "prova" já é questionável, o redator do texto em questão é ainda mais ousado: para ele, os jogos incentivam a agressividade e a legitimam. Ao final da matéria, ele responde à pergunta que havia feito no início: "cabe a nós" evitar que crianças "se tornem o que veem".[117]

O empreendedorismo moral do autor é mais do que perceptível. E tudo em nome das crianças. Matéria-prima farta para a disseminação de pânico moral. O leitor já conhece a estratégia analítica empregada no texto do *Kingman Daily Miner*. São essencialmente os mesmos postulados que podem ser encontrados nas matérias que difundiram o pânico em torno de *Death Race*, dezessete anos antes. Os velhos medos retornavam. E com muito mais força do que antes. Dessa vez, as consequências foram ainda mais drásticas. O pânico instigado pela grande mídia saiu das páginas dos jornais e penetrou com força o âmbito político, repetindo décadas depois o ápice da cruzada contra os quadrinhos nos anos 1950. Os profetas do apocalipse novamente erguiam seus estandartes. Uma cruzada moral de grandes proporções estava sendo conclamada contra *Mortal Kombat* e seus potenciais efeitos criminógenos.

A polêmica na grande mídia em torno do jogo acabou motivando uma série de discussões visando regulamentar o conteúdo dos games no Senado norte-americano: em 1993, os senadores Joe Lieberman e Herb Kohl comandaram uma investigação sobre "violência nos jogos eletrônicos" e "corrupção da sociedade". Ao que tudo indica, a indústria dos games estava "irresponsavelmente promovendo jogos violentos para menores". Lieberman afirmou estar com a atenção voltada para jogos que "glorificam a violência e ensinam crianças a infligir as mais terríveis formas de crueldade imagináveis".[118]

Perceba como a fala indica o processo de criminalização cultural referido nas primeiras páginas desta Fase: Lieberman abertamente sustentava que os games tinham efeitos criminógenos. Os senadores praticamente reproduziam o discurso veiculado pela grande mídia, atuando em nome do "bem-estar da sociedade", o que certamente lhes renderia capital político. De fato, a situação é muito semelhante ao pânico em torno dos quadrinhos na década de 1950. E isso não é por acaso.

É comum que os políticos atuem de acordo com a pauta ditada pelos meios de comunicação massiva, o que faz com que o exercício de poder efetivo acabe sendo relativo ao atendimento das demandas midiáticas. Em suma, não importa tanto o *que se faz*, mas sim a *impressão do que se faz* e como isso pode se refletir na "opinião pública" posteriormente por meio de luzes midiáticas, o que do ponto de vista estratégico é muito importante para assegurar resultados positivos em futuras eleições. Como observou Thompson, a grande mídia tem a pretensão de ser porta-voz da opinião pública e os políticos costumam referir as opiniões difundidas pela imprensa como se fossem expressão imparcial da vontade popular, afirmando que atuam em nome dela.[119] Essa dinâmica possibilita uma economia de troca entre o campo jornalístico e o político, que é extremamente capacitada para a difusão de pânico moral e a ampliação de medos já existentes. Desse modo, é gestado um clima político propício para a criação de regras voltadas para pessoas, situações ou coisas, visando sua regulamentação, contenção ou sanção, configurando um meio de tratamento (geralmente bastante rigoroso) do que é constituído como bode expiatório para um problema concreto ou mesmo inventado. Chegamos, assim, ao segundo estágio do ciclo vital do pânico moral em torno dos games.

VIDEOGAME E VIOLÊNCIA

Figura 1.2 O segundo estágio do ciclo vital do pânico moral em torno dos games.

Com a intervenção do Senado na questão, o controle de conteúdo estatal parecia se insinuar perigosamente sobre a liberdade de expressão criativa das produtoras. Estava dado o pontapé inicial para que a liberdade absoluta dos criadores de games acabasse para sempre.

A cruzada contra *Mortal Kombat*, e por extensão contra os games em geral, havia adquirido proporções monumentais: a censura governamental era uma possibilidade bastante concreta e preocupante, o que era impensável alguns anos antes.

Em 1988, um representante da Software Publishers Association declarou que *softwares* adultos para computador não eram de interesse do governo, que havia acabado de conduzir a "caça às bruxas" do PMRC contra as gravadoras, sem chegar a resultado nenhum.

Quando algum jogo apresentava conteúdo "delicado", constava na capa apenas uma recomendação discreta de aviso. É o caso do jogo para PC *Leisure Suit Larry in the Land of Lounge Lizards*, um game de aventura com conotação sexual: uma simples indicação era mais do que suficiente.

Mas a polêmica gerada por *Mortal Kombat* mudou as regras para sempre: a questão deixou de pertencer somente aos debates jornalísticos e penetrou com força o campo político, com efeitos que são sentidos até hoje. Os games se tornaram objeto de preocupação de políticos interessados em zelar pela moral e pelos bons costumes, muitas vezes com consequências absolutamente desastrosas.

Se essa afirmativa parece incisiva, um caso em particular deixa isso muito claro. Poucos exemplos do impacto moralizante que decorre da percepção violenta do conteúdo de certos games são tão claros quanto a inclusão de *Night Trap* nos debates sobre a violência eletrônica no Senado norte-americano.

O jogo foi desenvolvido pela Digital Pictures, distribuído pela Sega e lançado em 1992 para o Sega-CD, um complemento para o videogame Genesis/Megadrive, da empresa em questão.

O diferencial de *Night Trap* era o emprego da tecnologia CD-ROM, que tornou possível pela primeira vez a utilização de vídeo com atores reais nos consoles, algo que se tornou muito difundido na primeira metade da década de 1990.

No jogo, que não é nada violento, diga-se de passagem, o jogador deve salvar várias universitárias que estão em uma casa repleta de vampiros. Para isso ele dispõe de um conjunto de câmeras, que lhe dão o poder de examinar o que acontece em cada quarto e eventualmente acionar armadilhas a fim de capturar os vampiros.

A jogabilidade de *Night Trap* é extremamente limitada, condição que decorre do uso de tecnologia de compressão de vídeo, comum a praticamente todos os jogos do estilo que a empregavam. Não é por acaso que o recurso foi quase abandonado por completo no novo milênio. Como disse Levi Buchanan, do IGN, *Night Trap* é um jogo que realmente assustaria crianças hoje em dia: elas se encolheriam de medo diante das

VIDEOGAME E VIOLÊNCIA

terríveis histórias de quem gastou trezentos dólares em um Sega-CD para ter o privilégio de jogar esse desastre interativo.[120]

De fato, independentemente do pânico em torno de *Night Trap*, trata-se de um jogo de qualidade bastante discutível. Não só a jogabilidade é de uma simplicidade extrema, como os cenários são precários, assim como a atuação das atrizes envolvidas. Na verdade, são atuações constrangedoras. Se não fosse pelo fato de ter sido incluído nas sessões que acabaram originando a Entertainment Software Ratings Board (ESRB), *Night Trap* provavelmente teria sido esquecido pela história, até porque fracassou no aspecto comercial, apesar da gigantesca visibilidade que alcançou na grande mídia. Como referi anteriormente, por maior que seja a exposição de um jogo em virtude de eventuais controvérsias, esse critério jamais foi suficiente por si só: para os gamers, o que interessa acima de tudo é a jogabilidade.

A inclusão de *Night Trap* nas discussões sobre violência nos games no Senado demonstra como a preocupação com o conteúdo dos jogos eletrônicos começava a ganhar cada vez mais força: o pânico moral em torno dos games encontra aqui mais um de seus momentos genéticos de nascedouro.

O mais curioso do episódio envolvendo *Night Trap* é que o conteúdo do jogo propriamente dito é irrelevante para a discussão em questão, já que nenhuma espécie de violência é executada pelo jogador contra as universitárias, que transitam na casa vestidas apenas de pijamas e camisolas, sem que exista qualquer indício de nudez, de violência de ordem sexual ou de qualquer outra espécie.

No entanto, isso não impediu que *Night Trap* despertasse a atenção do público. Ele era descrito pela mídia como "jovens sendo perseguidas por assassinos encapuzados que usam um dispositivo para extrair sangue de seus pescoços".[121]

Perigosamente criminógeno, não é mesmo?

Night Trap acabou fazendo parte das sessões de discussão no Congresso norte-americano sobre violência nos jogos eletrônicos, como se estivesse no mesmo patamar que *Mortal Kombat*, o que é completamente absurdo.[122]

As redes norte-americanas Toys 'R' Us e Kay-bee pararam de trabalhar com o game. A própria Sega chegou a anunciar que iria retirá-lo do mercado para preservar a possibilidade de um sistema de classificação gerenciado pelas próprias produtoras de games. A decisão da Sega foi aplaudida pelo senador Herbert Kohl, que disse que a medida "serviria como um alerta para aqueles na indústria dos games que acreditam que demonstrações de violência contra mulheres são apropriadas para a diversão de crianças". Seu colega Byron Dorgan foi ainda mais incisivo: "Quem produz esse lixo devia se envergonhar, para mim é abuso infantil", disse ele.[123]

Tom Zito, o designer do jogo, escreveu uma coluna no *Washington Post* defendendo *Night Trap* e explicando que era uma paródia de filmes B de vampiros.[124] Zito evocou a teoria do rito de passagem, dizendo que o ultraje público diante do jogo era típico do "choque diante do que é novo".[125] Por mais ridículo que possa soar, *Night Trap* provocou uma histeria equivalente a *Mortal Kombat* e, de certo modo, até maior.

A implantação de um sistema de classificação gerenciado pela própria indústria dos games desagradava quem defendia medidas mais extremas: em um texto publicado na edição de 27 de dezembro de 1993 do jornal *The Deseret News*, Bonnie Herbe considerou que a classificação Mature (jogo restrito ao público acima de 17 anos) para um jogo como *Mortal Kombat* apenas o tornaria mais atraente para jovens. Embora Bonnie tenha reconhecido que pouco pode ser feito contra as produtoras em função dos ditames constitucionais, ela defendeu que desenvolvedores de jogos violentos (assim como de filmes e seriados) devem ser considerados financeiramente responsáveis por atos de violência que decorram de imitação.[126]

Apesar de não falar em pena privativa de liberdade, o argumento é claramente de criminalização, tanto do produto cultural quanto de seus criadores. Embora Bonnie possa defender essa medida, isso obviamente suscita infinitas questões quanto à produção de provas cabais que de fato demonstrem que a conduta em questão decorreu da imitação de um produto voltado para o entretenimento. A proposta, típica de uma empreendedora moral como Bonnie Herbe, é absolutamente irracional.

VIDEOGAME E VIOLÊNCIA

Não que isso tenha impedido dezenas de processos nesse sentido, como veremos.

Não menos alarmantes foram os depoimentos no Senado de um representante da National Coalition on Television Violence, que declarou que os "jogos violentos estavam treinando assassinos juvenis", e de um professor universitário que disse que os jogos da Nintendo não eram apenas violentos, mas também "machistas e racistas".[127]

Será mesmo? A "violência" dos jogos da Nintendo não se diferencia da que é encontrada rotineiramente em desenhos animados, enquanto a acusação de racismo é incompreensível. No final de 2016, a empresa foi acusada de machismo por insistir no resgate de uma "princesa em apuros" como objetivo do game *Super Mario Run*, para iPhone e Android.[128] Mas na década 1990 raramente qualquer forma de entretenimento escapava da retratação de personagens femininos como "donzelas em apuros". Como já observamos, os critérios para a condenação moral de games eram muito mais rígidos do que os utilizados para outras mídias. Mais uma vez grupos de pressão e especialistas atendiam ao chamado, como sempre fizeram quando foram convocados por políticos que sucumbiam ao pânico moral.

Durante os debates no Senado houve troca de acusações entre as rivais Sega e Nintendo. Os senadores Lieberman e Kohl ameaçaram impor classificação estatal se a indústria dos games não estabelecesse seu próprio sistema voluntariamente e de maneira satisfatória.

As produtoras acabaram criando um sistema unificado de avaliação de conteúdo de jogos eletrônicos para evitar o controle estatal, o que esvaziou totalmente a iniciativa legislativa que pretendia estabelecer prazo de um ano para que o sistema fosse implantado de forma espontânea.

Mas enquanto a polêmica transcorria no Senado, parecia não existir limite para as abordagens da imprensa. Um texto publicado no *Beaver County Times*, em 22 de dezembro de 1993, sugere que o foco está centrado demais nos fabricantes dos jogos. "E quanto a quem os compra? São pessoas que querem violência, e até que isso seja resolvido, avisos sobre o conteúdo não valem nem o papel em que são impressos."

Como se pode perceber, o processo de criminalização cultural lentamente começava a abarcar também os próprios gamers, como é típico dos estágios mais avançados do pânico moral. Games, criadores e gamers eram assim entrelaçados discursivamente e transformados – por meio de um cenário moral – em estereótipos que representavam uma ameaça para a sociedade.

A indústria estava sitiada e era preciso insistir que não havia qualquer prova científica de que games tornam as pessoas suscetíveis à prática de atos de violência: Tom Zito declarou que "não tem cabimento alegar que existe uma relação causal entre um game e um traficante levar um tiro nas costas".[129] Por mais razoável e racional que o argumento pudesse ser, uma parcela considerável de reacionários culturais simplesmente não estava disposta a dar ouvidos.

Com o tempo, o cenário se agravou ainda mais, já que pesquisas produziriam algo "relativamente" próximo de "indícios científicos", o que foi mais do que suficiente para a grande mídia e atendeu à demanda dos promotores de pânico moral, como veremos.

A luta para garantir a independência da indústria dos games fez com que a rivalidade fosse deixada de lado, em prol da luta contra o "inimigo comum". Com isso foi criada a Entertainment Software Ratings Board (ESRB), que até hoje classifica os jogos eletrônicos por faixa etária nos Estados Unidos.[130]

Os critérios de classificação se dividem em: EC (Early Childhood, infância); E (Everyone, para todos); E10+ (Everyone 10+, para todos com dez anos ou mais); T (Teen, adolescente); M (Mature 17+, 17 anos ou mais); AO (Adults Only 18+, somente para adultos). Enquanto o jogo ainda não foi lançado e a classificação estiver pendente, deve constar a indicação RP (Rating Pending, a classificar).

A iniciativa restringiu a liberdade que até então dispunham as produtoras de games, estabelecendo um sistema indicativo de classificação: todas as informações relativas ao conteúdo de um game podem ser consultadas diretamente no site da ESRB, permitindo que os pais controlem os jogos a que os filhos têm acesso, verificando previamente sua conformidade com valores familiares e parâmetros culturais por eles aceitos.[131]

VIDEOGAME E VIOLÊNCIA

Foi um momento decisivo para o amadurecimento da indústria dos games: o inimigo sacudiu as comportas com vigor, mas foi detido, assegurando a autonomia criativa das produtoras diante da possibilidade concreta de censura prévia estatal.

Sistemas autônomos de classificação de conteúdo não são exatamente uma novidade nos Estados Unidos: é preciso lembrar que a indústria do cinema convive com sistemas dessa ordem desde a década de 1930, operando originalmente com o Hays Code, que depois foi substituído pelo sistema de orientação da Motion Picture Association of America (MPAA), semelhante ao dos games e já em vigor desde a década de 1970.

No Brasil, o sistema é estatal: a Coordenação de Classificação Indicativa (COCIND) do Departamento de Justiça, Classificação, Títulos e Qualificação (Dejus) é responsável pela Classificação Indicativa (ClassInd) de filmes, jogos eletrônicos e programas de televisão (dividida em L, 10, 12, 14, 16 e 18). Ela faz parte da Secretaria Nacional de Justiça do Ministério da Justiça.

Segundo a presidente da ESRB, o sistema de classificação retirou a adivinhação de cena, tornando possível que os consumidores tenham toda informação necessária sobre o conteúdo de um jogo antes de sequer pisarem em uma loja, permitindo que os pais decidam o que é certo para seus filhos de acordo com seu ponto de vista, o que representa nítido avanço.[132]

Jeff Greeson, editor-chefe do site The Realm of *Mortal Kombat,* considera que a fundação da ESRB foi importante para a indústria de jogos eletrônicos, pois impediu um controle estatal de conteúdo e estabeleceu de forma clara que os games não são apenas para crianças e adolescentes, entregando aos pais indicações que lhes possibilitem decidir de forma segura sobre a conveniência de que seus filhos tenham acesso a games com temáticas adultas.[133]

Para Steven Kent, autor do livro *The Ultimate History of Videogames,* o problema consiste fundamentalmente na postura dos pais, que não fazem o controle do conteúdo que os filhos acessam, de acordo com as classificações indicativas de faixa etária da ESRB. Ele questiona: o que a ESRB pode fazer se pais inteligentes e educados permitem que seus filhos de cinco e dez anos de idade joguem *Halo* (cuja indicação da ESRB é M – Mature 17+)?

Minha posição quanto ao tema é a mesma de Rusel DeMaria, autor com uma longa história de contribuições na imprensa especializada de games. Ele acredita que nem todos os jogos são apropriados para qualquer idade: uma vez que muitos dos títulos mais controversos testam as fronteiras de nossas convenções sociais, é recomendado que os pais participem do processo de escolha de seus filhos: "Não acredito que os jogos transformarão crianças em assassinos e criminosos, mas penso que o conteúdo de alguns jogos é inapropriado para jogadores muito jovens, ao mesmo tempo que existem jogos que são aceitáveis para qualquer faixa etária", declarou ele.[134]

No início expliquei que este não é um livro dirigido a pais. Mas caso você tenha filhos, penso que a estratégia é simples: preste atenção no que seu filho joga. Demonstre o mesmo zelo que você tem por outros aspectos da vida dele. O sistema de classificação torna essa tarefa muito mais fácil, ainda que obviamente não precise ser seguido com fidelidade religiosa: tudo depende do nível de maturidade do jovem em questão.

De fato, a instituição da ESRB foi um marco. Mas para quem defende medidas mais severas, a iniciativa não bastou: um sistema gerenciado pelas próprias companhias de games jamais satisfez os empreendedores morais, que continuaram a mover cruzadas pela criação de regras muito mais rígidas do que a simples indicação de conteúdo. Os críticos do sistema apontam que a ESRB demonstra muita relutância para classificar um jogo como AO (Adults Only). Apenas 23 dos mais de 18 mil jogos avaliados pela ESRB foram classificados como AO, e apenas três deles em função de conteúdo violento, o que para os críticos comprova que a agência atua com base no que quer a indústria dos games, e não no interesse público.[135]

Nesse sentido, um sistema de classificação meramente indicativo e sem efetivo controle de vendas e imposição de sanções não bastou para acalmar os ânimos de quem combate incansavelmente os games por considerá-los maléficos. Lembre-se do que falei no início desta Fase sobre empreendedores morais. Eles são criadores de regras, obcecados com a normatização do

VIDEOGAME E VIOLÊNCIA

mundo: nada está certo a não ser que um dispositivo proíba uma conduta e defenda o castigo aplicável em caso de violação. Para que se tenha uma ideia da extensão do processo de criminalização, neste caso dirigido aos lojistas, alguns chegam a defender a aplicabilidade de pena privativa de liberdade para vendedores e proprietários de estabelecimentos.

Foram inúmeras as tentativas de estabelecimento de legislações estaduais impondo sanções em caso de desobediência decorrente de comercialização fora dos limites etários indicados nos games. A questão foi apreciada pela Suprema Corte dos Estados Unidos, que teve que decidir sobre a constitucionalidade de uma lei californiana nesse sentido, como veremos na Fase 6.

Não que o sistema de classificação não tenha seus problemas. Algumas críticas são procedentes. Olson e Kutner apontam que falta qualificação para os avaliadores: até 2007, a ESRB empregava funcionários temporários sem experiência em desenvolvimento infantil para avaliar games, o que mudou posteriormente. Mas, apesar de não haver mais funcionários temporários, ainda não há exigência de experiência prévia com desenvolvimento infantil, games ou que eles tenham filhos. Os autores apontam que um dos fatores que podem provocar violência são materiais que não mostram as consequências negativas da violência, como dor, sofrimento e sangue. Jogos violentos classificados como M mostram essas consequências, ao passo que jogos classificados com T ou E obtêm essa classificação porque não mostram: cadáveres desaparecem e o sangue é animado, não realístico.[136] Se os autores estão corretos, tais considerações poderiam revolucionar completamente o sistema de classificação.

De qualquer modo, não há como negar que a questão é complexa: um estudo da Federal Trade Comission divulgado em 2001 indicou que pelo menos 80% das lojas vendiam jogos com classificação Mature para menores de idade, o que fortaleceu os argumentos dos empreendedores morais. Mas o cenário se modificou significativamente com o passar dos anos: uma investigação independente de 2008 indicou que apenas 20% dos jovens entre 13 e 16 anos conseguiram comprar jogos destinados a maiores de 17 anos.[137]

SALAH H. KHALED JR.

Embora não exista estudo semelhante no Brasil, dificilmente o re sultado seria parecido. O mais provável é que aqui não exista qualquer forma de cerceamento de vendas para menores por parte das lojas. No entanto, é importante frisar que as classificações são mais do que uma indicação em uma folha de papel: os consoles contemporâneos contam com o chamado Parental Control, que permite que os pais definam faixas de acesso para todos os usuários, garantindo que conteúdos que considerem inapropriados para seus filhos simplesmente não possam ser acessados por eles.

De qualquer modo, muitos políticos norte-americanos ainda permanecem insatisfeitos com o sistema de classificação estabelecido pela ESRB e defendem controle estatal, censura, multas e até mesmo penas privativas de liberdade para quem vender para menores de idade jogos destinados a adultos. Esposar uma causa sempre é algo vantajoso: para parlamentares comprometidos com bandeiras moralistas e que contam com a simpatia de um eleitorado que tem esse perfil, inevitavelmente propostas desse tipo são muito sedutoras. Existe um verdadeiro fetiche pela proibição, conjugado com uma crença desmedida na capacidade da ameaça de sanção para interferir na realidade.

WOLFENSTEIN 3D E DOOM: O ADVENTO DOS "SIMULADORES DE ASSASSINATO"?

Curiosamente, enquanto o pânico moral motivado por *Mortal Kombat* ganhava fôlego e ironicamente levava à inclusão de *Night Trap* nas sessões do Congresso norte-americano, *Wolfenstein 3D* e *Doom*, dois jogos assumidamente *muito* violentos, passaram despercebidos pelos trabalhos dos senadores daquele país.

Não há como deixar de cogitar que, se eles fizessem parte das sessões nas quais os games foram discutidos, os resultados provavelmente teriam sido distintos, dando origem a um sistema de controle estatal que poderia vir a fazer do conteúdo dos games objeto de censura.

De qualquer modo, a ausência de *Wolfenstein 3D* e *Doom* demonstra que a questão sempre foi tratada com enorme leviandade e motivada

VIDEOGAME E VIOLÊNCIA

muito mais pela projeção que determinado game adquiria na grande mídia do que propriamente por uma intenção de discussão em torno do que seria ou não um conteúdo inadequado para o entretenimento eletrônico, de acordo com a faixa etária respectiva.

Em boa medida, a desatenção se explica pelo fato de *Wolfenstein 3D* e *Doom* serem jogos de computador, que na época rodavam principalmente nas arquiteturas baseadas no 386, 486 e Pentium, da Intel.

Os jogos de PC estavam fora da vitrine, não eram *mainstream* ainda, de modo que os gamers que jogavam em computadores integravam uma realidade muito distinta daquela dos consoles caseiros. Era preciso conhecimento técnico para montar e manejar o computador, que funcionava com MS-DOS, um sistema operacional que intimidava bastante quem não tinha familiaridade com sua linguagem e com as exigências necessárias para rodar os jogos com a performance necessária. Só quem viveu essa época compreenderá a dor de cabeça que representava alterar constantemente o "autoexec.bat" e o "config.sys" para dar o *boot* de acordo com as exigências de cada jogo específico: alguns exigiam memória *xms*, ao passo que outros empregavam *ems*, e assim por diante.

Em outras palavras, nada poderia estar mais distante de um brinquedo de criança, enquanto o moralismo equivocado gravitava em torno do imaginário infantil e dos efeitos provocados pelos games nos jovens. O grande público não percebia que a indústria dos jogos amadurecia debaixo do radar, como amadureciam também os gamers.

Wolfenstein 3D foi lançado para PC em 1992 pela Apogee, que distribuiu o jogo criado pela id Software. Ironicamente, a empresa está localizada em Mesquite, subúrbio de Dallas, notório por tentar banir todos os fliperamas da cidade sob o argumento de que eram violentos e danosos para menores de idade. A região é sempre lembrada pelo fato de que em 1976 uma lei municipal, posteriormente derrubada por uma Corte estadual, determinou que nenhum menor podia ingressar em um *arcade*, o que reforça a ideia de que a gênese do pânico moral vinculado aos games ocorreu na década de 1970, ainda que tenha atingido o nível de maior intensidade somente no final da década de 1990.[138]

Wolfenstein 3D é muito importante para a discussão aqui proposta por causa de seu valor histórico. Inspirado no antigo e rudimentar *Castle Wolfenstein*, da Muse, *Wolfenstein 3D* é reconhecidamente o jogo que inaugurou o estilo *first person shooter* (FPS, ou jogo de tiro em primeira pessoa).

Os jogos do estilo FPS são rotineiramente chamados de "simuladores de assassinato" por seus detratores, uma vez que de fato se desenrolam do ponto de vista do jogador, como se este empunhasse uma arma na vida real, dispondo de ampla liberdade de locomoção para promover morte e destruição, em um cenário que retrata a realidade de forma relativamente próxima, mesmo que em contextos de ficção.

O enredo de *Wolfenstein 3D* é bastante simples: o jogador assume o papel de William "BJ" Blascowicz, cuja missão consiste em escapar de um castelo repleto de soldados nazistas que devem ser eliminados durante a fuga.

A decoração do castelo é composta por suásticas e os soldados gritam em alemão quando atingidos. O inimigo final do jogo é Hitler e a trilha sonora inclui o hino nacional-socialista alemão.

Apesar de os gráficos não serem realísticos, o nível de violência do jogo é bastante elevado. Para Lauren Gonzalez, do site GameSpot, *Wolfenstein 3D* só não chamou mais atenção na época pelo fato de o foco estar concentrado em *Mortal Kombat*.[139]

De qualquer modo, o enredo do game chega a ser irresponsável. Não é comparável com a sofisticação narrativa que caracteriza alguns jogos de PC da época: parece uma sátira superficial dos filmes de ação dos anos 1980.

Como o "inimigo" em questão já estava mais do que consagrado no imaginário popular em inúmeras mídias, isso também contribuiu para que o contexto de justificação do jogo fosse aceito por boa parte dos opositores que tiveram algum contato com ele.

Mas isso não significa que *Wolfenstein 3D* não tenha necessitado de uma adaptação profunda para chegar aos consoles caseiros. Demonstrando a diferença que claramente separava os consoles e os PCs na época, *Wolfenstein 3D* passou por um rigoroso trabalho de readequação de conteúdo antes de chegar aos consoles de videogame, até porque isso ocorreu após o surgimento da ESRB.

Na versão para o Super NES, todas as suásticas e referências ao nazismo foram removidas, inclusive o hino e o próprio "Hitler". Não era aceitável que o contexto de justificação do jogo guardasse qualquer vínculo com a realidade. A "Alemanha" se tornou "Master State", o sangue foi substituído por suor, e os cachorros, por "ratos mutantes".

Os programadores da id Software expressaram surpresa no *Official Doom Player's Guide* diante da exclusão dos cachorros, apontando com ironia que "era moralmente aceitável atirar em pessoas, mas não em cachorros".

As mudanças foram suficientes para que o lançamento no console da Nintendo não provocasse polêmica. O fato de a jogabilidade não ter sido bem traduzida do computador para o Super NES contribuiu para o insucesso dessa versão, o que com certeza tem relação com a falta de atenção em torno dela.

Mas se o episódio de adaptação de *Wolfenstein* de fato soa insólito, nem todas as restrições ao game foram completamente infundadas. Ele foi banido na Alemanha (por causa da simbologia nazista e não da violência em si mesma), o mesmo acontecendo com sua sequência de 2001, *Return to Castle Wolfenstein*.[140]

As restrições que a série enfrentou na Alemanha são um capítulo à parte, pois escapam aos parâmetros normais do pânico moral relativo aos games: integram algo muito maior. Não é difícil compreender por que o jogo foi proibido, considerando quanto a temática do nazismo permanece sensível no país.

Os símbolos nazistas são expressamente proibidos na Alemanha, a não ser em condições bastante restritas. Não é uma questão propriamente relativa aos games, ainda que também os atinja. Em 2012 foi lançada a coleção *Doom 3: BFG Edition*, que inclui *Doom*, *Doom 2*, *Doom 3* e expansões. Foram feitas extensas alterações de conteúdo na expansão *Resurrection of Evil* e nas missões secretas de *Doom* que relembravam a série *Wolfenstein*, para que o jogo obtivesse a classificação desejada na Alemanha. Mas isso levou a uma situação inusitada: como as mudanças não foram localizadas, todas as versões de *Doom 3: BFG Edition* foram alteradas, com remoção completa da simbologia nazista no jogo disponibilizado em qualquer país do mundo, com base somente nas restrições alemãs. Se já houve algo semelhante em outras mídias, como filmes e seriados, eu sinceramente desconheço.

Embora fosse bastante violento e tenha dado início ao gênero que é rotineiramente mais associado à violência, *Wolfenstein 3D* nunca foi implicado de maneira direta em nenhum acontecimento trágico da vida real, o que não pode ser dito de *Doom*, que foi lançado no ano seguinte pela id Software.

Enquanto o Senado norte-americano se ocupava com *Mortal Kombat* e *Night Trap*, *Doom* foi lançado no final de 1993 para o PC e foi um dos pioneiros do gênero que hoje em dia é o mais popular nos games: o FPS. A premissa do jogo é bastante simples: o jogador assume o papel de um soldado que deve enfrentar hordas demoníacas que estão invadindo uma base em Marte.

Mas não é pelo roteiro que *Doom* se tornou um dos jogos mais importantes da história dos games. Ele rapidamente conquistou o público gamer tanto pela intensidade da ação quanto pela excelente qualidade gráfica, que progrediu de forma surpreendente em relação a *Wolfenstein 3D*. O primeiro capítulo do jogo foi distribuído gratuitamente no formato *shareware*, o que ajudou a aumentar rapidamente sua popularidade.

Com *Doom*, a violência passou a ser representada virtualmente pelo ponto de vista do jogador, de forma realística. Se até então o ponto de vista em terceira pessoa predominava nos jogos de tiro, com *Doom* o parâmetro mudou de vez. O game é intenso e dinâmico: gráficos tridimensionais, texturas detalhadas, luzes que piscam, ruídos ameaçadores e gritos horripilantes fazem parte do seu inédito realismo.

Embora não tenha sido o primeiro jogo do gênero, *Doom* representa a gênese de uma cultura altamente competitiva de jogos on-line, pois inaugurou a possibilidade de os jogadores se enfrentarem remotamente nos chamados *deathmatches* (em rede ou inicialmente por meio de sistemas de *BBS*, depois pela internet). Os relatos reproduzidos pelo jornal *Lakeland Ledger* de quanto o jogo é empolgante são bastante

VIDEOGAME E VIOLÊNCIA

convincentes: histórias de queda de produtividade em escritórios e desatenção com esposas e filhos são comuns. *Doom* recebeu a pontuação 3 em uma escala de 1 a 4 para violência, atribuída pelo Recreational Software Advisory Council. O jogo não recebeu a classificação 4 porque foi considerado que a violência não é gratuita e o jogador age em defesa própria.[141] Dwight Silverman, do *Houston Chronicle*, disse que "o jogo não é para garotinhos ou pessoas que se oponham a entretenimento violento: é assumidamente sangrento e assustador. E também uma ótima diversão".[142]

O game teve a venda restrita na Alemanha durante dezessete anos. O Departamento Federal de Avaliação de Mídias Perigosas para Jovens removeu a restrição com base no fato de que depois de tanto tempo o jogo teria somente interesse histórico, deixando de ser atrativo para adolescentes. Mesmo assim, a decisão não foi unânime. A versão norte-americana de *Doom II* permaneceu com a venda restringida, uma vez que incorpora dois níveis de *Wolfenstein 3D* nos quais aparecem suásticas.[143]

Doom rapidamente se tornou o jogo a ser imitado, o que sem dúvida também se deve em alguma medida ao elevado nível de violência. Em *Doom* há sangue – e muito. Não só por meio de armas de fogo, como também de motosserras, que são empregadas contra seres humanos e demônios, indistintamente. Terá a id Software ultrapassado os limites?

American McGee, designer do jogo, disse que não há violência gratuita ou mesmo extrema em *Doom*: para ele, é como a de Os Três Patetas, típica de humor negro.[144] Mas não há como negar que McGee subestima a intensidade de sua própria criação. O trio norte-americano jamais foi capaz de causar os calafrios provocados por *Doom*. Mesmo hoje em dia, experimente jogar *Doom* de noite com as luzes apagadas e fones de ouvido: permanece impressionante. Com gráficos espetaculares, o jogo conquistou rapidamente o público gamer dos PCs e foi objeto de protesto de grupos religiosos, inconformados com a temática satânica e os cenários repletos de demônios e pentagramas.

Como relatei nas primeiras páginas desta Fase, o pânico moral conhece várias formas, e não causa surpresa que a representação artística de símbolos associados ao pecado, ao proibido e ao oculto gere revolta em certos círculos. Mas a polêmica em torno de *Doom* não se limitou de modo algum ao seu conteúdo, que na verdade não se diferencia tanto assim das imagens de um filme de horror, exceto, é claro, pelo fator interativo.

Como discutirei na Fase 2, o game acabou sendo implicado em acontecimentos bem mais sinistros do que sua temática de fantasia sugeria.

OS VENTOS DO PÂNICO MORAL CHEGAM AOS JOGOS DE COMPUTADOR: O CASO DE PHANTASMAGORIA

De qualquer modo, o ciclo vital do pânico moral já havia se alterado em razão da polêmica que envolveu *Mortal Kombat*, ainda que não tivesse adquirido seu máximo esplendor. O gênio havia sido libertado da garrafa e nada seria capaz de fazê-lo retornar: a polêmica rapidamente chegou também aos jogos de computador, que até então tinham escapado do policiamento moralista que cercava os jogos produzidos para os consoles de videogame.

Phantasmagoria foi lançado pela Sierra para o PC em 1995. Foi uma ruptura de trajetória para a designer Roberta Williams, famosa pela série *King's Quest*, de *adventures* de conteúdo familiar. O game emprega tecnologia semelhante à de *Night Trap*, utilizando compressão de vídeo e atores reais em um cenário de horror sobrenatural. A produção de *Phantasmagoria* envolveu uma equipe de duzentas pessoas e dois anos de trabalho, com um orçamento de quatro milhões de dólares.[145]

No enredo, Adrienne Delaney e seu marido Don Gordon se mudam para uma velha mansão, sem saber que ela havia pertencido a um ilusionista que fora possuído por um demônio que o levou a assassinar suas cinco esposas. Aos poucos, o marido de Adrienne vai perdendo a sanidade até enlouquecer por completo e ser tomado por fúria homicida.

Enquanto *Night Trap* é um jogo no qual não existe nudez e violência, em *Phantasmagoria* há muito sangue e violência, inclusive de ordem sexual: em uma das cenas, Adrienne é violentada pelo marido possuído.

VIDEOGAME E VIOLÊNCIA

Obviamente ele foi classificado como Mature.

Posso imaginar a inquietação do leitor: Roberta Williams não foi longe demais ao retratar estupro em um jogo adulto para computadores? *Custer's Revenge* foi ressuscitado, com o agravante de gráficos digitalizados produzirem uma cena explícita?

Não há motivo para alarme. Apesar da violência inerente ao próprio ato, é preciso ressaltar que não é uma cena interativa: o jogador não exerce qualquer controle e não há nenhum conteúdo explícito. Inclusive pode ser dito que por causa da má qualidade da atuação, a cena dificilmente pode ser levada a sério, apesar da pretensão de que *Phantasmagoria* fosse uma aventura de terror.

No entanto, nada disso bastou para evitar os inúmeros problemas que o game enfrentou no mercado. Apesar de existir uma opção que permitia que a violência fosse reduzida, isso não impediu que *Phantasmagoria* fosse banido na Austrália.[146] Nos Estados Unidos, a rede CompUSA simplesmente se recusou a vendê-lo.[147]

Anos após o lançamento do jogo, a polêmica em torno dele persistia: o senador Mitch O'Connell protestou contra o fato de um fundo de pensão de professores ter investido no Cendant Group, companhia proprietária da Sierra. Para O'Connell, era preciso que eles se desvinculassem de companhias que criam jogos desse tipo: "Professores devem ficar ultrajados: seus fundos de pensão estão apoiando jogos que glorificam a violência contra mulheres e promovem violência desenfreada."[148]

O leitor já tem informação suficiente sobre o jogo para ver que ele não retrata o estupro com qualquer conotação favorável. Pelo contrário, é associado com a perda da humanidade do marido da protagonista.

Como de costume, as declarações de O'Connell claramente demonstram que ele não teve nenhum contato pessoal com *Phantasmagoria*, irresponsavelmente dando declarações desinformadas sobre seu conteúdo e promovendo sua criminalização perante o público.

Entretanto, apesar de todas as restrições e demonstrando a competência de Roberta Williams em uma temática totalmente diferente da habitual, *Phantasmagoria* foi o jogo mais vendido para PC em 1995, o que mais uma vez ilustra que controvérsia pode gerar publicidade gratuita e impulsionar o desempenho de um produto de qualidade no mercado.[149]

SALAH H. KHALED JR.

O jogo teve uma sequência, *Phantasmagoria: a puzzle of flesh*, que não teve o envolvimento de Roberta Williams e foi muito mais ousada. Foi censurado no Reino Unido e banido na Austrália, disponibilizado somente após extensivas alterações.

O game foi duramente criticado por Larry Blasko, da Associated Press: embora reconheça que o jogo é bem-feito, para ele "isso equivale a elogiar a produção e a cinematografia de um filme pornô, ou dizer que alguém lê a *Playboy* por causa das matérias".[150]

A temática de horror sugere que o limite interpretativo pode ter sido ultrapassado por Blasko. Mas pelo menos o repórter tem a dignidade de colocar as cartas na mesa e assumir seu universo de significações morais explicitamente. Com isso, leitores que se identificam com sua perspectiva podem facilmente ver que o produto não é para eles. Mesmo que a abordagem seja questionável, o fato é que nem remotamente ela pode ser comparada aos textos que praticamente "ameaçam" o leitor com supostas relações de causa e efeito.

Se alguém me perguntasse diretamente se tenho interesse em *Phantasmagoria*, minha resposta seria simplesmente não: a temática não me atrai e o segundo jogo da série decididamente ultrapassou os limites do que considero bom gosto. Mas isso é muito diferente de mover uma campanha moralista de combate ao game, de censurá-lo ou proibi-lo completamente. Como explicar que o entretenimento interativo suscite reações tão fortes e um tratamento tão diferenciado?

O proibicionismo em torno de *Phantasmagoria* realmente causa espanto. Afinal de contas, é um jogo restrito ao público adulto. Claramente a teoria do rito de passagem – referida no início desta Fase – parece aplicável aqui: os critérios morais atribuídos aos games são inteiramente distintos dos que são destinados a outras mídias já consolidadas.

Para Roberta Williams, seu jogo não se compara a outros jogos tidos como violentos. A temática é de horror, mas o jogador não atira em ninguém – pelo contrário, tenta impedir o triunfo do mal. A designer argumenta que não é justo que os jogos sejam submetidos a um padrão de avaliação mais rígido que o da televisão ou dos filmes. Segundo ela,

Phantasmagoria foi injustamente perseguido por ser um game, mas é um produto destinado ao público adulto. É como dizer que você não pode alugar filmes adultos porque uma criança pode encontrá-los e assistir-lhes no videocassete.[151]

Sem dúvida, Roberta desenvolve um argumento pertinente: por que os games devem ser julgados com critérios diferentes dos que são utilizados para classificar filmes? São mídias dirigidas às mais diversas faixas etárias. Assim como existem filmes adultos, existem também games que são indicados somente para o público adulto. Isso parece tão óbvio que nem mereceria menção. Mas as pessoas continuam alimentando um pensamento que não condiz com a realidade. Jogos eletrônicos não são feitos exclusivamente para crianças e adolescentes do sexo masculino, e isso é verdade desde pelo menos a primeira metade da década de 1980.

O universo dos gamers não se conforma ao estereótipo promovido pelo discurso moralista: uma pesquisa realizada em 2014 mostra que 48% do público gamer norte-americano é formado por mulheres, 39% têm 36 anos ou mais e 32% têm entre 18 e 35 anos. Apenas 29% têm menos de 18 anos. A média de idade do gamer é de 31 anos.[152] Com certeza os dados surpreenderiam muitas pessoas caso fossem divulgados extensivamente.

A conclusão é óbvia: pessoas de ambos os sexos, de todas as idades e de todos os matizes políticos, étnicos, religiosos e profissionais jogam games com regularidade, o que surpreendentemente não impede que permaneça o estigma de brinquedo para crianças e adolescentes e, logo, de potencial ameaça para o seu desenvolvimento.

De algum modo prevalece a compreensão de que é muito mais "provável" que uma criança jogue um game violento do que leia um livro violento ou veja um filme violento. Permanece sedimentada a ideia de que jogos são para crianças, o que faz com que mesmo a justificação contextual para o emprego de violência nos games seja inúmeras vezes desconsiderada, já que não desfrutam do mesmo status que outras formas de entretenimento.

Todos os argumentos relacionados aqui são plenamente lógicos e racionais. Desafiam de forma substancial as premissas de que partem os proponentes de mecanismos rígidos de censura. Mas mesmo assim jamais bastaram para aplacar os ânimos dos detratores.

O caso a seguir parece deixar isso bem claro, como veremos.

CARMAGEDDON: *RELATO DE UMA EPIDEMIA MUNDIAL DE PÂNICO MORAL*

No que não pode deixar de ser visto como alguma ironia, no início da década de 1990 a fórmula de *Death Race* foi retomada pela Stainless Games, originando o jogo *Carmageddon*, distribuído pela SCI em 1997 para PC e posteriormente para consoles de videogame.

Patrick Buckland, criador do jogo, relata que *Carmageddon* foi criado porque ele estava farto de jogos de corrida: "Nós sempre batíamos de propósito nos outros carros mesmo, então por que não fazer um jogo sobre isso?"[153]

O jogo foi originalmente baseado na modalidade de corrida britânica *Banger Racing*, que divide os pilotos em duas categorias: os que visam a vitória e os que se dedicam a destruir os demais. Buckner e o artista principal do jogo, Neil Barnden, fizeram uma demonstração do game e a ofereceram a várias grandes distribuidoras, em 1994. Nenhuma delas se interessou. A solução foi firmar uma parceria com a distribuidora SCI, que estava apenas começando. A empresa queria uma licença para chamar atenção e a ideia original era *Mad Max*, mas não conseguiram entrar em contato com o proprietário dos direitos. Foi aí que descobriram que *Death Race 2020* sairia em breve: mas a sequência do filme de 1976 jamais foi lançada. Os criadores relatam que até o momento de conclusão do jogo, o nome do arquivo executável ainda era *deathrace.exe*.[154]

Ironicamente, os pedestres só foram incluídos por causa da licença do filme, que acabou não sendo obtida. Buckland conta que a ideia original era que o jogador perdia pontos se atropelasse pedestres, já que eles tinham receio da controvérsia. Mas a SCI tomou a decisão de mudar isso logo que o jogo se tornou funcional. Com a perda da licença o projeto poderia ter sido arquivado, mas decidiram criar uma franquia original: *Carmageddon*.[155]

VIDEOGAME E VIOLÊNCIA

O próprio Buckland reconhece que eles sabiam que o jogo atrairia atenção e se beneficiaria da exposição. "Nós não éramos conhecidos, a SCI não era conhecida, o jogo tinha que se sobressair e talvez não tivesse conseguido isso sem a violência, apesar das ótimas críticas", explicou ele.[156] *Carmageddon* provavelmente foi o primeiro jogo deliberadamente desenvolvido com intenção de provocar controvérsia. Discutirei essa questão de forma aprofundada na Fase 3 deste livro.

Mas qual a diferença entre o clássico *Death Race* e *Carmageddon*?

O nome já diz muito sobre a franquia, que conjuga carros e carnificina, com resultados bastante previsíveis. Diferentemente do game que o inspirou, *Carmageddon* não suaviza sua premissa: é um jogo de corrida em que "seres humanos" podem ser atropelados pelo jogador, que dispõe de um arsenal de metralhadoras, lâminas e outras armas para eliminar os pedestres.

Trata-se de um game relativamente simples: não é de modo nenhum um elegante simulador de corrida realístico como os existentes na época para computadores, como é o caso da série *Grand Prix*, do designer Geoff Crammond, por exemplo. Seu atrativo consiste na possibilidade de espalhar caos pelos cenários do game, destruindo inimigos e atropelando pedestres. Sem qualquer pretensão de sofisticação, *Carmageddon* é um episódio peculiar de diversão e violência virtual descerebrada e inconsequente.

Jogadores mais exigentes nunca deram atenção à série, que certamente não parecia ter o condão de causar maior repercussão, visto que não tem qualquer cenário realístico. Mas como era de esperar, o jogo enfrentou inúmeros problemas. O lapso temporal não mudou absolutamente nada: a combinação de carros, pedestres e atropelamentos incomodou profundamente as pessoas, como havia incomodado na década de 1970. O conteúdo teve que ser alterado em muitos países, como na Alemanha e na Inglaterra, onde os pedestres foram substituídos por robôs e zumbis, respectivamente.

Não há dúvida de que o jogo foi objeto de censura, pura e simples: a classificação do conteúdo não bastou para satisfazer os medos que ele provocava. Era inaceitável que os jogadores desfrutassem da experiên-

113

cia virtual de atropelamento de "seres humanos" que *Carmageddon* proporcionava.

A história por trás da censura de *Carmageddon* na Inglaterra é bastante interessante. Diferentemente dos Estados Unidos, na Inglaterra ainda não existia um sistema específico de classificação de conteúdo voltado para os games. Hoje já existe o sistema de classificação etária PEGI (Pan-European Game Information, informação pan-europeia sobre jogos), que foi estabelecido para auxiliar os familiares a tomarem decisões informadas na aquisição de jogos eletrônicos. Foi lançado na primavera de 2003 e substituiu os existentes sistemas nacionais de classificação etária por um único sistema, que hoje é utilizado em quase toda a Europa.[157]

Carmageddon foi o primeiro jogo a ter certificação recusada pela British Board of Film Classification (BBFC), órgão que regula o entretenimento no país e que na época só intervinha nos jogos eletrônicos quando alguns limites eram violados. Com certeza o histórico de análise de filmes do órgão não o preparava para a situação em questão: uma coisa é cortar uma cena de um filme, mas o que fazer com um jogo considerado inadequado?

A solução encontrada foi proibi-lo completamente.

O BBFC simplesmente se recusou a classificar o jogo, o que de fato equivalia ao seu banimento. Mas, para surpresa de todos, ele acabou sendo apenas temporário. Com as alterações implementadas pela desenvolvedora (zumbis que derramavam sangue verde quando atingidos), o jogo chegou ao mercado sem que o BBFC sequer o avaliasse novamente. Nele constou apenas a indicação voluntária do Video Standards Council Rating Board (VSC): 15+. O mais curioso é que, com exceção dessa peculiar alteração, a jogabilidade de *Carmageddon* permanecia rigorosamente intacta. E logo que a versão "zumbificada" chegou às lojas, surgiram *patches* (atualizações) na internet que permitiam restaurar as características originais do jogo, fazendo com que usuários com maior conhecimento técnico conseguissem jogar com facilidade a versão originalmente recusada pelo BBFC.

VIDEOGAME E VIOLÊNCIA

Eventualmente uma apelação feita ao BBFC foi acolhida pelo órgão, que classificou o jogo como 18+, encerrando a polêmica e garantindo a certificação para *Carmageddon*.

Curiosamente, Darren Bifford, um dos programadores da Stainless Software, estúdio que desenvolveu *Carmageddon*, apontou que pedestres virtuais já haviam sido alvo de para-choques em jogos como *Twisted Metal* e *Die Hard Trilogy*.

A diferença é que nesses jogos o atropelamento era apenas um elemento a mais, ao passo que em *Carmageddon* a premissa inteira do jogo era estruturada em torno dessa possibilidade. E isso bastou para colocar em cena as habituais imagens histéricas de ameaça à vida em sociedade.

Como na maioria das companhias, o estúdio empregava uma jovem força de trabalho que cresceu consumindo uma dieta cultural variada, que incluía Monty Python, filmes B de terror e Tarantino: ou seja, o humor negro era prevalecente. Mesmo assim, o autor de uma reportagem sobre *Carmageddon* indica que é difícil dissociar a representação virtual do jogo das cenas reais de acidentes e o desconforto que a maioria das pessoas sentem ao vê-las.[158]

De fato, a identificação motivada pela premissa do jogo explica em grande parte por que ele desencadeia índices tão elevados de pânico moral. O fenômeno provocado por *Death Race* praticamente se repetia, mais de vinte anos depois e em um contexto cultural e geográfico muito diferente do original.

Não que ele não tenha enfrentado represálias na terra natal de *Death Race*: nos Estados Unidos, *Carmageddon* também provocou polêmica. O Walmart se recusou a comercializar o jogo, decisão que foi aplaudida com ironia pelo jornalista do *Boston Globe*, Michael Sanders: "De vez em quando os censores puritanos do Walmart realmente atuam em nome do bem-estar público", disse ele. O autor aponta que "o Walmart e a rede Price Costco estão provavelmente certos em não trabalhar com *Carmageddon*, ainda que isso faça pouca diferença, já que o jogo está disponível em inúmeras outras redes, além de não ser possível evitar que uma criança familiarizada com tecnologia baixe uma versão demo do jogo e faça um *test drive*".[159]

Curiosamente, o autor rotulava os "censores puritanos" do Walmart, mas ao mesmo tempo considerava razoável a ideia de que não comercializar *Carmageddon* contribuiria para o bem-estar público.

A controvérsia em torno desse jogo literalmente rodou o mundo e provocou reações intempestivas em inúmeros países. A polêmica também chegou ao Brasil e de modo bastante significativo, apesar das medidas preventivas adotadas pela produtora. A edição brasileira do jogo exigia a inserção de uma senha para habilitar o chamado "modo sangue", que possibilitava o atropelamento de seres humanos virtuais.

No entanto, isso não foi suficiente para impedir que *Carmageddon* tivesse sua comercialização proibida pelo Ministério da Justiça, uma semana após o lançamento, em 27 de novembro de 1997, sob a alegação de incitação à violência, propaganda abusiva que induz à violência e produto que oferece riscos à saúde. Por incrível que pareça, a iniciativa foi desencadeada pelo Departamento Nacional de Trânsito (Denatran).[160]

Foi o primeiro episódio do gênero no país. Estava inaugurada a era do pânico moral em torno dos games no Brasil.

A proibição pegou de surpresa a produtora de *Carmageddon*. A diretora administrativa da companhia inglesa responsável pelo jogo, Jane Cavanagh, declarou estar "muito surpresa e desapontada que essa posição tenha sido adotada no Brasil".[161]

Todas as cópias foram recolhidas. Aparentemente, o jogo "incitaria a violência no trânsito". A criminalização cultural aterrissava com força no país, com acusações diretas de efeitos criminógenos que *Carmageddon* supostamente teria.

Jane Cavanagh destacou: "É um jogo muito divertido de corrida, que integra recursos sofisticados de programação e que está repleto de humor negro, acredito que qualquer jogador poderia vê-lo dentro desse contexto." Sobre seu conteúdo violento, ela disse: "Não são pessoas de verdade, apenas personagens feitas de pixels."[162] Mas não houve declaração que acalmasse os ânimos. O discurso de causa e efeito entre videogame e violência aterrissava com tudo no Brasil, alavancado por uma avalanche moralista de censura a *Carmageddon* que tomou conta dos jornais ao redor do país na época. Nem se cogitou qualquer espécie de readequação de conteúdo: ele foi banido de modo implacável.

Curiosamente, a enorme exposição que *Carmageddon* alcançou na mídia brasileira acabou estimulando sua popularidade e fazendo com que a distribuição massiva de cópias "piratas" o tornasse um dos games mais conhecidos do então incipiente mercado de jogos eletrônicos brasileiro. O proibicionismo despertou muito mais atenção do que ele teria de outra forma, o que certamente também vale para os países onde o jogo foi modificado: não era tarefa difícil obter cópias piratas inalteradas na época.

Se *Carmageddon* de fato tivesse a capacidade de "incitar a violência no trânsito", o resultado teria sido exatamente o oposto: a violência teria sido maximizada, já que ele acabou chegando a um número muito maior de usuários, até a jogadores não habituais cuja curiosidade tinha sido despertada pela cruzada moral movida contra o game.

É apenas o primeiro de muitos paradoxos semelhantes, como veremos.

A série foi retomada com *Carmageddon 2: Car Apocalypse Now*, que trouxe uma inovação: o personagem era recompensado com dinheiro (virtual, é claro) pelas "mortes" que causava. Com isso, os atropelamentos passaram a gerar recursos utilizados para equipar o carro do jogador. Os gráficos foram aprimorados e a carnificina se tornou muito mais pronunciada.

O IGN considerou que, apesar das mudanças, a sequência trouxe apenas "mais do mesmo" sem acrescentar nenhuma profundidade. E arrematou, com uma boa dose de ironia: "Mas se você gosta de desmembrar pessoas com o seu carro, encontrará alguma diversão no jogo."[163] Os próprios sites de games pareciam desdenhar do pânico que a série *Carmageddon* provocava.

Assim como o original, *Carmageddon 2* também foi censurado em inúmeros países, o que não impediu que a série vendesse mais de 2 milhões de cópias, sem falar nas incontáveis versões piratas. Propositalmente não discutirei *TDR 2000*, sequência não desenvolvida pela produtora que criou a série.

Mas a história não acaba aqui. Depois de um hiato de mais de uma década, a empresa responsável pelo jogo original retomou a série em 2015, com o título *Carmageddon: Reincarnation*, que foi duramente recebido pelos críticos. O motivo é óbvio: sua jogabilidade bastante limitada não se sustenta mais diante da complexidade que caracteriza os jogos atuais.[164]

Carmageddon é violência simples, inconsequente e desprovida de sentido. Os cenários futuristas e o contexto de combate no qual o jogador é inserido parecem deixar pouca margem para alarme. Jogadores que se interessam por games mais sofisticados certamente passam longe dele e sua mais recente versão nada fez para mudar isso. E a indicação de faixa etária pode servir muito bem aos propósitos de controle, certo?

Errado. O pânico moral sempre rondou a série e, ao que tudo indica, permanecerá rondando: uma matéria publicada no *Daily Mail*, que trata da retomada de *Carmageddon*, descreve o jogo como "o mais controverso da história": um "jogo que recompensa motoristas por atropelarem pedestres".[165] O devaneio jornalístico é tão profundo que quem lê a matéria chega a se questionar se não está diante de uma extensa "folha corrida" de "antecedentes criminais" de um produto cultural. A perda de contato com a realidade de reportagens que partem dessas premissas é flagrante. Mas, considerando que a matéria é do *Daily Mail*, não há motivo para muito espanto. Como observaram McRobbie e Thornton, o jornal é versado em sua própria espécie de pânico moral.[166] O *Daily Mail* foi considerado "fonte não confiável" e banido pelo Wikipedia.[167]

Trata-se de mais um caso de campanha moralista que acaba gerando publicidade gratuita para o próprio jogo que combate, o que não deixa de ser irônico. Ainda mais para um produto que depende de controvérsia para ter divulgação, já que não está sendo financiado por uma grande distribuidora, como a Electronic Arts ou a Activision.

Apesar de toda polêmica que *Carmageddon* causou, não há notícia de um único atropelamento real que tenha sido "influenciado" pelo game: a relação de causa e efeito entre videogame e violência nunca atingiu diretamente a série, que sempre foi censurada exclusivamente com base no pânico que seu conteúdo provocava.

VIDEOGAME E VIOLÊNCIA

Com isso, concluo a Fase 1 da nossa jornada. Creio que foram estabelecidos com sucesso os parâmetros dos dois primeiros estágios do pânico moral relativo aos games. Eram tempos relativamente inocentes se comparados com a intensidade que o processo de difusão de pânico moral adquiriria.

Ainda há muito a avançar. A condenação moral e a criminalização cultural expostas até aqui trouxeram consequências para a indústria dos games, os gamers e até mesmo para os lojistas, mas são relativamente inofensivas perto do índice de satanização que estava por vir.

O enfrentamento consistia basicamente em um conjunto de restrições infundadas quanto ao conteúdo dos games, que se traduzia em juízos morais e tentativas de censura, que em raros casos eram bem-sucedidas. Mesmo a maior das investidas dos empreendedores morais contra os games não conseguiu mais do que fazer com que surgisse um sistema de classificação gerido pelas próprias empresas.

Salvo pelo texto de Andrea Dworkin que cita *Custer's Revenge*, cujo alcance foi extremamente restrito, ninguém ainda havia acusado os games de qualquer responsabilidade direta no que se refere à prática de violência na realidade concreta. O terceiro estágio do ciclo vital do pânico moral e do mito de causalidade entre videogame e violência ainda não havia sido esboçado pela imprensa e posteriormente "certificado" por pesquisas acadêmicas. O processo de criminalização cultural dos games apenas engatinhava. Mas era só questão de tempo até que o nível de hostilidade moral atingisse um novo patamar, como veremos logo a seguir. O jogo está apenas começando.

NOTAS

1. Lawrence Kutner e Cheryl K. Olson, 2008, cap. 3.
2. Howard Becker, 1993, pp. 45-46.
3. *Ibidem*, p. 44.
4. *Ibidem*, p. 45.

5. Jeff Ferrell. *In:* C. Hale *et al.*, 2007, p. 153.
6. Salah H. Khaled Jr., 2016e.
7. Jeff Ferrell, 1999, pp. 404-405.
8. Álvaro Oxley da Rocha, s./d., pp. 180-190; p. 187.
9. Lenita Powers. Em: <http://www.rgj.com/news/stories/html/2005/07/01/103090. php?sps=rgj.com&sch=LocalNews&sp1=rgj&sp2=News&sp3=Local+News&sp5=RGJ.com&sp6=news&sp7=local_news>.
10. Timothy Moore, 1996.
11. *Schenectady Gazette.* Em: <https://news.google.com/newspapers?nid=1917&dat= 19860808&id=7Q8hAAAAIBAJ&sjid=bnIFAAAAIBAJ&pg=3802,1907542 &hl=pt-BR>.
12. *Sun.* Em: <https://news.google.com/newspapers?nid=1914&dat=19921014&id =YgogAAAAIBAJ&sjid=K2UFAAAAIBAJ&pg=2082,3339777&hl=pt-BR>.
13. Ver nota 7.
14. *Ibidem.*
15. Mike Presdee, 2001, p. 17.
16. Jeff Ferrell, 1999, p. 406.
17. Jock Young. *In:* Hans-Jorg Albrecht *et al.* (orgs.), 2004.
18. L. Rowell Huesmann *et al.*, 2003, pp. 201-221.
19. Howard Becker, 2009.
20. Kenneth Thompson, 1998, p. 1.
21. *Ibidem*, p. 2.
22. Jeff Ferrell e Clinton R. Sanders. *In:* Jeff Ferrell e Clinton R. Sanders (orgs.), 1995, pp. 3-24.
23. Cary D. Adkinson, 2008, p. 242.
24. *Idem*, p. 257.
25. David Itzkoff. Em: <http://www.nytimes.com/2013/02/20/books/flaws-found-in- -fredric-werthams-comic-book-studies.html?pagewanted=all&_r=0>.
26. Ver nota 23.
27. Government Printing Office. Em: <http://www.joesapt.net/superlink/shrg99-529/>.
28. Howard Becker, 2009, pp. 159-160.
29. *Ibidem*, p. 153.
30. *Ibidem*, p. 155.
31. *Ibidem*, p. 155.
32. Carly A. Kocurek, 2012.
33. *Ibidem.*
34. Wendy Walker, 1976.
35. *Ibidem.*

VIDEOGAME E VIOLÊNCIA

36. *Ibidem.*
37. *Ibidem.*
38. *Ibidem.*
39. *Ibidem.*
40. *Ibidem.*
41. Christopher J. Ferguson, 2008, p. 31.
42. Stanley Cohen, 2010, p. 1.
43. Kenneth Thompson, 1998, p. 8.
44. *Ibidem,* pp. 8-9.
45. Stanley Cohen, 2010, pp. 16-34.
46. *Ibidem,* p. 32
47. Howard Becker, 1993, p. 175.
48. Christopher J. Ferguson, 2008, p. 30.
49. Jock Young, 2002.
50. Howard Becker, 2009; Gresham Sykes e David Matza, 1957; Edwin Sutherland e David Cressey, 1978.
51. *Ibidem.*
52. Jason Schreier. Em: <http://kotaku.com/5976733/do-video-games-make-you--violent-an-in-depth-look-at-everything-we-know-today>.
53. Ver nota 32.
54. *Ibidem.*
55. *Ibidem.*
56. Ver nota 17.
57. Ver nota 32.
58. *Ibidem.*
59. *Bangor Daily News.* Em: <http://news.google.com/newspapers?nid=2457&dat=19761224&id=MmwzAAAAIBAJ&sjid=nDgHAAAAIBAJ&pg=2487,2825349>.
60. *Ibidem.*
61. *Times Picayune,* 1976.
62. *Ibidem.*
63. *Ibidem.*
64. *Ibidem.*
65. Al Green, 1976.
66. Rusel DeMaria, 2007, p. 6.
67. Ver nota 32.
68. *Ibidem.*
69. *Ibidem.*
70. *Ibidem.*
71. Chris Kohler. Em: <http://www.wired.com/2007/10/how-protests-ag/>.

72. Ver nota 32.
73. Lawrence Kutner e Cheryl K. Olson, 2008, p. 6.
74. *Ibidem.*
75. Lauren Gonzalez. Em: <http://www.gamespot.com/features/when-two-tribes-go--to-war-a-history-of-video-game-controversy-6090892/?page=2>.
76. Christopher J. Ferguson *et al.*, 2008, pp. 311-332.
77. Ver nota 32.
78. *Ibidem.*
79. Chris Kohler. Em: <http://www.wired.com/2007/10/how-protests-ag/>.
80. Lauren Gonzalez, *op. cit.*
81. *The New York Times.* Em: <http://www.nytimes.com/1982/01/05/nyregion/the--battle-for-america-s-youth.html>.
82. *Ibidem.*
83. Rusel DeMaria, 2007, p. 6.
84. Kenneth Thompson, 1998, p. 11.
85. *The New York Times, op. cit.*
86. Timothy Bolger. Em: <http://archive.longislandpress.com/2009/04/30/kiddicted/>.
87. David Clark Scott. Em: <http://www.csmonitor.com/1982/1012/101214.html>.
88. Rusel DeMaria, 2007, p. 5.
89. *Ibidem.*
90. Eric Kain. Em: <http://www.motherjones.com/politics/2013/06/video-games--violence-guns-explainer>.
91. Rusel DeMaria, 2007, p. 5.
92. Salah H. Khaled Jr., 2016a.
93. Lauren Gonzalez, *op. cit.*
94. *Ibidem.*
95. Deborah Wise, 1982.
96. *Idem.*
97. *CBC Digital Archives.* Em: <http://www.cbc.ca/archives/categories/arts-enter-tainment/media/the-arcade-age/pornographic-game-taking-heat.html>.
98. Lauren Gonzalez, *op. cit.*
99. *Ocala Star-banner.* Em: <http://news.google.com/newspapers?nid=1356&dat=19821017&id=FJdPAAAAIBAJ&sjid=-wUEAAAAIBAJ&pg=5343,427811>.
100. *Ibidem.*
101. Tyler Nagata. Em: <http://www.gamesradar.com/the-top-7-most-evil-games/?page=7>.
102. Luke Plunkett. Em: <http://kotaku.com/5847507/rape-racism--repetition-this-is--probably-the-worst-game-ever-made>.

VIDEOGAME E VIOLÊNCIA

103. Kim Wheeler. Em: <http://www.cbc.ca/news/aboriginal/indigenous-video-game--designer-takes-stand-against-custer-s-revenge-1.2851104>.
104. Lauren Gonzalez, *op. cit.*
105. Brett Elston. Em: <http://www.gamesradar.com/the-bloodiest-games-youve--never-played/?page=2>.
106. Levi Buchanan. Em: <http://www.ign.com/articles/2008/10/31/the-horror-of-retro>.
107. Andrea Dworkin, 1993, p. 317.
108. Kenneth Thompson, 1998, p. 7.
109. Steven L. Kent. Em: <http://news.google.com/newspapers?nid=1346&dat=1997 0821&id=5vAvAAAAIBAJ&sjid=w_wDAAAAIBAJ&pg=3868,340436>.
110. *Gainesville Sun.* Em: <http://news.google.com/newspapers?nid=1320&dat= 19950501&id=H0RWAAAAIBAJ&sjid=reoDAAAAIBAJ&pg=3412,181681>.
111. Lauren Gonzalez, *op. cit.*
112. Brett Elston, *op. cit.*
113. Andrew Chomik. Em: <http://www.askmen.com/top_10/videogame/top-10-most--violent-video-games.html>.
114. Linda Shrieves. Em: <http://news.google.com/newspapers?nid=1290&dat=1994 0613&id=bLgzAAAAIBAJ&sjid=c40DAAAAIBAJ&pg=4067,7045631>.
115. *Kingman Daily Miner*, 1993.
116. *Ibidem.*
117. *Ibidem.*
118. *Eugene Register Guard.* Em: <http://news.google.com/newspapers?nid=1310&dat= 19940104&id=_U1WAAAAIBAJ&sjid=2OsDAAAAIBAJ&pg=2767,759072>.
119. Kenneth Thompson, 1998.
120. Levi Buchanan, *op. cit.*
121. *Eugene Register Guard, op. cit.*
122. Lauren Gonzalez, *op. cit.*
123. Rusel DeMaria, 2007, p. 5.
124. Karen J. Cohen. Em: <http://news.google.com/newspapers?nid=1368&dat=1994 0111&id=8atRAAAAIBAJ&sjid=_hIEAAAAIBAJ&pg=7012,2439094>.
125. *Ibidem.*
126. Bonnie Erbe e Betsy Hart. Em: <http://news.google.com/newspapers?nid=336&dat= 19931227&id=bExTAAAAIBAJ&sjid=5oQDAAAAIBAJ&pg=3422,6155139>.
127. Cris Kohler. Em: <http://www.wired.com/2009/07/dayintech_0729/>.
128. Jasper Hamil. Em: < https://www.thesun.co.uk/news/2451596/super-mario-run--is-so-sexist-that-its-unsuitable-for-children-feminists-claim/>.
129. John Burgess. Em: <http://news.google.com/newspapers?nid=1129&dat=199312 08&id=5pQmAAAAIBAJ&sjid=EXADAAAAIBAJ&pg=6499,4727293>. Acesso em 20/1/2015.

130. Cris Kohler, *op. cit.*
131. Em: <http://www.esrb.org/index-js.jsp>.
132. Lauren Gonzalez, *op. cit.*
133. *Ibidem.*
134. Rusel DeMaria, 2007, p. 6.
135. Andy Chalk. Em: <http://www.escapistmagazine.com/articles/view/video-games/columns/the-needles/1300-Inappropriate-Content-A-Brief-History-of-Videoga-me-Ratings-and-t.2>.
136. Lawrence Kutner e Cheryl K. Olson, 2008, p. 6.
137. Frank Caron. Em: <http://arstechnica.com/gaming/2008/05/ftc-report-retailers--clamping-down-on-m-rated-game-sales/>.
138. Lauren Gonzalez, *op. cit.*
139. *Ibidem.*
140. *Ibidem.*
141. Vanessa Ho. Em: <http://news.google.com/newspapers?nid=1346&dat=19941225&id=bb0wAAAAIBAJ&sjid=E_0DAAAAIBAJ&pg=4808,2553192>.
142. Dwight Silverman. Em: <http://news.google.com/newspapers?nid=1320&dat=19931219&id=5rozAAAAIBAJ&sjid=feoDAAAAIBAJ&pg=4161,5775407>.
143. *BBC News.* Em: <http://www.bbc.com/news/technology-14748027>.
144. Vanessa Ho, *op. cit.*
145. *Star News.* Em: <http://news.google.com/newspapers?nid=1454&dat=19951105&id=ObxOAAAAIBAJ&sjid=fRUEAAAAIBAJ&pg=6935,1810848>.
146. Lauren Gonzalez, *op. cit.*
147. Steven L. Kent. Em: <http://community.seattletimes.nwsource.com/archive/?date=19950917&slug=2142084>.
148. *Daily News.* Em: <http://news.google.com/newspapers?nid=1696&dat=19980418&id=7_EaAAAAIBAJ&sjid=20cEAAAAIBAJ&pg=2344,2194316>.
149. *The Daily Gazette.* Em: <http://news.google.com/newspapers?nid=1957&dat=19951105&id=Tz5GAAAAIBAJ&sjid=ROkMAAAAIBAJ&pg=5286,927166>.
150. Larry Blasko. Em: <http://news.google.com/newspapers?nid=1298&dat=19970118&id=L-oyAAAAIBAJ&sjid=0AcGAAAAIBAJ&pg=3167,3109733>. Acesso em 23/2/2015.
151. Steven L. Kent. Em: <http://community.seattletimes.nwsource.com/archive/?date=19950917&slug=2142084>.
152. Andrei Longen. Em: <http://adrenaline.uol.com.br/games/noticias/22894/pesquisa-mulheres-sao-48-do-publico-gamer-nos-eua-games-sociais-crescem-muito.html>.
153. *Edge Magazine.* Em: <http://web.archive.org/web/20090302052537/http://edge--online.com/magazine/the-making-of%E2%80%A6-carmageddon>.

VIDEOGAME E VIOLÊNCIA

154. *Ibidem.*
155. *Ibidem.*
156. *Ibidem.*
157. Em: <http://www.pegi.info/pt/>.
158. *New Straits Times.* Em: <http://news.google.com/newspapers?nid=1309&dat=19981203&id=4rROAAAAIBAJ&sjid=tRQEAAAAIBAJ&pg=5667,1663203>.
159. Michael Saunder. Em: <http://news.google.com/newspapers?nid=2457&dat=19970822&id=zLBJAAAAIBAJ&sjid=vQ4NAAAAIBAJ&pg=2029,1872227>.
160. Akira Suzuki. Em: <http://jogos.uol.com.br/ultimas-noticias/2013/11/01/sangue--violencia-e-bits-uma-historia-dos-jogos-proibidos-no-brasil.htm>.
161. David Hopkins. Em: http://www1.folha.uol.com.br/fsp/informat/fr031210.htm>.
162. *Ibidem.*
163. *IGN.* Em: <http://www.ign.com/articles/1999/04/09/carmageddon-2-carpo-calypse-now-3>.
164. Cameron Woolsey. Em: <http://www.gamespot.com/reviews/carmageddon--reincarnation-review/1900-6416163/>.
165. *Daily Mail.* Em: <http://www.dailymail.co.uk/sciencetech/article-2142436/Carmageddon-Reincarnation-Most-controversial-game-ALL-time-reborn.html>.
166. Angela Mcrobbie e Sarah L. Thornton, 1995, p. 569.
167. Jasper Jackson. Em: <https://www.theguardian.com/technology/2017/feb/08/wikipedia-bans-daily-mail-as-unreliable-source-for-website>.

Fase 2. Tiros em Columbine e atentado no Morumbi Shopping: a consolidação do pânico moral

Doom e a tragédia de Columbine: a acentuação da criminalização cultural e o advento do terceiro estágio do pânico moral

Nesta Fase veremos como o discurso de satanização dos games atingiu seu ápice. Até aqui foram apenas esboçadas as condições de possibilidade para que o pânico moral em torno dos games alcançasse sua forma mais aperfeiçoada. A trilha de pólvora já havia sido espalhada e o mito logo ganharia corpo e forma definitivos. Bastava apenas que um evento e sua subsequente interpretação acendessem o pavio para que os resultados fossem decididamente explosivos, como veremos a seguir.

Em 20 de abril de 1999, os atiradores Eric Harris (18 anos) e Dylan Klebold (17 anos) provocaram a morte de doze estudantes e um professor e feriram outras 24 pessoas, na escola Columbine High, em Littleton,

Colorado. A dupla estava fortemente armada com espingardas, carabinas e pistolas semiautomáticas. Ambos se suicidaram logo após o massacre. Foi uma chacina escolar até então sem precedentes na história norte- -americana, mas por incrível que pareça poderia ter sido muito pior.

Os dois jovens pretendiam matar mais de 250 de seus colegas e professores. Os preparativos do ataque incluíam bombas de propano, bombas instaladas em carros, coquetéis molotov e dispositivos semelhantes a granadas. Harris e Klebold prepararam mais de 99 dispositivos explosivos. O plano consistia em explodir a cafeteria da escola, o que provavelmente provocaria o desabamento da biblioteca e das salas de aula localizadas acima dela. Eles analisaram o fluxo dos estudantes e programaram o ataque para coincidir com o momento de maior movimento. Pretendiam explodir carros no estacionamento e atirar nas pessoas que conseguissem fugir e, em seguida, atacariam as casas e lojas mais próximas. O plano ainda incluía o sequestro de um avião para fugir e jogá-lo contra um prédio em Nova York. E isso dois anos antes do ataque contra as torres gêmeas do World Trade Center, em 11 de setembro de 2001.

Felizmente, o plano não transcorreu como esperado. Duas bombas que seriam acionadas por *timers* foram escondidas na cafeteria, mas não funcionaram, o que obrigou os atiradores a improvisar. Eles simplesmente adentraram a escola e atiraram em todos que avistaram. Muitas pessoas escutaram o tiroteio e fugiram. Consequentemente, o número de mortes foi muito menor do que poderia ter sido.[1]

Uma pergunta imediatamente surgiu: o que poderia ter causado um massacre tão terrível?

Para quem aderiu ao discurso de criminalização cultural e indução de pânico moral instalado pela grande mídia na época, a violência de *Doom* não se restringiu ao âmbito virtual, pois foi indiretamente responsável pela tragédia de Columbine, já que Harris e Klebold eram fervorosos adeptos do jogo. Uma simplificação grosseira, sensacionalista e criminalizante, difundida em grande escala na época e assumida como verdade incontestável por muitas pessoas até hoje.

No entanto, os fatos mostram uma história muito diferente da que foi veiculada pela imprensa na época.

VIDEOGAME E VIOLÊNCIA

Uma matéria impactante publicada no *USA Today* afastou grande parte dos mitos em torno de Columbine e sepultou completamente a conexão com os jogos eletrônicos. Os dois rapazes já haviam se envolvido em inúmeros problemas antes do ataque. Suas anotações mostram que pretendiam protagonizar um massacre que rivalizasse com a explosão decorrente do atentado terrorista de Oklahoma, que provocou a morte de 168 pessoas e deixou 680 feridas em 19 de abril de 1995. Aparentemente, um dos fatores que impediu que a tragédia fosse ainda maior foi o limitado poder aquisitivo dos rapazes para compra de material explosivo. Em tom de denúncia, é revelado que a polícia desperdiçou uma chance de evitar o atentado: somente cinco anos depois da tragédia as autoridades admitiram que se reuniram secretamente, em 1998, com o intuito de discutir que havia motivos para conduzir uma busca na casa de Harris, porém isso não foi feito. O rapaz havia ameaçado outro jovem e se gabava de ter construído bombas em seu website. Aparentemente, a polícia nem sequer sabia que Harris e Klebold tinham arrombado uma van e furtado equipamentos eletrônicos. A matéria pinta um retrato perturbador dos rapazes, indicando que eles pretendiam matar todos que encontrassem, inclusive seus próprios amigos.[2]

Mas essas são conclusões compartilhadas com o público dez anos depois da tragédia. A história relatada pela grande mídia na época expressa uma narrativa muito diferente. E é ela que nos interessa.

Os observadores na época indicaram como possíveis causas o ambiente familiar, leis permissivas sobre armas de fogo, educação progressista, cultura escolar repressiva, antidepressivos, rock 'n' roll e games. A própria polícia contribuiu para a confusão, conversando com repórteres antes de se certificar dos fatos. Alguns equívocos foram esclarecidos em questão de horas, mas outros somente em semanas, meses ou anos até que as autoridades relutantemente esclarecessem os fatos.[3]

A história do pânico moral em torno dos games se divide em antes e depois do massacre de Columbine. Nada jamais foi igual depois da tragédia que ocorreu nos Estados Unidos: era como se ela "confirmasse" os piores temores dos empreendedores morais contra os games. Por décadas eles moveram cruzadas contra a indústria e incansavelmente alertaram para o perigo que os jogos violentos supostamente representavam. Para quem tinha transformado a campanha contra os games em uma profissão de fé, Columbine foi uma "prova incontestável" de que estavam certos. A tragédia lhes deu exatamente o que precisavam: um argumento de peso que poderia ser "vendido" de forma sedutora e irresistível para o público. Não era mais especulação: os games "realmente" têm efeitos criminógenos e provocam violência real.

O confronto decisivo pela juventude dos Estados Unidos e do mundo estava prestes a iniciar. E todos aqueles que zelavam pela moral e pelos bons costumes estavam convidados a participar: era o chamado às armas para a "grande cruzada moral do nosso tempo", cujas batalhas continuam acontecendo até hoje.

Muitas pessoas acreditaram e ainda acreditam nessa causa. E isso se deve em grande medida ao novo patamar que a criminalização cultural alcançou: bem-vindo ao estágio três do pânico moral em torno dos games.

O impacto do evento na sociedade norte-americana foi imenso. Foram suscitadas inúmeras hipóteses sobre as causas da tragédia, da qual trata também o famoso documentário de Michael Moore, *Tiros em Columbine*. Elas incluem: o fato de que os atiradores podiam ter tido infâncias traumáticas; que não tiveram pais atenciosos; que eram psicóticos; que sofreram *bullying*; que estavam copiando outros atiradores de massacres em escolas; que estimularam um ao outro e inúmeras outras. Discutindo a tragédia em seu documentário, Moore explorou questões como a disseminação de armas de fogo, o passado colonial americano, o racismo e políticas sociais insuficientes, por exemplo. Mas essas análises foram desconsideradas sem maior cerimônia por uma parcela significativa da grande mídia, que rapidamente estabeleceu sua explicação predileta: a que relacionava os jogos eletrônicos ao massacre.

A chacina de Columbine é um divisor de águas definitivo. A violência nos games jamais foi retratada da mesma forma pela imprensa norte-americana. A tragédia foi apropriada discursivamente e ressignificada pelo discurso moralista de condenação aos jogos eletrônicos. Tornou-se

VIDEOGAME E VIOLÊNCIA

um instrumento para um fim: a deflagração de uma campanha criminalizante contra os games.

A mídia foi decisiva para a construção de significado sobre o evento e a demarcação de um território de possibilidades interpretativas que se mantém dominante até hoje: logo após o massacre, o *Rocky Mountain News* publicou uma matéria extensa na qual discutia as possíveis motivações dos garotos. De acordo com o texto, o apelido de Eric (Reb) era inspirado em um personagem de seu jogo favorito, *Doom*, cujo objetivo consistia em "atingir elevado número de mortes de inimigos". A matéria reproduz com destaque um dos slogans do jogo: *"Doom – Where the sanest place is behind a trigger"* (*Doom* – onde o lugar mais são é atrás de um gatilho), fazendo um trocadilho entre *safest* e *sanest*, que em inglês querem dizer "o mais seguro" e "o mais são", respectivamente.[4]

A reportagem do *Rocky Mountain News* é repleta de clichês e estereótipos. Explora extensivamente as supostas conexões entre *Doom* e a tragédia, construindo significados e fundando horizontes compreensivos locais, nacionais e internacionais sobre o massacre. Lynn Bartels e Carla Crowder efetivamente ditaram o tom e a abordagem que seria seguida com fidelidade canina por quase toda a imprensa norte-americana, por muito tempo.

A história se repetia: como em *Death Race*, uma abordagem sensacionalista disparava um alarme que ressoaria com impacto tremendo para muitas pessoas. Os incidentes em ambientes escolares em si mesmos são particularmente traumáticos e constituem um dos tópicos mais sensíveis da sociedade norte-americana. A possível relação entre um massacre em escola e um game violento era verdadeiramente explosiva.

É forçoso reconhecer que dessa vez existia um terreno ainda mais fértil para que o pânico se espalhasse. E ele foi intensamente explorado em uma cruzada moral contra os games como até então jamais havia sido vista. A tragédia motivou níveis de indignação moral e temor infinitamente superiores aos simples receios relacionados a *Death Race* ou a *Mortal Kombat*. Dessa vez não se tratava de uma simples ameaça velada para a formação de crianças e adolescentes. A base para a difusão de pânico moral era infinitamente superior.

As sementes já vinham sendo plantadas havia décadas. Tinha chegado a hora da colheita para os empreendedores morais. Antigos medos foram trazidos à tona com novos significados, devidamente amplificados pelos refletores jornalísticos. As barricadas morais começaram a ser erguidas e sentidos ainda mais incisivos foram atribuídos. Não é por acaso que Cohen identifica que o *exagero* e a *distorção* são aspectos típicos das coberturas fomentadoras de pânicos morais. A mensagem, nada subliminar, era clara: "Jogos eletrônicos de conteúdo violento não são apenas reprováveis moralmente; eles provocam violência e causam tragédias, ainda que de forma indireta." O longo percurso de construção discursiva da criminalização cultural dos games enfim chegava ao seu clímax.

O programa *60 Minutes* da CBS foi ao ar alguns dias após a tragédia, com a pergunta: "Os games estão transformando adolescentes em assassinos?"

Rapidamente essa se tornou a característica predominante da cobertura da imprensa sobre o massacre, embora não existissem quaisquer subsídios concretos para fundamentar essa interpretação. O simples fato de os atiradores Harris e Klebold jogarem games já bastava para sustentar uma relação de causa e efeito que não passava de mera suposição.

O massacre de Columbine provavelmente representou a primeira ocasião em que foi estabelecida uma relação de causalidade direta entre jogos eletrônicos e violência na grande mídia e em larga escala: a imprensa divulgou que os atiradores eram fervorosos adeptos de *Doom*, o que "claramente" teria sido determinante para suas condutas.

Lauren Gonzalez, do site GameSpot, aponta que por mais que outros elementos tenham sido explorados, como a expulsão de Harris do exército, ou o fato de ele ouvir Rammstein, uma banda com letras consideradas violentas (outra suposição de causa e efeito infundada), *Doom* era um alvo fácil e certeiro para a mídia e seu discurso simplificador: Harris jogava *Doom*, um game que consiste em atirar em inimigos, e matou várias pessoas com armas de fogo.[5]

Estava esboçado o estágio três do pânico moral em torno dos games. E dessa vez ele não fora desencadeado pela condenação moral de um jogo.

VIDEOGAME E VIOLÊNCIA

Resultara do investimento de sentido moralista e criminalizante projetado sobre uma tragédia e sua suposta conexão de causação com *Doom*.

No estágio três, os efeitos do discurso criminalizante são muito mais intensos: a existência de um acontecimento específico que pode ser diretamente vinculado à condenação moral fornece o elemento que faltava para "justificar" a cadeia de causação, e não demorou a surgirem pesquisas que em certo sentido atribuíram "condição de verdade" a essa alegação. Em decorrência desse novo horizonte de interpretação, teve início a era da judicialização da questão: são incontáveis os processos contra a indústria dos games, tanto *sancionatórios*, buscando indenização com base na alegada relação de causação, quanto *preventivos*, tentando impedir que jogos chegassem ao mercado para "evitar novas tragédias".

Como já enfatizado anteriormente, a mídia simplifica questões complexas visando maximizar a inteligibilidade de seu discurso perante o público em geral: a informação é uma mercadoria vendida com aparência de objetividade, mas que muitas vezes carrega forte conotação moral. É nesse sentido que a mídia "produz" uma "opinião pública" que é efetivamente condicionada por ela, embora procure passar a impressão de que de fato a representa. Muitas vezes os meios de comunicação de massa criam ilusões: projetam uma realidade de histeria, o que não é produto do acaso. O programa satanizante reflete muitos interesses sociais difusos e, na maioria das vezes, as próprias convicções morais de quem escreve. Afinal, ninguém pode eliminar o próprio "eu" e fazer com que a realidade flua através de seu texto, apresentando resultados verdadeiros e incontestáveis para todos. Que dirá então quando o processo de fabricação da notícia é flagrantemente intencional: informar pode muitas vezes ser algo secundário perto da intenção deliberada de moldar o leitor como se objeto fosse. Nesse sentido, os meios de comunicação se tornaram formadores de opinião das pessoas, até porque na aceleração característica da vida cotidiana, elas dependem desses meios para a obtenção de informação, sem que disponham de tempo para confrontar a veracidade e a objetividade das leituras em questão. Como observou Zaffaroni, na estrutura de comunicação da sociedade tecnocientífica houve uma mudança da comunicação "entre pessoas" pela comunicação "através dos meios": esse tipo de comunicação não se limita a proporcionar uma falsa imagem da realidade; ele produz realidade de acordo com regras destinadas a certos grupos sociais.[6]

A leitura jornalística sempre parte de um horizonte compreensivo prévio, que necessariamente irá selecionar o que é dito, como é dito e quando é dito, não apenas de acordo com escolhas morais, mas também comerciais: e todos sabem que escândalos vendem. E vendem porque a grande mídia criou um gosto para isso no público, o que sempre interfere na escolha da pauta, muitas vezes de forma decisiva: não apenas no que é definido como noticiável, mas também na forma da abordagem e na seleção dos dados, procurando identificar o que é pertinente ou não para uma "aproximação sedutora" que muitas vezes não privilegia o que é mais relevante para a efetiva compreensão dos fatos. O espetáculo é que conta.

Nesse sentido, segundo Marcondes Filho, "como as mercadorias em geral, interessa ao jornalista de um veículo sensacionalista o lado aparente, externo, atraente do fato. Sua essência, seu sentido, sua motivação ou sua história estão fora de qualquer cogitação".[7]

Para facilitar a difusão do discurso, a grande mídia costuma "construir a realidade" por meio de alguns vetores facilmente perceptíveis: a) eleição de um fio condutor como ponto central da questão, ainda que seja apenas um elemento dentro de uma situação complexa; b) simplificação dos aspectos envolvidos para garantir a máxima inteligibilidade da mensagem pelos destinatários, com emprego de relações simples de causa e efeito, inadequadas para fenômenos complexos; c) retratação do problema em torno de um confronto entre o bem o mal, que costuma ser apresentado em termos morais, ou seja, a sociedade contra seus inimigos; d) reiteração de problemas e/ou abordagens semelhantes para reforçar a compreensão desejada; e) recurso a especialistas: o acréscimo de autoridade dado pelo discurso de alguém com experiência na área reforça o "efeito de verdade" da abordagem jornalística; f) contraponto: acentua a máscara de "objetividade" da notícia, apesar de contemplar de modo menos importante no texto o ponto de vista contrário.

VIDEOGAME E VIOLÊNCIA

O leitor identificará com facilidade essas características nas abordagens jornalísticas de eventos traumáticos nos quais videogame e violência foram discursivamente conectados.

Finalmente, é preciso apontar que o esquema interpretativo de fundação de significado sempre é derivado da compreensão preexistente, o que conduz a um processo de fabricação de notícias que tende a reproduzir a visão de senso comum: para muitas pessoas, a relação de causa e efeito entre videogame e violência parece algo natural e intuitivo, ainda que desafie as premissas mais básicas da racionalidade.

A grande mídia intensifica essa visão de senso comum com lentes sensacionalistas, fazendo com que a causalidade pareça "natural". Um relativo consenso é construído, salvo para aqueles que se "recusam a ver o óbvio", ou seja, "o perigo para a sociedade que os games representam". A imprensa é um meio de transmissão cultural, que, como tal, transmite uma dada imagem do crime, dos criminosos e da polícia. Para Kappeler, Blumberg e Potter, as imagens transmitidas são distorcidas com base na intenção de dramatização. Os autores consideram que a grande mídia inventa mitos.[8]

Por mais que a simplificação de uma questão profundamente complexa como a violência escolar, neste caso levada ao extremo, causasse perplexidade, isso não impediu que o pânico moral emergisse triunfante da questão, deixando quase que fora da discussão o problema do controle de armas de fogo e efetivamente estabelecendo uma cortina de fumaça conveniente com a invenção de um bode expiatório.

A cobertura de casos como o de Columbine efetivamente opera com construção de significado: faz uma abordagem sensacionalista de um evento traumático, enquanto criminaliza e estigmatiza não só uma forma de entretenimento como aqueles que desfrutam dela, taxando-os de ameaça à sociedade e transformando discursivamente seres humanos em inimigos em potencial, como se fossem caricaturas.

A cobertura sensacionalista estabeleceu algumas características que conformam o "estereótipo do gamer perigoso", uma criatura facilmente influenciável pelos efeitos nocivos (criminógenos) dos games instigadores de violência. Ele é o "inimigo" contra o qual "nós" temos que nos precaver. Quando o processo de estigmatização é bem-sucedido, a pessoa é de fato reduzida a um estigma e classificada a partir de uma lógica binária que divide a sociedade em bons e maus.[9]

Os estigmas provocam expectativas: espera-se que o indivíduo estigmatizado realmente se comporte de acordo com o estigma aplicado. No caso em questão, o que isso pode significar é óbvio: a expectativa de que o gamer eventualmente exteriorize sua perversão interior por meio de uma conduta agressiva, resultante da exposição massiva aos games violentos, que o tornaram uma ameaça para a sociedade. Veremos na próxima Fase como isso se relaciona com as chamadas profecias que se autorrealizam.

Por mais grosseira que a relação praticamente monocausal de responsabilidade dos games pudesse soar, isso não impediu que ela tivesse uma difusão imensa, até porque representava uma explicação relativamente simples e reconfortante para uma tragédia que de outra forma se mostrava incompreensível. Este é um ponto muito importante: a adesão subjetiva ao pânico moral não decorre somente da identificação com o processo de criminalização cultural dos games. As pessoas aderem ao pânico porque ele dá uma sensação de segurança, que, embora seja falsa, permite racionalizar um acontecimento complexo e inexplicável.

Claro que o público nunca é um simples receptáculo do discurso da grande mídia, ainda que ela possa ter esse público como objeto. Isso significa que as opiniões dos telespectadores ou leitores nunca refletem de maneira perfeita e acabada os discursos jornalísticos, salvo em raras ocasiões. Cada um agrega ao discurso seu próprio universo de significações, fazendo dele algo "seu" ou o rejeitando a partir de suas convicções existentes.

De qualquer modo, o fato é que a grande mídia adota o paradigma simplificador e ela é a principal fonte de informação das pessoas na vida contemporânea. No entanto, explicações simples raramente são satisfatórias para a compreensão de problemas complexos. E digo mais: podem até servir para mascarar a verdadeira natureza das coisas e a compreensão de suas causas.

VIDEOGAME E VIOLÊNCIA

Se o leitor mais desavisado ainda não compreende o alcance destrutivo do discurso moralizante que produz criminalização cultural e inventa bodes expiatórios, pode estar certo de que o perigo que isso representa ficará claro nas demais fases do livro. A esse leitor, peço paciência. Tudo eventualmente se esclarecerá.

A cobertura da tragédia de Columbine não produziu uma simples histeria passageira. Pelo contrário. A tempestade chegou para ficar. As repercussões do pânico fundador do massacre são sentidas até hoje. Evidentemente, não se trata apenas de atribuição de responsabilidade pela tragédia, mas também de um alerta que é nitidamente feito, ainda que de forma velada. Como indica Cohen, a *previsão* também é uma característica típica das reportagens instigadoras de pânico moral. O alerta é visível: "Se não fizermos algo sobre os jogos eletrônicos violentos, massacres como o de Columbine certamente se repetirão."

Nesse sentido, a dinâmica mais incisiva da criminalização cultural contempla três dimensões temporais: comporta a condenação com base em um fato *passado*, enfatizando a necessidade de medidas duras no *presente*, para evitar novas tragédias no *futuro*.

Também não pode ser descartada outra hipótese: o suicídio dos atiradores impediu a canalização de sentimentos de vingança social que normalmente seriam dirigidos aos autores do massacre. Nesse sentido, a identificação de um inimigo "por trás das cenas" torna possível que esses sentimentos encontrem um receptáculo, de maneira que os games, a indústria e os próprios gamers podem de algum modo suprir essa lacuna, como substitutos dos agressores originais no imaginário social.

Cohen destacou e classificou alguns dos tipos de opiniões e atitudes que decorreram do caso específico de pânico moral que ele discutiu. Elas incluem a grande mídia e outros espaços públicos de debate, como parlamentos. Ainda que o objeto de análise dele tenha sido outro, penso que sua relação é de alguma serventia para o problema que nos interessa aqui. Os grupos de opiniões identificados por Cohen são: a) *orientação* (o ponto de vista emocional e intelectual a partir do qual o desvio é apreciado); b) *imagens* (opiniões sobre a natureza dos desvian-

SALAH H. KHALED JR.

tes e seu comportamento); e c) *causação* (opiniões sobre as causas do comportamento).[10]

No campo da *orientação*, Cohen aponta referências como: a) *desastres*: o comportamento é compreendido como um desastre que pode atingir a comunidade a qualquer momento e abalar seus alicerces; b) *profecias de desgraças*: indicam não apenas que o problema é muito maior, mas que com certeza se repetirá, de forma cada vez mais intensa; c) *não é o que aconteceu, mas o que poderia ter acontecido ou pode vir a acontecer*: não é o comportamento em si que é o mais perturbador, mas as possibilidades interpretativas sobre suas consequências. Cohen aponta exemplos como desobediência civil massiva, adesão juvenil ao nazismo etc.; d) *não é apenas isso*: o ponto central aqui é a associação com outros problemas, como a degeneração da juventude em sentido geral, por exemplo. A preocupação não deve estar centrada apenas em um incidente, tipo de comportamento ou de pessoa, mas em uma gama de problemas e aberrações.[11]

Não é difícil perceber que vários elementos identificados por Cohen nos discursos de *orientação* podem ser percebidos também nas falas sobre Columbine: o impacto causado pelos games violentos é retratado e considerado potencialmente equivalente a um desastre de grandes proporções; profecias indicam que esse é apenas o começo e que se nada for feito novas tragédias acontecerão (preste atenção neste ponto e na ideia de profecia que se autorrealiza, que discutirei na próxima Fase); Columbine seria apenas a ponta de um iceberg, já que milhões de jovens estão expostos aos efeitos nefastos dos games e "celebram a cultura de violência que eles veiculam".

No campo das *imagens*, é possível conectar a percepção de Cohen aos estereótipos que lentamente começaram a ser construídos sobre os gamers. De acordo com ele, as etiquetas são atribuídas para dar suporte a uma teoria ou a um curso de ação específico. Com isso, é possível construir um estigma sobre pessoas que praticam certas condutas, vestem determinados tipos de roupa ou pertencem a um status social específico, como o de adolescente. Essas definições comportam um aspecto fixo de atributos (como irresponsabilidade, imaturidade, arrogância, falta de

VIDEOGAME E VIOLÊNCIA

respeito pela autoridade) e outros aspectos maleáveis de acordo com as circunstâncias concretas.[12]

É preciso distinguir o inimigo do público em geral e, para isso, é importante destacar as diferenças que separam os desviados dos "homens de bem" de alto padrão moral. Cohen aponta que a criação bem-sucedida de bodes expiatórios depende de sua retratação estereotípica como atores atípicos diante de uma sociedade típica em demasia.[13]

A questão poderia ser traduzida de modo simples e com conotação moral como *anormalidade* dos gamers diante da *normalidade* do público em geral.

Finalmente, a *causação*. Aqui, dois elementos podem ajudar a compreender os discursos sobre a tragédia de Columbine: o comportamento é visto como resultante de uma espécie de doença contemporânea, que deve ser combatida. Nesse sentido, as pessoas seriam de algum modo "infectadas" com a delinquência, que se espalha de uma pessoa para outra, e é necessário "curar" a doença.[14] É desse modo que se situaria o discurso de causa e efeito e a decorrente necessidade de combate aos games violentos: um câncer deve ser extirpado do corpo social. Cohen também aponta que comportamentos desorganizados, espontâneos e circunstanciais são percebidos como tendo sido planejados anteriormente como parte de algo maior.[15]

Este ponto pode ser identificado no pânico imediatamente decorrente de Columbine por meio da especulação em torno da chamada Trench Coat Mafia (TCM, ou Máfia de Sobretudo). O relatório da equipe policial de investigação (Columbine Task Force) que cuidou do caso é especialmente significativo nesse sentido.

Os relatos iniciais sobre a tragédia especulavam sobre a possibilidade de um terceiro atirador ou de ainda mais atiradores envolvidos. Vários depoimentos apontaram para o envolvimento de Harris e Klebold com um grupo da escola conhecido como TCM. A expressão "organização terrorista" chegou a ser empregada para descrevê-la. No entanto, a investigação concluiu que a TCM tinha muitos membros, mas era apenas uma organização social integrada por atuais e ex-alunos da escola, sem nenhuma estrutura formal, liderança ou propósito, como nas tradicionais gangues de rua de jovens. Ao contrário do que foi noticiado, não foi encontrada nenhuma prova de que existissem grupos vinculados a diferentes TCM por todo o país.

A origem do nome não é clara. Aparentemente, alguns dos primeiros membros começaram a usar sobretudos e panos pretos na escola, e essa foi uma das características utilizadas pelos outros alunos para identificar os membros da TCM. Esse tipo de traje, combinado com o fato de os membros serem vistos como *outcasts* (párias ou forasteiros), levou à criação do nome, seja pelos próprios membros ou por pessoas de fora do grupo. Alguns dos integrantes jogavam games como *Doom* e produziam vídeos para projetos da escola. Muitos dos entrevistados relataram que os membros das TCM eram molestados por outros estudantes, principalmente pelos de perfil atlético, cuja identidade era definida pela prática de esportes. O relatório aponta que ninguém além de Harris e Klebold participou do massacre, contribuiu para o seu planejamento ou tinha qualquer conhecimento prévio dele.[16]

A riqueza de significados que o relatório revela é impressionante. Mostra como os estigmas são construídos em ambientes escolares e como eles contribuem para a formação da identidade dos próprios estigmatizados, o que mereceria uma discussão extensa que não será possível desenvolver aqui.

Para efeito do problema que aqui interessa, dois pontos merecem apreciação. O primeiro deles já foi bastante debatido: a grande mídia produziu um relato apressado e descuidado sobre os fatos, que explorou uma hipótese absolutamente inconsistente. O segundo ponto é o conteúdo específico desse relato: o discurso movido pelo pânico moral criou uma realidade imaginária, em que uma associação em grande escala de jogadores de games violentos supostamente existiria.

Embora a efetiva existência dessa organização tenha sido veementemente desmentida pelas autoridades, isso não impediu que a imagem de uma grande subcultura criminosa associada aos games ganhasse difusão. De maneira surpreendente, alguns ainda dão crédito a ela até hoje.

Não são poucas as reportagens que sugerem que existe uma verdadeira subcultura gamer, formada por pessoas que desfrutam de um interesse

VIDEOGAME E VIOLÊNCIA

comum por violência e não compartilham dos valores morais dominantes. Seria uma subcultura desviante e habitada por pessoas anormais, que representam uma ameaça para os bonzinhos, ou seja, os normais.

O argumento merece exploração, ainda que breve.

Segundo Baratta, uma subcultura possibilita, aos que dela fazem parte, exprimir e justificar a hostilidade e a agressão contra as causas da própria frustração social.[17] No estudo "Delinquent Boys", Albert Cohen destacou que a subcultura tem uma função de legitimação da atitude criminal, ou seja, o jovem atua delitivamente desde o ponto de vista da cultura oficial, mas não desde o ponto de vista da subcultura a que pertence, que é uma espécie de inversão do sistema cultural dominante: seus valores se contrapõem à ordem social existente. Sob esse aspecto, eventuais violações de regras não são percebidas como violação de um código geral de comportamento correto, mas como expressões de um código alternativo próprio. As técnicas de neutralização identificadas por Sykes e Matza caminham em direção semelhante, mas com uma diferença significativa: são justificações para o desvio que permitem que os membros de um dado grupo violem regras sociais, mas mantenham uma relativa consciência de que atuam corretamente, ou seja, conforme o sistema de valores dominante, apesar de essas justificativas não serem aceitas pela sociedade ou pelo sistema legal. São racionalizações que protegem a autoimagem do indivíduo e desqualificam juízos negativos alheios, precedendo e possibilitando o comportamento desviante, sem que isso signifique repúdio ao sistema cultural dominante. Sykes e Matza sustentam que a subcultura delinquente valoriza a agressividade e despreza o trabalho, mas isso não significa que ela esteja completamente separada dos valores dominantes. De muitas formas está próxima deles: basta observar quanto o gosto pela violência é disseminado na sociedade em livros, revistas, filmes e na televisão.[18] A violência é normalmente condenada, mas muitas vezes é mercantilizada, consumida e celebrada, como veremos na Fase 3.

Essas considerações ilustram muito bem um tipo de subcultura, ou seja, a subcultura delinquente. Mas nem todas as subculturas são delinquentes, embora algumas delas possam ser designadas como tais pelos empreendedores morais, pelo simples fato de não compartilharem necessariamente dos valores morais e estéticos dominantes.

Uma subcultura pode ser definida como uma cultura que existe separada da cultura dominante, mas que, ao mesmo tempo, faz parte dela. As subculturas aceitam certos aspectos dos sistemas de valores predominantes, mas também expressam sentimentos e crenças exclusivos de seu próprio grupo. Como observa Shecaira, "cada sociedade é internamente diferenciada em inúmeros subgrupos, cada um deles com distintos modos de pensar e agir, com suas próprias peculiaridades e que podem fazer com que cada indivíduo, ao participar desses grupos menores, adquira 'culturas dentro da cultura', isto é, subculturas. Qualquer sociedade diferenciada encontrará formas distintas de cozinhar, expressar-se artisticamente, jogar, vestir-se, enfim, agir."[19]

Trata-se de uma definição relativamente simples, que permite compreender de maneira racional e sensata a subcultura gamer e o processo de criminalização a que ela é submetida pelos empreendedores morais.

Nesse sentido, é importante frisar que subculturas comportam um componente de resistência aos processos de criminalização cultural. De acordo com Ferrell e Sanders, existe uma "estética da autoridade" a partir da qual autoridades morais e legais definem a aceitabilidade de uma dada forma de expressão. As expressões estéticas consideradas ofensivas ou controversas, como histórias em quadrinhos, games, grafite, música alternativa e hip hop e modos não convencionais de se vestir provavelmente serão criminalizadas porque "atacam a certeza estética necessária para o funcionamento da autoridade legal e do controle social".[20] É claro que isso nunca ocorre sem que exista uma reação: subculturas e estilos alternativos conferem um senso de pertencimento, uma identidade coletiva e um sistema de comportamentos e crenças que resistem às "estéticas da autoridade". No entanto, apesar dos recursos disponíveis, eles não se comparam com as forças políticas, econômicas, legais, religiosas e da grande mídia que as autoridades morais usam para montar campanhas a fim de criminalizar a cultura pop e algumas subculturas em particular, dirigindo essas campanhas a forasteiros de todas as espécies.[21] Ferrell afirma que várias formas de resistência emergem

VIDEOGAME E VIOLÊNCIA

dentro de grupos transformados em alvo do controle exercido pela grande mídia. Artistas e músicos envolvidos em guerras culturais recusaram prêmios governamentais, renunciaram a posições de destaque, venceram julgamentos legais, organizaram meios de comunicação alternativos e produziram inúmeros contra-ataques públicos. Em algumas subculturas marginalizadas, o estilo do grupo certamente existe como um estigma que suscita a vigilância e o controle externo, mas ao mesmo tempo é apreciado como um símbolo de honra e resistência, tornado ainda mais significativo por sua tenaz resistência a autoridades externas.[22]

Ao longo da obra, o leitor verá que em várias ocasiões a subcultura gamer foi capaz de mobilizar consideráveis esforços para resistir às cruzadas de criminalização cultural comandadas por diferentes empreendedores morais, por maior que fosse a envergadura de alguns deles, inclusive no campo político. E como era de esperar, após Columbine eles prosperaram como nunca. Ferguson relata que, pelo menos em parte, o massacre provocou uma nova discussão sobre entretenimento violento no Senado norte-americano. Durante as sessões, o senador Lieberman sustentou que os games haviam transformado crianças em assassinos, e o senador John McCain criticou as indicações da ESRB, dizendo que elas "não são mais do que uma cortina de fumaça para práticas comerciais imorais e sem consciência".[23] Como pode ser visto, o pânico moral sobre os games ainda prosperava no Senado. Mas não apenas nele, infelizmente.

Em junho de 1999, o presidente Bill Clinton pediu que fossem estudados os efeitos das mídias violentas em crianças e se referiu aos games em particular, indicando que pesquisas apontavam que metade dos jogos que uma criança costuma jogar são violentos. "Que valores estamos promovendo?", perguntou Hillary Clinton, "quando uma criança pode entrar em uma loja e encontrar jogos em que você vence de acordo com a quantidade de pessoas que mata ou quantos lugares explode?".[24]

A centralidade que os games assumiram na discussão sobre violência e delinquência juvenil certamente impressiona. Mas a questão não se limitou ao campo político. Pesquisadores se juntaram a essa nova cruzada e encabeçaram pesquisas que reproduzem seus próprios horizontes morais, visivelmente confirmando as próprias hipóteses iniciais e ignorando os resultados de pesquisas contrárias às suas pretensões, uma tendência eticamente questionável que também foi seguida pela grande mídia. Com isso, reforçaram as cruzadas morais contra os games de forma jamais vista até então. Na Fase 5 farei uma análise aprofundada de seus pressupostos, metodologia e resultados.

Com o que foi exposto até agora, tenho condições de sintetizar a dinâmica do terceiro estágio do pânico moral relativo aos games, como exposto na figura a seguir:

Figura 2.1 A tragédia de Columbine e o novo estágio do ciclo vital do pânico moral e da criminalização cultural dos games.

O processo de criminalização cultural conduzido pela grande mídia, por políticos, advogados ativistas, empreendedores morais e pesquisadores vende uma falsa promessa, ou seja, acena com uma solução imaginária

VIDEOGAME E VIOLÊNCIA

para um problema real: atribui uma eficácia às propostas de controle e proibição de jogos eletrônicos que elas jamais poderiam ter, como se essas medidas efetivamente pudessem contribuir de forma significativa para o combate à violência.

São discursos reacionários que inventam uma realidade inexistente e produzem indignação e preocupação moral, anunciando a degradação dos costumes e uma ameaça generalizada para a ordem social. Esses "pregadores do apocalipse" funcionam como aparato de propaganda de uma moral conservadora, relativamente hegemônica, que é ameaçada pelo que é novo. É típico que essa espécie de discurso esteja estruturada em torno do que poderia ser chamado de "nostalgia do não vivido". Todos conhecem frases como "no meu tempo não era assim...", emitidas por pessoas que enterraram seu próprio passado de transgressão – esquecendo que foram jovens um dia – ou, pior ainda, que sempre se mostraram impassíveis diante de um mundo repleto de tantas injustiças e desigualdades.

Um texto publicado em um livro sobre massacres em escolas exemplifica muito bem o tipo de discurso que se difundiu após a tragédia de Columbine. Paul Keegan, o autor, começa o texto afirmando que a não ser que a sociedade mude suas formas de entretenimento, as pessoas que jogam esses games correm o risco de se isolar e recorrer a chacinas em locais como esse e a adotar outras condutas violentas.[25]

Perceba como o autor criminaliza a subcultura gamer, como discuti anteriormente. O discurso de criminalização cultural por ele construído atinge tanto o produto quanto seu consumidor, quase que indistintamente. O artigo traz declarações do tenente-coronel David Grossman, ex-professor de psicologia de West Point e autor do livro *Stop Teaching our Kids to Kill*. Para ele, crianças estão tendo um treinamento sofisticado, que até recentemente só o Pentágono poderia oferecer. O autor argumenta que "dá calafrios perceber quantos garotos ao redor do país se identificaram com o isolamento e a alienação dos atiradores de Columbine, como também com o modo pelo qual descarregaram sua raiva". Em outra obra, *On Killing: The Psychological Cost of Learning to Kill in War and Society* (1995), Grossman sustenta conexões diretas entre o treinamento recebido por recrutas no exército e o que crianças experimentam por meio de jogos do estilo FPS. Para ele, são simuladores de assassinato.

Novamente pode ser percebida a referência criminalizante à subcultura gamer. Grossman parte do particular para o geral, em um discurso absolutamente simplificador que conecta um episódio complexo e particular com um universo muito maior, anunciando potenciais tragédias de forma irresponsável e sem qualquer suporte científico confiável, com base na mera crença de que os games são simuladores de assassinato.

Para efeito de comparação, reproduzo o depoimento de Henry Jenkins, diretor do Comparative Media Studies Program, no Massachusetts Institute of Technology (o MIT, que não é citado no artigo que aqui discuto). Ele aponta que o modelo de Grossman somente funcionaria se:

a) removermos a educação e o treinamento de um significativo contexto cultural;
b) assumirmos que os educandos não têm objetivos conscientes e que não mostram nenhuma resistência ao que é ensinado a eles;
c) assumirmos que eles involuntariamente aplicam o que lhes é ensinado em um ambiente de fantasia a espaços e situações reais.

Ele pontua que os militares usam games como parte de um currículo específico, com objetivos claramente definidos, em um contexto no qual os estudantes querem ativamente aprender e precisam da informação transmitida. Na hipótese da incapacidade de dominar tais habilidades, há consequências curriculares.[26]

Como parece óbvio, é evidente que não são situações equivalentes.

O artigo de Keegan ainda traz o depoimento de Eugene Provenzo, professor da Universidade de Miami, que afirma que "o país não percebia que essa cultura existe [...] não está acontecendo nos centros urbanos, está acontecendo nos subúrbios e nas pequenas comunidades e está sendo agravada pelas mídias [...] nossos adolescentes estão perdendo contato com a realidade e a causa disso vai de shoppings a games. Cada coisa pode ser apenas uma gota no balde, mas o balde está cheio".[27]

VIDEOGAME E VIOLÊNCIA

Como o leitor já está habituado a ver, a condenação moral é "certificada como verdadeira" pelo argumento de "autoridade científica", que dá a sensação de que o texto é mais do que apenas a simples opinião do redator.

O autor conclui afirmando: "Agora que o choque da tragédia de Littleton diminuiu, iremos simplesmente retornar a um mundo de fantasia em que podemos fingir que as formas que escolhemos para nos entreter não têm consequências, como um garoto viajando diante da tela de um computador? Se sim, o jogo acabou [*game over*]."[28]

Os trechos do artigo podem ser conectados com alguns elementos identificados por Cohen e que também são típicos de pânicos morais. O que fazer com o problema? Como remediar a situação? Tudo isso remete ao que ele chama de *sensibilização*, que no caso em questão pode assumir o significado de um processo de reinterpretação, por meio do qual estímulos neutros ou ambíguos são interpretados como ameaçadores ou potencialmente ameaçadores. Cohen utiliza um exemplo interessante: a ambiguidade, que causa ansiedade, é eliminada quando se dá "previsibilidade" a uma dada situação. Por exemplo, a ansiedade em torno de um objeto voador não identificado é aliviada pela identificação do objeto como disco voador. Mas a sensibilização de conteúdo criminalizante é mais complexa, porque inclui não apenas a redefinição, mas também a atribuição de culpa e a tomada de medidas de controle contra um agente específico considerado responsável.[29] É uma fase de cristalização de opiniões anteriormente formuladas, que capacita o surgimento de uma cultura do controle voltada para a gestão da ameaça, o que comporta vários aspectos.

Cohen observa um processo de *difusão*: ele aponta que, em casos de histeria em massa, o medo é sentido para muito além das vítimas originais. Os efeitos são ampliados para uma área muito maior do que a do impacto inicial. O perigo é percebido como algo que ameaça a todos os membros de uma sociedade. Embora os dados concretos sobre como se amplia a rede de controle social sejam diferentes dos que são percebidos aqui, é possível verificar alguns elementos comuns: os atores sociais se mobilizam para enfrentar a ameaça e há uma *escalada* das

SALAH H. KHALED JR.

formas de reação quando se percebe o perigo que o grupo em questão supostamente representa. Isso justifica uma resposta punitiva, que no caso em questão se dá por meio de uma intensificação do processo de criminalização cultural e da busca de uma reorganização da estrutura legal. Se alguém concebe a situação como catastrófica e pensa que ela se repetirá, piorará e provavelmente vai se espalhar, está justificada a adoção de medidas preventivas, não importa se elas forem excessivas. A extensão e a gravidade da ameaça exigem também um nível acentuado de *inovação* nos métodos de controle utilizados para enfrentar o problema.[30] Tais métodos comportam inúmeras dimensões, como inovações legislativas criminalizantes que incluem multas e até mesmo a privação de liberdade.

Tomando de empréstimo as reflexões de Cohen sobre o caso específico que ele estudou, é possível perceber que:

a) a grande mídia se aproveitou de um imaginário estabelecido por décadas a fio e que apontava que "algo aconteceria", ou seja, que em algum momento os jogos violentos provocariam uma tragédia;

b) esse "algo aconteceria" foi reestruturado no discurso como "confirmação" da ameaça latente que os games supostamente representam;

c) o processo de criminalização cultural criou um conjunto de símbolos culturalmente identificáveis – o estereótipo estético do gamer criminoso – que legitima perante a coletividade a necessidade de continuidade do próprio processo de criminalização de games, criadores e consumidores;

d) o discurso da grande mídia se espalhou como se fosse contagioso, garantindo a adesão subjetiva de inúmeras pessoas por meio da instrumentalização utilitária da tragédia;

e) a criminalização cultural acabou produzindo uma identificação entre os gamers e a indústria dos games, gerando laços subjetivos muito fortes e uma cultura de resistência contra a opressão;

f) o discurso disseminado na época gerou um paradigma de cobertura jornalística sensacionalista e um arcabouço compreensivo ao qual sempre recorrem os adeptos do pânico moral, seja qual for o campo de atuação a que pertençam.

VIDEOGAME E VIOLÊNCIA

Nesse sentido, é como se todas as interpretações posteriores fossem condicionadas pela abordagem jornalística da tragédia de Columbine, que depois foi reforçada pelo conhecimento acadêmico utilizado para corroborar a hipótese de causa e efeito entre games e violência, como relatarei na Fase 5.

Surge aqui um novo e mais profundo tipo de pânico moral, capaz de reivindicar uma conexão com a realidade que a simples condenação moral do conteúdo de um dado jogo jamais foi capaz de fazer. O medo ganhou concretude. Deixou de ser algo abstrato e com isso estabeleceu uma base argumentativa que sempre serviu de condição de possibilidade para as coberturas jornalísticas guiadas pela intenção de criminalização cultural.

Obviamente que a nova e mais incisiva dinâmica de instalação do pânico moral não fez com que a configuração anterior desaparecesse: a pura e simples condenação moral de games sem que nenhum acontecimento real a desencadeasse continuou acontecendo.

O massacre de Columbine mudou as regras do jogo para sempre, tornando-se muitas vezes um elemento de tratamento decisivo para os games na grande mídia. As coisas deixaram de ser simples. Videogame e violência passaram a formar uma combinação explosiva, dentro e fora das telas dos jogos eletrônicos.

Os dois casos a seguir demonstram essa afirmativa com segurança. Embora não tenham sido relacionados diretamente a nenhum episódio de violência, o nível de condenação moral é substancialmente mais elevado do que antes de Columbine.

O primeiro deles é *Kingpin: Life of Crime*, um FPS desenvolvido pela Xatrix e distribuído pela Interplay. Lançado em 1999, foi o primeiro game a tratar da temática da criminalidade de forma adulta em um jogo de ação. *Lock 'n' Chase*, *Keystone Kapers* e *Bonanza Bros.* tinham sido apenas um aperitivo: o almoço chegava com tudo e desprovido de qualquer narrativa de legitimação, diferentemente de *Police Quest*.

Como o nome indica, o cenário do jogo envolve o mundo do crime e a ascensão do jogador em busca de vingança. Os personagens de *Kingpin: Life of Crime* se comportam de acordo com estereótipos de criminosos urbanos, sempre portando armas e emitindo uma boa dose de palavrões a cada frase. Em circunstâncias normais, dificilmente alguém diria que o jogo é um exercício de sofisticação e bom gosto.

Mas *Kingpin: Life of Crime* chegou ao mercado em condições extraordinárias, ou seja, logo após o massacre de Columbine, gerando muita atenção por parte da grande mídia, o que fez com que muitas redes se recusassem a comercializá-lo e algumas exigissem comprovante de idade dos compradores, algo incomum na época.[31] Embora fosse um jogo exclusivo para computadores, a tragédia de Columbine e a alegada conexão com *Doom* colocou os PCs no mapa: a era de preocupação somente com os games nos consoles caseiros definitivamente tinha acabado. O fato de *Kingpin: Life of Crime* ser violento ao extremo decerto não ajudava em nada: cada parte do corpo era considerada em separado e sujeita a níveis diferentes de deformação de acordo com o impacto dos golpes e/ou tiros recebidos.

Os diálogos de *Kingpin: Life of Crime* foram inspirados em filmes como *Pulp fiction* e *O grande Lebowski*: enquanto o principal inimigo do jogo parece ter sido baseado diretamente no personagem de Ving Rhames no primeiro, outro inimigo praticamente cita sem parar os diálogos mais "obscenos" do segundo. Mas, como já vimos, o que era aceitável nos filmes estava longe de ser aceitável nos games. O rito de passagem ainda não fora concluído (e provavelmente não foi até hoje, embora as coisas tenham melhorado significativamente).

Não que a produtora Xatrix não tenha exercido alguma precaução. *Kingpin: Life of Crime* é provavelmente o jogo com o maior número de alertas sobre conteúdo violento em toda a história dos games. Além de uma tarja na capa, ele inclui uma série de avisos durante a instalação: o jogador deve informar sua idade e é avisado de que o nível de violência é intenso, além de ter que ler um texto sobre juventude e violência, do CEO da Xatrix, Drew Markham. Parece demais, não?

Depende do ponto de vista. Os tempos eram delicados. Era preciso se precaver. A turbulência em torno do tema parecia exigir cuidados especiais por parte dos desenvolvedores, que procuravam se resguardar

VIDEOGAME E VIOLÊNCIA

diante da possibilidade de censura e de protestos conduzidos por inúmeras organizações contrárias a games violentos.

Os games tinham se tornado objeto de escrutínio público desde que ficou demonstrado que os adolescentes responsáveis pela tragédia de Columbine eram fãs de *Doom*. Algumas vozes dentro da própria indústria dos games se levantaram contra *Kingpin: Life of Crime*. Foi o caso de Johnny Wilson, editor da tradicional revista *Computer Gaming World*. Em um texto que chega a soar alarmista, Wilson escreveu que "os personagens absolutamente irredimíveis do jogo são a pior coisa que podia acontecer para o hobby dos jogos de computador". Ele sugere que os desenvolvedores e as distribuidoras têm responsabilidade conjunta pelos efeitos a longo prazo que o entretenimento violento pode provocar nas disposições do público da nação. Embora não tenha manifestado essa preocupação diretamente, é evidente que Wilson percebeu que *Kingpin: Life of Crime* afetava a imagem da indústria como um todo. De fato, a apropriação criminalizante do jogo pelos agentes das cruzadas morais era praticamente inevitável.

Na mesma matéria, um lojista foi entrevistado: "*Kingpin* é um dos mais desprezíveis e repreensíveis jogos da história da raça humana e eu vou comprá-lo", disse ele, gargalhando. Apesar do bom humor do lojista, a própria Interplay tentou, em vão, reverter a publicação de anúncios mais agressivos após o massacre de Columbine. Alguns deles traziam em letras garrafais mensagens como "VOCÊ VAI MORRER". O *timing* não podia ser pior, admitiu Allison Quirion, diretor de marketing da empresa.[32]

Apesar de ter sido recebido favoravelmente por boa parte da crítica, *Kingpin: Life of Crime* não se destacou, embora chamasse atenção pelo nível de violência e realismo gráfico. Não vendeu o suficiente para gerar sequências. Como em inúmeras outras situações, a violência não bastou para fazer do jogo um sucesso. Mas ela teve uma serventia: deu ainda mais argumentos para os críticos dos games.[33]

A polêmica foi ainda maior com outro jogo lançado após a tragédia de Columbine, *Soldier of Fortune*, que abandonou os cenários de fantasia típicos de *Doom* e *Hexen* e investiu no realismo.

Com o desenvolvimento de tecnologia capacitada para representar games em primeira pessoa com índice acentuado de fidelidade, era apenas questão de tempo até que as produtoras investissem em jogos ambientados em conflitos contemporâneos. *Soldier of Fortune* foi provavelmente o primeiro jogo a abandonar a temática de fantasia no âmbito dos FPS. Hoje esse é o padrão: as duas séries hegemônicas no campo dos games de tiro, *Call of Duty* e *Battlefield,* exploram ambientes realísticos e conflitos contemporâneos, com representações fiéis de equipamentos e armamentos militares.

Lançado em 1999 e criado pela Raven Software – estúdio que detinha grande experiência no gênero, com *Heretic* e *Hexen* – e distribuído pela Activision, *Soldier of Fortune* ganhou notoriedade pelos detalhes de suas representações de violência, que possibilitam o desmembramento, virtual, é claro, do corpo humano: o sistema permite que cada parte do corpo dos inimigos sofra de forma independente o dano decorrente dos disparos. O nível de violência e de fidelidade gráfica é muito mais elevado que o de *Doom*. Existem mais de 26 diferentes "zonas de sangramento" nos NPCs (*non players characters*, ou seja, personagens controlados pelo computador) que o jogador enfrenta, e é possível desarmar os adversários com tiros precisos, o que causa sua rendição. Além disso, os NPCs gritam em agonia quando atingidos, além de sangrarem bastante. A tecnologia era ainda mais avançada que a de *Kingpin: Life of Crime*.

O roteiro do jogo envolve o roubo de armas nucleares por terroristas e dá ao jogador a oportunidade de "assassinar" Saddam Hussein, de forma condizente com a interpretação dominante sobre o Oriente Médio que demarcava o espírito da época nos Estados Unidos. Mas o imaginário do "herói de ação norte-americano" dos anos 1980 não bastou para impedir que o jogo se envolvesse em polêmica. Keith Fuller, que trabalhou como programador em *Soldier of Fortune,* disse que a equipe tomou todos os cuidados possíveis, incluindo uma série de opções que permitem que a violência seja completamente desabilitada. Para ele, foi uma infelicidade que o jogo tenha sido lançado na mesma época que o massacre de Columbine, o que fez com que sua imagem perante o público fosse deturpada pela cobertura da imprensa.[34]

VIDEOGAME E VIOLÊNCIA

De fato, o game foi utilizado em inúmeras matérias que indicavam que a subcultura dos jogos violentos continuava a prosperar, apesar da tragédia de Columbine.[35] O senador Joseph Lieberman chegou a exibir *Soldier of Fortune* no Senado norte-americano, a fim de ilustrar quanto eram perigosos os games. No entanto, Fuller afirma que as imagens claramente indicavam que nas cenas mostradas por Lieberman o jogador havia trapaceado e estava usando a arma mais poderosa – e, portanto, mais apta para o desmembramento – em todo e qualquer inimigo, o que não era possível em circunstâncias normais no game.[36]

Mesmo depois da fundação da ESRB, Lieberman continuou sendo uma voz muito ativa no Legislativo norte-americano contra o que via como excessos nos games, chegando a compilar uma lista anual de games que deveriam ser evitados. Essa "bandeira" tornou-se parte significativa da plataforma do senador ao longo de sua extensa trajetória política.[37]

Na Inglaterra, *Soldier of Fortune* foi classificado de modo equivalente a um filme adulto pelo British Columbia Film Classification Office, que considerou que os atos de violência existentes no game não eram adequados para o público menor de 18 anos. Na Alemanha, uma classificação rígida não bastou: o jogo foi censurado. Os tempos definitivamente eram outros.

Apesar da polêmica que envolveu o primeiro jogo da série, *Soldier of Fortune* motivou uma sequência, *Soldier of Fortune II: Double Helix*, com violência ainda mais realística. O jogo foi duramente criticado, até pela imprensa especializada em games. Erik Wolpaw, do GameSpot, relata que há uma missão em que o personagem comete suicídio apontando uma arma de fogo para sua sobrancelha. No instante em que ele aperta o gatilho, a "câmera" é deslocada, de modo a poupar o jogador da cena. Wolpaw considera que é um momento chocante de restrição em um jogo no qual a principal atração é a forma explícita com que pessoas são atingidas no rosto, e afirma: "Tenha certeza de que essa breve aventura pelo bom gosto é uma exceção e não a regra."[38] Como o analista do GameSpot indica, definitivamente as coisas saíram dos trilhos na segunda edição do jogo.

Embora ele tenha recebido críticas favoráveis de muitas publicações, também foi duramente avaliado pela *Computer Gaming World*, que afirmou que "qualquer um que aprecie a violência do jogo estará desfrutando de uma violência sem sentido".[39] Percebe-se que a própria imprensa especializada tacitamente estabelecia seus mecanismos de controle de conteúdo.

Os excessos de *Soldier of Fortune II: Double Helix* cobraram seu preço. Na versão alemã foram exigidas alterações para que o jogo fosse lançado: todo o sangue e violência foram removidos e o cenário foi alterado para um universo paralelo, em que humanos deram lugar a robôs.[40]

De qualquer modo, assim como *Kingpin* foi um prenúncio do que estava por vir, *Soldier of Fortune* também foi apenas um presságio. Foi com a introdução de *Counter-Strike* e com a reinvenção da franquia *Call of Duty* que a guerra digital realmente se intensificou, como veremos na próxima Fase.

A tragédia de Columbine teve seu significado construído pelo que facilmente pode ser definido como imprensa marrom. Com o massacre, foram abertas as comportas de uma tensão que até então estava represada: o discurso moral de condenação dos jogos eletrônicos foi elevado a níveis até então inimagináveis, explodindo com toda força nas manchetes dos jornais e nos noticiários da televisão, assim como na internet, que começava a ganhar cada vez mais corpo na época.

Nenhuma das alegações sobre a responsabilidade dos games ou de outras formas de entretenimento jamais foi comprovada. Pelo contrário: como vimos no início desta Fase, dez anos depois um olhar objetivo e bem documentado sobre a tragédia afastou qualquer relevância da suposta conexão entre videogame e violência.

OS ATIRADORES NAS ESCOLAS E SUA MOTIVAÇÃO: O LIMITADO "LUGAR" DOS GAMES NA DISCUSSÃO

Como já deixei claro outras vezes, a efetiva análise sobre as condições pessoais e as motivações dos protagonistas de tragédias nas quais os games foram envolvidos extrapola o objeto deste estudo, que está centrado na dinâmica do pânico moral e nas pesquisas que indicam a existência

VIDEOGAME E VIOLÊNCIA

de uma relação de causa e efeito entre videogame e violência (ou agressividade e dessensibilização, como discutirei na Fase 5). Confesso que não me sinto capacitado para tratar adequadamente desses aspectos por uma questão de formação, e aqui a honestidade intelectual deve falar mais alto. Por outro lado, isso não impede que eu compartilhe alguns pontos de vista que contemplem esse aspecto de maneira incidental, o que procurarei fazer de forma pontual ao longo da obra e, em especial, neste pequeno trecho.

Para o FBI, a motivação dos atiradores de Columbine consistiu em uma combinação de psicopatologia e depressão. Klebold e Harris fizeram um pacto para cometer o ataque um ano antes de efetivamente executá-lo: estavam cientes de massacres anteriores em escolas e os consideraram parte de seu planejamento. Discutiram extensivamente seu plano, de modo que foram reforçando a ideia do ataque e se comprometendo com ela cada vez mais. No entanto, ao contrário do mito que se disseminou, Harris e Klebold não projetaram níveis de *Doom* que se assemelhavam à escola e "treinaram" para o atentado neles.[41]

Após a tragédia do Colorado, o FBI procurou por características comuns nos massacres em escolas, que obviamente precedem o advento do videogame. O ponto comum que encontraram entre os agressores foi de que eram do sexo masculino e estavam em tratamento para depressão ou mostravam sinais dessa doença.

O histórico dos massacres em escolas evidencia que alguns dos atiradores eram bons estudantes, outros, ruins; alguns eram *bullies*, ao passo que outros foram vítimas de *bullying*. Alguns jogavam videogame, mas a maioria não.[42] Como observa Ferguson, os atiradores que cometem crimes em escolas são um número reduzido de pessoas, que acabam em regra mortos ou na prisão, o que faz com que pesquisas especificamente baseadas neles não sejam aprofundadas.[43] Ele considera que provavelmente o estudo mais completo feito sobre os atiradores em escolas foi conduzido pelo Serviço Secreto e pelo Departamento de Educação dos Estados Unidos.[44] O estudo investigou 37 massacres em escolas envolvendo 41 atiradores, entre 1974 e 2000. As fontes empregadas incluem: relatórios policiais, relatórios escolares, dados sobre saúde mental e entrevistas com dez dos atiradores sobreviventes. O estudo considerou questionável a possibilidade de estabelecimento de um perfil dos atiradores que permitisse identificá-los previamente.

Uma pesquisa feita pelo FBI em 1999 tentou avançar justamente nesse sentido e indicou que a diversidade dos atiradores faz com que a única possibilidade de previsão consista no fato de que muitos deles ameaçam agir ou fornecem informação antecipada sobre seus planos. Por outro lado, a pesquisa aponta que uma "fascinação incomum" por conteúdo violento também pode ser um dos possíveis fatores de previsão.[45] Mas Ferguson assinala que como a maioria dos jovens do sexo masculino consume conteúdo violento de uma forma ou de outra, um consumo "incomum" precisa ser realmente muito elevado. O estudo também sugere que reiteradamente ler um livro ou assistir a um programa violento ou mesmo conteúdo relativo à violência em escolas poderia ser um fator de previsibilidade. O FBI aparentemente concentrou o foco em indivíduos que aprovam mensagens de ódio e não apenas nos que desfrutam de um dado conteúdo como entretenimento. Por exemplo, um indivíduo que tenha estima pela mensagem de racismo e ódio do livro *Minha luta*, de Hitler, representaria um fator de risco muito maior do que alguém que goste de jogar um game violento, como *Medal of Honor* (perceba como isso se relaciona com a discussão que fiz anteriormente sobre discurso de ódio nos jogos eletrônicos).[46]

Com relação a games, o estudo do FBI especificamente refere que "o estudante passa um número exagerado de horas [apesar de nunca definir que número exagerado é esse, o que se torna subjetivo para quem lê] jogando games com temas violentos e *parece mais interessado nas imagens violentas do que no jogo em si mesmo* [grifo de Ferguson]". Portanto, tudo indica que um interesse geral na causação de danos é um fator de previsibilidade de violência e não a exposição ao conteúdo violento em si mesmo, uma conclusão sustentada também por um conjunto de estudos recentes.[47]

O estudo do FBI cuidadosamente aponta que não deve ser dado destaque exclusivo a um ou dois fatores de previsão, o que, por sinal, ocorre rotineiramente em pesquisas sobre jogos violentos, nas quais

VIDEOGAME E VIOLÊNCIA

alguns acadêmicos chegam a ligar de forma especial os games a casos de massacres em escolas (é o caso dos estudos de Anderson e Bushman, como veremos mais adiante). De qualquer modo, o próprio estudo do FBI sofreu algumas críticas, que não abordarei aqui.

No que se refere ao entretenimento violento e aos games violentos em particular, os resultados do estudo do Serviço Secreto e do Departamento de Educação são ainda mais impactantes do que os do FBI. Apenas 59% dos agressores demonstraram "algum interesse" em conteúdo violento de qualquer espécie, inclusive nos próprios textos escritos por eles. Para games, o número é ainda menor – apenas 12%.[48]

Ferguson ajustou os dados para remover os incidentes que aconteceram antes do lançamento de *Mortal Kombat*, e os números ficaram praticamente inalterados, chegando a 15%. Como observa o autor, mesmo removendo da amostragem indivíduos que dificilmente tiveram acesso a jogos violentos, isso quase não altera a porcentagem surpreendentemente baixa de atiradores com "algum interesse" em games violentos. Como dados de várias pesquisas demonstram que a maioria dos jovens do sexo masculino joga games violentos, essas informações parecem sugerir que os atiradores têm *menos* interesse em games violentos e não *mais*.

O próprio Ferguson diz que mesmo essa possibilidade deve ser assumida com algumas reservas, já que o estudo do Serviço Secreto usa a expressão "algum interesse" de forma muito vaga. Mas ele aponta que resultados como esse não são sem precedentes em outras áreas de estudo sobre violência: pesquisas sobre o aumento de disponibilidade de pornografia foram associadas com redução no número de estupros, assim como vários estudos mostraram que os agressores consumiam menos pornografia ou foram expostos a ela mais tardiamente do que os não agressores. Embora aponte que é preciso cautela, Ferguson afirma que "a evidência disponível até hoje sobre os atiradores em escolas não é capaz de fundamentar a hipótese de que o consumo de jogos violentos desempenhou um papel etiológico (de causação) na instigação de massacres em escolas".[49]

Para o autor, é preciso deixar de lado o pânico moral em torno dos games e prestar atenção nas verdadeiras causas que levam à violência para que possamos ter uma compreensão qualificada do fenômeno. Ele aponta que um editorial publicado no jornal médico *The Lancet* sugere que devem ser abandonadas as pesquisas baseadas no consumo de mídias com conteúdo violento. Segundo Ferguson, a maior parte da evidência, seja ela de pesquisas sobre games das ciências sociais, dados governamentais, processos e estatísticas sobre o crime, não consegue estabelecer um vínculo de causalidade entre jogos violentos e crimes violentos, inclusive massacres em escolas. Ele argumenta que essa relação de causa e efeito não é algo que apenas não foi comprovado: todos os dados simplesmente apontam contra a existência de qualquer relação de causalidade entre videogame e violência, ainda que a grande mídia prefira ignorar tais pesquisas.[50]

Inúmeras causas foram suscitadas para os massacres em escolas: influência de filmes e games, rejeição de colegas, depressão e pensamentos suicidas, acessibilidade de armas, efeitos colaterais de medicação ou abstinência dela, *bullying*, solidão e muitos outros. Está mais do que comprovado que uma explicação universal para o fenômeno é absolutamente impossível. Cada massacre é produto de circunstâncias pessoais e sociais muito complexas e absolutamente impossíveis de se repetir, por mais que a experiência permita identificar algumas características em comum. Tudo parece indicar que a questão diz muito mais respeito aos eventuais problemas psicológicos e sociais que os atiradores possam estar atravessando do que qualquer relação causal entre games e violência, como estopim ou motivação para tragédias reais. Nesse sentido, um dos aspectos mais lamentáveis da cobertura jornalística é a retratação grosseira do aspecto humano dos autores de eventuais tragédias. Despidos de seus medos e angústias, são transformados em caricaturas de gente: pessoas reduzidas a estereótipos baratos e transformadas em subsídios para alertar o mundo sobre a periculosidade latente que os gamers supostamente carregam dentro de si e que pode ser exteriorizada como agressão a qualquer momento, bastando que para isso um jogo violento atue como gatilho.

Como o leitor verá, o discurso midiático construiu um conjunto de estigmas direcionado não somente aos autores de massacres e atos violentos nos quais os games foram implicados, mas aos gamers em geral,

VIDEOGAME E VIOLÊNCIA

que para muitos empreendedores morais devem ser objeto de constante medo e desconfiança.

A construção de estigmas provoca resultados que não são imediatamente visíveis ou sequer cogitados pelos adeptos do senso comum. O leitor entenderá o que quero dizer quando a questão do estigma e da profecia que se autorrealiza for discutida na Fase 3.

Mas existe pelo menos um estudo que discutiu especificamente a motivação de Harris e Klebold e sua conexão com os games e que não pode ser considerado sensacionalista. E é suficientemente embasado para justificar sua inclusão aqui. Não que isso signifique que eu concorde inteiramente com ele.

Oito anos após o massacre de Columbine, o psiquiatra Jerald Block afirmou que quando Harris e Klebold foram proibidos de canalizar sua violência e agressão por meio de um jogo como *Doom*, elas foram realocadas para o mundo real. O psiquiatra sustentou essa conclusão em um artigo intitulado "Lessons from Columbine: Virtual and Real Rage". Para Block, não só os jogos não causaram o massacre, como de algum modo eles eram uma forma de tratamento das angústias dos dois jovens, justamente o que antes denominei "teoria da válvula de escape". Block pesquisou milhares de páginas de investigação criminal sobre o incidente de Columbine e concluiu que os rapazes se tornavam mais agressivos quando eram privados de seus computadores. Segundo ele, o massacre não foi o primeiro episódio de violência protagonizado por eles e desencadeado pela abstinência em questão. Para Block, é preciso se preocupar com o nível excessivo de imersão e também com o que pode ocasionar um corte abrupto. Como retirar a pessoa sem desencadear comportamento agressivo ou suicida?[51]

De acordo com o psiquiatra, Harris e Klebold usavam sua obsessão por *Doom* como uma espécie de santuário do mundo real e um meio para canalizar sua agressividade. Ele teoriza que após terem se acobertado no escape e no empoderamento que o jogo permitia, a proibição de jogar teria desempenhado um grande papel em suas ações.[52] Para Block, enquanto Klebold parecia suicida, Harris soava enfurecido. O mundo real lhe dizia que ele era apenas um delinquente juvenil, ao passo que no virtual ele tinha poderes equivalentes aos de um deus. Para Harris, era preciso que o mundo real apreciasse suas conquistas virtuais, ou que o mundo virtual fosse transformado no real. Quando ele foi proibido de jogar, lhe restou somente a última opção. Ou isso ou reconhecer que ele era um pária social que havia acabado de ser pego enquanto furtava.

Para Block, o problema não é o conteúdo violento, mas quanto a tecnologia pode ser imersiva e sedutora. Ela pode se tornar nossa melhor amiga, nossa válvula de escape para agressão e um "lugar" onde passamos muito tempo. Mas para pessoas que se envolvem muito, pode haver uma crise caso percam acesso. Block reconhece que sua análise ainda necessita de mais pesquisa e é meramente especulativa, mas alerta que é preciso moderar o uso de computador e tomar o cuidado de impor limites a quem costuma jogar em demasia.[53] Nesse sentido, o uso excessivo de um jogo não violento pode representar o mesmo "risco" que um jogo violento: uma crise existencial.[54] Block considera que o "virtual" parece ser uma ferramenta poderosa, que permite que as pessoas se sintam mais conectadas e empoderadas. Também permite que elas aliviem o estresse e tenham uma válvula de escape relativamente segura para sua agressividade. Por outro lado, quando um usuário intenso deve eliminar ou tem seu acesso ao plano virtual restringido, o oposto pode ocorrer: ele pode se sentir sozinho, ansioso e furioso. De muitas maneiras, o virtual é semelhante ao álcool. O uso moderado pode ser saudável. O excesso pode ser destrutivo. E se a pessoa abruptamente fica "seca", a situação imediata pode se tornar perigosa.[55]

É claro que a teoria de Block é especulativa e assim deve ser compreendida. Ele mesmo reconhece a precariedade de sua pesquisa, estruturada em torno das motivações de duas pessoas com quem ele jamais teve nenhum contato. Extrapolar o que ele propõe para outros casos enfraqueceria ainda mais a hipótese apresentada. Mas assumindo que abstinência é um fator que merece atenção, qual seria seu peso, afinal? Dois jovens foram privados do contato regular que tinham com games. Vamos supor que de fato tenha sido esse o fator (ou pelo menos um dos fatores) que desencadeou o massacre de Columbine. Agora, imagine por um instante quantos conflitos semelhantes ocorreram ao redor do mun-

VIDEOGAME E VIOLÊNCIA

do nas últimas décadas. Quantas vezes pais impediram que seus filhos jogassem e quantas vezes isso causou uma tragédia, seja ela planejada ou "no calor do momento"? Mesmo que não tenhamos conhecimento de muitos deles, a cifra conhecida é absolutamente inexpressiva diante do número de conflitos semelhantes que devem ocorrer. Não é possível que algo potencialmente tão difundido permanecesse tão obscuro.

Em última análise, ou uma teoria de causação indireta baseada na abstinência não tem nenhuma validade, ou sua validade é tão pequena que não podemos aceitar que explique mais do que alguns casos específicos, o que certamente limita muito seu potencial para fazer com que os games possam de fato ser motivo de preocupação, como se capacitassem uma espécie de vício, hipótese com a qual Block flerta quando aproxima o "virtual" do consumo de álcool.

Afinal de contas, jogos eletrônicos viciam? A maior parte dos estudos que exploram os jogos eletrônicos e a emergência da subcultura gamer indica que não, apesar de o estereótipo do jogador viciado continuar a povoar estudos pedagógicos, psicológicos e, com mais força e efeitos, os políticos, a cultura pop, a grande mídia e a retórica estatal.[56] Um artigo recentemente publicado no *New York Post* sugeriu que o tempo gasto em iPads, smartphones e videogame é extremamente nocivo, e utilizou o termo heroína digital. No entanto, vários especialistas discordaram de suas premissas, e um artigo publicado no *The Verge* denunciou a tentativa deliberada de fomentar pânico.[57]

Para Jason Della Rocca, diretor da International Game Developers Association, não há como negar que é preciso se preocupar com quem faz algo excessivamente (seja jogar, ver TV, trabalhar, se exercitar ou o que for), mas isso tem mais relação com a condição da pessoa do que com a prática em questão: estabilidade mental, depressão, ansiedade social, baixa autoestima etc. Para ele, é preciso se preocupar em como ajudar as pessoas e não com as coisas em si mesmas.[58]

Sem dúvida, isso parece bastante razoável. Mas esse nunca foi o tom da abordagem dominante sobre tragédias como Columbine. Todas as evidências indicam que atos de violência são situações complexas que envolvem muitos fatores que, sozinhos, não têm o poder de indicar o sentido de uma tragédia. Mas para a maioria da grande mídia, uma explicação monocausal sempre foi preferível. Esse tipo de abordagem trouxe repercussões sociais das mais diversas ordens, particularmente em âmbito judicial: a tragédia de Columbine inaugurou uma tradição de busca de indenizações com base na suposta responsabilidade dos jogos violentos por incontáveis tragédias. Elas introduzem novas camadas de complexidade ao pânico moral relativo aos games, como discutirei a partir de agora.

OS MÚSCULOS JUDICIAIS DO PÂNICO MORAL SÃO FLEXIONADOS: O PROCESSO COMO CAMPO DE DISPUTA DE SIGNIFICADO E RITUAL DE LUTO FAMILIAR

A tragédia de Columbine consolidou o pânico moral relativo aos games no imaginário popular e inaugurou um novo *front* na guerra (pro)movida pelos empreendedores morais: o judicial. Esse fenômeno certamente merece atenção especial, já que o campo jurídico é por definição um dos privilegiados para a difusão do processo de criminalização cultural.

Mas não se trata apenas de criminalização de produtos, criadores, lojistas e consumidores. Nos processos movidos contra a indústria dos games encontraremos algumas características que certamente os diferenciam de situações análogas em outras mídias. Vamos a elas.

Em 2001, várias famílias de vítimas do massacre de Columbine processaram 25 empresas de entretenimento, pedindo cinco bilhões de dólares de indenização. Entre as companhias acionadas estavam Nintendo, Sega, Sony, id Software, Acclaim, Activision, Capcom, Interplay, Eidos e GT Interactive.[59]

No processo, consta a alegação de que "sem a combinação de jogos extremamente violentos e o envolvimento incrivelmente profundo desses jovens, sem o uso e o vício provocado por esses jogos e a personalidade dos rapazes, esses assassinatos e o massacre não teriam ocorrido".[60]

A argumentação praticamente transcreve de forma literal a relação de causa e efeito veiculada pela grande mídia. Mas o que pode ser suficiente para difundir pânico moral não basta para uma decisão favorável em sede judicial. O resultado era mais do que previsível: o juiz Lewis Babcock citou o direito de liberdade de expressão ao negar provimento ao pedido.[61] Ele não aceitou o argumento de que a Primeira Emenda da Constituição dos Estados Unidos não protegia os games.[62] Como veremos na Fase 6, uma década de embate judicial sobre a proteção constitucional da liberdade de expressão criativa das produtoras de games foi finalmente resolvida com a decisão favorável da Suprema Corte dos Estados Unidos, em 2012. Babcock afirmou que não havia como os criadores de "jogos violentos" preverem que seus produtos causariam o atentado de Columbine ou quaisquer outros atos violentos. "Deixando de lado minhas opiniões pessoais, é evidente que há utilidade social em formas expressivas e imaginativas de entretenimento, ainda que contenham violência", disse ele.[63] Babcock também rejeitou o argumento de que os games apresentavam falhas por "ensinar Harris e Klebold a mirar e atirar, sem lhes ensinar a responsabilidade ou as consequências de utilizar armas".[64] O mesmo juiz já havia afastado qualquer responsabilidade de policiais pela demora no atendimento da situação de emergência, salvo por um caso de retardamento da chegada de paramédicos, que poderia ter salvado uma das vítimas. Os processos contra os pais dos atiradores acabaram em acordos.[65]

Também não obteve resultados favoráveis um processo iniciado em 1999, coincidentemente uma semana antes da tragédia de Columbine, no qual eram pedidos 33 milhões de dólares de indenização, alegando que os fabricantes de jogos eletrônicos, estúdios de cinema e sites pornográficos eram responsáveis pelo incidente no qual Michael Carneal, de 14 anos, matou três estudantes na Heath High School, na cidade norte-americana de Paducah, Kentucky, em dezembro de 1997.

Doom, Quake e *Mortal Kombat* foram relacionados como jogos que teriam influenciado o atirador. A mãe de uma das vítimas disse que acreditava que "o atirador foi influenciado pelos filmes a que assistia, games que jogava e sites que visitava".[66] Mas o juiz Edward H. Johnstone ponderou que "pessoas razoáveis" não concluiriam que "os acusados podiam prever que Michael Carneal, um rapaz que jogava seus games, via seus filmes e acessava seus sites iria assassinar seus colegas". Em apelação, o resultado não foi distinto: "Existe um abismo entre atirar em uma tela de computador (uma atividade exercida por milhões de pessoas) e atirar em seus colegas (uma atividade exercida por pouquíssimas pessoas)", afirmou o juiz federal Danny Bogs. As famílias acionaram também os pais do atirador, professores, funcionários da escola, outros adolescentes e vizinhos: mais de cinquenta pessoas no total. Como não poderia deixar de ser, uma única pessoa foi responsabilizada: o próprio atirador.[67]

Nancy Holm, mãe de um menino ferido no atentado, escreveu ao editor do jornal local *Paducah Sun*, sugerindo que a família tinha sido influenciada por seu advogado, sedento por dinheiro. Certamente não foi o único caso no qual isso pode ter acontecido, como o leitor terá oportunidade de constatar. Mas para as famílias, neste e em inúmeros outros processos, algo mais estava em jogo na judicialização do caso: empreender uma batalha judicial fazia parte de seu processo de luto, ou seja, era uma forma de lidar com a dor provocada pela perda dos filhos. O teor das declarações dadas à imprensa torna isso mais do que evidente. Entrevistados anos depois da tragédia, familiares das vítimas disseram que estavam perturbados demais pelas chances desperdiçadas de evitar o incidente para considerar a possibilidade de abandonar os processos. "Nenhum dinheiro trará nossos filhos de volta", disse Judy James, cuja filha Jéssica foi assassinada, "e nós certamente preferiríamos ter nossos filhos de volta a qualquer soma de dinheiro. Tudo o que estamos pedindo é que as pessoas sejam responsabilizadas pelo que aconteceu". As famílias finalmente aceitaram um acordo no qual Michael Carneal assumiu a responsabilidade pelas mortes, bem como uma indenização de 42 milhões de dólares, que na época já se sabia que jamais receberiam. Para Gwen Hadley, "é simbólico. Ele finalmente está tendo que assumir responsabilidade pelo que fez".[68]

No entanto, se na tragédia de Columbine os vestígios deixados pelos próprios atiradores ao menos demonstravam que eles tinham uma relação mais profunda do que o normal com *Doom*, o mesmo não pode ser dito deste caso. Não foi a mídia que difundiu a hipótese de causação,

VIDEOGAME E VIOLÊNCIA

que só ganhou projeção posteriormente, com o massacre de Columbine. O atentado havia acontecido cerca de dois anos antes da tragédia no Colorado e o próprio processo, iniciado uma semana antes dela. Mas, após o massacre de Columbine, foram "conectados" pela grande mídia em razão das "coincidências" entre ambos. Afinal, qual seria a explicação condizente com a tragédia protagonizada por Michael Carneal na Heath High School?

A princípio, os relatos do atentado foram confusos: transformaram um rapaz em herói equivocadamente, afirmando que ele teria intervindo para salvar colegas, enquanto o próprio atirador largou a arma após efetuar os disparos.[69] Carneal teria pedido que o matassem após largar a arma, afirmando que não acreditava no que tinha acabado de fazer.[70] A alegação de insanidade mental foi aceita em sede judicial, com possibilidade de liberdade condicional 25 anos depois. De acordo com a investigação, Carneal sofria *bullying* de seus colegas e tinha um grave caso de paranoia. Chegou a infligir ferimentos em si mesmo: suas redações claramente mostravam que estava desequilibrado. Permaneceu sendo submetido à medicação durante o cumprimento da pena.[71]

Como o leitor com certeza percebeu, as circunstâncias do caso são complexas e remetem a um conjunto de questões pessoais do autor e problemas sociais que ele enfrentava. Apesar da prosperidade que a explicação monocausal em torno dos games alcançou na tragédia de Columbine e, retrospectivamente, no caso da Heath High School, em todos os casos análogos deparamos com circunstâncias relativamente semelhantes.

Um dia após o massacre de Columbine e uma semana após as famílias dos estudantes mortos em Paducah terem entrado com o processo, fãs de *Doom* já diziam que era ridículo culpar jogos por tragédias: "Não consigo imaginar que as pessoas que joguem o game tenham interesse em imitá-lo a não ser que tenham problemas sérios. Não acho que exista uma relação entre jogar *Doom* e cometer atos de violência", declarou Andrew Stine, um jovem de 17 anos que era moderador de um site dedicado ao jogo.[72]

Os primeiros esboços de resistência da subcultura gamer ainda eram modestos. Não havia uma imprensa especializada com visibilidade suficiente para lutar contra o dilúvio de criminalização cultural movido pela grande mídia e poucas pessoas que gostavam de games ocupavam posições de destaque nela. Com o tempo isso começou a mudar, como veremos. Era preciso resistir contra a investida dos empreendedores morais, e provavelmente o maior de todos eles adentrava o campo de batalha justo naquele momento inicial de aprofundamento do pânico moral.

O processo baseado na tragédia da Heath High School pode ser considerado a "estreia" do advogado Jack Thompson na arena da criminalização cultural. Trata-se de um personagem com o qual o leitor irá se familiarizar ao longo do livro e que tem seu nome profundamente associado ao histórico do discurso de condenação moral dos jogos eletrônicos. Ele assumiu o estandarte erguido por Ronnie Lamm nos anos 1980 e rapidamente se tornou o nome mais reconhecido do ativismo contra a indústria dos games. Thompson, que passou boa parte das duas últimas décadas enfrentando desenvolvedores e distribuidores de games nos tribunais, afirmou que pretendia atingir Hollywood, a indústria dos games e os sites pornôs com o processo embasado na tragédia da Heath High School. Ele declarou inúmeras vezes que, após ter enfrentado as indústrias do cinema e do rádio, estava convencido de que os games são a mais nociva forma de entretenimento já criada, uma vez que é interativa. "Você está fazendo a violência", disse ele.[73] Mas apesar do "entusiasmo" de Thompson (que posteriormente lançou um livro responsabilizando os games por inúmeras tragédias: para ele, são simuladores de assassinato), suas alegações infundadas não foram aceitas. Não poderia ser diferente o resultado: não havia nenhuma prova concreta no processo que desse suporte às suas alegações de responsabilidade de estúdios de cinema, produtoras de games e proprietários de sites pornôs, além de os juízes considerarem que todos eles estão protegidos pela Primeira Emenda, que veda a limitação da liberdade de expressão.

Um aspecto da fundamentação empregada nesse caso para negar o pedido de indenização utiliza um argumento que é recorrentemente citado pelos defensores dos games e ao qual de certo modo me referi antes:

VIDEOGAME E VIOLÊNCIA

a consideração de que mesmo que existam tais efeitos, o que jamais foi comprovado com qualquer nível de segurança, eles atingem uma parcela tão reduzida da população de gamers que parece um despropósito levantar uma relação de causa e efeito, como disse o juiz federal Danny Bogs. Se os games violentos são literalmente jogados por milhões de pessoas, como seus efeitos nefastos podem atingir tão poucas e de forma tão decisiva? Seria de esperar que houvesse pelo menos milhares de atiradores em ação, considerando a difusão que o entretenimento eletrônico atingiu nas mais diferentes culturas e classes sociais.

O argumento é bastante forte, mas não basta para satisfazer os empreendedores morais: como veremos a seu tempo, alguns pensam que os gamers representam uma ameaça em potencial, ou seja, que são verdadeiros inimigos que podem ser "despertados" a qualquer momento por força das circunstâncias e assim concretizar o perigo latente que carregam dentro de si. Se aceitas tais premissas, as pessoas que jogam games violentos já seriam originalmente portadoras de algum tipo de distúrbio, o que faria com que os jogos funcionassem como gatilho, fazendo com que uma violência latente fosse exteriorizada sob a forma de agressões reais. Parece óbvio para quem está no pleno domínio de sua racionalidade e não sucumbiu completamente ao pânico moral que não é possível negar o argumento de quão restritos são os supostos efeitos criminógenos dos games sobre quem de fato os joga. Pelo contrário, os dados parecem indicar justamente o oposto do efeito nocivo que é atribuído a eles de modo irresponsável. Ainda que em raras ocasiões, algumas matérias publicadas em grandes jornais mostraram que os dados do FBI refletiam uma queda gigantesca nas estatísticas de crimes praticados por adolescentes após a introdução de jogos como *Mortal Kombat* (1992), *Doom* (1993) e *Quake* (1996): ou seja, "as autoridades em pânico que previram cataclismos de crime e caos provocados pelo número cada vez maior de adolescentes estavam absolutamente equivocadas. A população americana de adolescentes aumentou mais de 4 milhões, ao passo que o crime, acidentes de carro e outros desvios declinaram para o nível mais baixo em décadas".[74]

Não que dados bastem para encerrar a controvérsia. Esse ponto vem sendo sustentado por mais de três décadas, sem que tenha sido capaz de vencer decisivamente a resistência.

De qualquer modo, é preciso reconhecer que não é tão simples como dizer que "eu dediquei uma quantidade razoável de horas da minha vida a Super Mario e jamais quis ser encanador", até porque existem pesquisas acadêmicas que sustentam a existência da causação de forma mais sofisticada que o discurso midiático, como já mencionei várias vezes. No entanto, e peço ao leitor que me perdoe pelo momento de descontração, uma necessidade depois das tragédias relatadas, se para mim ou para você a ideia de personificar Mario não é atraente, isso não significa que não seja para ninguém.

Em um caso completamente insólito no início de 2015, dois homens furtaram fantasias de Mario e Luigi e invadiram uma loja de instrumentos musicais, na Inglaterra. A polícia foi chamada logo após eles – bêbados, por sinal – terem entrado em conflito com os funcionários do estabelecimento, localizado em Cambridge. A sentença de oito semanas de prisão foi suspensa por um ano, desde que fizessem tratamento para alcoolismo, além da indenização devida à loja de roupas de festa pelos prejuízos causados.[75] Fica a pergunta: Super Mario teria efeitos criminógenos se combinado com álcool?

Brincadeiras à parte, nossos amigos não queriam imitar Mario e Luigi. Se existe um jogo da Nintendo em que eles invadem uma loja de instrumentos musicais, eu sinceramente desconheço. Por mais que se tente restringir o argumento, é indiscutível que ele ao menos limita o alcance dos supostos efeitos: seria necessário tomar um dado game como apenas um elemento a mais dentro de uma complexa equação que eventualmente conduziria à violência real.

Racionalidade. É o mínimo necessário para que uma discussão séria se torne possível. O problema é que a discussão não costuma ser tratada de forma séria: na grande mídia a leviandade é a regra, da qual poucas – e louváveis – exceções escapam. De qualquer modo, inúmeras ações judiciais semelhantes foram desencadeadas, ainda que jamais tenham sido bem-sucedidas. E isso decerto não ocorreu por falta de tentativa:

VIDEOGAME E VIOLÊNCIA

após Columbine, os processos se multiplicaram, como infelizmente se multiplicaram também as tragédias e as explicações que apontam os games como responsáveis por elas. O caso a seguir ajuda a compreender como o condicionamento interpretativo de tragédias pela grande mídia acaba gerando reflexos das mais variadas ordens.

Uma matéria da Associated Press relata que, em novembro de 1997, Noah Wilson, um jovem de 13 anos, faleceu uma hora depois de ter sido atingido por uma faca empunhada por um amigo seu, em Norwalk, Connecticut, nos Estados Unidos.[76] Três anos depois da morte do rapaz – e, portanto, muito depois do massacre de Columbine –, Andrea Wilson, sua mãe, ingressou na justiça contra a Midway Games, exigindo uma indenização e afirmando que seu filho e o amigo haviam se tornado obcecados por *Mortal Kombat*. Ela argumentava que o incidente teria ocorrido em uma reencenação de uma luta do game. Os proprietários do fliperama no qual o menino teria jogado também foram acionados, mas eles afirmaram que jamais tiveram a máquina em seu estabelecimento.[77]

Os rapazes supostamente estavam jogando *Mortal Kombat* no fliperama e a caminho do cinema para assistir ao filme *Mortal Kombat: Anihillation* quando o incidente teria ocorrido: um amigo encontrou uma faca no chão e "ainda sentindo e sendo controlado pelos efeitos de *Mortal Kombat*, empunhou a faca contra Noah e outros jovens, simulando a ação do game".[78] Pelo menos é o que consta no processo, que novamente reproduzia os típicos argumentos de efeitos criminógenos dos games empregados pela grande mídia.

Andrea Wilson afirmou que Noah e seu amigo tinham se tornado obcecados pelo jogo, "acreditando que poderiam apertar o botão de 'replay' e começar o 'jogo' novamente, para serem executados outra vez". Ela afirmou que tentou manter o game longe de seu filho, proibindo "jogos viciantes e excessivamente violentos como *Mortal Kombat* em sua casa", mas que a companhia contornou seus esforços tornando o jogo disponível nos fliperamas (como o leitor já sabe, *Mortal Kombat* surgiu nos *arcades*; os fatos estão completamente distorcidos).[79] No processo consta a afirmativa de que "*Mortal Kombat* foi intencional e negligentemente projetado pela Midway para viciar jovens na violência realística que proporciona por meio do uso de realidade virtual, convencendo esses usuários imaturos de que o que eles observam é apenas um jogo e de que ninguém se machucaria se eles imitassem os atos violentos que observavam, ainda que a violência apresentada no jogo fosse bastante real".[80]

Como era de esperar, a mãe do rapaz não teve sucesso no processo em questão. Historicamente, todas as alegações do gênero jamais conseguiram ultrapassar o limite da mera suposição. Não há prova que dê suporte a tais pretensões. E suposições não bastam para preencher as exigências probatórias típicas das práticas judiciais, como discutirei em inúmeros processos relatados ao longo do livro e em detalhes na Fase 6.

DUKE NUKEM 3D *E O ATENTADO NO MORUMBI SHOPPING:* *O PÂNICO MORAL AVANÇA NO BRASIL*

Quem conhece um pouco sobre a história dos games no Brasil sabe que o alcance do esforço de criminalização cultural que desencadeia pânico moral não se restringiu aos Estados Unidos. *Carmageddon* já havia preparado os ânimos para que os empreendedores morais deflagrassem uma cruzada contra os games por aqui. Bastava uma tragédia para que isso acontecesse. E o Brasil não tardou a ter a sua, que foi discursivamente apropriada para "comprovar" quanto os games eram perigosos.

Duke Nukem 3D foi diretamente relacionado ao atentado ocorrido em São Paulo, em 3 de novembro de 1999, quando o estudante de Medicina Mateus da Costa Meira invadiu a sala cinco do cinema do Morumbi Shopping e disparou a esmo com uma submetralhadora 9mm contra a plateia, matando três pessoas e ferindo outras cinco.[81]

Sem dúvida é o acontecimento que inaugurou uma nova era no processo de criminalização cultural e disseminação de pânico moral em solo brasileiro. Se com *Carmageddon* os medos eram abstratos, o massacre deu maior corpo aos temores moralistas, graças às aparentes conexões entre jogos eletrônicos violentos e a motivação do agressor. *Duke Nukem 3D* foi praticamente responsabilizado pelo incidente, sobretudo pelo fato de uma das fases do jogo ter como cenário um confronto em uma sala de

VIDEOGAME E VIOLÊNCIA

cinema. Com *alienígenas*, diga-se de passagem. Mas se os demônios infernais de *Doom* comportaram associação discursiva com uma tragédia e foram considerados criminógenos, por que neste caso seria diferente?

Duke Nukem 3D é um FPS lançado em 1996, desenvolvido pela 3D Realms e distribuído pela Apogee. O jogo foi originalmente lançado para PC e depois chegou aos consoles. O personagem *Duke Nukem* já havia aparecido em outros games antes, mas é com *Duke Nukem 3D* que a série se tornou verdadeiramente relevante. O jogo é creditado juntamente com *Wolfenstein 3D* e *Doom* pela popularização dos FPS. Assim como seus predecessores no gênero, *Duke Nukem 3D* é reconhecido como um grande jogo, embora sua sequência lançada em 2011, *Duke Nukem Forever*, tenha sido massacrada pelos críticos. Tanto a jogabilidade quanto o próprio personagem não resistiram ao teste do tempo e acabaram perdendo a relevância depois do atraso de quase uma década no lançamento do game. Para os gamers mais jovens, pode parecer incompreensível que o personagem tenha sido extremamente popular, mas o fato é que ele alcançou status icônico na década de 1990.

O nível de violência de *Duke Nukem 3D* é expressivo, ainda que não seja de modo algum um jogo sério, como *Doom*, e o personagem é notoriamente conhecido pelo seu machismo e comportamento desprezível, que reproduz de forma sarcástica os estereótipos dos *action heroes* dos anos 1980, com direito a grande número de palavrões. No enredo do game, *Duke Nukem* enfrenta uma invasão alienígena em clima de sátira, em uma aventura repleta de sangue e violência. A classificação como Mature contribuiu para que não houvesse muita polêmica nos Estados Unidos, ainda que ela certamente tenha atingido o jogo. A principal acusação levantada contra ele foi a de machismo, embora fosse uma decorrência direta do material do qual *Duke Nukem 3D* extraía sua inspiração. O ponto central da controvérsia consistia na possibilidade dada ao jogador para que atirasse em personagens femininos.

No entanto, embora *Duke Nukem 3D* tenha sido criticado por promover violência contra mulheres, é importante frisar que o jogo não só não incentivava que se disparasse contra elas, como essa atitude gerava mais inimigos no nível em que o jogador estava. De fato, o game dava a opção de atirar, mas não só não a estimulava, como havia represália caso fosse escolhido esse curso de ação. Mas isso não impediu que *Duke Nukem 3D* fosse banido na Alemanha e na Austrália, com a justificativa de violência excessiva e de existência de atitudes degradantes em relação às mulheres (existem *strippers* no game, que podem ser recompensadas com dinheiro ou mortas pelo jogador).

Não é por acaso que muitas pessoas consideraram que o jogo objetifica mulheres. Nesse sentido, é preciso reconhecer que muitas das acusações contra *Duke Nukem 3D* e outros games merecem crédito, o que faz parte de uma discussão que extrapola os propósitos deste livro. Por outro lado, e é preciso enfatizar essa distinção, não é como se o jogo mediasse um discurso de ódio contra mulheres. Por mais que se possa dizer que a retratação é de mau gosto, ela não se diferencia do que rotineiramente vemos em propagandas de cerveja ou programas de televisão de qualidade questionável. É compreensível que algumas pessoas tenham motivos para criticar essas representações, mas não encontramos nelas nada equivalente ao que pode ser considerado discurso de ódio. É inclusive importante definir o alcance da expressão para que ela não seja banalizada e, logo, perca sua força como componente de enfrentamento com quem realmente dissemina o ódio contra o outro. A discussão sobre objetificação é relevante e tem seu lugar, mas não pode ser confundida com a resistência contra os discursos manifestos de ódio.

De qualquer modo, apesar de dignas de menção, as objeções ao jogo em outros países – justificadas ou não – empalidecem diante do discurso que proliferou no Brasil. Logo após a tragédia, a imprensa noticiou que o ataque protagonizado por Mateus da Costa Meira reproduzia um cenário do jogo, um dos preferidos do atirador.[82] Alguns trechos do texto da *Folha de S.Paulo* merecem destaque: "No cenário da batalha do *Duke Nukem*, o jogador fica de frente para a plateia e de costas para a tela, na mesma posição que Meira ficou dentro do cinema do Morumbi Shopping. No jogo, os monstros que precisam ser mortos estão em cadeiras. Em depoimento, Meira disse à polícia que ouvia vozes no meio da plateia e que, por isso, disparou contra as pessoas [...]. No jogo, também há inimigos no banheiro do cinema. Na vida real, Meira disparou no banheiro contra o vidro. O *Duke Nukem* é um dos games mais utilizados por aficionados. Tem versões para PC, Macintosh, 'play station' e consoles. Há sites sobre o jogo na internet."[83] O texto demonstra alguma cautela no emprego do argumento de causação. Mesmo assim, afirma: "A polícia apreendeu três computadores na casa de Meira para ver se há ligação entre o jogo e o crime."[84]

Parece inacreditável: *Duke Nukem 3D*, um produto cultural, era criminalizado juntamente com o atirador, como se fosse tão responsável pela tragédia quanto ele. Outras abordagens foram muito mais explícitas e isso bastou para que os gatilhos típicos do pânico moral fossem acionados, com repercussões sérias e imediatas. O jogo foi universalmente condenado na cobertura da imprensa brasileira, que deu maior destaque a ele do que ao histórico de violência do próprio Meira. A construção de significado pela grande mídia logo se afirmou como "verdade", fazendo com que rapidamente *Duke Nukem 3D* fosse estabelecido como bode expiatório da tragédia.

Mas a condenação moral do jogo na imprensa não foi suficiente para apaziguar os ânimos, como veremos.

O ATIVISMO JUDICIAL A SERVIÇO DA CRIMINALIZAÇÃO CULTURAL: O BANIMENTO DE DUKE NUKEM 3D, DOOM, MORTAL KOMBAT, REQUIEM, BLOOD *E* POSTAL

O atentado gerou comoção suficiente para causar reflexos judiciais. O Ministério Público Federal (MPF) entrou com uma ação civil pública pedindo a retirada de *Duke Nukem 3D, Blood, Requiem, Postal, Quake, Doom* e *Mortal Kombat* do mercado. E foi prontamente atendido pela juíza federal Cláudia Maria Resende Neves Guimarães.

A descrição dos jogos na inicial do MPF é um espetáculo à parte:

"O jogo *DOOM* (julgamento, sentença, condenação, ruína, destruição, morte) passa-se em um cenário de guerra e destruição, onde o jogador deve eliminar seus inimigos usando para tal armas pesadas, facas e serras elétricas.

O jogo *POSTAL*, 'o papai Noel assassino', deturpa a figura de um ente cultural para a sociedade pátria que o tem como sinônimo de harmonia e benevolência para transformá-lo em máquina de matar. O assassino, com o qual o jogador incorpora, faz-se passar por um carteiro. O jogador recebe mais pontos à medida que mata, em supermercados, ruas e lojas.

O jogo *MORTAL KOMBAT* baseia-se em luta e combate, onde vence quem mata o adversário, eliminando, subjugando-o.

O jogo *REQUIEM* se passa em um cenário de invasão alienígena, onde o jogador extermina seus inimigos estraçalhando seus corpos e fervendo-lhes o sangue, em clima de murmúrio, de for [sic] e agonia.

O jogo *BLOOD* (sangue) tem um objeto fundamental: matar o maior número de pessoas. Brotam cenas sanguinárias ao transcorrer das images [sic].

Por fim, no jogo *Duke Nuken* [sic] '...o assassino virtual entra em um shopping, mune-se de uma metralhadora, dirige-se ao cinema, adentra o banheiro, atira no espelho no reflexo de sua imagem. Após, dirige-se a plateia, à sala de exibição do filme, posta-se à frente dela e dispara rajadas contínuas de tiros para exterminar seus inimigos.'"[85]

No dia 17 de dezembro de 1999, foi publicada no Diário Oficial da União uma portaria do Ministério da Justiça que atendia a decisão da juíza federal Cláudia Maria Resende Neves Guimarães, da 3ª Vara da Seção Judiciária de Minas Gerais de Belo Horizonte. O pedido do MPF foi considerado procedente e *Duke Nukem 3D, Blood, Requiem, Postal, Quake, Doom* e *Mortal Kombat* foram efetivamente banidos do Brasil.

Os argumentos empregados na fundamentação da sentença mostram uma profunda incompreensão do objeto sobre o qual recaiu a decisão. Reproduzo a seguir os trechos mais pertinentes, que comentarei parágrafo por parágrafo. Não farei uma análise aprofundada da ponderação jurídica da juíza Cláudia Maria Resende Neves Guimarães. Diferentemente da discussão sobre os fatores psicológicos que podem motivar os atiradores em escolas, minha formação sem dúvida me capacitaria para uma análise sob essa perspectiva. Mas isso conduziria a uma longa discussão que com certeza não interessaria a leitores sem formação

VIDEOGAME E VIOLÊNCIA

jurídica e que destoaria completamente do restante da obra. Discutirei a fundamentação como análise de discurso sob a perspectiva da criminalização cultural e do pânico moral, como fiz até aqui. Vamos a ela: "É fato notório que os jogos de computadores e vídeo games aludidos na inicial incitam a violência, disseminando o prazer pela dor, o ódio e a vontade de matar. O público alvo de tais jogos é composto de crianças e adolescentes, que se encontram, por sua vez, em fase de formação psicológica, quando, então, deve-se atentar para que lhes sejam transmitidos valores morais necessários à formação do caráter, conforme preceitua o art. 227 da Constituição Federal."

Em primeiro lugar, destaca-se o emprego da noção de *fato notório*, o que por excelência já o configura como fato que dispensa prova, por ser aquele de conhecimento geral, percebido por qualquer pessoa de mediano entendimento. No entanto, apesar da suposta notoriedade de que os referidos jogos "incitam a violência, disseminando o prazer pela dor, o ódio e a vontade de matar", isso não foi comprovado até hoje por nenhum estudo científico. Como já afirmei inúmeras vezes, inexiste consenso na comunidade acadêmica sobre o tema, que é extremamente controverso. Isso por si só já põe em causa a decisão, visivelmente amparada nos valores morais da própria juíza, que também parte de noções completamente equivocadas sobre o público gamer, por ela identificado como composto por crianças e adolescentes. A magistrada prossegue: "Se crianças e adolescentes passam horas do seu dia diante de jogos violentos, num mundo virtual, onde vence quem matar mais, é forçoso reconhecer ou ao menos presumir que tais vídeos assassinos atentam diretamente a estrutura psicológica dos mesmos, distorcendo valores socialmente exaltados, valorizando, ao contrário, aqueles que devem ser repugnados por toda a sociedade, tidos pelo ordenamento jurídico como ofensivos."

O leitor certamente se recorda da menção feita à importância do valor em torno do qual se articula o pânico moral, quando discuti a histeria provocada por *Death Race*. Como o valor percebido pela magistrada em questão é a formação de crianças e adolescentes e os jogos são vistos por ela como ameaças ao seu desenvolvimento sadio, isso faz com que a reação seja intensa e de profunda indignação moral. Com base nessa indignação, a própria magistrada assume a figura da presunção: simplesmente presume que os jogos têm efeitos nocivos. Com todo respeito, é uma péssima decisão, que prescinde de amparo material. O trecho a seguir deixa isso claro: "Esta magistrada analisou a prova de fls. 34, constante de uma fita de vídeo, com os jogos DOOM, POSTAL, MORTAL KOMBAT, REQUIEM, BLOOD e DUKE NUKEM, e de feito, é assombroso verificar o que se pode criar, almejando lucro, não só deixando de lado todos os valores morais que devem permear a educação de nossas crianças e adolescentes, mas incitando o contrário; prazer de matar, de causar sofrimento, de aniquilar completamente o mais fraco. Não há qualquer sinal de piedade, misericórdia, solidariedade etc. nada! Bom é aquele que mata mais."

Destaca-se inicialmente o fato de a juíza admitir que não teve nenhum contato direto com o objeto do litígio. Embora evidentemente não seja possível que um magistrado realize uma experiência para reproduzir um homicídio, o contato direto com o objeto é plenamente possível neste caso. Não há como saber que espécie de edição o MPF pode ter feito quando gravou em fita de vídeo os jogos referidos. É possível que o contato direto provocasse ainda maior indignação moral por parte da magistrada, mas mesmo assim causa estranheza que essa possibilidade tenha sido completamente ignorada. Fica claro que ela parte de suas próprias significações morais sobre o que constitui entretenimento adequado para a educação de crianças e adolescentes, o que é duplamente equivocado: não apenas porque os jogos não têm uma função pedagógica, como pelo fato de que são destinados a outro tipo de público. Provavelmente o mais grave é a insinuação de que um game teria contribuído para o atentado: "Com relação a este último DUKE NUKEN [sic], este mundo virtual veio transmudar em realidade, quando o mesmo comportamento do vídeo foi repetido por Mateus Meira, em 03.11.99, no Shopping Morumbi em São Paulo, conforme relatou toda a imprensa falada e televisiva."

VIDEOGAME E VIOLÊNCIA

Outra vez a magistrada flerta com a notoriedade dos fatos. Simplesmente assume como "verdade" o relato da grande mídia e utiliza como parte de sua fundamentação uma hipótese de causação que veio a ser desconsiderada judicialmente para efeito de atenuação da imputabilidade do atirador. O "não dito" do argumento é visível: é preciso banir os jogos referidos antes que massacres como esse se repitam. Inexplicável ainda a desconsideração da idade de Meira. Ou a ideia é que anos de exposição teriam provocado uma deformação contínua, cujo resultado final somente ocorreria já na vida adulta? Como se isso não bastasse, ela reproduz a nomenclatura equivocada de *Duke Nukem 3D* que é utilizada na inicial do MPF, deixando claro que jamais teve sequer a embalagem do jogo nas mãos, ou que no mínimo não se importou o suficiente para corrigir o equívoco. Nas palavras da juíza: "É necessário que toda a sociedade reflita sobre o que está ocorrendo com nossas crianças e adolescentes. O episódio ocorrido no Shopping Morumbi, bem como os documentos trazidos às fls. 36/122, em especial o parecer da Dra. Maria Alice Palhares, concluindo pela nocividade dos jogos referidos na inicial na formação psicológica das crianças e adolescentes são suficientes, ao meu sentir, para a procedência do pedido posto na inicial."

A conjugação da aceitação como verdade do suposto papel decisivo dos jogos no atentado de Meira, da compreensão equivocada de que são produtos destinados a crianças e adolescentes e, por fim, do parecer de uma única especialista é, para a magistrada, causa suficiente para atender ao pedido de banimento: "E mais, sob a ótica das relações do consumo, os jogos virtuais aludidos na inicial são impróprios ao consumo, eis que na medida em que são nocivos à saúde de seus consumidores, contrariam, além do Estatuto da Criança e do Adolescente, o Código de Proteção e Defesa do Consumidor, a teor do que dispõem os arts. 6º, inciso I, 8º, 10º e, em especial, o art. 39, inciso IV." "Cumpre salientar que a proteção à saúde e segurança dos consumidores representa inequívoca manifestação do próprio direito à vida, internacionalmente reconhecido pelos textos constitucionais modernos."

Não há nenhuma prova nos autos de que os jogos referidos na inicial do MPF são "nocivos à saúde de seus consumidores". Como não poderia

SALAH H. KHALED JR.

haver, diga-se de passagem: ninguém jamais foi capaz de comprovar qualquer efeito negativo decorrente dos games. Mais uma vez a magistrada simplesmente assume a notoriedade dos efeitos criminógenos dos games porque isso reflete seus próprios valores morais, e assim decide com base neles. É tudo o que não se quer: justamente o tão criticado ativismo judicial, que, neste caso, relativiza um direito fundamental: "Diante dessas considerações, não se pode aceitar a livre expressão (art. 5º, IX), bem como a livre iniciativa (art. XIII e parágrafo único do art. 170) tenha uma sobreposição ao disposto no art. 227 da CF/88."

Por fim, a juíza faz uma ponderação inteiramente desastrada entre o direito fundamental à liberdade de expressão artística e a obrigatoriedade de proteção à criança e ao adolescente, afastando o primeiro e supostamente favorecendo a segunda. E ela é completamente desastrada porque se dá no âmbito de uma abstração completa: a magistrada desconsidera um direito fundamental sem qualquer comprovação real do suposto dano que pode decorrer dos produtos em questão, seja para a formação de crianças e adolescentes ou dos consumidores em geral. A decisão expressa o que pode ser definido como sonambulismo jurídico, totalmente desconectado da realidade factual.

Mas não pense que não possa existir nenhum limite para a liberdade de expressão. Eu creio que sim: justamente aquele que é exigido pela democracia. Penso que a mediação de um discurso de ódio seria causa suficiente para pôr em questão a liberdade de expressão artística. Como já disse anteriormente: a democracia não comporta discurso de ódio.[86] Mas não há nada em nenhum dos seis jogos proscritos que se assemelhe a isso, com a possível exceção de *Postal*, como veremos, e nem sequer houve qualquer espécie de exame cuidadoso do conteúdo de suas narrativas pela magistrada. A decisão é implacável: "Nessas razões, JULGO PROCEDENTE o pedido posto na inicial, confirmando a tutela antecipada deferida, para tornar definitiva a determinação dada à União Federal, enquanto Ministério da Justiça, para que proíba a distribuição e comercialização dos jogos DOOM, POSTAL, MORTAL KOMBAT, REQUIEM, BLOOD e DUKE NUKEM, que retire do mercado os exem-

VIDEOGAME E VIOLÊNCIA

plares existentes, e que estabeleça critérios de classificação para todos os jogos eletrônicos de video-games [*sic.*], computadores etc., segundo a faixa etária a que se destinam e o conteúdo das mensagens que veiculam [...]"

A decisão acabou provocando o surgimento do sistema de classificação indicativa (ClassInd), controlado pelo Ministério da Justiça. Com isso, foi criado no Brasil um mecanismo de controle de conteúdo que, diferentemente do norte-americano e do europeu, é estatal.

A União recorreu da decisão da magistrada singular, mas a apelação foi improvida.[87] O desembargador federal João Batista Moreira fez uma síntese da decisão de primeiro grau e concluiu que: "Correta, pois, a sentença que decidiu que deve constar nas embalagens de todos os jogos eletrônicos resumo de seu conteúdo e a faixa etária a que se destinam, de modo a se cumprir norma de classificação das diversões infantojuvenis."

Quanto a isso, não posso dizer que tenha discordância de conteúdo, apenas de forma. Embora tenha sido tomada no calor do momento e motivada por pânico moral, certamente é desejável que exista classificação de conteúdo, ainda que se lamente que seja estatal, o que gera inúmeros inconvenientes. Mas o desembargador prossegue: "Os jogos virtuais sádicos específicos I, que fazem a apologia e a banalização do mal, do sofrimento e da morte por ato de violência gratuita, são impróprios ao consumo de crianças e adolescentes, devendo a polícia judiciária inutilizar os que foram apreendidos por ordem judicial pela vara de origem."

Infelizmente, não foi diferente e menos desastrada a decisão do desembargador em questão. Ele não esconde seus valores morais ao sentenciar que os jogos são "sádicos" e "que fazem a apologia e a banalização do mal, do sofrimento e da morte por ato de violência gratuita". O teor da decisão mostra que o desembargador também não teve nenhum contato com os games em questão e que ignora por completo a justificação contextual da violência virtual existente na jogabilidade deles, que transcorre em narrativas totalmente fictícias. De todos esses jogos, apenas *Postal* poderia suscitar objeções mais veementes, como discutirei a seu tempo. Mesmo assim, sua descrição na inicial do MPF é absolutamente equivocada e mostra que também havia total desconhecimento do produto por parte do órgão ministerial.

A confirmação judicial dos juízos morais da grande mídia ampliou ainda mais a difusão de pânico moral e o processo de criminalização cultural. Repentinamente, os jogos eletrônicos ocupavam as primeiras páginas dos jornais, com um destaque que até então era inimaginável, ainda mais considerando que a maioria dos jogos só existia nos PCs. Eles eram absolutamente desconhecidos pelo grande público.

As causas para uma ação tão rápida, impensada e implacável podem ter relação com o vergonhoso histórico brasileiro de censura de formas de expressão artística. As intervenções em filmes como *Laranja mecânica* e *Cobra* são notórias. Embora a Constituição Brasileira de 1988 tenha consagrado a liberdade de expressão artística (art. 5º, inc. IX), na prática ela jamais resguardou os games de perseguições moralistas, não só na grande mídia, como também em âmbito judicial, como acabo de relatar. Existem outros exemplos e tratarei deles oportunamente.

A irracionalidade da proibição é impressionante: não havia nenhum critério lógico que determinasse por que a lista era formada por esses jogos e não por outros. Se o quesito violência era determinante, com certeza muitos ficaram de fora, o que demonstra a arbitrariedade da escolha, feita sem nenhuma espécie de levantamento dos jogos que supostamente teriam efeitos criminógenos sobre a conduta dos usuários, ou que poderiam prejudicar seu desenvolvimento e saúde.

Reações espasmódicas e irracionais são típicas de quem sucumbe a pânicos morais. E o nosso histórico de desrespeito pela liberdade de expressão com certeza contribuiu para que medidas muito duras fossem tomadas em um ambiente de pânico verdadeiramente generalizado. O mais irônico é que a proibição dos jogos referidos no país surtiu pouco efeito, uma vez que o mercado brasileiro era absolutamente incipiente e consistia basicamente na distribuição de cópias piratas, não afetadas de nenhum modo pelo banimento, que teve apenas sentido simbólico. E ainda mais irônico é constatar que a criminalização cultural provocou criminalidade real, uma vez que a pirataria dos jogos banidos certamente foi impulsionada pela proibição. Temos aqui um paradoxo: uma medida que visa combater a violência criminal (o que não tem como fazer) mas que efetivamente aumenta o número de práticas criminosas de violação de direitos autorais (o que acaba de fato fazendo).

Curiosamente, nos Estados Unidos nem sequer se cogitou algo semelhante na tragédia de Columbine. A diferença é que lá existe uma longa tradição de preservação da liberdade de expressão artística, o que acabou fazendo com que a Suprema Corte reconhecesse explicitamente que os games desfrutam dessa proteção, como veremos na Fase 6.

Percebe-se que sob muitos aspectos o pânico moral foi muito mais intenso no Brasil. E, de certo modo, o próprio atirador colaborou para ele. Em 17/9/2000, Meira disse à Rede Globo que pensava estar atirando contra os alienígenas de *Duke Nukem 3D*. "Eu não tinha noção de que estava eliminando seres humanos, mas sim alienígenas do jogo, disse ele."[88] Obviamente, ele foi orientado pela defesa a explorar a hipótese de efeito criminógeno do game, que poderia beneficiá-lo judicialmente. O argumento foi inclusive utilizado em juízo, mas não foi aceito: "Os jurados rejeitaram a tese da defesa de que Meira sofre de desvio mental e que, por isso, seria semi-imputável (que ele tinha apenas consciência parcial dos fatos), o que poderia resultar na diminuição da pena em até dois terços. Ao ler a sentença, a juíza ressaltou que Meira era inteiramente capaz de entender o caráter ilícito do fato, e capaz de distinguir o certo e o errado. 'O réu não foi considerado doente mental', disse."[89]

Meira tentou matar seu colega de cela em 2009.[90] Mas, dessa vez, ninguém ligou a tentativa de homicídio à "influência nociva" de qualquer game. Em uma matéria extensa publicada na revista *Joyce Pascowitch* em 2014, Paulo Sampaio relata o histórico de violência – até contra a própria família – e problemas psiquiátricos de Meira e menciona apenas de passagem que na época a imprensa culpou jogos violentos, como *Doom*.[91]

Quinze anos depois, finalmente surgia uma análise com a objetividade que se espera da cobertura jornalística. Com certeza é muito mais simples ignorar absolutamente a vida do autor de um atentado e apenas produzir desinformação irresponsável e sensacionalista. Foram necessários muitos anos para que a intepretação do caso fosse reconstruída de forma minimamente condizente com o que de fato se passou.

SALAH H. KHALED JR.

Como no massacre de Columbine, a relação de causa e efeito entre videogame e violência foi explicitamente suscitada: são episódios praticamente contemporâneos e que desencadearam reações muito semelhantes, apesar das diferenças culturais entre brasileiros e norte-americanos e da completa distinção entre seus sistemas legais. Nos dois casos a interpretação midiática foi absolutamente instantânea e espasmódica, com rápida criminalização cultural, disseminação de pânico moral pela imprensa e adesão subjetiva de forma irrefletida por boa parte da população, que deu crédito aos supostos efeitos criminógenos dos jogos em questão.

Estava montado o cenário para que os games rapidamente se tornassem objeto de persecução e os próprios gamers fossem vistos com desconfiança: a ameaça podia partir de qualquer lugar. "Jogos de computador são um hobby de psicopatas e de homicidas em potencial." Essa foi a mensagem irresponsavelmente veiculada na época. No caso brasileiro, um problema foi rapidamente identificado, um sentido atribuído e um inútil – e desastroso – curso de ação escolhido.

É evidente que a ambição por trás do banimento só pode ser uma: o desejo de que tragédias não se repitam. E se de fato ela "não se repetiu", isso com certeza não se deve à proibição, até porque as pessoas continuaram desfrutando de suas cópias piratas de *Quake, Doom, Mortal Kombat, Postal* e *Blood*, ainda que provavelmente não tenham jogado *Requiem*, um game totalmente desconhecido, que apenas ganhou alguma notoriedade em função do seu insensato banimento.

Um acontecimento como esse é produto de circunstâncias muito particulares, que dificilmente podem ser controladas por qualquer tipo de medida, quem dirá medidas dessa ordem. Reconhecer essa imprevisibilidade pode ser angustiante, mas temos que ter a consciência de que em vários sentidos vivemos em uma sociedade de risco.[92] O elemento violência é constitutivo da própria vida em sociedade: não é um resto bárbaro do passado que será necessariamente extinto pela civilização.[93] Menos ainda pela simplicidade de uma medida tão limitada quanto a proibição em questão. Sob esse aspecto, a invenção de um bode expiatório parece reconfortante. Nos dá a sensação de que podemos nos sentir "mais seguros" caso certos tipos de entretenimento sejam banidos. No entanto, isso não é mais do que ilusão, ainda que essa ideia possa se mostrar sedutora para muitas pessoas que realmente acreditam que "estão fazendo a coisa certa" quando combatem o que lhes parece perigoso.

O leitor com certeza está identificando características comuns entre os fatos que aconteceram na Heath High School, em Columbine, e no Morumbi Shopping, semelhanças entre o perfil dos autores e a abordagem jornalística das tragédias. Com certeza, tudo isso possibilita identificar a existência de um padrão que não pode ser ignorado e que mostra quanto é leviana, grosseira e simplificadora a hipótese de causa e efeito entre videogame e violência.

O pânico moral aterrissava definitivamente no Brasil. E com muita força: *Carmageddon* tinha sido apenas o prelúdio da primeira fase de criminalização cultural dos games no país. Se o sentido por trás das campanhas movidas por empreendedores morais é a criação de regras proibitivas, eles certamente tiveram enorme sucesso no Brasil e com uma agilidade impressionante. Pelo menos nessa época, mais do que em qualquer outra parte do mundo. Apesar de algumas proibições e mudanças no conteúdo de jogos terem sido impostas em países como Inglaterra e Alemanha, nada havia sido tão extensivo e implacável como a reação contra os games que ocorreu no Brasil. E era apenas o começo.

A RECEPÇÃO DO PÂNICO MORAL PELO LEGISLATIVO: OS PROJETOS DE LEI QUE CRIMINALIZAM OS GAMES NO BRASIL

A obsessão com "jogos violentos" gerou uma verdadeira epidemia de projetos de lei no Congresso Nacional. O pânico não se restringiu à grande mídia e ao Judiciário: penetrou com grande força o campo político. O Centro de Tecnologia e Sociedade (CTS) da FGV Direito Rio, por meio de seu projeto CTS Game Studies, produziu um pequeno texto intitulado "Contribuição ao debate público sobre classificação indicativa".[94] O texto traz uma lista de projetos de lei sobre games no

Congresso Nacional. Aproveitei a relação e resolvi pesquisar o conteúdo dos projetos. Encontrei iniciativas legislativas absolutamente assustadoras. Elas mostram como o pânico moral está difundido entre inúmeros deputados e senadores.

Na Câmara dos Deputados:

"PL 1654/1996 (Herculano Anghinetti – PPB/MG): Proíbe a fabricação, importação e comercialização de jogos eletrônicos e programas de computador de conteúdo obsceno ou violento."

O conteúdo do projeto é criminalizante, como pode ser percebido a seguir: "Art. 1º Constitui crime fabricar, importar ou comercializar jogos eletrônicos ou programas de computador com textos, sons ou imagens obscenas.

Pena – detenção de 6 (seis) meses a 2 (dois) anos.

Art. 2º Constitui crime fabricar, importar ou comercializar jogos eletrônicos ou programas de computador que induzam à violência ou ao crime.

Pena – detenção de 6 (seis) meses a 2 (dois) anos.

Art. 3º Esta lei entra em vigor na data de sua publicação.

Art. 4º Revogam-se as disposições em contrário.

JUSTIFICAÇÃO

A disseminação dos jogos eletrônicos e, mais recentemente, dos microcomputadores pelos lares brasileiros trouxe entretenimento e informação para as nossas crianças e os nossos jovens, mas permitiu, concomitantemente, um novo acesso a material obsceno e de incitação ao crime.

Vemos com tristeza e preocupação crianças desde a mais tenra idade lidando com situações de violência, simulando agressões com uso de armas de fogo através dos "videogames". Essa banalização da pornografia e da violência age danosamente sobre a formação da personalidade dos menores, induzindo-os a ações antissociais no futuro.

Diversos países já se preocupam e adotam medidas profiláticas contra esse uso indevido de equipamentos e produtos de tecnologia recente. Os Estados Unidos, por exemplo, em sua nova Lei de Telecomunicações,

VIDEOGAME E VIOLÊNCIA

aprovada em fevereiro de 1996, estipula mecanismos e sanções que reduzem o acesso de menores a material violento e obsceno transmitido por televisão ou por rede de computadores.

Nossa proposta procura tornar a legislação vigente compatível com as novidades tecnológicas *antes que os danos de seu mau uso tragam desvios ao desenvolvimento saudável das nossas crianças*. Pretendemos, com ela, tornar os jogos eletrônicos e os programas de entretenimento instrumentos de auxílio na educação de nossos jovens, capacitando-os também no uso das novas ferramentas tecnológicas.

Para isso, contamos com a aprovação dos ilustres pares à nossa iniciativa."

Não existem diretrizes objetivas para definir o que é obsceno e violento no projeto de lei. Como definir quais jogos "induzem à violência ou ao crime", se ele deixa isso em aberto? A técnica legislativa é péssima e inaceitável para uma legislação de caráter penal. O projeto promove criminalização de produtos culturais e viola abertamente o direito fundamental de livre expressão artística. Esse projeto é pioneiro no país, uma vez que antecede a proibição de *Carmageddon* e o banimento de seis jogos em decorrência do atentado no Morumbi Shopping.

Surpreendentemente, ele foi desarquivado em 9/2/2015.[95] É possível que uma grande cruzada moral contra os games no Brasil esteja sendo gestada no Congresso Nacional. É preciso atentar para os desdobramentos futuros, acompanhando o trâmite legislativo do projeto de lei inexplicavelmente ressuscitado.

"PL 2566/2000 (Nilson Mourão – PT/AC): Estabelece penalidade a quem permitir o acesso de adolescente menor de 16 anos a jogos eletrônicos que incentivem a violência. Situação: arquivado."

O projeto não só dá margem para criminalização, como aposta de maneira irresponsável no argumento de causa e efeito entre videogame e violência.

"PL 4932/2005 (Carlos Nader – PL/RJ): Proíbe a frequência e o manuseio nos estabelecimentos comerciais e clubes de lazer, por crianças e adolescentes, de programas informatizados de jogos de quaisquer espécies que induzam ou estimulem a violência. Situação: arquivado."

Novamente o infundado argumento de causação; reproduzo a seguir um trecho da justificativa do projeto: "A grande maioria dos frequentadores é composta de jovens ainda em formação, e esses jogos contribuem somente para a violência, nunca para uma educação tradicional, voltada para as coisas boas, para os bons costumes e a boa formação psicológica dos nossos jovens. É pensando na boa formação e no crescimento saudável que apresento este projeto em defesa da família e dos bons costumes."

O leitor certamente se lembrará da discussão sobre o conceito de empreendedor moral, feita no início da Fase 1. Como disse Agostinho Ramalho Marques Neto, "quem nos salva da bondade dos bons?" É preciso lembrar que em nome de uma moralidade hegemônica ameaçada, a própria Ku Klux Klan foi fundada.

"PL 5712/2005 (Gilberto Nascimento – PSC/SP): Dispõe sobre a proibição da comercialização e locação de jogos eletrônicos que contenham cenas de violência contra policiais e dá outras providências. Situação: Apensado ao PL 1654/1996 (recentemente desarquivado)."

Reproduzo um trecho da justificativa: "Esta proposição tem por finalidade proibir a comercialização e locação de vídeos que incitem a violência contra policiais. É um absurdo que os profissionais da segurança pública, que arriscam as suas vidas em prol da sociedade, possam tornar-se personagens a serem agredidos nos enredos utilizados em jogos eletrônicos. A sociedade não pode admitir a agressividade representada por esse tipo de jogo. Não devemos permitir que nossos jovens se acostumem com cenas tão grotescas de agressão a servidores públicos que devem merecer nosso maior respeito."

Iniciativa que causa completa perplexidade: o conteúdo do dispositivo legal proposto é completamente desastrado e seu sentido somente é compreendido quando é lida a justificação. Teríamos que supor que, a partir dessas premissas, games que colocassem os jogadores no papel de policiais também teriam que ser proibidos, sem falar no que poderia

VIDEOGAME E VIOLÊNCIA

representar para outras mídias (como filmes) a transposição de tais medidas. Causa preocupação o fato de esse projeto de lei estar apensado ao PL 1654/1996, recentemente desarquivado. Como parece óbvio, ele proibiria a série *Grand Theft Auto* no Brasil, por exemplo.

"PL 6868/2006 (Laura Carneiro – PFL/RJ): Obriga os estabelecimentos que exploram jogos eletrônicos com temas de violência ou atentatórios à moral a destinarem área restrita para esse fim. Adicionalmente, proíbe a venda desses jogos às crianças e adolescentes. Situação: arquivado."

Outro projeto estruturado em torno de significações morais subjetivas de um parlamentar que considera insuficiente o sistema indicativo de classificação estatal. Destaco o inciso VII do projeto. "VII – jogos eletrônicos de teor violento e atentatório à moral assim entendidos os que explorem: a) uso de arma de qualquer espécie; b) sexo explícito."

Uma redação com essa abrangência potencialmente atingiria até jogos como *Super Mario Bros.* e *Ratchet & Clank*, que são destinados e adequados para o público infantil. Mario dispara bolas de fogo contra seus inimigos. Será ele um produto criminógeno? Observe a extensão da irracionalidade do projeto de lei em questão. Na justificativa consta a seguinte frase: "Aquele que treina bastante poderá responder de 'forma condicionada' quando sujeito a um estímulo interno ou externo."

"PL 7319/2010 (Sueli Vidigal – PDT/ES): Disciplina a organização e o funcionamento de estabelecimento comercial, quanto à proibição de locação e venda de videogames que contenham cenas de violência. Situação: Apensado ao PL 5712/2005, mencionado anteriormente e que por sua vez está apensado ao PL 1654/1996, recentemente desarquivado."

Prevê a cassação do alvará do estabelecimento que descumprir a medida. A fundamentação do projeto é fascinante e merece reprodução, pois remete diretamente a um discurso de pânico moral disseminado pela grande mídia: "Ficamos aqui com a observação do comentarista da Rádio CBN Ethevaldo Siqueira, no programa *Mundo Digital*. 'Confesso que sou totalmente contrário à venda e ao uso desses videogames por crianças e adolescentes. Alguns desses jogos causam horror até em adultos.

SALAH H. KHALED JR.

Eles banalizam a violência e mostram cenas chocantes da forma mais explícita. Não levam em conta nenhum valor moral ou ético e podem, sim, produzir distúrbios psicológicos nos menores. Tenho a impressão de que tudo isso pode inocular na mente desses garotos as sementes da violência. Corremos, então, o risco de estarmos contribuindo para uma juventude agressiva?"

Preciso comentar?

No Senado:

"PL 170/2006 (Valdir Raupp – PMDB/RO): Altera o art. 20 da Lei nº 7.716/1989, para incluir, entre os crimes nele previstos, o ato de fabricar, importar, distribuir, manter em depósito ou comercializar jogos de videogames ofensivos aos costumes, às tradições dos povos, aos seus cultos, credos, religiões e símbolos."

Esse projeto exige um exame um pouco mais detalhado, já que a Lei nº 7.716/1989 define os crimes resultantes de preconceito de raça ou de cor.

No projeto pode ser encontrada a justificativa a seguir: "Este projeto pretende coibir a fabricação, a divulgação, a importação, a distribuição, a comercialização e a guarda, em depósito, dos jogos de videogame que ofendam os costumes, as tradições dos povos, dos seus cultos, credos, religiões e símbolos. Portanto, busca-se proteger o princípio da igualdade – para muitos o maior dos princípios constitucionais – com a caracterização dessas condutas discriminatórias como crime, mediante a previsão em lei. O crime acima descrito, a ser incluído na Lei nº 7.716, de 5 de janeiro de 1989, harmoniza-se com os tipificados no art. 20."

Eis o dispositivo original da Lei nº 7.716/1989: "Art. 20. Praticar, induzir ou incitar a discriminação ou o preconceito de raça, cor, etnia, religião ou procedência nacional. Pena: reclusão de um a três anos e multa."

Ainda na fundamentação do projeto de lei: "No tocante aos direitos e às garantias fundamentais, é cediço o princípio constitucional da liberdade de expressão, consagrado nos incisos IV e IX do art. 5º. No entanto, cumpre-nos destacar que a tipificação do crime ora proposta resulta do desrespeito ao princípio da liberdade de crença religiosa assegurada nos incisos VI e VIII do referido artigo, bem como à inviolabilidade da honra

VIDEOGAME E VIOLÊNCIA

e da imagem das pessoas (inciso X) e à norma que manda punir qualquer discriminação contra os direitos e as liberdades fundamentais (inciso XLI).

Ressalte-se, ainda, que toda e qualquer forma de discriminação constitui uma violação à igualdade assegurada não só na Constituição brasileira, mas também nos tratados internacionais firmados pelo Brasil, o que reforça os objetivos da proposição. Assim, a produção, a divulgação, a importação, a distribuição, a comercialização e a guarda, em depósito, desses jogos de videogame devem ser proibidas pela legislação penal. Tal proibição decorre do fato de os citados jogos de videogame, objeto dessas operações, veicularem ideias e mensagens preconceituosas, portanto incompatíveis com a ordem constitucional e jurídica brasileira."

Duas coisas me preocupam no projeto em questão. A primeira delas é a margem de disposição dada ao magistrado para que efetivamente decida se um jogo em particular é definido como atentatório de acordo com os parâmetros propostos. Nesse sentido, como veremos na Fase 4, alguns deles de fato são: é o caso de *Ethnic Cleansing* e *Left Behind: Eternal Forces*. Não há dúvida de que mediam um discurso de ódio. Indiscutivelmente são jogos que ultrapassam o que abrange a liberdade de expressão e que possivelmente motivariam uma discussão razoável sobre seu banimento, ao contrário dos jogos proscritos em decorrência do atentado no Morumbi Shopping (com a possível exceção de *Postal*). De qualquer modo, a criminalização não parece ser a melhor solução – raramente é para qualquer situação de conflito –, e a possibilidade de que a legislação permita que o magistrado arbitrariamente utilize seus próprios valores morais para chegar a tais conclusões também é muito preocupante.

Mas não pense que apenas no Brasil prosperam iniciativas legislativas desastradas – e perigosas para os direitos fundamentais – como as que foram relatadas. Trago dois exemplos para proporcionar alívio ao leitor eventualmente estupefato diante de tanta falta de bom senso em seu país.

Em 2002, a Associated Press noticiou que *Doom* (assim como *Mortal Kombat, Resident Evil, Turok, House of the Dead, Duke Nukem, Shadowman, Quake, Killer Instinct, Legacy of Kain, Street Fighter* e

Perfect Dark) havia sido banido de Honduras como parte de "um esforço para combater a criminalidade urbana". Em um "gesto de generosidade", a legislação concedeu seis meses de prazo para os lojistas esvaziarem seus estoques. Como sempre, vários jogos "violentos" ficaram de fora, o que demonstra a arbitrariedade da escolha, que com certeza é ainda mais surpreendente pelo fato de não decorrer apenas do juízo moral de algumas pessoas, já que foi aprovada unanimamente pelo conjunto dos parlamentares hondurenhos. Nesse sentido, as circunstâncias do banimento são ainda mais surpreendentes que a decisão em si mesma, que decorreu de uma proposta aprovada pelo Congresso hondurenho, sem que nenhum evento traumático motivasse a iniciativa. Sem dúvida, isso demonstra que o alcance do pânico moral já havia se tornado mundial no novo milênio: não há como não se espantar diante da estapafúrdia constatação de que para os parlamentares de Honduras a eliminação dos games violentos foi assumida como um dos elementos centrais da política criminal do país.[96]

Nesse sentido, o que mais impressiona não é a censura em função do conteúdo condenado moralmente, mas sim a crença de que o banimento de jogos violentos pode ter um efeito significativo no combate ao crime, algo que, além de soar ilógico, não tem como ser verificado na realidade de modo algum.

A Venezuela adotou iniciativa semelhante em 2009: "A Assembleia Nacional da Venezuela aprovou uma lei que visa impedir a fabricação, importação, distribuição, venda, locação de jogos violentos e armas de brinquedo."[97] Como eu disse anteriormente, o perigo de que medida semelhante seja aprovada no Brasil é real e concreto, diante do desarquivamento do PL 1654/1996.

Quando o mito se dissemina de tal forma, é possível que alguém compare as estatísticas da criminalidade antes e após a adoção dessas medidas e tenha a ousadia de dizer que elas estão surtindo efeito caso os dados mostrem alguma redução. Ou pior ainda: que os dados aumentem e alguém diga: "Imagine se não tivéssemos proibido os games violentos? Seria muito pior." Mas é preciso ter consciência de que afirmações como

VIDEOGAME E VIOLÊNCIA

essas são despropositadas. Não só porque não há forma de determinar se a proibição interferiu ou não na subjetividade das pessoas e se elas efetivamente deixaram de jogar os games proibidos, como pelo fato de as estatísticas refletirem as ocorrências policiais e não o número de crimes que de fato aconteceram, algo que não se pode saber de modo nenhum. Em síntese, este é o significado do conceito de *cifra negra* para a Criminologia. Existe uma diferença gigantesca entre o que efetivamente ocorre e o que chega ao conhecimento da autoridade policial, quem dirá no que eventualmente acaba produzindo uma condenação.[98]

Com isso posso encerrar a segunda etapa da nossa jornada. Já avançamos bastante no tema. Na próxima Fase, deslocarei a questão para as temáticas da criminalidade e da guerra, tanto a partir dos games que contemplam esses universos quanto da relação de causa e efeito suscitada pela grande mídia, que conectou inúmeras vezes videogame e violência quando ocorreram fatos que permitiram essa associação criminalizante.

NOTAS

1. Jerald J. Block, 2007.
2. Greg Toppo. Em: <http://usatoday30.usatoday.com/news/nation/2009-04-13-
-columbine-myths_N.htm>.
3. *Ibidem.*
4. Lynn Bartels e Carla Crowder. Em: <http://denver.rockymountainnews.com/
shooting/0822fata1.shtml>.
5. Lauren Gonzalez, op. cit.
6. Eugenio Raúl Zaffaroni, 2001, p. 132.
7. Ciro Marcondes Filho, 1989, p. 15.
8. Victor E. Kappeler *et al.*, 2000.
9. Erving Goffman, 1988.
10. Stanley Cohen, 2010, p. 37.
11. *Ibidem*, pp. 37-39.
12. *Ibidem*, pp. 39-44.
13. *Ibidem*, p. 45.

14. *Ibidem*, pp. 46-47.
15. *Ibidem*, pp. 46-47.
16. Xerife do condado de Jefferson, Colorado. Em: <http://edition.cnn.com/SPECIALS/2000/columbine.cd/Pages/MAFIA_TEXT.htm>.
17. Alessandro Baratta, 1999, p. 73.
18. Gresham Sykes e David Matza, 1957; Edwin Sutherland e David Cressey, 1978, p. 41.
19. Sérgio Salomão Shecaira, 2008, p. 246. (Grifos meus.)
20. Jeff Ferrell e Clinton R. Sanders, 1995, pp. 3-24.
21. *Ibidem*.
22. Jeff Ferrell, Cultural criminology, 1999, p. 409.
23. Craig Ferguson, s./d., p. 58.
24. Paul Keegan. *In*: Laura K. Egendorf (org.), 2002, p. 16.
25. *Ibidem*.
26. Lawrence Kutner e Cheryl K. Olson, 2008, cap. 3, p. 7.
27. Paul Keegan. *In*: Laura K. Egendorf (org.), 2002.
28. *Ibidem*, p. 16.
29. Stanley Cohen, 2010, p. 59.
30. *Ibidem*, pp. 59-68.
31. Vincent Lopez. Em: <http://www.ign.com/articles/1999/07/01/retail-cards-kingpin>.
32. Bo Emerson. Em: <http://news.google.com/newspapers?nid=1309&dat=19990721&id=DvdOAAAAIBAJ&sjid=qBQEAAAAIBAJ&pg=5768,2002603>.
33. Paul Keegan. *In*: Laura K. Egendorf (org.), 2002, p. 16.
34. Mary Kurek. Em: <http://newsletter.igda.org/2011/08/23/soldier-of-fortune%E2%80%99s-journey-into-censorship>.
35. Karen Auge. Em: <http://extras.denverpost.com/news/col0420f.htm>.
36. Mary Kurek, *op. cit.*
37. Steven Kent. Em: <http://usatoday30.usatoday.com/life/cyber/tech/review/games/2001/12/20/game-glorifies-crime.htm>.
38. Lauren Gonzalez, *op. cit.*
39. Lauren Gonzalez, *op. cit.*
40. Gavin Steacy. Em: <http://www.tomsguide.com/us/german-censorship-violent-games,news-3654.html>.
41. *Snopes*. Em: <http://www.snopes.com/horrors/madmen/doom.asp>.
42. Katy Human. Em: <http://www.denverpost.com/headlines/ci_6300370>.
43. Christopher J. Ferguson, 2008, p. 28.
44. *Serviço Secreto Americano e Departamento de Educação dos Estados Unidos*. Em: <http://www.secretservice.gov/ntac/ssi_final_report.pdf>.
45. Federal Bureau of Investigators. Em: <http://www.fbi.gov/publications/school/school2.pdf>.

VIDEOGAME E VIOLÊNCIA

46. Ver nota 43.
47. *Ibidem.*
48. *Serviço Secreto Americano e Departamento de Educação dos Estados Unidos.* Em: <http://www.secretservice.gov/ntac/ssi_final_report.pdf>.
49. Christopher J. Ferguson, 2008, p. 29.
50. *Ibidem.*
51. Katy Human. Em: <http://www.denverpost.com/headlines/ci_6300370>.
52. *Destructoid.* Em: <http://www.destructoid.com/destructoid-interview-jerald--block-md-on-videogames-and-columbine-36153.phtml>.
53. *Ibidem.*
54. Jerald J. Block, 2007.
55. *Ibidem.*
56. Rober Cover, 2006.
57. Rachel Becker. Em: <http://www.theverge.com/2016/8/30/12715848/new-york--post-internet-texting-addiction-irresponsible-hysteria>.
58. Mike Nizza. Em: <http://thelede.blogs.nytimes.com/2007/07/05/tieing-columbine--to-video-games/?_php=true&_type=blogs&_r=0>.
59. Mark Ward. Em: http://news.bbc.co.uk/2/hi/science/nature/1295920.stm>.
60. *The Guardian.* Em: <http://www.theguardian.com/technology/2001/apr/24/internetnews1>.
61. Mindy Sink. Em: <http://www.nytimes.com/2002/03/06/us/national-briefing-rockies-colorado-columbine-lawsuit-dismissed.html>.
62. *Associated Press.* Em: <http://www.firstamendmentcenter.org/columbine-lawsuit--against-makers-of-video-games-movies-thrown-out>.
63. Steve Gibson. Em: <http://www.shacknews.com/article/19017/columbine-lawsuit--dismissed>.
64. *Associated Press, op. cit.*
65. *CBS News.* Em: <http://www.cbsnews.com/news/most-columbine-lawsuits--dismissed/>.
66. *The New York Times.* Em: <http://www.nytimes.com/1999/04/13/us/media--companies-are-sued-in-kentucky-shooting.html>.
67. William Glaberson. Em: <http://www.nytimes.com/2000/08/04/us/finding-futility-in-trying-to-lay-blame-in killings.html?ref=michaelcarneal&pagewanted=1>.
68. *Idem.* Em: <http://articles.chicagotribune.com/2000-08-04/news/0008040189_1_school-rampage-school-shooting-heath-high-school>.
69. *Idem.* Em: <http://www.nytimes.com/2000/07/25/us/when-grief-wanted-a-hero-truth-didn-t-get-in-the-way.html>.
70. Julie Grace. Em: <http://content.time.com/time/magazine/article/0,9171,987528,00.html>.

71. William Glaberson, 4/8/2000a, *op. cit.*
72. Catherine Sellgman. Em: <http://news.google.com/newspapers?nid=336&dat=19990423&id=q6YpAAAAIBAJ&sjid=D-wDAAAAIBAJ&pg=6633,3702059>.
73. James Drew. Em: <http://www.toledoblade.com/frontpage/2004/11/21/Ohio--sniper-case-may-put-video-games-on-trial.html>.
74. Mike Males. Em: <https://news.google.com/newspapers?nid=1454&dat=20000-619&id=bKwsAAAAIBAJ&sjid=xB4EAAAAIBAJ&pg=3701,1732948&hl=pt-BR>.
75. *Cambridge News.* Em: <http://www.cambridge-news.co.uk/Cambridge-music--shop-targeted-drunken-men-dressed/story-25974154-detail/story.html>.
76. *First Amendment Center.* Em: <http://www.firstamendmentcenter.org/connecticut-woman-sues-video-game-maker-after-sons-death>.
77. *Ibidem.*
78. *Ibidem.*
79. *Ibidem.*
80. *Ibidem.*
81. *Veja.* Em: <http://veja.abril.com.br/blog/acervo-digital/em-dia/em-1999-mateus--meira-e-o-massacre-que-chocou-o-brasil/>.
82. *Folha de S.Paulo.* Em: <http://www1.folha.uol.com.br/fol/geral/ult16121999199.htm>.
83. *Ibidem.*
84. *Ibidem.*
85. Ação Civil Pública de nº 1999.38.00.037967-8.
86. Salah H. Khaled Jr., 2016a.
87. Apelação Cível nº 1999.38.00.037967-8/MG.
88. *Folha de S.Paulo.* Em: <http://www1.folha.uol.com.br/folha/cotidiano/ult95u95220.shtml>.
89. Carlos Ferreira. Em: <http://www1.folha.uol.com.br/folha/cotidiano/ult95u95219.shtml>.
90. *Folha de S.Paulo.* Em: <http://www1.folha.uol.com.br/cotidiano/2009/05/569437--atirador-do-shopping-tenta-matar-colega-de-cela-em-salvador-ba-diz-secretaria.shtml>.
91. Paulo Sampaio. Em: <http://glamurama.uol.com.br/15-anos-depois-ninguem--esquece-mateus-da-costa-meira-o-franco-atirador-do-cinema/>.
92. Ulrich Beck, 2002.
93. Ruth M. Chittó Gauer. *In:* Gabriel J. Chitto Gauer e Ruth M. Chittó Gauer (orgs.), 2008. p. 13.
94. *FGV CTS.* Em: <http://bibliotecadigital.fgv.br/dspace/bitstream/handle/10438/7774/Classificacao-indicativa-CTS.pdf>.

VIDEOGAME E VIOLÊNCIA

95. Câmara dos Deputados. Em: <http://www.camara.gov.br/proposicoesWeb/ficha detramitacao?idProposicao=17037>.
96. *ZDNET.* Em: <http://www.zdnet.com/article/honduras-votes-to-ban-violent--video-games/>.
97. *UOL.* Em: <http://jogos.uol.com.br/ultnot/multi/2009/11/04/ult530u7366.jhtm>.
98. Francisco Muñoz Conde e Winfried Hassemer, 2008.

Fase 3. A mercantilização do crime e a virtualidade real da guerra: matéria-prima para a circularidade cultural do pânico moral?

O crime como mercadoria e o marketing da transgressão: o pânico moral adquire uma nova dimensão

Chegamos a uma Fase decisiva desta obra. Na primeira etapa desta Fase, a análise estará centrada na retratação do universo do crime nos games, particularmente na série *GTA*. O leitor perceberá que os games que exploram narrativas no âmbito do crime suscitam questões muito diferentes das que foram discutidas até aqui.

No contexto de uma cultura do consumo, a imagem é tudo: as identidades das pessoas são construídas com base no que elas consomem. Não se trata mais de "penso, logo existo", mas de "consumo, logo existo". Fenwick e Hayward apontam que a existência diária é em grande medida dominada pelo triunvirato penetrante da propaganda, da estilização da vida diária e do consumo de massa. Uma vez estabelecida uma cultura de consumo, tudo pode se tornar mercadoria: o crime pode se tornar uma opção do consumidor. Com isso, a transgressão passa a ser uma atividade de lazer, como fazer compras, ir ao cinema ou assistir a esportes. O que chama atenção neste aspecto é a maneira com que corporações cada vez mais se utilizam de imagens do crime como forma de vender produtos: surge uma experiência estética do crime. Basta pensar em filmes que glamourizam a criminalidade, como *Pulp fiction*, *Cães de aluguel* e *Assassinos por natureza*.[1] Nesse sentido, dois pontos inicialmente merecem atenção: a mercantilização do crime e a nova dinâmica do pânico moral.

De modo breve e suficiente para os propósitos deste estudo, a mercantilização pode ser definida como transformação de bens ou serviços, assim como de ideias ou entidades que normalmente não seriam bens, em mercadorias. Nesse sentido, Ferrell, Hayward e Young retratam o processo que chamam de mercantilização do crime e marketing da transgressão.

A proposta dos autores consiste na consideração de que o crime (enquanto atitude, conduta e estética) foi incorporado em inúmeras instâncias e transformado em mercadoria e artifício de sedução como propaganda. Presdee aponta que o crime e a violência foram mercantilizados e, desse modo, tornaram-se desejados como objeto de consumo que é distribuído por meio de várias mídias para o prazer do público.[2]

O detalhe é que esse é um movimento abrangente, que abarca inúmeras formas de mídia e publicidade e que, obviamente, não se restringe aos jogos eletrônicos, que chegaram atrasados no processo de ressignificação cultural da questão criminal. O movimento é perceptível principalmente a partir da década de 1990, o que coincide com o surgimento da série *GTA*.

O desafio aqui proposto consiste em pensar as narrativas transgressoras no universo dos games sob essa perspectiva, o que permite produzir uma banalização do seu aspecto controverso: as imagens da criminalidade na série *GTA* apenas refletem uma tendência cultural ampla e facilmente perceptível nos mundos multimediados da contemporaneidade.

Também é preciso atentar para um fato: os pânicos morais se desenvolvem de forma muito mais complexa hoje em dia do que quando

VIDEOGAME E VIOLÊNCIA

Stanley Cohen elaborou o conceito, na década de 1970.[3] No que se refere aos games, essa dinâmica é suficientemente distinta para justificar seu reconhecimento como um novo ciclo, o que não elimina por completo a existência dos anteriores. Os ciclos do pânico moral se sobrepõem e em boa medida convivem. Não é como se uma nova modalidade de pânico eliminasse totalmente as variantes anteriores.

Por outro lado, existem significativas mudanças de intensidade. A ampliação gigantesca da mídia de massa e o advento e a difusão da internet e, com ela, das redes sociais, dos blogs e das mídias alternativas de comunicação social, modificaram sensivelmente o cenário de circulação e produção de pânicos, revelando novas facetas e nuances de complexidade. Também é preciso levar em conta o surgimento de esferas de resistência subcultural, que alcançaram um poder de fala que anteriormente era inimaginável para os grupos satanizados como bodes expiatórios. E tudo isso circula dentro de uma sociedade de consumo que transforma tudo em produto, até a própria criminalidade.

Ferrell, Hayward e Young percebem que imagens indutoras de pânico centradas no crime e no desvio são agora ferramentas de marketing para a venda de produtos. De certo modo, isso não é algo inteiramente novo: já existia uma audiência sedenta por crime no século XX.[4] No Brasil, como no restante do mundo, o fenômeno é visível: basta pensar na gigantesca proliferação de jornais e programas de televisão dedicados ao crime, na maioria das vezes com abordagens explicitamente sensacionalistas. O que mudou foi a força e o alcance da mensagem ilícita mediada, bem como a rapidez com que ela reverbera. O crime e a transgressão são embalados e promovidos como elegantes símbolos culturais: a transgressão emerge como uma desejável decisão do consumidor. Dentro da cultura de consumo, o crime se torna uma estética, um estilo e uma moda, o que faz com que a distinção entre representações da criminalidade e a perseguição de excitação estilizada fique cada vez mais borrada.[5]

Pode ser percebido que a transgressão violenta emerge no final do século XX em áreas mais estabelecidas (*mainstream*) da produção cultural voltada para o consumo.[6] O processo pode ser identificado nos mais diferentes campos. Um estudo relativamente restrito indicou que entre 1996 e 1997 houve um aumento de 100% no conteúdo violento de anúncios veiculados em redes de televisão. Os autores apontam que anúncios de aparelho de som para carros empregavam imagens de tumultos urbanos, direção descuidada, esportes extremos e piromania, enquanto outras campanhas na grande mídia começaram a retratar vandalismo, referências a drogas e rebelião política. Já faz bastante tempo que a indústria da propaganda depende de sexualidade e de estereótipos patriarcais de gênero para vender produtos, mas as mulheres são agora retratadas como vítimas ou cúmplices passivas de crimes. Recentemente, a marca italiana Dolce & Gabbana foi forçada a retirar anúncios de jornal após manifestações públicas contra seu conteúdo violento e sexista. Na Espanha, um anúncio mostrando uma mulher mantida presa ao chão por um homem seminu foi condenado por representantes do Ministério do Trabalho como ofensa à dignidade da mulher e incitação à violência sexual. Na Inglaterra, outro anúncio da marca foi banido: nele apareciam mulheres ensanguentadas com facas.[7]

Os autores apontam que esses anúncios não "causam" violência no sentido defendido pelos simpatizantes das teorias de causação, mas banalizam (ou normalizam culturalmente) a ideia de que as mulheres são vítimas em potencial. Isso mostra que as corporações estão dispostas a retratar as mulheres como passivos receptáculos de violência transgressora.[8]

Por outro lado, narrativas de cunho policial ganharam enorme espaço, seja como ficção ou em inúmeros *reality shows*.[9] Nestes casos, o crime não é apenas embalagem: é vendido como mercadoria. Torna-se produto de consumo de grande visibilidade. Salo de Carvalho aponta que "a capturação do crime e do desvio pelo mercado e a sua transformação em produto consumível geram fenômenos de estetização, estilização, glamourização e fetichização, potencializando as representações e densificando, na cultura, simbologias, normalmente moralizadoras, sobre a questão criminal".[10]

O leitor deve estar se perguntando: mas e quando a representação estetizada do crime é potencialmente ofensiva para os gestores da moral? E quando ela é facilmente rotulada como imoral?

VIDEOGAME E VIOLÊNCIA

Presdee aponta que a busca por prazer dentro da cultura de consumo representa um contínuo problema para legisladores e reformadores morais que pretendem administrar o prazer alheio por meio de leis e mecanismos de controle, definindo alguns desejos e prazeres em particular como desviantes e criminosos.[11]

Na segunda metade da década de 1990, o crime começou a ser retratado de forma proeminente nos games. Hayward e Fenwick (2000) destacam que em anos recentes começaram a surgir jogos, como *Kingpin*, que utilizam atividades criminais como seu elemento central. Eles afirmam que *Carmageddon* e *Grand Theft Auto* também são representantes dessa tendência. Para eles, esses jogos permitem que seja experimentada excitação no mundo virtual por meio de atividades que são, na melhor das hipóteses, questionáveis.[12]

Uma coisa é transformar o crime em produto com o amparo de uma narrativa de justificação estruturada em torno de violência legítima (ou tida como legítima): é o que encontramos em *CSI*, *Law and Order*, *World's Wildest Police Videos*, *Police Camera Action*, *COPS*, *Serve and Protect*, *Cops with Cameras*, *LAPD: Life on the Street* e muitos outros. Em 1983, Baudrillard já havia percebido que o crime estava sendo embalado como entretenimento televisivo. Outra coisa é glamourizar e estetizar o desvio, o que definitivamente chama muito mais atenção: em *GTA III*, *GTA IV* e *GTA V*, o crime é transformado em produto interativo desprovido de contexto moral de justificação e retratado sob a perspectiva de um criminoso estetizado como anti-herói, que protagoniza uma ácida narrativa de sátira social.

No âmbito da crítica cultural existe uma tradição muito forte que analisa a dinâmica contemporânea de mercantilização de maneira bastante negativa. Não desprezo a relevância dessas discussões, mas gostaria de propor uma abordagem diferente aqui. Dentro da cultura de consumo, o crime pode ser uma experiência estética excitante e radical: o oposto do tédio regrado da vida cotidiana e da submissão a inúmeros controles, sejam eles legais (normas jurídicas), laborais (controle do tempo e produtividade), institucionais (ambientes escolares etc.), financeiros (contas) ou tributários (impostos). O apelo das narrativas virtuais de criminalidade consiste na libertação, ainda que passageira, de todos os limites coercitivos da vida diária. É claro que essa "libertação" em certo sentido conforma uma ilusão: no plano concreto, a realidade do controle social permanece. Mas a interatividade transgressora provoca uma ruptura com o tédio que caracteriza a vida contemporânea. E o mais importante: sem a perda de controle e a possibilidade de sanção. Presdee afirma que podemos consumir o crime como mercadoria sem ter que pagar o custo, enquanto experimentamos a excitação e as emoções de ódio, fúria e amor que o crime contém.[13] Discutirei essas questões de forma aprofundada no próximo ponto desta Fase.

Com certeza *Grand Theft Auto* é um produto cultural que desde o princípio parecia destinado a se tornar um verdadeiro receptáculo de pânico moral. Mas há algo decididamente novo em cena: embora em outras oportunidades jogos como *Death Race* e *Mortal Kombat* possam ter sido beneficiados pelas campanhas lançadas contra eles por empreendedores morais, as produtoras não projetaram os jogos, ou algumas passagens deles, pelo menos, com a intenção de acionar os gatilhos do pânico moral. Já estúdios como a Rockstar, Infinity Ward e Treyarch se tornaram mestres na exploração do pânico gerado por suas criações e muitas vezes o estimularam propositalmente. Veremos esses episódios complexos de pânico moral nesta Fase. Não é propriamente uma crítica: trata-se de um elemento muito difundido na atual cultura de consumo e se equivoca quem pensa que essa é uma realidade inexistente em outras indústrias que gestam produtos culturais.

Na metade da década de 1990, McRobbie e Thornton rediscutiram a dinâmica do pânico moral e perceberam que a expressão passou a ser um termo regularmente utilizado por jornalistas para designar um processo que políticos, publicitários e a própria grande mídia incitam propositalmente. A instigação de pânico passou a ser um meio rotineiro de fazer com que produtos culturais se tornem mais atraentes para os consumidores: ele é provocado intencionalmente para promover vendas em mercados específicos. Corporações manufaturam pânico moral de forma deliberada para benefício de seus próprios objetivos financeiros.[14]

McRobbie e Thornton apontam que "o pessoal de marketing da indústria cultural compreende que para certos produtos como discos, revistas, filmes e jogos de computador, nada poderia ser melhor para as vendas

VIDEOGAME E VIOLÊNCIA

do que um pouco de controvérsia – a ameaça de censura, a sugestão de escândalo sexual ou de atividade subversiva. A lógica promocional é dupla: primeiro, o bem cultural receberá muita publicidade, ainda que negativa, uma vez que suas associações com o pânico moral se tornarem noticiáveis; segundo, porque não alienará a todos, será especialmente atraente para um grupo de consumidores que veem a si próprios como alternativos, radicais, rebeldes ou simplesmente jovens".[15]

Os estudos de Cohen mostraram que o pânico moral servia aos interesses dominantes, orquestrando consenso por meio de uma intervenção no espaço público e na consciência social com uma linguagem retórica emocionante, que tinha o efeito de "algo deve ser feito em relação a isso": o público era praticamente uma "audiência facilmente manipulável". Nesse sentido, com a análise de *Death Race* vimos como um problema social foi inventado e um esquema interpretativo construído para ele. Mas aqui deparamos com algo distinto. O pânico é percebido como desejável pelos próprios criadores de um produto cultural, já que sua criminalização cultural perante a sociedade em sentido amplo pode significar exatamente o oposto para seu público-alvo, gerando vínculos de solidariedade e resistência à opressão. Pode ser dito até que a desaprovação da retratação do universo dos games na grande mídia é um elemento de construção da identidade da própria subcultura gamer e de sua mídia especializada: faz parte de uma atitude de resistência e oposição contra o "sistema".

Em uma matéria publicada em 2012 no *Sunday Times*, David Jones e Mike Dailly, os criadores do primeiro jogo da série *GTA*, revelaram que o publicitário Max Clifford foi essencial para o lançamento impactante da série, em 1997. O estúdio era conhecido na época como DMA Design (só em 1999 mudaram o nome para Rockstar). Dailly detalhou que o pânico moral foi orquestrado por Clifford: "Ele garantiu o envolvimento da grande mídia... e fez de tudo para que o interesse se mantivesse alto." O publicitário já era notório na época por ser capaz de provocar (e até mesmo ajustar) respostas da grande mídia e dos políticos. Jones descreve uma estratégia similar com *Grand Theft Auto*: histórias foram plantadas em tabloides para provocar reações indignadas das autoridades. O plano era suficientemente minucioso para elencar veículos de comunicação e políticos específicos. Afinal, qualquer cobertura ainda é cobertura, e graças a Clifford ela veio inteiramente de graça. "Ele nos avisou sobre como orquestraria a reação, quem seria alvo e como reagiriam. Cada palavra do que ele disse aconteceu", relataram Jones e Dailly. Os designers sustentam que o jogo não foi propositalmente produzido com intenção de provocar polêmica, ainda que admitam que perceberam uma lacuna no mercado e dispararam na direção dela: "Nunca tentamos provocar controvérsia deliberadamente [...] sempre fizemos tudo com a perspectiva do que seria mais divertido e isso naturalmente nos conduziu em uma direção cada vez mais sinistra."[16]

O título da matéria reflete exatamente o que apresentei com o conceito de mercantilização: "como o crime foi criado para gerar lucros" é a tradução que me parece mais apropriada. Talvez Jones e Dailly estejam sendo sinceros. Mas como veremos, tanto os designers de versões posteriores de *Grand Theft Auto* quanto os estúdios responsáveis por *Call of Duty* projetaram cenas intencionalmente para gerar controvérsia.

Tudo isso mostra que os discursos de pânico moral sobre os efeitos nocivos dos games passaram a significar muitas coisas para muitas pessoas. Formaram um caleidoscópio de interesses conflitantes que gravitam em torno do tema e muitas vezes configuram agendas diametralmente opostas, mas simultaneamente satisfeitas.

Ninguém na indústria jamais admitiria que os games têm efeitos nocivos no sentido de causação: contra esse argumento, nenhuma trégua jamais será pactuada e contra ele serão movidos todos os mecanismos de resistência que a subcultura gamer é capaz de articular. Mas em alguns casos a condenação do conteúdo de um game pelos moralistas de plantão não é apenas esperada: os jogos são desenvolvidos contando com ela.

Como pudemos observar, não é raro que a controvérsia atenda interesses das produtoras de games: na imensa maioria das vezes, se o jogo tem qualidade suficiente, a publicidade gratuita favorece seu desempenho no mercado. Muitos desenvolvedores perceberam isso e passaram a provocar polêmica de maneira deliberada, como veremos nesta Fase. Eles se sentem suficientemente seguros com os limites legais que o processo de criminalização cultural pode alcançar para ter qualquer medo de

VIDEOGAME E VIOLÊNCIA

arriscar. Não só abastecem a polêmica como se alimentam dela. Sob esse aspecto, o pânico moral pode ser pensado como estratégia de marketing: a concretização do pânico não é algo apenas previsível, mas uma aposta que pode render e muito. E nada pode ser mais fácil: a história mostra que o peixe inevitavelmente morderá a isca que lhe é ofertada.

Nada poderia estar mais distante da imagem de um frágil menino que sofre *bullying* de seu colega valentão. Block argumenta que muitas empresas deliberadamente colocam conteúdo polêmico nos games em busca de publicidade gratuita e construção de vínculos subjetivos de "lealdade" com gamers que se opõem à sociedade repressiva. Claro que muitas vezes as próprias empresas saem chamuscadas com o emprego desse tipo de estratégia de marketing, mas algumas claramente as utilizam, como a Rockstar, responsável pela série *GTA*.[17]

McRobbie e Thornton constatam que é equivocado perceber a sociedade e as reações sociais como algo coeso: é preciso levar em conta a pluralidade de reações e interesses, cada um com diferentes características, efetividades e modos de discurso.[18] Nesse sentido, para ativistas, políticos, cientistas e jornalistas, a condenação moral e a controvérsia sobre os efeitos nocivos dos games também ajuda a vender um produto, ainda que de uma espécie diferente: visibilidade; votos; prestígio acadêmico, verbas e espaço na grande mídia; venda de jornais e interesses de patrocinadores são algumas das expectativas facilmente identificáveis. Advogados podem até utilizar tais argumentos como táticas de defesa no processo. O leitor encontrará várias situações dessa espécie relatadas no livro. A circularidade cultural entre produtores, distribuidores, consumidores e outros atores sociais atingiu um nível enorme de complexidade na cultura de consumo contemporânea, ressignificando o sentido – e a utilidade dos pânicos.

Por outro lado, McRobbie e Thornton ajudam a perceber que a gestação foi lenta, mas que a subcultura gamer produziu seus próprios grupos de pressão: "Um dos principais objetivos dos grupos de pressão é a intervenção oportuna em relevantes pânicos morais – ser capaz de responder instantaneamente à demonização do grupo que representam e fornecer informações e análises capazes de rebater a representação satanizante. A eficácia desses grupos no relacionamento com a mídia e no fornecimento de 'frases de efeito' bastante profissionais faz deles um recurso muito valioso para uma maquinaria midiática que trabalha com prazos apertados e orçamentos cada vez menores. Eles permitem que a grande mídia seja percebida como zelosa e 'fazendo o seu trabalho' contemplando os diferentes pontos de vista em suas reportagens. Ao mesmo tempo, mostra que 'bodes expiatórios' podem contra-atacar."[19]

As autoras falam em uma verdadeira imprensa subcultural.[20]

O paralelo com a imprensa especializada em games é óbvio. Sob essa ótica, o empoderamento dos "bodes expiatórios" é importante para que eles ou seus representantes consigam desafiar os ciclos de sanção e controle social. Com isso, são asseguradas condições para contestar o que são percebidos pelos grupos criminalizados como estereótipos e equívocos populares.[21]

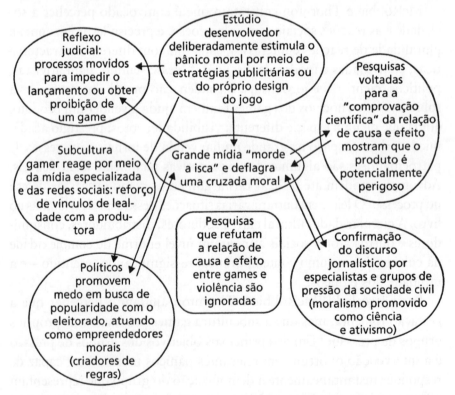

Figura 3.1 O pânico moral desencadeado propositalmente e sua dinâmica posterior.

VIDEOGAME E VIOLÊNCIA

Esclarecidos esses pontos iniciais, podemos avançar. Chegou a hora de retornar ao universo do crime – brevemente retratado na Fase 1 – e problematizar algumas questões que circulam em torno do que é provavelmente o jogo mais emblemático para a discussão proposta neste livro.

GRAND THEFT AUTO: *A LIBERDADE E A RUPTURA COM O TÉDIO DA VIDA CONTEMPORÂNEA*

Neste trecho eu gostaria de explorar as possíveis interações entre os mundos virtuais de *Grand Theft Auto* e o desejo de rompimento com o tédio da vida contemporânea. Sem ter aqui a pretensão de produzir resultados incontestáveis, ou seja, uma *verdade* acabada sobre o tema, penso que essa conexão produz uma discussão no mínimo muito interessante e que pode ser eventualmente ampliada em uma obra específica. Mas antes de dar início à problematização mais densa, o protocolo manda que o suspeito seja identificado. Levantem as cortinas para a entrada triunfal da série mais controversa da história do videogame.

Lock 'n' Chase, Bonanza Bros. e *Kingpin: Life of Crime* foram pioneiros. Testaram as fronteiras morais dos games e colocaram o jogador no papel de criminoso. Mas foram apenas degustações. O banquete ainda estava por vir. Nenhum título personifica de forma tão contundente a polêmica relação entre videogame, criminalidade e violência como *Grand Theft Auto*. Desde sua primeira aparição, em 1997, a série esteve envolvida em inúmeras controvérsias e em processos judiciais e foi relacionada diretamente a várias condutas criminais, tanto pela grande mídia quanto por ativistas que atuam como empreendedores morais.

Nos dois primeiros jogos da série os gráficos eram rudimentares, mas já era possível espalhar caos pelas cidades retratadas no game, que entrega ao jogador o poder de matar policiais e transeuntes, bem como de roubar carros e bancos. O personagem não começa o game com um carro, de modo que imediatamente o jogador deve roubar um, daí o porquê do nome *Grand Theft Auto*, expressão que designa a conduta de roubo ou tentativa de roubo de veículos motorizados em inglês. *GTA* é estruturado em torno de missões em que o jogador deve conduzir prostitutas pela cidade, fugir de policiais, traficar drogas e agenciar filmes pornôs, além, é claro, de matar muita gente. A imensa maioria das missões que o jogador desempenha envolve atividades criminosas desenvolvidas em grandes mapas urbanos que muitas vezes trazem retratações estilizadas de cidades reais. As situações e as escolhas que o jogador enfrenta são condizentes com um protagonista inserido em uma narrativa que reflete o universo da criminalidade sob a ótica da transgressão. A série retrata conflitos e dilemas que desafiam as mais básicas convenções sociais: não há praticamente nada de moralizador nela, pelo contrário. É decididamente ofensiva para gestores da moral que são reacionários culturais e que já desaprovariam o conteúdo de qualquer forma, o que se agrava ainda mais em razão das habituais associações entre games e efeitos nocivos para crianças e adolescentes.

Se já havia desconforto com os primeiros jogos da série, com o tempo ele só fez aumentar, até porque *GTA* explicitamente abre mão de qualquer narrativa de legitimação: a violência é ilegítima por definição, ainda que os protagonistas se comportem muitas vezes como anti-heróis e não como criminosos. A série gerou uma legião de imitadores, sem que qualquer um até hoje tenha conseguido se aproximar remotamente da qualidade do original.

Com o primeiro jogo da série e a campanha indutora de pânico lançada pelo publicitário Max Clifford, o processo de mercantilização do crime chegava aos games, inaugurando um novo campo de batalha no qual se confrontariam – e ainda se confrontam – inúmeros atores sociais que o leitor já teve a oportunidade de conhecer. Mas em nenhuma outra mídia o confronto foi e permanece sendo tão intenso e noticiável, como relatarei nesta Fase.

O segundo jogo da série *GTA* também alcançou sucesso, reproduzindo a mesma fórmula do original, sem alterar substancialmente cenários e objetivos, apesar do ambiente futurista. Os gráficos simples ainda não eram suficientes para provocar reações mais fortes de indignação. Diante do que poderia ser encontrado na época, faltavam requinte e sofisticação

VIDEOGAME E VIOLÊNCIA

gráfica à franquia: ela se apoiava basicamente nas possibilidades transgressoras que a jogabilidade entregava ao gamer. Mas isso não durou muito tempo. Logo a série experimentou uma revolução que comportou duas dimensões: gráfica e narrativa.

Foi com o lançamento de *Grand Theft Auto III*, em 2001, que a franquia atingiu o topo do mercado, posição que ocupa até hoje e que foi reafirmada com o lançamento de *Grand Theft Auto V*, cujo orçamento ultrapassou os duzentos milhões de dólares, superior ao de *Avatar*, a maior bilheteria da história do cinema. A série já vendeu mais de 135 milhões de cópias.[22] Números atualizados mostram que mais de 220 milhões de cópias foram distribuídas para lojistas.[23]

Ancorado em jogabilidade inovadora e na mudança dos gráficos para 3D, *Grand Theft Auto III* é tido reconhecidamente como revolucionário e não pode ser acusado de dever seu sucesso à polêmica em torno de seu índice de violência, apesar de ela certamente ter ajudado a tornar o jogo mundialmente famoso. A transposição das premissas da série para uma jogabilidade em terceira pessoa fez com que um novo gênero de games nascesse: os chamados *open world games* (jogos de mapa aberto). Embora alguns críticos de revistas especializadas tenham demonstrado desconforto diante das possibilidades que *Grand Theft Auto III* trazia, o título foi universalmente aclamado como um grande jogo, especialmente nas versões para consoles de videogame. O motivo era simples: assim como *Doom*, *Grand Theft Auto III* é reconhecidamente um dos jogos mais inovadores da história dos games. O roteiro é estruturado em torno de um criminoso traído pela namorada e de suas relações com a Máfia, a Yakuza e o Cartel. É uma jornada profunda no mundo do crime, que inclui raptos, assassinatos, roubos e muito mais.

O sucesso do jogo foi instantâneo. E com o sucesso vieram também intermináveis controvérsias, que acompanham a trajetória da série desde então. Não é surpreendente que um jogo como *Grand Theft Auto* tenha imediatamente entrado nas listas de inúmeras organizações preocupadas com o conteúdo violento dos games, juntando-se a *Doom*, *Duke Nukem 3D*, *Quake*, *Mortal Kombat* e tantos outros.

No entanto, existe uma diferença significativa: a franquia tem muito mais densidade do que uma análise superficial pode revelar. Segundo Keza Macdonald, do site IGN, embora para muitas pessoas a série represente uma inaceitável inversão de valores, também pode ser interpretada como sátira, o que fica evidente em *Grand Theft Auto IV*, por exemplo, cujo alvo é o "sonho americano", ou em *Grand Theft Auto V*, que faz da realidade contemporânea dos Estados Unidos objeto de profunda ironia.[24] As opiniões favoráveis não foram emitidas somente pela imprensa especializada. Para Kiri Miller, professora assistente da Brown University, "jogadores de *GTA* pensam e se comportam como turistas e etnógrafos enquanto exploram e interpretam seu mundo virtual, colaborando com os designers na construção de narrativas que retratam a vida urbana americana e a grande mídia".[25]

Os dois últimos jogos da série apresentam roteiros complexos e falas de atores profissionais. Ainda que possa haver objeção moral ao conteúdo, a temática é adulta e não se diferencia substancialmente de filmes como *Poderoso chefão* e *Scarface*, que trazem histórias que abordam o mundo do crime sob a perspectiva de criminosos. *Grand Theft Auto IV* e *Grand Theft Auto V* são jogos produzidos para o público adulto e classificados de acordo com a faixa etária indicada. Logicamente não são adequados para crianças e a utilização por adolescentes deve ser submetida ao juízo zeloso dos pais.

Quem realmente jogou os games da série sem deixar que preconceitos morais interferissem em sua apreciação dificilmente chegou a conclusões distintas: embora não se possa de modo nenhum dizer que o nível de sofisticação narrativa de um romance foi atingido, afinal não é seu propósito, existe uma crítica social relevante subjacente à história dos últimos jogos da franquia. No entanto, pode ser argumentado que esse elemento reforça ainda mais a reprovação feita ao jogo: sua conotação política obviamente desagrada muitas pessoas, particularmente as de índole mais conservadora, já que ele não tem nada de moralizante.

Mas qual seria a contribuição decisiva e inovadora que *Grand Theft Auto* trouxe em relação a todos os jogos que o precederam? Com certeza

VIDEOGAME E VIOLÊNCIA

não é a sofisticação do roteiro. Embora mereça respeito sob esse aspecto, provavelmente não é o melhor jogo neste quesito, embora isso dependa em grande medida das preferências do gamer em questão. Gonzalo Frasca conduziu uma extensiva pesquisa com seus amigos e pediu que eles identificassem uma palavra que descrevesse *Grand Theft Auto* da melhor forma. Como não poderia deixar de ser, a palavra escolhida não foi violência: foi liberdade.[26]

De fato, a sensação de empoderamento que o game entrega ao jogador é praticamente inigualável: uma cidade virtual inteira se transforma em um imenso playground no qual podem ser desempenhadas inúmeras atividades que decididamente contrariam grande parte das mais básicas convenções sociais. Para muitos jogadores, a verdadeira diversão não está na estrutura narrativa do jogo, mas exatamente na liberdade de ação, ou seja, na possibilidade de experimentação e de estabelecimento de uma agenda própria, sem estar preso por um roteiro rígido de sequências obrigatórias. De muitas maneiras a vida já é suficientemente rígida e entediante, como discutirei a seguir. A jogabilidade *open world* de GTA é precisamente o oposto disso.

A expressão entretenimento interativo definitivamente ganhou novo sentido com *Grand Theft Auto III*, embora com certeza não fosse o primeiro jogo a conferir liberdade: Role-Playing Games (RPGs) e simuladores de voo já tinham feito isso muito antes dele, ainda que jamais tenham se aproximado tanto do mundo real nem tenham explorado a possibilidade de transgressão, bem como a excitação e o empoderamento que ela proporciona. Em um mundo dominado pela rotina, uma experiência narrativa interativa como a que o jogo possibilita é absolutamente sedutora. Ela pode satisfazer um anseio claramente identificável na mesmice da vida contemporânea: a busca de excitação e o desejo de rompimento com o tédio. Vamos explorar essa hipótese e ver se ela nos ajuda a compreender o fenômeno que o jogo representa.

Jeff Ferrell escreveu um texto absolutamente fascinante sobre tédio. Ele considerou que sob as condições desumanizadoras da modernidade, o tédio tornou-se parte significativa da experiência de vida cotidiana.

Mas nem todos sucumbem a ele, o que tem produzido momentos ilícitos de excitação e irrupções de rebelião política e cultural. O autor discute as estratégias de grupos progressistas do espaço urbano e aponta que eles criticam os problemas contemporâneos relativos ao extermínio da espontaneidade, à rotinização da vida cotidiana e ao enclausuramento da vida humana nos limites das relações de consumo. Quando o grupo Reclaim the Streets (Reclame as Ruas) bloqueou uma estrada em Londres, uma grande faixa foi estendida apontando para as consequências do tédio forçado: "A sociedade que suprime todas as aventuras produz a abolição da única aventura possível."[27]

Esta é apenas uma de inúmeras manifestações culturais contra o tédio apontadas pelo autor, que menciona também maio de 1968 e os punks, por exemplo. Para ele, em várias dessas pequenas revoluções é evidente a procura de algo além da excitação. Ela é um meio para se chegar a um fim; um fragmento daquilo que emerge como antídoto ao tédio moderno: o envolvimento humano.[28] Ferrell aponta que algumas características da modernidade, como racionalização burocrática, regulação, eficiência, rotinização e padronização conformam uma "paradigmática situação de tédio".[29] Para ele, "quando a obediência a regras externas de regulação racionalizada define o sucesso e até mesmo a moralidade, a mesmice se torna uma virtude, a independência do pensamento, um problema, e os manuais, literatura essencial do cânone moderno [...] as escolas públicas emergem como centros do novo tédio, laboratórios para a sublimação da individualidade em eficiência disciplinar; e para aqueles insuficientemente socializados na nova ordem, o manicômio, a prisão e o centro juvenil são oferecidos como instituições dedicadas ao reforço do tédio".[30]

Presdee aponta que a vida cotidiana é cada vez menos interessante, o que faz com que surja um desejo pela excitação, que é um ingrediente essencial da cultura de consumo.[31] Ele considera que o desenvolvimento do controle científico do tempo como uma forma de disciplina dentro de sistemas voltados para a produção trouxe enormes restrições ao espírito de espontaneidade, criando uma regulação segundo-por-segundo da rotina diária. O fardo da vida cotidiana torna-se cada vez mais insuportável.[32] Em sentido semelhante, Ferrell percebe que vários grupos compartilham de algo em comum: o repúdio ao tédio moderno. "A sociedade que suprime todas as aventuras", que instaura o tédio coletivo na vida cotidiana, parece excluir quem se aventura a abolir este mundo.[33] Ferrell se refere a um conjunto de experiências que podem ser designadas como antitédio, precisamente porque recapturam, ainda que por um instante, a urgência da experiência humana autônoma.[34]

Fenwick e Hayward problematizaram o trabalho de Jack Katz, intitulado "As seduções do crime". O autor discutiu quanto a transgressão é sedutora: a excitação que decorre da transgressão é um elemento central de muitas atividades criminosas. Mas a transgressão não é sedutora somente pela excitação que produz: ela oferece ao indivíduo uma forma de assumir o controle do seu próprio destino, efetivamente "vivendo", apesar da rotina da vida cotidiana. Katz sugere que fazer o mal é algo motivado por uma busca de transcendência moral diante do tédio, da humilhação e até do caos da vida cotidiana.[35] Ele considera que o desvio tem uma autenticidade e um fator de atração que eleva o espírito, excita e purifica, podendo ser definido como uma busca existencial de paixão e excitação.[36] Fenwick e Hayward apontam que o vandalismo ilustra bem o modelo de Katz: se não há nenhum ganho material a ser obtido por esta prática, provavelmente ela deve estar relacionada à excitação de perpetrar um ato ilegal ou à alegria de provocar destruição gratuita.[37] Discutindo especificamente a criminalidade juvenil, Fenwick e Hayward apontam que os indivíduos são seduzidos pelas possibilidades existenciais que as condutas criminais oferecem – pelo prazer da transgressão –, e não necessariamente, ou somente, por benefícios materiais ou práticos.[38]

É claro que, diferentemente de outras atividades, o crime é, ainda que não necessariamente, danoso para outras pessoas. A busca de excitação pode ser egoísta, uma vez que pode causar danos na propriedade alheia ou até mesmo em alguém. Isso sem dúvida distingue o crime de muitas outras formas de conduta social.[39] Por outro lado, observamos no início desta Fase que a cultura de consumo mercantilizou o crime e certamente já pudemos constatar que o processo talvez tenha atingido seu ápice com a possibilidade de experimentar virtualmente a transgressão. Fenwick e Hayward sugerem que o crime foi transformado em mercadoria e é consumido como qualquer outro estilo de vida. O que é consumido é tanto a associação relacionada a condutas criminais quanto um senso de controle, que poderia ser definido como empoderamento.[40] Hayward aponta que tanto a transgressão quanto o consumo da transgressão são sedutores.[41] Não que isso signifique qualquer espécie de relação de causa e efeito entre imagens de violência e crime na cultura de consumo e criminalidade real.[42]

Mas será que o consumo da transgressão – do crime transformado em produto – pode produzir uma excitação comparável à violação da vida regrada em si mesma?

Ferrell destaca que as engrenagens modernas do tédio produziram seus contrapontos e corretivos: um novo mundo de entretenimento cultural controlado e excitações preconcebidas, disponíveis tanto para o operário quanto para o professor.[43] Ele fala em claustrofobia cultural: quem se encontra preso sob as ruínas do tédio moderno encontra pequeno alívio no trabalho ou no consumo; seu tédio se torna mais visceral que tudo, mais insuportável do que tudo.[44] Ou talvez não, não é mesmo?

Creio que o enorme sucesso da série *GTA* consiste precisamente em sua capacidade para combater o tédio por meio da virtualização da transgressão e da excitação que ela oferece. Nesse sentido, ela é incomparável com qualquer outro produto que a cultura de consumo tenha produzido. Penso que isso ajuda a compreender por que o game é tão sedutor, já que ele representa uma janela de oportunidade para que o indivíduo escape do tédio da vida regrada, ainda que no mundo virtual. Lembre-se da característica que define *GTA* acima de tudo: liberdade. Como discuti no trecho anterior, ele é de fato um produto que mercantiliza o crime e que, ao fazê-lo, entrega ao jogador uma experiência estética de transgressão que o empodera para praticar condutas que dificilmente desempenharia na realidade. Se ele as desempenhasse, não só produziria lesões em pessoas e bens alheios, como teria que enfrentar a reação social que decorreria de suas ações.

VIDEOGAME E VIOLÊNCIA

Nesse sentido, *GTA* é uma verdadeira celebração virtual da liberdade. Quem de fato experimentou o jogo tem plena noção da sua capacidade: é praticamente um manifesto virtual emancipatório das regras da vida em sociedade, que conforma uma controlada forma de perda de controle[45], sem que exista uma real possibilidade de coerção, ou que danos realmente sejam causados a terceiros.

É claro que mesmo essa liberdade tem limites: o universo de *GTA* conhece suas próprias regras e leis, ainda que dê ao jogador uma imensa margem de manobra dentro delas, sem falar nas inacreditáveis alterações que são promovidas pela comunidade de *modders*, pessoas que dedicam parte considerável de seu tempo para adicionar novos conteúdos aos games da série. Mas dentro dos parâmetros estabelecidos, a liberdade é sem igual, com a vantagem de a "imersão" na criminalidade jamais ser "total": basta sair do jogo e voltar para a realidade da vida submetida ao controle social, após ter experimentado a rajada de adrenalina típica da prática de algo ilegal. O crime torna-se algo excitante, divertido e seguro. Transgressão e controle: uma combinação sedutora e irresistível, de certa forma semelhante aos esportes radicais, às atividades de risco e à cultura do grafite, que rompem com o tédio de uma vida rigidamente controlada. Basta pensar nos depoimentos de grafiteiros norte-americanos e europeus, que falam sobre a excitação e a carga emocional que experimentam invadindo prédios e desfigurando propriedades privadas, o que também representa uma forma de expressão pessoal e meio de se fazer ouvir.[46]

É claro que a liberdade que *GTA* oferece não é mais do que uma ilusão: mas isso não diminui em nada a excitação de experimentar a sensação.

Para Fenwick e Hayward, o crime não tem relação apenas com a excitação dos atos, mas também com sentimentos de realização e expressão pessoal, que realmente fazem com que as pessoas se sintam vivas.[47] É como se *GTA* materializasse em um produto tanto a angústia que o tédio provoca quanto a excitação e a realização que decorrem da transgressão. Em um ambiente virtual assim configurado, os jogadores não têm nada a perder a não ser o tédio. Não é por acaso que o jogo vende tanto.

É claro que muitas dessas considerações valem também para outros games. Mas nenhum jogo representa de maneira tão radical o desprezo pela cultura do tédio como *GTA*. E como pudemos observar, os motivos certamente têm relação com sua temática. Ferrell provoca: determinados crimes cometidos contra a pessoa ou a propriedade não seriam ações contra o tédio? Presdee aponta que o desejo pela excitação apenas pode ser satisfeito para alguns pela prática de atos aparentemente sem sentido de violência e destruição.[48] Ferrell relembra estudos de Young e Presdee para apontar que "[...] o criminoso, o consumidor e o revolucionário cultural são provavelmente mais parecidos do que diferentes – para eles, o tédio cria certo vazio comum. Afinal, a procura desesperada de vida em meio ao mortificante tédio, a fronteira entre o prazer e a dor, entre crime e produto pode ser de fato sutil".[49]

Katz termina sua obra com uma provocação: talvez o que achamos tão repulsivo no estudo sobre a realidade do crime, a razão pela qual insistentemente nos recusamos a observar de forma próxima como criminosos de rua destroem outros e abrem seu caminho para o confinamento a fim de preservar um sentido de controle sobre suas vidas, seja apenas o penetrante reflexo que percebemos quando fixamos nosso olhar nesses homens perversos.[50]

É uma provocação extremamente aguda, sem sombra de dúvida. Mas não faça juízos apressados. Isso significa que todos os jogadores de *GTA* são criminosos em potencial? Ou que todos nós somos? De certo modo sim, e não no sentido de que todos violam rotineiramente as regras legais. Mike Presdee apontou que "parece que o que experimentamos, ou precisamos experimentar, em um mundo baseado na racionalidade, é uma aproximação com os reinos do desejo e da excitação, que precisamos negar em uma sociedade civilizada e não selvagem. Isso é o que Katz descreveu como a 'delícia de ser desviante'. Uma experiência efêmera mas sublime, que precisa ser experimentada inúmeras vezes".[51]

Note-se que, no original em inglês, Presdee utilizou o verbo "jogar" (*play*) no lugar de "experimentar", o que possibilita um paralelo mais do que feliz, que permite enfatizar novamente a hipótese anteriormente apre-

VIDEOGAME E VIOLÊNCIA

sentada. Um ambiente virtual como o de *GTA* elimina todo e qualquer tipo de restrição, seja ela decorrente da rotina ou de mecanismos externos de coerção. *GTA* dá ao indivíduo uma liberdade sem igual, entregando a ele um mundo que se aproxima de forma relativamente satisfatória do real. Ainda que em um plano virtual, o jogo permite que uma pessoa realize fantasias profundas e dê vazão a sentimentos que de outro modo não encontrariam canalização. Nesse sentido, ele de fato pode funcionar como uma "válvula de escape" para a agressividade, um instinto que é humano por definição. Se de fato essa hipótese merece algum crédito, *GTA* e outros jogos "violentos" poderiam até mesmo reduzir a criminalidade, pois funcionariam como válvula de escape para uma agressividade e um desejo de excitação que de outro modo seria exteriorizado por meio de uma conduta criminosa real, que satisfaria uma angústia existencial.

Pesquisas que mostram quedas nos índices de criminalidade violenta após o lançamento de jogos com essas características podem contribuir para que essa seja uma possibilidade seriamente considerada, ainda que como mera especulação. De qualquer modo, é óbvio que estou aqui apenas problematizando a questão. Não estou afirmando que os jogos violentos cumprem essa função em todos os casos ou mesmo em alguns deles. Talvez o leitor se sinta insatisfeito por eu não ter fechado a questão. Mas, como disse Ruth Gauer, "talvez estejamos vivendo um momento no qual o analista é, antes de mais nada, um criador de sentidos, mais do que um respondedor de perguntas".[52]

Concluirei este trecho com uma pesquisa que torna a provocação que fiz aqui ainda mais incisiva. Talvez, e não digo mais que talvez, o que não é pouco, os games tenham de fato capacidades insuspeitadas.

Pesquisadores da Villanova University e da Rutgers University empreenderam uma tarefa ambiciosa: observaram tendências de popularidade de games, como vendas anuais e mensais, assim como buscas de certas palavras-chave no Google e as compararam com estatísticas de crimes reais. Os resultados foram surpreendentes: "As tendências anuais de vendagem de games nos últimos 33 anos não tiveram nenhuma relação com o crescimento da criminalidade violenta, tanto concomitantemente quanto consideradas quatro anos depois. De modo inesperado, os dados de vendas mensais de games mostraram concomitantes reduções de lesões corporais graves dolosas (propositais) e não tiveram relação com aumento de homicídios. Aumentos no número de buscas por guias para games violentos também mostraram reduções nos índices de lesões corporais graves e homicídios. Finalmente, homicídios tenderam a diminuir nos meses que se seguiram ao lançamento de jogos violentos e populares classificados como M (Mature)."[53]

Ou seja, a correlação aparentemente é de redução, e não de aumento de violência. Os autores não poderiam ser mais incisivos: "Descobrir que um jovem que cometeu um crime violento jogava um game popular, como *Call of Duty, Halo* ou *Grand Theft Auto*, é tão inútil quanto destacar que ele usava meias."[54]

Evidentemente, o estudo tem limitações, como qualquer outro. O leitor já tem familiaridade com o conceito de cifra negra e, portanto, sabe que as estatísticas sobre o número de crimes não são confiáveis. Mas, de qualquer modo, as estatísticas sobre homicídios são as mais confiáveis de todas e as de lesões corporais graves também têm um índice alto de notificação, o que faz com que os dados policiais sobre esses crimes tenham um peso muito maior do que o de crimes que permanecem na penumbra, como os de colarinho-branco, por exemplo. Tudo isso sugere que a pesquisa é muito interessante, até porque se a hipótese de efeito criminógeno dos games tivesse mérito, tudo indica que os resultados seriam outros, ainda que dentro dos parâmetros propostos pelos pesquisadores. Mas é preciso tomar cuidado, como os próprios autores indicam. Isso não corrobora a ideia de que jogos violentos provocam redução de criminalidade violenta real. Como afirmei anteriormente, ela é apenas especulação.

Entrevistado pelo GameSpot, um dos autores do artigo mostrou sensatez ao limitar o alcance dos resultados de sua pesquisa: "É aqui que precisamos ser cuidadosos, ou corremos o risco de sermos sensacionalistas. Penso que o maior mérito do estudo está no fato de demonstrar que jogos violentos não estão relacionados a aumento da criminalidade violenta – nem um pouco. No entanto, se assumimos que os jogos violentos estão

VIDEOGAME E VIOLÊNCIA

realmente relacionados à redução da criminalidade violenta, podemos especular sobre as causas. É possível que ocorra uma redução severa da violência porque o entretenimento violento remove indivíduos violentos de outros espaços sociais nos quais eles poderiam ter cometido um ato violento. Em outras palavras, um indivíduo pode ir ao cinema, assistir à televisão ou jogar games em vez de se envolver em outras atividades, como ir a um bar, socializar nas ruas, situações que provavelmente teriam mais chance de provocar um conflito [...] como cientistas – e repórteres –, nós precisamos ser cautelosos quando generalizamos resultados obtidos em laboratório e questionários e os relacionamos com estatísticas criminais. É preciso moderação quando pesquisa desenvolvida em laboratórios é utilizada para explicar o comportamento idiossincrático de um indivíduo em particular (por exemplo, James Holmes, o atirador que matou 12 pessoas durante a exibição de *Batman: o Cavaleiro das Trevas* em um cinema em Aurora, Colorado). Uma vez que o público, os legisladores e a mídia se preocupam com comportamento violento e atos específicos de violência, é compreensível que muitos pesquisadores sintam-se tentados a fazer alegações sensacionalistas baseadas em pesquisas desenvolvidas em laboratórios e questionários. No entanto, é importante que tenhamos noção das limitações desses estudos [...] minha esperança é que as pessoas considerem os dados desta pesquisa sempre que alguém sugerir que os games violentos são uma das maiores causas do aumento da criminalidade violenta na sociedade americana moderna, ou que 10% a 30% da violência na sociedade pode ser atribuído ao impacto do entretenimento violento."[55]

Questionado sobre sua percepção da indústria dos games, Markey respondeu de forma clara e direta: "Não tenho uma opinião forte sobre a própria indústria. Eles fazem um produto, meu trabalho é investigar se esse produto é nocivo. No entanto, eu espero que os resultados de estudos como os nossos façam com que pesquisadores reavaliem suas crenças sobre os games. Afinal, todos queremos a mesma coisa. Queremos desvelar a verdade. Queremos que a ciência e não o sensacionalismo informe políticas públicas que digam respeito aos jogos violentos. Queremos proteger as pessoas de quaisquer ameaças que os jogos violentos possam representar, mas não queremos que os jogos violentos nos distraiam das causas mais importantes de terríveis atos de violência."[56]

Sensatez. É tudo o que precisamos quando essa temática é discutida. Mas, infelizmente, ela é bastante rara, como os próximos trechos desta Fase mostrarão.

A CRIMINALIZAÇÃO CULTURAL E A MANUFATURA INTENCIONAL DO PÂNICO: UMA NOVA DERIVAÇÃO DO PÂNICO MORAL

Neste trecho discutirei os episódios de pânico moral que atingiram a série *GTA*. O leitor perceberá que as situações que relatarei aqui refletem tanto os casos de criminalização cultural pura e simplesmente com base no conteúdo, por parte de empreendedores morais (ver a Figura 1.2, na Fase 1), como os pânicos manufaturados intencionalmente pelos criadores, nos mundos multimediados contemporâneos (Figura 3.1, como discutido nesta Fase). Os casos nos quais a relação direta de causa e efeito foi suscitada a partir da conexão com episódios reais de violência (Figura 2.1, como visto na Fase 2) serão objeto de análise no trecho imediatamente posterior a este.

Como era absolutamente previsível, após o lançamento de *Grand Theft Auto III*, os estandartes logo se ergueram: nenhum jogo teve uma cruzada de proporções tão grandes lançada contra ele até então. Sua chegada ao mercado sinaliza uma escalada enorme do nível de indignação moral contra os games.

No final de 2002, *Grand Theft Auto III* chamou a atenção da organização norte-americana National Institute on Media and the Family (NIMF). O leitor já sabe o papel que os grupos de pressão da sociedade civil são capazes de exercer na condição de agentes de cruzadas morais. O presidente da NIMF, David Walsh, afirmou que o game "tem um alto grau de violência contra mulheres e até recompensa o jogador por chutar uma prostituta até a morte". Walsh conclamou os pais a prestarem atenção ao problema, afirmando que pré-adolescentes e adolescentes não encontram nenhuma dificuldade para adquirir os jogos.[57]

VIDEOGAME E VIOLÊNCIA

Como é rotineiro, empreendedores morais condenavam o jogo sem jamais terem tido contato direto com ele. O relato de Walsh é incorreto: o site GamesRadar destaca que, por alguma razão, pessoas que nunca jogaram o game pensam que ele determina que o jogador faça sexo com uma prostituta e a mate em seguida para pegar seu dinheiro. Mas não é assim que o jogo funciona. Para o redator do GamesRadar: "Se é o que você optou fazer com a escolha que lhe foi dada, olhe para si mesmo e não para o jogo."[58]

Problema resolvido? É óbvio que não. As coisas não são tão simples assim. Como discuti anteriormente, em alguma medida o game faz com que o jogador enfrente escolhas e dilemas morais semelhantes àqueles com que ele se depara na vida, apresentando inúmeras situações de potencial conflito. Como o jogador efetivamente assume o papel de um criminoso, é lógico que as escolhas que ele enfrenta são de um índice muito mais elevado do que as que estamos acostumados no cotidiano. Nesse sentido, de fato ele não faz mais do que refletir a complexidade da vida em sociedade, retratada em um mundo virtual que empodera o jogador para que pratique condutas que obviamente fogem da pauta social normal. Não é por acaso que ele tem um poder de sedução tão grande. Possibilita experimentar a transgressão sem causar qualquer tipo de lesão real a terceiros. E os desenvolvedores estão cientes da polêmica que uma possibilidade como essa provavelmente provocará. Obviamente, *GTA* não é um simples simulador da vida urbana contemporânea: trata-se de uma jornada no mundo do crime. O jogador assume o papel de um criminoso (ou criminosos) ainda que possa ter um padrão ético e moral superior aos demais criminosos com que se depara ao longo da aventura em questão. Quanto a isso não há o que discutir. E provavelmente é uma jornada inadequada para menores, motivo pelo qual existe o próprio sistema de classificação e a possibilidade de bloqueio de conteúdo nos consoles contemporâneos. A densidade de questões morais que o jogo suscita não o torna inteiramente adequado para crianças e jovens adolescentes, como um filme produzido para adultos provavelmente também não seria. Mas isso faz parte do papel que o jogador cumpre na narrativa de *GTA*. Se você não tem interesse em acompanhar um roteiro interativo sob a perspectiva de um criminoso, a resposta é simples: não jogue o jogo. E se não considera apropriado que seus filhos joguem um jogo indicado para o público adulto, basta seguir a indicação de classificação de conteúdo.

De qualquer modo, a intensidade de *GTA* provocou reflexos até no Japão, país que não costuma restringir o acesso aos games.[59] Não há dúvida de que a série motiva discussões mais ricas e aprofundadas do que os propósitos imediatos deste livro. Uma análise específica de *GTA* terá que ficar para outra oportunidade, em uma obra que tratará especificamente do discurso sobre o crime nos games. Nela discutirei também games como *Grand Theft Auto: London, Grand Theft Auto: Chinatown Wars* e outros títulos que retratam o submundo do crime, como as séries *True Crime* e *Saints Row, Sleeping Dogs* e jogos semelhantes.

Grand Theft Auto: Vice City, lançado em 2002, foi outro jogo da série que inspirou enorme controvérsia. A cidade chamada de *Vice City* corresponde em alguma medida a Miami, o que por si só já bastaria para causar polêmica. Mas a questão foi bem mais profunda do que uma objeção abstrata ao conteúdo, ou ao modo como a cidade foi retratada. A controvérsia envolveu parte significativa da comunidade de Miami e de Nova York, e até os próprios prefeitos das respectivas cidades, por incrível que pareça. *GTA* já era um produto suficientemente difundido para que as pessoas dessem grande importância à mensagem mediada por ele. Mesmo que estivesse justificada em um contexto, em muitos casos isso já bastava para provocar enorme indignação moral. O episódio a seguir mostra isso claramente.

O enredo de *Grand Theft Auto: Vice City* envolve uma guerra de gangues entre refugiados cubanos e haitianos, em 1986. O personagem controlado pelo jogador se envolve nos conflitos e recebe uma missão em que é encarregado de "matar os haitianos", frase que aparece escrita na tela de abertura da missão no game.

É claro que a frase não deve ser interpretada fora de seu contexto: não representa uma manifestação de cunho discriminatório em relação aos haitianos em geral. Mas é fácil perceber por que ela logo se tornou estopim de uma grande controvérsia, que persistia mais de um ano após o

VIDEOGAME E VIOLÊNCIA

lançamento do game. Trata-se de um tipo diferente de indignação moral, que não guarda relação com os efeitos nocivos dos games sobre crianças e adolescentes e o eventual perigo que isso poderia representar para o restante da sociedade: um grupo social específico sentiu-se discriminado por uma frase específica dentro do roteiro do jogo. Como de costume, os games despertaram uma indignação incomum. Em quantos filmes situações análogas a essa integraram o roteiro, sem causar qualquer forma de protesto organizado?

A comunidade haitiano-americana de Nova York apelou ao prefeito Michael Bloomberg para que tomasse medidas contra a Rockstar, sediada na cidade. E o mais incrível é que Bloomberg de fato se manifestou publicamente de forma contrária ao jogo, algo que com certeza é estranho às suas funções. Diante da inusitada situação, a empresa prometeu retirar a frase de futuras cópias do game – sem se comprometer de modo algum com as milhões de cópias já existentes – e pediu desculpas à comunidade haitiana, lamentando-se pelo sofrimento e pela frustração que pudesse inadvertidamente ter causado. No entanto, no mesmo pronunciamento a Rockstar defendeu veementemente seu direito de criar um jogo realístico e destinado ao público adulto, observando que deve ser reconhecido que os jogos eletrônicos evoluíram e se tornaram uma forma de entretenimento adulta, como a literatura, os filmes e a música.[60]

Cerca de sete anos após a polêmica em torno de *Phantasmagoria*, a Rockstar reivindicava sua autonomia como ente criativo, cuja obra de entretenimento é voltada expressamente para o público adulto e que para a produtora está contemplada pela proteção da liberdade de expressão artística. Apesar da campanha deflagrada, a Rockstar demonstrava que não se dobraria diante das exigências de quem quer que fosse.

Mas a medida adotada pela produtora não bastou para acabar com a controvérsia. Inúmeros protestos ocorreram em Miami, e o prefeito da cidade, ele próprio um haitiano-americano, afirmou que a Primeira Emenda da Constituição Americana, que protege a liberdade de expressão, não foi escrita para proteger aqueles que incitam a violência.[61]

Evidentemente o prefeito não é um especialista em interpretação constitucional e parece claro que a mensagem inserida no jogo não deve ser lida fora de seu contexto. É equivocado dizer que incita violência. Mas como já referi em outras oportunidades, a questão relativa à Primeira Emenda e o entretenimento eletrônico acabou sendo apreciada pela Suprema Corte dos Estados Unidos, o que revela a extensão dos interesses em jogo.

De qualquer modo, não havia outra solução possível para o caso que a adotada pela Rockstar. Hoje em dia as coisas seriam mais simples: praticamente todos os consoles contemporâneos estão conectados à internet. Uma atualização removeria facilmente a mensagem que havia causado controvérsia e o problema praticamente desapareceria. Mas naqueles tempos seria preciso recolher e substituir todas as cópias de *Grand Theft Auto: Vice City* existentes no mercado e na mão dos jogadores: um verdadeiro pesadelo logístico e financeiro que obviamente os desenvolvedores do jogo não estavam dispostos a enfrentar.

Com polêmica ou não, *Grand Theft Auto: Vice City* continuou vendendo muito bem. É provável que mais uma vez a controvérsia tenha gerado publicidade gratuita e, pelo menos dessa vez, de forma não intencional. Apesar de toda a censura feita ao jogo, Kelen Gonzalez chama atenção para o fato – pouco conhecido – de que *Grand Theft Auto: Vice City* confere pontos de "bom cidadão" ao jogador que auxilia a polícia a capturar criminosos. É compreensível que esse detalhe tenha passado despercebido pela grande mídia. As barricadas morais e o clima de repúdio ao jogo impossibilitavam qualquer análise imparcial de seu conteúdo e, como de costume, as pessoas criticavam o que não conheciam. Nesse sentido, o senador Lieberman, um nome que o leitor também já conhece, assim como Jack Thompson, manifestou-se de forma contundente, afirmando que "o jogador é recompensado por derrubar uma mulher no chão, chutá-la repetidamente e depois atirar nela". Ele afirmou que "as produtoras de games têm o direito de fazer esse tipo de jogo, mas têm a responsabilidade de não o fazer, se queremos que a próxima geração trate as mulheres com respeito".[62]

Os discursos apaixonados de Lieberman certamente rendiam frutos junto ao público-alvo para o qual eram estrategicamente direcionados. A polêmica simplesmente não tinha fim: os empreendedores morais

VIDEOGAME E VIOLÊNCIA

que abraçaram essa causa se tornaram figuras notórias para boa parte do público norte-americano. Nesse sentido, o papel desempenhado por Thompson não pode ser subestimado. Em 2005, o advogado – que teve sua licença cassada – publicou um livro intitulado *Out of Harm's Way*, no qual sustenta que sua missão é defender crianças de games violentos e obscenos e outras formas de entretenimento que, segundo ele, estão criando uma cultura de violência e degradação. Thompson não sustenta seus argumentos em qualquer embasamento científico: o livro não é nada mais que seu ponto de vista pessoal sobre o tema.

Por outro lado, se a série parece ser vítima de perseguição e injustificada controvérsia em algumas oportunidades, não há como negar que a polêmica faz parte do próprio folclore de *GTA*. A Rockstar não só não tem medo, como gosta de uma boa dose de polêmica e utiliza estratégias maquiavélicas para provocar – ou manipular – seus adversários culturais, como demonstra o caso a seguir.

Com o lançamento de *Grand Theft Auto: San Andreas*, a empresa se envolveu em nova polêmica por causa do chamado *Hot Coffee Mod*, que permite que o personagem faça sexo com sua namorada no jogo. Como se não bastasse a violência, a desenvolvedora decidiu enfrentar outro tabu. E, como todos sabem, o par "sexo e violência" gera reações muito fortes. A Rockstar simplesmente brincava com as sensibilidades moralistas dos Estados Unidos.

A ESRB, que classificara o game como M (Mature 17+), fez uma investigação e concluiu que o conteúdo já estava inserido no jogo, ainda que indisponível até que um hacker descobrisse sua existência e lançasse uma ferramenta que permitia acesso. Com isso, a classificação do jogo foi modificada de M para AO (Adults Only), o que fez com que a empresa suspendesse o fornecimento do game e lançasse uma nova versão em que foi retirada a cena, conseguindo que ele fosse reclassificado como M, para desespero de seus costumeiros inimigos, que agora tinham um novo argumento contra a série: sua promiscuidade.

Apesar da controvérsia que acompanhou a série desde o princípio, foi com *Grand Theft Auto IV* que a polêmica atingiu seu ápice. Antes que fosse lançado, políticos e policiais de Nova York ficaram inconformados com a escolha da cidade como cenário do game. O prefeito, Michael Bloomberg, denunciou a semelhança entre a cidade "fictícia" retratada no jogo, Liberty City, e Nova York.[63] O comissário de polícia, Raymond Kelly, disse que não é aceitável a glamourização da violência em jogos como este, não importa quão irreal o cenário possa ser. Jason Post, porta-voz do prefeito da cidade, disse que Bloomberg não apoia games no qual é possível ganhar pontos por ferir ou matar policiais. A matéria não podia ser mais sensacionalista. O primeiro parágrafo literalmente diz: "Última versão de jogo ultraviolento deflagrará sua fúria assassina nas ruas de Nova York."[64] Embora a controvérsia demonstre quanto *GTA* se tornou relevante culturalmente, não há como evitar uma pergunta um tanto quanto óbvia e nada científica: o prefeito e o comissário de polícia não têm assuntos mais relevantes para ocupar seu tempo?

Jason Della Rocca, diretor executivo da International Game Developers Association, argumentou que existem inúmeros filmes, seriados e livros que não retratam a cidade de modo favorável, mas quando um jogo inclui eventos semelhantes aos dos filmes em contextos similares, surge essa enorme controvérsia.[65]

Como de costume, novamente a indústria era submetida ao rito de passagem pelos guardiões da moral pública, os zelosos "homens de bem" que querem ditar os hábitos de entretenimento da coletividade, como se soubessem o que é melhor para "todos nós". No entanto, apesar da enorme resistência e dos comentários desfavoráveis das autoridades da cidade, uma crítica publicada no *New York Times* afirmou que *Grand Theft Auto IV* era uma cativante sátira social, disfarçada como diversão.[66] Como observado na crítica do site NZ Gamer, "durante momentos cruciais do jogo, Niko [o personagem controlado pelo jogador] enfrentará situações em que pode ser misericordioso e seguir seus princípios ou optar por ser implacável e cruel. Cabe aos jogadores a decisão de como progride a narrativa e de como se desenvolve o personagem. É particularmente fascinante perceber que se Niko deflagrar sua raiva e fúria, será um reflexo do jogador e de suas escolhas". O texto também aponta que "a narrativa expõe o lado sinistro do Sonho Americano – a

VIDEOGAME E VIOLÊNCIA

falta de oportunidade, o abismo cada vez maior entre ricos e pobres, o racismo e os estereótipos que o acompanham".[67]

Jack Thompson tentou impedir que o jogo chegasse ao mercado e fracassou, como foi o caso em todas as oportunidades nas quais ele buscou proibir o lançamento de games da Rockstar.

Para muitas pessoas, a narrativa de *Grand Theft Auto IV* soa subversiva, o que demonstra que a resistência ao jogo não se refere somente ao aspecto de violência: a oposição a ele também é ideológica e motiva ainda mais repúdio por parte de quem pretende exercer um controle social da moral. Como percebeu Ferrell, guerras culturais empreendidas pela mídia e pela justiça criminal são lançadas contra formas alternativas de arte, música e entretenimento, desse modo criminalizando as performances e as personalidades envolvidas, provocando sua marginalização a partir do confronto com noções idealizadas de decência e comunidade e, em casos extremos, silenciando as críticas políticas que elas apresentam.[68]

O lançamento de *Grand Theft Auto V* foi aguardado por meses com enorme expectativa. Especialistas chegaram a prever que milhares de trabalhadores faltariam ao serviço no dia do lançamento, alegando problemas de saúde.[69] O impacto não foi menor do que o esperado: mais de 45 milhões de cópias do jogo foram vendidas quase que imediatamente.

A mercantilização do crime é um negócio lucrativo para a produtora? Sem sombra de dúvida. Mas o investimento é muito pesado: mais de duzentas pessoas são necessárias para criar um game desse porte, além da verba gigantesca gasta em publicidade.[70]

Por outro lado, é claro que a publicidade gratuita também é bem-vinda. E neste caso a Rockstar resolveu investir pesado nessa direção. Como era de esperar, o jogo mal chegou ao mercado e logo estava envolvido em polêmica, até na imprensa especializada em games. Keza Macdonald, do site IGN, relata que no game consta uma cena de tortura da qual o jogador é obrigado a participar ativamente, mesmo que tanto o personagem – no contexto da história – quanto o jogador saibam que a vítima é inocente e nada têm a dizer. Não se trata sequer de fins justificando os meios: é tortura pelo simples prazer de torturar, para a satisfação pessoal do torturador.

Não é um momento nada suave: o jogador deve eletrocutar e arrancar os dentes de um homem preso a uma cadeira. E ele faz isso obedecendo às ordens do FIB (visível trocadilho com FBI). A vítima sobrevive e é levada ao aeroporto pelo jogador, enquanto Trevor, o personagem responsável pela tortura, discursa no caminho sobre o sentido (ou a falta de sentido) por trás do ato.

Não há dúvida de que a polêmica foi buscada de forma deliberada pela empresa. Mas a Rockstar não reproduziu a violência sem contexto de legitimação de *Chiller*. A tortura em *Grand Theft Auto V* remete a um contexto bastante complexo e sem sombra de dúvida faz com que o jogador reflita sobre a questão. Os sentimentos despertados por uma experiência narrativa dessa ordem são difíceis de explicar. Terá sido uma escolha justificável?

Macdonald considerou a cena tão perturbadora que teve dificuldade de jogá-la. Para ela, ainda que amparada em uma crítica das práticas de tortura adotadas pelos Estados Unidos após a tragédia de 11 de Setembro, é um momento chocante, que atrairá justificadas controvérsias. Ela considera que o enredo é comparável a outra cena polêmica, o ataque terrorista de *Call of Duty Modern Warfare 2,* que discutirei ainda nesta Fase, sem que exista uma opção de pular o conteúdo questionável, como havia naquele jogo.[71]

É compreensível que a cena tenha despertado a ira de grupos ligados à defesa de direitos humanos. A organização Freedom From Torture considerou a cena insultante para quem foi submetido à tortura e ficou ferido física e emocionalmente. Um representante disse que se a intenção era criticar de forma irônica a tortura, a mensagem não foi apreciada.

Também foram levantadas objeções sobre o modo como as mulheres são retratadas em *Grand Theft Auto V*. Muitos críticos consideraram que a série perdeu o tom de sátira que a caracterizava: deixando de mostrar de forma clara como certas condutas são insanas e equivocadas, acaba reforçando e celebrando o machismo, por exemplo.[72] São críticas severas e bem estruturadas. Não se pode falar aqui em pânico moral e condenação superficial, mas de objeções ao conteúdo do jogo que merecem ter seu mérito reconhecido, ou ao menos considerado.

VIDEOGAME E VIOLÊNCIA

Passei pela experiência de "torturar" virtualmente e confesso que ela fez com que eu me sentisse desconfortável. Penso que na cena em questão a tortura não é retratada de forma favorável: o jogo deixa claro que o real propósito da tortura é a satisfação da crueldade do torturador, e não a obsessão pela verdade ou qualquer outro propósito nobre pelo qual se justificaria seu emprego como meio para um fim. Mas o fato é que o game obriga a "torturar", o que pode causar certa angústia, particularmente em pessoas mais sensíveis. Sem dúvida, um dos maiores problemas é a ausência de uma escolha, o que não condiz com uma série caracterizada pela liberdade dada ao gamer: quem não tortura não avança no jogo, algo impensável, já que a cena ocorre antes que ao menos a metade da história tenha sido alcançada.

Claro que poderia ser argumentado que a cena em questão motiva reflexão sobre a tortura e o faz de um modo que nenhuma outra forma de expressão narrativa seria capaz de proporcionar. Ser colocado no ponto de vista do torturador foi para mim uma experiência diferente, e digo isso como quem está acostumado a lidar com o tema como professor de História e Direito Penal, e também como autor que escreve sobre processo penal. A experiência não fez com que eu me identificasse com torturadores ou compreendesse suas motivações: pelo contrário, apenas reforçou meu desprezo por essa prática abominável, infelizmente ainda não eliminada do mundo contemporâneo.

O argumento é válido, mas apenas até certo ponto. Um limite parece ter sido ultrapassado: a polêmica foi buscada propositalmente para garantir publicidade gratuita para o jogo, e isso é golpe baixo. A Rockstar não precisa disso: a franquia *GTA* é mais do que reconhecida e a quinta edição da série não decepciona mesmo os fãs mais fervorosos. Não que com isso eu esteja dizendo que a cena deveria ter sido proibida ou algo do gênero. Como o leitor já deve ter percebido, não simpatizo com a cultura do proibicionismo e a ideia de censura. Mas uma opção que possibilitasse "pular" o ponto em questão seria prudente e representaria uma saída elegante que não comprometeria a liberdade criativa da Rockstar. Também não afetaria em nada a narrativa do jogo: não é um momento integral ao desenvolvimento do roteiro. Enfim, não há como negar que a cena se presta a inúmeras leituras e certamente deu argumentos para os detratores da série.

O site Consumer Reports classificou *Grand Theft Auto V* como o jogo mais violento de 2014 e declarou que "adultos podem gostar dele, mas as crianças devem ser mantidas longe".[73] Apesar do tom moralista da constatação, é difícil discordar. Não que isso signifique que os games devam ser evitados ou transformados em um dos grandes males contemporâneos. O leitor já está ciente da minha posição nesse sentido. *GTA* é plenamente justificável como produto reservado ao público adulto, com a possível exceção do limite ultrapassado no último jogo da série, pela falta de opção de pular a fase. Não é como se o jogo fosse dedicado a uma cultura de ódio, e não creio que mesmo a cena de tortura a legitime ou de qualquer modo incentive essa prática. Discutirei alguns jogos com essas características na Fase 4.

Os atores que fizeram o trabalho de dublagem dos personagens do game compartilham da mesma opinião: para eles, não há glamourização da violência como solução aceitável para conflitos reais. De acordo com o ator que dublou o violento personagem Trevor, responsável pela tortura na tal cena, há muita hipocrisia. Por que não falar em controle da venda de armamentos, papel dos pais, valores familiares e tantas outras coisas? Para ele, o videogame é um bode expiatório muito fácil.[74]

Apesar da intensidade do jogo, *Grand Theft Auto V* somente se deparou com alguma forma de restrição no final de 2014, quando duas redes da Austrália deixaram de comercializá-lo, considerando que não estava de acordo com sua política familiar. O presidente da Take-Two demonstrou seu desapontamento diante da decisão, dizendo que ela não prejudicava de modo significativo as vendas do jogo, mas violava a liberdade de expressão. Para ele é muito simples: "Se você não gosta do jogo e ele o ofende, simplesmente não o compre." *Grand Theft Auto V* tem uma indicação R18+ na Austrália, o que corresponde à classificação mais restritiva que existe no país. O CEO da Take-Two, Strauss Zelnick, declarou publicamente que "estamos desapontados que uma rede australiana tenha decidido não vender mais *Grand Theft Auto V*, um título que foi aclamado pela crítica e tem sido aproveitado por milhões de

VIDEOGAME E VIOLÊNCIA

consumidores no mundo inteiro. *Grand Theft Auto* V explora temas adultos e tem conteúdo similar a outras formas de entretenimento. O entretenimento interativo é hoje a mais cativante das formas de arte e desfruta da mesma liberdade de criação que os livros, a TV e os filmes. Eu apoio nossos produtos, as pessoas que os criaram e os consumidores que se divertem com eles."[75]

A saga de sucesso e polêmica da série continua. E provavelmente continuará ainda por muito tempo.

Para finalizar este trecho, gostaria de apontar uma última questão: a crítica seletiva que a série recebe e que reflete o próprio universo de significações morais que povoa a grande mídia. O jogo sempre é criminalizado culturalmente em função da violência, mas as formas de criminalidade que não conformam o estereótipo habitual e que são retratadas em *GTA* não merecem a mesma atenção. Pouco se fala nos crimes de colarinho-branco que ocorrem nos diversos jogos e muito menos em qualquer "relação de causa e efeito" entre eles e a corrupção real, por exemplo. Isso demonstra que existe uma interpretação muito específica sobre os supostos efeitos criminógenos dos games no universo de significação dos empreendedores morais e na retratação feita pela grande mídia da questão criminal. Afinal, ninguém nunca acusou os games de sistematicamente serem responsáveis pela prática de crimes econômicos e ambientais, o que provavelmente tem relação com os velhos estereótipos equivocados sobre a faixa etária dos jogadores.

CRIMINALIDADE DIGITAL E VIOLÊNCIA REAL: ALGUMAS CONSIDERAÇÕES COM BASE NAS PROFECIAS QUE SE AUTORREALIZAM E NA TEORIA DA ASSOCIAÇÃO DIFERENCIAL

Se o jogo já era controverso enquanto um universo virtual em si mesmo, essa controvérsia aumentaria bastante se acontecessem crimes que em alguma medida remetessem a ele, o que não demorou a ocorrer. Nestes casos, a relação de causa e efeito entre videogame e violência é explicitamente suscitada, como mostrei na Figura 2.1, que vimos na Fase 2.

A polêmica em torno de *Grand Theft Auto III* ganhou contornos sinistros em 2002, quando Dustin Lynch, um rapaz de 16 anos, matou JoLynn Mishne, uma jovem que também tinha 16 anos, com golpes de faca e com um pedaço de pau extraído da cabeceira de uma cama. O advogado ativista Jack Thompson, um nome com o qual o leitor já está familiarizado, sugeriu que o rapaz deveria alegar insanidade e afirmar que *Grand Theft Auto III* o levou a cometer o crime. Para ele, havia inegáveis semelhanças entre o pedaço de pau e os instrumentos utilizados pelos personagens de *Grand Theft Auto III*.[76]

Uma interpretação muito peculiar dos fatos, não é verdade?

A campanha moralista de Thompson havia encontrado outro alvo e este era apenas o começo de uma série de embates entre ele e a Rockstar, que se arrastaram por mais de uma década. Todos estão em alguma medida familiarizados com as alegações de insanidade no sistema judicial norte-americano, em virtude de a temática ser continuamente explorada em filmes e seriados. Mas neste caso a alegação centrada em *Grand Theft Auto III* não prosperou por um motivo muito simples: acabou sendo rejeitada pelo próprio Dustin Lynch, que afirmou ter matado a menina para sua própria satisfação pessoal. O rapaz disse que tinha vontade de matar desde os 6 anos de idade e que já havia matado mais de 35 pessoas, uma alegação que não foi comprovada. Lynch disse que as únicas pessoas com quem ele se importava eram Adolf Hitler e ele mesmo e que para ele Hitler era Deus. Também afirmou que não tinha medo da prisão e que pretendia escrever um livro enquanto estivesse lá. O rapaz disse que gostaria de matar novamente para receber a pena de morte.[77]

Embora possa soar como se Lynch deliberadamente estivesse tentando fortalecer a argumentação de insanidade, o fato é que *GTA* não foi sequer mencionado em momento algum da investigação e do processo como algo que de fato fizesse parte de sua motivação. Novamente Thompson lançava palavras ao vento. Mas não eram poucas as pessoas que ouviam e os repórteres irresponsáveis que davam crédito ao argumento, por mais infundado que fosse. As engrenagens de criminalização cultural e produção contínua de pânico moral nunca mais pararam de se movi-

VIDEOGAME E VIOLÊNCIA

mentar depois da tragédia de Columbine. Os games tinham se tornado objeto de um processo de criminalização que não mostrava o menor sinal de arrefecimento. E a série *GTA* foi transformada em combustível para manter a máquina continuamente operando. Cada caso no qual a conexão era suscitada "reafirmava" para os empreendedores morais que o jogo causava violência. Repetida de forma insistente durante anos a fio, a hipótese foi lentamente se sedimentando, aprofundando a difusão de pânico moral.

Para muitas pessoas, um jogo como *GTA* simplesmente não deveria existir. A ocorrência de mais e mais casos de crimes inspirados – pelo menos aparentemente – na série apenas reforça essa convicção. E se reforça é porque os empreendedores morais sempre fazem questão de atribuir a eles esse significado, encontrando um foro privilegiado de difusão de pânico na imprensa sensacionalista.

Mas apesar de existirem inúmeros opositores no campo jornalístico e político, ninguém era tão veementemente contra a série como Jack Thompson. Ele fez questão de confrontar a Rockstar inúmeras vezes e em todas as oportunidades possíveis, como no assassinato de três pessoas por um adolescente, no Novo México. Thompson declarou que *GTA* ensinou Cody Posey a atirar e o tornou um assassino "extraordinariamente eficaz". O rapaz tinha apenas 14 anos quando praticou o crime.[78] Ele deflagrou um processo contra a Rockstar em nome dos familiares das vítimas de Posey. Para Thompson, *Grand Theft Auto: Vice City* incentivou o comportamento violento do garoto: "Um game por si só não faz com que alguém mate, mas pode fornecer um indispensável e final elo causal em uma corrente de eventos que resulta em uma tragédia." Thompson repetidamente se referia ao *GTA* como simulador virtual de assassinato e argumentava que esse tipo de jogo dessensibiliza crianças para atos de violência e as treina para matar.

Neste processo, como em tantos outros, é possível perceber o que movia as famílias: Basham, de 68 anos, um dos autores, disse que não estava interessado nos benefícios monetários que o processo podia gerar, mas em reduzir o perigo para outras famílias: "Se nós conseguirmos tirar o jogo do mercado, esse tipo de tragédia não acontecerá com outras pessoas."[79] Percebe-se que as vítimas e os familiares acabaram se tornando presas fáceis do pânico moral coletivo: o discurso reproduz o argumento de conexão entre videogame e violência. Esse tipo de suposição não tem qualquer vínculo na realidade, ainda que de algum modo atribua uma explicação simples para a tragédia em questão, como em tantas outras. Thompson tornou-se um verdadeiro mestre em canalizar as emoções de famílias angustiadas e instrumentalizá-las para proveito próprio, valendo-se do sofrimento alheio para reforçar a causa pela qual lutava. Esse não foi o último caso em que ele se envolveu. Longe disso.

Em junho de 2003, Devin Moore, um jovem de 18 anos fã da série *GTA*, matou três pessoas, das quais duas eram policiais. De acordo com Jack Thompson, ele foi treinado para fazer o que fez, por meio de um simulador de assassinato que comprou quando era menor. O advogado disse que essa era a sua teoria, que ele acreditava poder provar diante de um júri no processo que movia contra a Rockstar.[80] Para Thompson, Moore era obviamente responsável pelo que fez. Mas ele e as famílias das vítimas acreditam que "os adultos que criaram a série *GTA* e que efetivamente programaram Devin Moore e o ajudaram a matar também são responsáveis, pelo menos do ponto de vista civil".[81]

Produtos e criadores culturais mais uma vez eram criminalizados de forma implacável perante os holofotes midiáticos. Evidentemente, Thompson foi leviano: não só ele, como nenhum outro advogado jamais teve sucesso nesse tipo de processo. As alegações nunca conseguiram satisfazer as exigências necessárias para obtenção de convicção em sede judicial, ainda que bastassem para angariar honorários e obter projeção nacional não só para a causa, mas também para o próprio Thompson.

Ainda em 2003, mais um incidente e outro processo encabeçado por Thompson: uma pessoa foi morta, e outra, ferida, quando William e Joshua Buckner (de 16 e 14 anos, respectivamente) dispararam contra os veículos das vítimas. Os garotos contaram aos policiais que encontraram as armas em um armário trancado em sua casa e decidiram atirar nos carros, como em *Grand Theft Auto III*. "O jogo inspira e

VIDEOGAME E VIOLÊNCIA

treina os jogadores a atirar em veículos e pessoas", afirmou Thompson, não deixando escapar a oportunidade que se apresentava para explorar mais uma tragédia.

Vamos fazer uma pausa para refletir antes de prosseguirmos. As declarações de Thompson sempre partem de um postulado: os games seriam capazes de ensinar, treinar e inspirar o cometimento de crimes. Tentarei problematizar essa noção de maneira mais qualificada do que costuma fazer o discurso de senso comum dos adversários dos games.

Edwin Sutherland desenvolveu a teoria dos contatos diferenciais, que é estruturada em torno do aprendizado da conduta delinquente. Ela teve grande importância histórica pelo fato de demonstrar que ninguém "nasce" criminoso ou de algum modo "herda" a criminalidade, diferentemente do que sustentou Lombroso no século XIX: para Sutherland, trata-se de um complexo processo de interação social no qual alguém aprende com outras pessoas em um processo comunicativo.[82] "Segundo essa teoria, na sociedade existem grupos fiéis às normas jurídicas e grupos transgressores das mesmas, e a inclinação do jovem à criminalidade dependeria de com qual desses grupos chega a ter os principais contatos (daí a expressão 'Contatos' ou 'Associações' diferenciais). Com ela se expressa a ideia de que a oportunidade para um indivíduo se tornar delinquente depende dos contatos do indivíduo com as pessoas."[83]

Um ponto que merece atenção é o fato de Sutherland ter indicado que a conduta criminosa se aprende, principalmente, em grupos pessoais íntimos, ou seja, para ele, os meios de comunicação não têm um papel muito relevante. É claro que a televisão estava pouco difundida quando a teoria foi elaborada, nas primeiras décadas do século XX e, portanto, trata-se de uma noção que merece exploração, ainda que Sutherland e David Cressey, seu colaborador, não tenham reformulado a teoria em edições posteriores da obra *Criminology*, como a de 1978, aqui referida.

A questão que imediatamente surge é se a conduta delitiva pode ser aprendida por meio da informação mediada pelo console de videogame ou computador, em um jogo em particular. O verbo ensinar é rotineiramente empregado nos discursos criminalizantes de games, mas esse argumento é compatível com a mais respeitada teoria criminológica estruturada em torno da ideia de aprendizado?

Sutherland considera que parte do aprendizado criminal consiste em técnicas (como disparar uma arma ou como arrombar uma porta, por exemplo) e outra parte consiste no aspecto comunicativo: orientação específica de motivos, inclinações, racionalizações e atitudes, sendo que alguém se transformará em delinquente caso predominem as posições favoráveis à infração sobre as que valoram negativamente a infração da norma. Os processos de aprendizagem podem ser mais relevantes quando experimentados na tenra infância, que em muitos casos pode determinar a delinquência juvenil. Para ele, o processo no qual se aprende a conduta delitiva é semelhante a qualquer outro processo de aprendizagem em que se aprendem outros tipos de condutas.[84] Sutherland considera que na sociedade existem disposições favoráveis e desfavoráveis aos códigos legais e a direção específica dos motivos e inclinações resulta de um processo de aprendizagem dessas disposições. Uma pessoa se tornaria delinquente caso houvesse excesso de contato com definições desfavoráveis ao cumprimento da lei, em oposição a disposições favoráveis.[85]

Será possível uma correlação entre essa dinâmica social e o suposto "aprendizado" mediado por um game? Considerando o tratamento dado a filmes e jornais na teoria de Sutherland, parece evidente que não. Para ele, indiscutivelmente o contato deve se dar em grupos pessoais íntimos, o que coloca em questão as teorias de causação com base em mídias violentas.

Ainda que sua teoria não represente uma explicação exaustiva do fenômeno do crime (o que extrapola o objeto de interesse deste livro), ela é muito mais sofisticada do que uma simples e grosseira relação de causa e efeito. Sutherland destaca que o aprendizado de comportamento criminal não pode ser descrito como "imitação", expressão que é rotineiramente utilizada pela grande mídia para descrever a suposta influência criminógena dos games: o jogador teria "imitado" *Grand Theft Auto*, *Mortal Kombat* e assim por diante.

VIDEOGAME E VIOLÊNCIA

Outras questões ainda mereceriam exploração, como por exemplo: a viabilidade de aprendizado de técnicas delitivas por meio de representações virtuais, sem o contato físico necessário para o desenvolvimento de tais habilidades (o emprego de "armas virtuais" por meio do *joystick* ou mouse em nada se assemelha a efetivamente ter uma arma em mãos); a predominância de supostos valores "negativos" aprendidos nos games diante do conjunto do processo global de socialização juvenil (família, escola, mídias não violentas etc.). Sutherland é claro: para ele, os contatos variam em termos de frequência, duração, prioridade e intensidade. Seu sistema de pensamento é complexo: não admite a possibilidade de que todo o processo de socialização seja instantaneamente posto em questão por meio de alguns minutos de exposição a mídias violentas. Mas, como veremos, é exatamente com base nessas diretrizes que cientistas contemporâneos supostamente "comprovam" os efeitos negativos dos games.

Mesmo que fosse assumida a ideia de que a informação mediada pelos games possa ter conteúdo contrário aos códigos legais, os efeitos não corresponderiam a nada tão grosseiro como uma simples relação de causa e efeito entre videogame e violência.

Também é necessário insistir que os efeitos do "aprendizado" atingem uma parcela tão restrita do universo de gamers que qualquer hipótese direta de causa e efeito carece de credibilidade. Por que tão poucos jogadores sucumbem ao suposto aprendizado criminógeno mediado pelos games? Seria o resultado de uma exposição suficientemente excessiva para que o restante do processo de socialização fosse desgastado pelo suposto efeito criminógeno de jogos violentos? Não parece nada razoável admitir essa possibilidade, considerando que milhões de pessoas jogam games "violentos" com grande regularidade em todas as partes do mundo, o que, se fosse verdadeiro, provocaria uma epidemia de criminalidade de grandes proporções, sobretudo da criminalidade que atinge diretamente a vida, a liberdade e o patrimônio, o que compreende a "violência" relevante para esta obra.

Por fim, é importante destacar que Sutherland procurou estabelecer uma teoria que explicasse o crime com base no que lhe é específico. Para ele, é equivocado introduzir em uma teoria sobre o crime algo que não lhe pertence de forma única. Como ele observa, a respiração é necessária para qualquer comportamento e, logo, não pode fazer parte de uma explicação sobre o crime; o desejo de ganhar dinheiro explica tanto o comportamento criminal quanto o não criminal, de modo que não faz sentido usar esse recurso para explicar o crime.[86]

O que isso representa para discursos e teorias que acusam os games de causar violência criminal é mais do que óbvio. São teorias e acusações que partem de premissas completamente equivocadas.

Voltarei ao tema na Fase 5, quando enfrentarei as pesquisas sobre ele. Ainda seria possível manifestar muitas outras oposições com base na própria teoria de Sutherland, mas me parece que as já suscitadas são suficientes para afastar a ideia de aprendizado e treinamento no caso específico dos games, noção a que devem se somar as críticas compartilhadas na Fase 2 sobre o tema.

De qualquer forma, é preciso admitir que pelo menos no caso dos irmãos Buckner houve um indício concreto que justificava que *Grand Theft Auto III* chegasse às manchetes dos jornais. Eles literalmente disseram que resolveram atirar em carros, como em *GTA*. Mas essa questão é bastante simples: devemos assumir automaticamente como verdadeira a declaração dos jovens, no sentido de uma causação? Ou a questão merece uma reflexão mais aprofundada?

Por que o jogo deveria ser responsabilizado como produto cultural criminógeno? Se alguém atirar em policiais depois de ter assistido a *Rambo: programado para matar*, a culpa terá sido do filme? Se essa pessoa afirmar que não tinha controle sobre a própria vontade quando efetuou os disparos, daríamos crédito a essa informação? Voltaríamos nossa atenção para o produto cultural e pensaríamos que de algum modo isso atenuaria a responsabilidade do atirador? A diferença de critério para as situações que envolvem os games fica manifestamente clara com questionamentos mínimos. E mesmo que a alegação dos adolescentes fosse assumida como verdade, seria preciso se assegurar sobre como o jogo poderia ter "determinado" ou "programado" alguém para agir

VIDEOGAME E VIOLÊNCIA

assim, o que jamais foi feito, mesmo pelas pesquisas acadêmicas mais ousadas nesse sentido, como veremos a seu tempo. Quanto de "vontade" e quanto de "influência" restariam para efeito de imputação de responsabilidade criminal? São muitas perguntas e a resposta a nenhuma delas é satisfatória o suficiente para confirmar os medos de quem difunde pânico moral.

Douglas Lowenstein, presidente da IESA, disse que o incidente era uma "terrível tragédia", mas afirmou que culpar um game jogado por milhões pelas atitudes dos garotos era "equivocado e contraproducente". "Não existem evidências confiáveis de que jogos violentos levam a comportamento violento", declarou ele. "Os jogos podem fornecer uma desculpa simples para os adolescentes envolvidos nessa tragédia, mas a responsabilidade por atos violentos pertence a quem os cometeu."[87]

Não é difícil perceber que o recurso empregado pelos autores de eventuais transgressões "influenciadas por games violentos" conforma exatamente o que Sykes e Matza definiram como técnica de neutralização, particularmente a negação de responsabilidade. Como observam os autores, o delinquente pode considerar que suas ações são fruto de forças externas fora de seu controle, considerando a si mesmo como uma "bola de bilhar" arremessada de forma indefesa em diferentes situações. Sykes e Matza alertam que não é a validade do argumento em si mesmo que importa, mas sim o que representa para o delinquente como forma de contornar a responsabilidade pela prática de violações: aprendendo a ver a si mesmo como influenciado por forças externas e não como alguém que atua por conta própria, o delinquente se prepara para o desvio sem entrar em choque direto com o sistema normativo.[88]

Thompson sempre proferiu palavras fortes e ousadas, sem sombra de dúvida: fez alegações totalmente absurdas e desprovidas de qualquer evidência inúmeras vezes. Mas não pense que essa era uma campanha de um homem só. Apesar de ser o protagonista mais visível, ele estava longe de ser uma voz isolada. O pânico moral se disseminou tanto que passou a ser reproduzido até mesmo pela polícia. Um policial entrevistado declarou que seu trabalho já era suficientemente difícil sem que garotos cresçam jogando "esse tipo de jogos" e desenvolvendo ideias como "vamos matar um policial". Para ele, "é praticamente como colocar um alvo em nossas costas".[89]

De fato, é um depoimento impressionante. Ainda mais considerando a fonte. Não estamos falando de um advogado que elegeu um inimigo e o combateu durante décadas com auxílio do sensacionalismo midiático. Tenho enorme simpatia por policiais e pelo trabalho que desenvolvem, muitas vezes em condições precárias e sem remuneração e equipamentos adequados, o que ocorre em todas as partes do mundo. Mas é preciso ter responsabilidade condizente com a dignidade da profissão. Sobretudo em declarações públicas para a imprensa, situação em que de algum modo não é o indivíduo isolado que fala, já que o discurso pode ser equivocadamente interpretado como representativo de toda a corporação policial. Empreendedores morais irão se apropriar da declaração e difundir o argumento justamente com essa conotação.

Surpreendentemente, foi apenas o primeiro de muitos descuidos semelhantes mundo afora. Ferguson tem uma opinião consistente sobre isso: ele considera que a concentração do foco de investigação nos potenciais efeitos dos jogos violentos conforma desperdício de recursos policiais. Ele aponta que, considerando que a maioria dos jovens do sexo masculino joga games violentos, ligar um crime individual a eles facilmente pode levar a erros. Esse tipo de erro pode confundir o público, contribuir para pânico desnecessário e retirar o foco das verdadeiras questões que conduzem à delinquência juvenil. Isso também é verdadeiro em casos nos quais os próprios agentes alegam terem sido influenciados por jogos. É comum que, uma vez capturados, criminosos atribuam a culpa de suas próprias ações a uma multiplicidade de causas externas, como vítimas, pais, colegas, doenças mentais, a sociedade como um todo etc. Culpar os jogos é apenas "mais do mesmo", e é surpreendente que policiais possam considerar que as declarações que atribuem responsabilidade aos jogos mereçam credibilidade enquanto todas as declarações que atribuem responsabilidade a qualquer outra fonte jamais desfrutariam dessa credibilidade.[90] Como o leitor pode perceber, o que Ferguson diz

VIDEOGAME E VIOLÊNCIA

é muito semelhante à técnica de neutralização conhecida como negação da responsabilidade.

Por outro lado, creio que exista ainda outro aspecto a considerar: o que Robert Merton chamou de profecia que se autorrealiza (*self-fullfiling prophecy*), ou seja, um prognóstico que, ao se tornar uma crença, provoca sua própria concretização. Merton utiliza um exemplo singelo para ilustrar o conceito. Imagine um banco em perfeita situação financeira, que é repentinamente atingido por uma onda de boatos indicativos de sua insolvência. A corrida dos correntistas e o subsequente saque em massa de recursos, bem como a liquidação de outros negócios, acaba de fato provocando a insolvência do banco. Merton afirma que "a profecia que se autorrealiza é, no início, uma definição falsa da situação, que suscita um novo comportamento e assim faz com que a concepção originalmente falsa se torne verdadeira".[91] Estamos diante de situações em que expectativas positivas ou negativas de determinadas circunstâncias, eventos ou pessoas podem afetar o comportamento de alguém, de forma que ele ou ela inconscientemente crie situações que preenchem as expectativas originais. Meu ponto é simples: com isso são gestadas condições para que a criminalização cultural e o pânico moral dela decorrente crie o próprio inimigo que supostamente busca combater.

Ilustrativa para a compreensão da ideia é a questão do estigma, à qual me referi anteriormente. No âmbito do controle social informal "se dão os processos de interação simbólica nos quais, desde cedo, a família define quem é a ovelha negra entre os irmãos; os professores e a escola, o estudante difícil ou marginal. Desse modo, as pessoas assim definidas ficam estigmatizadas com signo social de fracasso ('o pedagogo bem sabe qual será o destino que a vida dará ao tão problemático garoto'). Posteriormente, esta estigmatização ou etiquetamento será reforçada e aprofundada por outras instâncias do controle social, que acabarão por levar o estigmatizado a assumir por si mesmo, como parte de sua própria história vital, este papel imposto e atribuído de fora."[92]

Se essa possibilidade merece consideração, o que "provoca criminalidade" não é um dado jogo violento, mas a imagem criminalizada do gamer projetada e difundida pela grande mídia e interiorizada por uma dada pessoa, que corresponde a essa expectativa praticando uma conduta criminosa real. O esquema a seguir ajuda a compreender a hipótese que proponho.

Figura 3.2 A profecia que se autorrealiza em ação: a criminalização cultural estimula o pânico moral e pode criar o próprio inimigo que supostamente combate.

Com isso não digo que essa é uma explicação exaustiva, aplicável a todo e qualquer caso. Mas me parece que ela deve ser levada seriamente em consideração e pode motivar instigantes debates. De qualquer modo, a escalada da criminalização cultural fez com que os tentáculos do pânico moral se aprofundassem cada vez mais. Se a hipótese que levantei merece crédito, os efeitos por ele provocados são simplesmente espantosos.

No entanto, o fato é que independentemente das considerações que podem ser feitas sobre os empreendedores morais e seus argumentos, ou sobre o que poderia motivar ou não certos episódios de violência, eles

VIDEOGAME E VIOLÊNCIA

não paravam de acontecer. E com isso abasteciam continuamente com argumentos os detratores dos games. Não é gratuitamente que o pânico moral se fortaleceu de forma substancial na última década. Essa tecla foi batida de forma repetida e ferrenha sempre que possível e as oportunidades não cessaram de aparecer para que a possível relação de causa e efeito fosse exaustivamente explorada e difundida pela grande mídia.

No mesmo ano em que foi lançado *Grand Theft Auto IV*, a polícia prendeu seis adolescentes. De acordo com os policiais, três rapazes assaltaram um homem em um estacionamento e depois mais três jovens se juntaram a eles. Armados com um taco de beisebol, um pé de cabra e um cabo de vassoura, roubaram um motorista e depois amassaram uma van com o taco. Os garotos afirmaram que estavam imitando Niko Bellic, personagem de *Grand Theft Auto IV*.[93]

Este é apenas um deles. Os casos de "imitação direta" de *Grand Theft Auto IV* continuaram a aparecer mundo afora, com alarmante frequência.

Polwat Chinno, um rapaz de 18 anos, foi preso na Tailândia após ter assassinado um taxista de 54 anos, tentando roubar seu veículo. O jovem disse que queria imitar cenas de *GTA*. A polícia afirmou que o jovem – obcecado pelo game – não demonstrou ter nenhum problema mental ao longo do depoimento – não que policiais costumem ter qualificação para constatar isso – e confessou ter cometido o crime por causa do jogo. O investigador relatou que o jovem disse que queria descobrir se era tão fácil roubar um táxi quanto parecia no game. Um representante do Ministério da Cultura da Tailândia declarou que o caso era um alerta para que as autoridades enfrentassem os jogos violentos e pediu aos pais que prestassem mais atenção no que os filhos jogam.[94] Como sempre, a matéria não se limita a informar: procura efetivamente convencer os leitores de que foi assim que as coisas se passaram. Os argumentos são "confirmados" pelos próprios fatos relatados e pelo depoimento dos policiais. Chinno foi preso enquanto tentava andar de ré no táxi, com o cadáver do taxista assassinado acomodado no banco de trás, o que certamente parece dizer algo sobre sua condição mental.[95] O jogo foi banido na Tailândia em virtude do caso.[96]

Em junho de 2008, novo episódio em Nova York: seis adolescentes foram presos e alegaram que imitavam personagens e cenas da série *GTA*. A polícia recebeu uma ligação de uma mulher que afirmou ter sido cercada em seu carro por doze ou quinze jovens armados com pés de cabra e barras de metal, que a roubaram. Quando a polícia chegou ao local, um furgão estava sendo atacado da mesma forma. O motorista conseguiu capturar um dos agressores e um policial agarrou outro. Mais quatro rapazes foram detidos depois. As investigações revelaram que o grupo também era responsável por outros roubos recentes. A Take-Two fez um pronunciamento, afirmando que "eventos como esses são perturbadores para todos os cidadãos. No entanto, seria equivocado relacionar incidentes como esse a produtos voltados para o entretenimento. Indivíduos que cometem crimes devem ser responsabilizados por suas ações".[97]

É óbvio que a hipótese de Ferguson e as técnicas de neutralização de Sykes e Matza devem ser consideradas: será que o jogo não está sendo transformado deliberadamente em bode expiatório pelos próprios jovens em confronto com a lei, que o utilizam como explicação que de algum modo "justifica" suas ações, potencialmente transformando-os em vítimas? Se a responsabilidade fosse direcionada para qualquer outra forma de entretenimento, é provável que não fosse levada a sério por um instante sequer. Mas fale em games violentos e subitamente o assunto se torna notícia com espantosa facilidade. É óbvio que não há como saber as intenções por trás das declarações dos jovens, mas é uma possibilidade que merece atenção, assim como a já referida profecia que se autorrealiza, discutida por Merton. O autor também é conhecido por sua teoria do desvio, estruturada em torno da contradição entre metas culturais e meios sociais disponibilizados para que os membros de uma dada sociedade as alcancem. Merton argumenta que diante da impossibilidade de que todos realizem o sonho americano, alguns indivíduos inovam praticando desvio: assumem a meta de acúmulo de riqueza como medida de sucesso e felicidade, mas empregam meios ilegais para alcançá-la.[98] Estruturada em torno da ideia de anomia, a teoria de Merton foi uma valiosa contribuição. Mas sua leitura é de escassa valia para compreender

VIDEOGAME E VIOLÊNCIA

os crimes supostamente causados pela série, que parecem ter pouca ou nenhuma relação com ganhos materiais.

O modelo de Katz parece ilustrar muito melhor os eventos em questão, pois contempla a sedução da transgressão e a busca por excitação. É possível que muitos deles tenham decorrido de respostas ao vazio existencial provocado pelo tédio e pela submissão a diferentes níveis de controle, como discutido anteriormente. Em outras palavras, se essa leitura merece crédito, os controles sociais e as válvulas de escape existentes não foram suficientes para que os jovens em questão não desejassem experimentar o que Katz chamou de "delícia de ser desviante". Para a maioria das pessoas, consumo e celebração da violência mercantilizada é suficiente, enquanto para outras, não, por inúmeras razões. Logicamente, não existe nenhuma relação entre essa questão e qualquer simplificação grosseira em torno dos supostos efeitos de games violentos.

De qualquer modo, as alegações de efeitos criminógenos da série ficariam ainda mais surpreendentes. Em 2011, vários tumultos ocorreram durante protestos em Londres, com notícias de saques e vandalismo.[99] Sem sombra de dúvida, os fatos são complexos e dignos de uma análise profunda, incompatível com as dimensões e o próprio objeto deste livro. Mas um elemento é pertinente para esta investigação: o *London Evening Standard* publicou uma reportagem em que um policial não identificado afirma que quando ele era jovem as crianças se divertiam com *Pac-Man* e jogos de tabuleiro. Agora jogam *GTA* e querem viver essa experiência.[100]

Foi a segunda vez que um policial teceu comentários dessa ordem: é quase um lamento de quem pede ajuda para resolver um problema muito grave, que se encontra além de suas forças. Mas dessa vez a afirmativa soava ainda mais estarrecedora e despropositada, considerando a intensidade que os protestos adquiriram. Definitivamente, culpar um jogo por acontecimentos protagonizados por um número tão grande de pessoas é visivelmente irresponsável e serve apenas para reforçar os preconceitos morais contra os games. E o mais surpreendente é que esse tipo de fala se tornou cada vez mais comum, aparecendo em contextos geográficos e culturais bastante distintos.

É o caso do ataque cometido por cinco adolescentes contra um homem bêbado no distrito de Gwank-gu, em Seul, Coreia do Sul. Os policiais concluíram que o único motivo pelo qual os jovens teriam atacado o homem seria o desejo de imitar *Grand Theft Auto IV*, particularmente uma cena que envolve violência, motocicletas e lutas e, potencialmente, uma das missões que envolvia o emprego de armas de fogo.[101]

Como podem ter chegado a tal conclusão? Parece surpreendente que policiais possam emitir esse tipo de opinião: trata-se de mera suposição sem nenhum indício concreto. Ou seja, justamente o oposto do que deve ser a atividade policial. É evidente que não devemos dar crédito a tais declarações: são apenas relatos isolados de alguns indivíduos. O fato de serem policiais não os torna mais qualificados para a emissão de diagnósticos complexos de causa e efeito do que outras pessoas e, principalmente, dos milhares de outros policiais que se calam sobre essa suposta relação de causalidade. É exatamente o contrário: as declarações são absolutamente espantosas por partirem de policiais que sucumbiram ao pânico moral.

Que o discurso tenha se disseminado dessa forma certamente tem relação com décadas de cobertura do assunto pela grande mídia. De algum modo essa compreensão penetrou profundamente a cultura mundial e é reproduzida de forma irrefletida até mesmo por alguns policiais, que não parecem perceber os limites lógicos do argumento em questão. Mas acomode-se na poltrona. Os casos ainda não acabaram. E os que relatarei a seguir são ainda mais esdrúxulos.

Em 2013, no estado da Luisiana, um menino de 8 anos de idade matou a avó com um tiro na cabeça enquanto ela assistia à televisão. De acordo com os investigadores, o menino estava jogando *Grand Theft Auto IV* antes de a tragédia ocorrer e o disparo foi intencional. Não chegaram a dizer diretamente que o jogo causou a morte da avó do menino, mas essa "falta" foi suprida de outra forma no corpo do texto. Citado na matéria, um psicólogo afirmou que o acesso a jogos violentos como *Grand Theft Auto IV* incentiva comportamento agressivo. "Desde a perspectiva da teoria comportamental, eu diria que isso é prática. Se você tem um jogo em que alguém atira em um alvo, é como praticar tiro ao alvo. Se você

VIDEOGAME E VIOLÊNCIA

tem um game que consiste em atirar em seres humanos, é como praticar o ato de atirar em seres humanos."[102] Já discuti a questão do aprendizado algumas páginas antes e o leitor conhece minha opinião sobre esse tipo de diagnóstico: é uma insensatez. Decididamente as declarações do psicólogo soam muito convincentes, pelo menos para leitores mais ingênuos. Já mostrei que função elas cumprem no corpo desse tipo de matéria: preenchimento do déficit de credibilidade de uma certa hipótese, com argumento de autoridade. Explico: o argumento em si mesmo não tem nenhuma autoridade. Só passa a ter algum valor com base em quem diz: passa a ser "percebido como verdadeiro" apenas porque foi dito por um psicólogo que é verdadeiro. Não importa que outros psicólogos tenham opiniões manifestamente distintas: para muitas pessoas, infelizmente, isso é suficiente.

Logo estava sendo suscitada outra vez a relação de causa e efeito, enquanto o que deveria provocar discussão é o fato de um menino dessa idade ter tido acesso a uma arma de fogo. Um fato como esse deveria gerar uma preocupação pública sobre a necessidade de maior cuidado no armazenamento de armas de fogo nos lares norte-americanos e, quem sabe, maiores restrições para sua aquisição. Mas não: o foco central são os games e o perigo que eles representam para a integridade física das pessoas e a formação moral das crianças. Como se pudesse existir uma relação tão próxima de aquisição de habilidade para o manejo de uma arma de fogo por meio de algo que não é sequer remotamente semelhante: um controle de videogame. E como é óbvio, um menino com essa idade não deveria jogar *GTA*, o que não significa responsabilizar grosseiramente o jogo pela tragédia.

Se esse episódio envolvendo a série já parece surpreendente, outro fato que também incluiu a participação de um garoto é ainda mais inusitado. Em 2013, um menino de apenas 9 anos embarcou como clandestino e voou de Minneapolis a Las Vegas. Aparentemente, o garoto teria dito ao policial que pensou estar jogando *Grand Theft Auto*(!).[103]

Você já sabe como o acontecimento foi interpretado: mais uma confirmação do perigo que representa a série e, logo, novo processo de criminalização cultural desencadeado.

Não há como não se espantar. O fato é desconcertante. Afinal, qual é a questão a ser suscitada no caso? Não seria a perplexidade diante da possibilidade de um garoto de apenas 9 anos concretizar essa *façanha*? Como pode ter driblado todos os sistemas de segurança? Onde estavam os pais do menino? Como ele chegou ao aeroporto?

A eventual "inspiração", se é que ela realmente existiu, parece ser o que menos importa no surpreendente episódio. Dias depois do fato, o pai declarou que inúmeras vezes havia pedido ajuda para lidar com o menino. Incrivelmente, essa não foi sua primeira proeza: ele já havia conseguido furtar um caminhão anteriormente (não me perguntem como!). Sem dúvida o garoto é um prodígio, e isso não tem a menor relação com o fato de ele jogar *GTA*, um jogo ao qual nem ele nem o menino do caso anterior deveriam ter acesso. Os problemas são de outra ordem, mas sempre parecem rondar a série.

No dia do lançamento de *Grand Theft Auto V*, um rapaz de 23 anos foi atingido com um tijolo e esfaqueado quando retornava de um supermercado em Londres, logo após ter adquirido *Grand Theft Auto V*, que começou a ser vendido à meia-noite do dia 17 de setembro de 2013. O agressor levou sua cópia do jogo, um relógio e o celular da vítima, que se encontrava em recuperação no hospital quando a reportagem foi escrita. A polícia não soube dizer se o ataque foi especificamente dirigido para o roubo do game.[104] Coincidência ou mais um episódio de violência relacionado à série? A resposta é que obviamente não há como se saber.

MANHUNT *E O CASO WARREN LEBLANC*

A série *Manhunt* também foi desenvolvida pela Rockstar e provou mais uma vez que a produtora definitivamente não teme controvérsia. O jogo sempre é lembrado pela elevada violência, que muitas vezes extrapola bastante os níveis da série *GTA*. Lançado em 2003, ele foi banido em vários países. O enredo consiste em vinte missões, ou cenas, de execução. Evocando a temática – tida como lenda urbana – dos *snuff movies* (filmes que giram em torno de execuções reais de pessoas, diante de

VIDEOGAME E VIOLÊNCIA

câmeras), o jogador assume o papel de Cash, um condenado à morte que deve assassinar os membros de uma gangue enquanto é filmado, tendo como promessa a liberdade. Armas de fogo são eventualmente utilizadas, mas o método principal é a execução com as próprias mãos: o jogador se aproxima silenciosamente do alvo e o sufoca lentamente com um saco plástico. Sua performance é avaliada por Lionel Starkweather, figura que voyeuristicamente se delicia com as mortes que determina.

Os roteiros sofisticados que caracterizam a série *GTA* não estão presentes em *Manhunt*. Apesar da premissa interessante, Greg Kasavin, do site GameSpot, considerou que a história não evolui, servindo apenas como desculpa para que o personagem seja jogado de uma situação desesperadora para outra.[105]

É certo que o roteiro do jogo não se presta ao papel de narrativa de legitimação, o que, conjugado com sua premissa, encaminhou *Manhunt* para o centro dos holofotes midiáticos. Como discuti na Fase 1, o efeito anestesiante ou justificante desse tipo de narrativa não pode jamais ser subestimado: se o jogador desempenhasse praticamente as mesmas ações durante a fuga de um soldado norte-americano em uma prisão localizada no Oriente Médio, dificilmente encontraria oposição, ou ela seria muito menor. Mas esse certamente não era o caso.

Não é difícil perceber por que *Manhunt* provocou polêmica: um ex-funcionário da Rockstar revelou que os próprios membros da equipe que desenvolvia o jogo começaram a sentir desconforto diante do nível de violência, que quase provocou um motim na empresa. Jeff Williams relata que, diferentemente da série *GTA*, a violência em *Manhunt* era explícita, realística e não racionalizável: sabíamos que estávamos ultrapassando uma linha.[106] Se os próprios programadores da Rockstar já sentiam desconforto, imagine o que o jogo representou para os detratores dos games.

O jornal *Chicago Tribune* publicou uma matéria intitulada "*Manhunt*: o próximo passo da violência nos videogames" e entrevistou o deputado Joe Baca, defensor de uma lei que estabelecia multa para venda de jogos adultos para menores de 17 anos. Para ele, o jogo ensina jovens a matar com crueldade, empregando métodos sádicos.[107] Embora o pensamento de que "jogos ensinam a matar" não fosse novo, *Manhunt* forneceu argumentos fortes para que houvesse uma cruzada não só contra ele, como também para que fossem revividas as disputas anteriores: as próprias matérias se referiam a ele como "próximo passo" da violência nos jogos eletrônicos, um rótulo que não era inteiramente injustificado. Decididamente, *Manhunt* havia ultrapassado todos os limites até então estabelecidos para um produto comercial interativo dessa escala.

No fim de 2003 o jogo foi banido, independentemente de faixa etária, na Nova Zelândia pelo NZ Office of Film and Literature Classification. Mesmo as matérias publicadas na imprensa especializada indicavam que ele era assumidamente ultraviolento.[108] Também foi banido na Alemanha em 2004, a primeira iniciativa dessa ordem desde 1995, quando o mesmo aconteceu com *Mortal Kombat II*.[109]

Como não poderia deixar de ser, *Manhunt* inspirou enormes controvérsias. Mas uma delas em particular é de interesse para os propósitos deste livro: o jogo chegou a ser considerado elemento integrante de um assassinato pela imprensa inglesa, alegação posteriormente rejeitada pela polícia e pelos tribunais.[110] Foi ligado ao homicídio de Stefan Pakeerah, um jovem de 14 anos, por seu amigo de 17 anos, Warren Leblanc. Os pais do adolescente responsabilizaram diretamente o jogo pela morte do filho, já que, conforme a imprensa, ele fora encontrado nos pertences do autor do crime.

Diante da intensidade do processo de criminalização cultural, o jogo deixou de ser comercializado em uma das maiores redes inglesas de games na época. Um representante da Entertainment and Leisure Software Publishers Association se pronunciou e afirmou que rejeitava qualquer associação entre os acontecimentos e a venda de *Manhunt*, que é classificado como 18+ e não deveria estar nas mãos de um adolescente. Segundo ele, a simples posse do jogo não podia levar à conclusão de que *Manhunt* era responsável pela tragédia.[111] O processo de disseminação de pânico moral já havia sido tão bem-sucedido que não era sequer necessário que existissem vínculos subjetivos entre o jogo e o suposto agressor. O simples fato de *Manhunt* integrar os pertences do suspeito já era suficiente para que os velhos argumentos de causa e efeito fossem

VIDEOGAME E VIOLÊNCIA

suscitados: mais uma vez um game da Rockstar era envolvido em um homicídio pela imprensa.

Novamente estamos às voltas com o problema da causalidade direta entre videogame e violência: uma coisa é a condenação moral do conteúdo, outra bem distinta é responsabilizar o jogo por um homicídio. Como o leitor já observou, em geral as acusações de causa e efeito não são resolvidas de forma satisfatória. Embora jamais tenham existido provas da relação de causalidade, sempre fica "no ar" a ideia de que um jogo foi de algum modo responsável. Teria faltado apenas comprovar o elo final na corrente de causação. Mas dessa vez o fim da história foi diferente: a resposta foi bem mais simples do que se poderia supor inicialmente.

A família do rapaz assassinado contratou o advogado Jack Thompson – sim, de novo ele, atuando dessa vez do outro lado do Atlântico –, que pretendia processar a Sony (fabricante do Playstation 2) e a Rockstar, buscando uma indenização de 50 milhões de libras.[112] Thompson repetiu o mesmo discurso de sempre: disse que as evidências apontam que adolescentes que jogam esse tipo de game têm dificuldade para distinguir entre fantasia e realidade, o que, segundo ele, e obviamente sem qualquer prova dessa alegação, fez com que dezenas de homicídios fossem cometidos por crianças nos Estados Unidos. Para ele, jogos dessa espécie são verdadeiros simuladores de assassinato: o advogado afirmou que nos Estados Unidos pessoas eram mortas todos os dias em decorrência da influência dos games.[113] Mesmo para um empreendedor moral como Thompson, trata-se de uma acusação ousada: os efeitos criminógenos dos games produziriam resultados equivalentes aos de uma guerra de grandes proporções. Parece incrível que alguém possa dar crédito a uma declaração tão despropositada. Mas Thompson sabia muito bem quais botões tinha que pressionar. E a grande mídia sempre lhe deu atenção.

A diferença é que dessa vez os holofotes brilharam pouco sobre Thompson. No mesmo dia em que o advogado foi contratado, a polícia desmentiu os jornais, informando que o jogo havia sido encontrado no quarto da vítima e não no do agressor, como fora divulgado.

Justiça poética e instantânea. O processo de criminalização cultural foi cortado pela raiz. Com as declarações da polícia, a cadeia de causalidade foi completamente rompida, retirando *Manhunt* de cena: apesar de toda polêmica levantada, a sentença não fez nenhuma menção ao game e apontou que a motivação do rapaz para o crime foi financeira. A defesa sustentou que agressor devia dinheiro para uma gangue, o que não impediu que ele fosse sentenciado à prisão perpétua.[114]

Mais uma vez um game era implicado em uma tragédia, de forma equivocada. *Manhunt* pode até ter excedido alguns limites, mas não tinha qualquer relação com o crime ao qual foi vinculado, mesmo que remotamente. E o mais incrível é que a polêmica não terminou aí, apesar de ter sido comprovado que o jogo não tinha a menor relação com o caso.

Com o lançamento de *Manhunt 2* alguns anos depois, a controvérsia foi retomada. Os pais da vítima lamentaram a realização da sequência e permaneceram responsabilizando o jogo pela morte do filho.[115] Desafiando toda e qualquer lógica, Jack Thompson sustentou que a conclusão da polícia de que o jogo pertencia à vítima estava incorreta. Para ele, *Manhunt* foi responsável direto pelo assassinato, cometido por um rapaz obcecado pelo game e que utilizou um martelo do mesmo modo que era utilizado pelo personagem controlado pelo jogador em *Manhunt*. Thompson considerou que nenhuma outra explicação era possível. Claramente o advogado não reconhecia nenhuma autoridade sobre fatos dessa ordem a não ser a que ele concedia a si próprio. Ele tentou impedir que o jogo fosse lançado, mas não teve sucesso, como em inúmeras outras ocasiões.[116]

A Rockstar fez um pronunciamento oficial antes do lançamento do game, no qual afirmou: "Nós estamos cientes de que certos indivíduos continuam a ligar *Manhunt* ao caso Warren LeBlanc de 2004, de forma contrária a todas as evidências e à decisão judicial, na qual o juiz, a defesa, a acusação e a polícia enfatizaram que o jogo não teve nenhuma relação com o caso." A batalha judicial entre o advogado e a empresa acabou em um acordo entre as partes, cujos termos não foram divulgados.[117]

A própria Rockstar tentou esvaziar a polêmica em torno do jogo, dizendo que ele seria reservado ao público adulto e merecedor da mais

VIDEOGAME E VIOLÊNCIA

alta classificação.[118] Mas nem isso bastou: na Inglaterra, o BBFC recusou classificação para o jogo, dizendo que ele representava um conjunto de riscos injustificáveis para adultos e menores. Nos Estados Unidos, uma coalizão de educadores e organizações dedicadas aos direitos infantis enviou uma carta para a ESRB pedindo que o jogo fosse classificado da forma mais rígida possível, ainda que o porta-voz da campanha, Josh Golin, reconhecesse que ninguém havia visto ou jogado o jogo: o ponto de vista era baseado em uma crítica de *Manhunt 2* e "em vários estudos sobre videogame e violência".[119] *Manhunt 2* foi classificado nos Estados Unidos como AO (Adults Only) na versão para PC e M (Mature 17+) para os consoles, sem dar margem para maiores controvérsias, além das esperadas para um jogo com temática tão arriscada.

Manhunt nunca fez tanto sucesso como a série *GTA*. Isso demonstra que mesmo os argumentos sobre a sedução da transgressão que desenvolvi no início desta Fase encontram seu limite no maior de todos os critérios: a qualidade da jogabilidade e do produto como um todo. E, sob esse aspecto, *Manhunt* jamais conseguiu se aproximar minimamente do monumento que é *GTA*, feito realizado somente pelo excelente *Red Dead Redemption*. Aparentemente, a Rockstar resolveu deixar a série de lado em definitivo: nenhuma edição do jogo chegou ao Xbox 360 e ao Playstation 3 e não existem planos para retomar a série no Playstation 4 e no Xbox One. Mesmo para uma empresa que não só não tem medo como propositalmente provoca polêmica, existem limites para a ousadia.

De qualquer forma, o envolvimento de *Manhunt* no homicídio em questão foi meramente circunstancial, apesar de ter sido instrumentalizado para acionar os gatilhos típicos do pânico moral.

A CRIMINALIZAÇÃO CULTURAL DE BULLY E SUA PROIBIÇÃO NO BRASIL

Antes mesmo de ser lançado, *Bully* estava envolvido em enormes controvérsias, em razão de sua proposta de retratar conflitos típicos de ambientes escolares. O advogado Jack Thompson lançou uma campanha contra o jogo da Rockstar, chamando-o de "Columbine Simulator". Mais uma vez, não era sequer necessário ter contato direto com o game para lançar uma cruzada criminalizante contra ele. Thompson queria ter o jogo em mãos antes do lançamento e entrou com um processo pedindo uma cópia para o Walmart e a Take-Two, distribuidora do game. Para o advogado, era inaceitável que *Bully* estivesse em pré-venda antes que houvesse qualquer posicionamento da ESRB sobre seu conteúdo. Sua intenção era clara: impedir que o jogo chegasse ao mercado. E ele não mediu esforços nesse sentido, concedendo dezenas de entrevistas para diferentes veículos, sempre satanizando o game.

Curiosamente, as atividades de Thompson acabaram lhe rendendo bastante incômodo: o advogado alegou ter sido ameaçado de morte por um rapaz de 16 anos, que, de acordo com ele, foi detido pela polícia. Não ficou claro se houve prosseguimento na questão, uma vez que o ônus da prova no caso cabia a Thompson.[120] Ele decididamente estava flertando com o perigo. A contínua difusão de pânico moral e veiculação de estigmas sobre a subcultura gamer estava tendo um efeito previsível: Thompson estava sendo eleito como inimigo por uma comunidade que se tornava cada vez mais expressiva. Mas sua cruzada moral surtiu algum efeito: o juiz Ronald Friedman determinou que Thompson tivesse acesso a *Bully*, mas julgou de forma favorável ao seu lançamento, argumentando que nele não havia nada de diferente do que podia ser encontrado nos noticiários. Friedman afirmou que não gostaria que seu filho jogasse o game, mas que isso não significava que ele não devesse ser lançado.

Mais uma vez, Thompson tinha suas pretensões frustradas. O discurso sobre os efeitos criminógenos dos games encontrava receptividade em parcela significativa da grande mídia, mas novamente era rechaçado judicialmente. Thompson ficou inconformado com a decisão. Em carta aberta ao juiz, ele atacou de forma incisiva a sentença, sustentando que Friedman teria feito algo equivalente ao Irã, que conduziu uma equipe de inspeção da ONU apenas a lugares onde as atividades ilegais não estavam ocorrendo.[121]

Parecia não haver limites para o que Thompson estava disposto a fazer para combater a indústria dos games. Mas suas práticas profissionais questionáveis acabaram lhe custando caro: após anos de combate

VIDEOGAME E VIOLÊNCIA

ferrenho, ele teve sua licença para advogar cassada em virtude dos limites éticos que ultrapassou no exercício da advocacia. A Suprema Corte da Flórida declarou que Thompson agiu de forma questionável repetidamente, "demonstrando completa falta de consideração para com a administração da justiça e total indiferença diante do que sua conduta representaria para a vida, o escritório de advocacia, carreira judicial, cliente, família e reputação dos oponentes".[122] Como se vê, não é apenas no que se refere aos games que Thompson ultrapassou limites éticos e legais, o que certamente soa estranho para alguém que se colocava em um patamar moral tão alto. Como afirmei na Fase 1, é comum que os empreendedores morais não atendam ao rígido padrão moral que tentam impor aos demais. Não que isso tenha impedido que ele continuasse a fazer declarações públicas contra os jogos eletrônicos, ainda que tenha encerrado sua capacidade de atuar judicialmente.

Quando *Bully* enfim chegou ao mercado, foi muito bem recebido pela imprensa norte-americana, que constatou que, apesar do histórico da Rockstar, não há armas de fogo nem mortes no jogo. Embora exista luta corporal, não há sangue e ninguém parece se machucar seriamente. O personagem aprende em aulas, desenvolve habilidades sociais e é efetivamente punido quando apresenta mau comportamento.[123] Mais uma vez ficava demonstrada a irresponsabilidade de Thompson.

Israel C. Kalman, psicólogo escolar e criador do site Bullies2Buddies.com, não ficou nada alarmado diante das lutas existentes no game. Para ele, brincar de luta é um comportamento essencial e saudável do ser humano. Kalman considera que um game pode oferecer uma via de acesso completamente segura para esse instinto. Talvez isso possa até ser interpretado como um argumento a mais para a hipótese que levantei no início desta Fase, quando discuti questões relativas ao tédio imposto pela cultura moderna. Quando entrevistado, Kalman estava escrevendo suas impressões sobre *Bully* para os mais de 12 mil conselheiros escolares e pais em sua lista de e-mails e incentivando-os a comprar o jogo.[124] Como pode ser percebido, a reflexão de Kalman parte de uma perspectiva bastante distinta, que considera que os jogos não só não geram violência, como podem funcionar como válvula de escape saudável para ela. *Bully* foi classificado como Teen (adequado para maiores de 13 anos) pela ESRB.

Mas isso não impediu a controvérsia em torno do jogo, ainda que de uma maneira totalmente distinta daquela suscitada por Thompson. Depois de tantas acusações, a polêmica em torno dele acabou ocorrendo em função da possibilidade que *Bully* dava para que o personagem se envolvesse não apenas com meninas, mas também com um garoto, de fato "ficando" com ele.[125] Embora isso tenha causado revolta em círculos conservadores, a ESRB afirmou que estava inteiramente ciente dessa possibilidade quando classificou o jogo como Teen e, logo, que não estava disposta a rever a indicação atribuída.

A diversidade sexual nos games continua provocando polêmica nos Estados Unidos, particularmente em jogos da produtora Bioware, distribuídos pela Electronic Arts, como nas séries *Mass Effect* e *Dragon Age* – este ganhou prêmio pela forma com que personagens LGBTQ são retratados.[126] Ainda que continue a ser objeto de repúdio para o moralismo de plantão, trata-se de uma louvável iniciativa de incorporação da diferença no universo dos games, que em alguma medida se assemelha aos esforços empreendidos nos últimos anos no âmbito da teledramaturgia brasileira. A Rockstar definitivamente merece parabéns.

É forçoso reconhecer que a reação a *Bully* antes mesmo de seu lançamento não era inteiramente injustificada: o histórico da Rockstar e a temática escolar pareciam formar uma combinação explosiva, que obviamente não era nada bem-vista por aqueles que já tinham se tornado adeptos do pânico moral em torno dos games. O jogo gerou tanta polêmica na Europa que a empresa decidiu mudar seu nome para *Canis Canem Edit (Cão Come Cão*, em latim), em claro protesto à cruzada moral movida contra ele.[127] Na Inglaterra, o jogo foi classificado como 15+ pela BBFC. Keith Vaz, político notório por sua posição contra jogos violentos, lutou para que o jogo fosse reclassificado para 18+ ou banido, antes mesmo de seu lançamento e sem ter tomado qualquer contato efetivo com seu conteúdo, o que obviamente carece de sentido.

Não há dúvida de que o pânico moral em torno de *Bully* na Inglaterra foi muito mais grave do que o de *Carmageddon*, por exemplo. Pelo menos no último as pessoas se incomodavam diante de algo que

VIDEOGAME E VIOLÊNCIA

realmente acontecia no game, ou seja, uma jogabilidade que abrangia atropelamentos em série. *Bully*, ou *Canis Canem Edit*, para ser mais preciso, era julgado moralmente com base apenas no que as pessoas supunham que estava nele. Diante da enorme controvérsia que *Bully* inadvertidamente provocou na Inglaterra, um representante da Rockstar afirmou que "todos têm opiniões diferentes sobre arte e entretenimento, mas todos concordam que a violência nas escolas é um assunto sério, que não tem respostas fáceis. Quando o jogo for lançado, acreditamos que a maioria das pessoas irá concordar que oferece uma experiência excitante e uma história atraente".[128]

Mas nem tudo estava perdido nesses tempos de proliferação irrestrita de pânico moral: ainda havia espaço para jornalismo sério. De acordo com uma matéria veiculada pela BBC, o jogo da Rockstar mostra a luta do personagem contra os *bullies* da escola onde estuda. Uma das características essenciais do jogo é o confronto com eles e a defesa de colegas contra os eventuais abusos.[129]

No entanto, apesar da recepção favorável na imprensa especializada em games e na grande mídia, a DSG International, controladora das redes Currys e PC World, optou por não trabalhar com o produto, considerando que não estava de acordo com sua imagem por tocar em um tema sensível: a violência em escolas. Curiosamente, a rede permaneceu com *Grand Theft Auto: San Andreas* em estoque, um jogo que certamente pode ser considerado violento. Não havia a menor coerência na decisão tomada pela empresa. Mas desde quando moralistas são coerentes?

Por mais inusitadas que fossem as restrições a *Bully*, em nenhum outro lugar a irracionalidade atingiu patamar tão elevado como no Brasil. Se as proibições de *Carmageddon*, *Doom*, *Duke Nukem 3D*, *Blood*, *Requiem* e *Mortal Kombat* já causam espanto, o que dizer do banimento de *Bully* e dos subsídios que fundamentaram a incompreensível decisão? O episódio pertence ao que denomino segundo estágio da criminalização cultural de games no Brasil, que compreende o banimento de *The Crims*, *Counter-Strike*, *EverQuest* e *Bully*, em 2006, 2007 e 2008.

Bully foi proibido no Rio Grande do Sul em 4 de abril de 2008. A decisão foi tomada pelo juiz Flavio Mendes Rabelo, após representação da Promotoria de Infância e Juventude do Ministério Público (MP), tendo por base um laudo da Sociedade de Psicologia do Rio Grande do Sul, que considerou o jogo nocivo tanto para adolescentes quanto para adultos.[130] O MP sustentou que o jogo deveria ser proibido por "retratar situações ditadas pela violência, provocação, corrupção, humilhação e professores inescrupulosos, nocivo à formação de crianças e adolescentes e ao público em geral". A fundamentação da decisão do juiz Flavio Mendes Rabelo (escrita à mão!) merece reprodução:[131]

"O jogo *Bully*, consoante demonstra o MP, efetivamente é impróprio aos educado [*sic*] e pode acarretar graves distúrbios no colégio e/ou não, digo e entre grupos de jóvens [*sic*] dentro e fora da escola. A sociedade perde a capacidade de bem educar seus filhos à medida que jogos com enfoque idêntico a *Bullly* fazem trabalho em sentido contrário", afirmou ele.[132] Irei me abster de comentários mais detalhados. Creio que o leitor concordará que o texto literalmente depõe contra si mesmo. Segundo o juiz, "inúmeras manifestações de entidades e alunos" narraram casos em que o jogo produziu sentimentos de "provocação, humilhação, uso de agressão física, insultos, suborno e fuga".[133] A matéria do Conjur indica que a decisão não esclarece se a proibição valia apenas para o Rio Grande do Sul ou para todo o país. Mas o MP considerava que era válida em todo o Brasil.

Diante de algo tão surreal, merece parabéns pela lucidez a manifestação do advogado Omar Kaminski, na mesma matéria. Ele "[...] considera que essas decisões podem se revelar um tiro pela culatra. Como é relativamente novo, o jogo não era muito conhecido no Brasil. Uma decisão como essa acaba atraindo a atenção para ele. Quem nunca ouviu falar, movido pela curiosidade vai querer saber mais a respeito, quem sabe vai querer jogar para ver como é", afirma o advogado. Ele lembra que apesar da proibição sempre há subterfúgios, como a comercialização do jogo pela própria internet, ou mesmo as cópias ilegais.

Para Kaminski, a repercussão acaba sendo mais social que jurídica. Ele afirma, ainda, que não existe consenso sobre a influência que a violência difundida pelos jogos exerce sobre o comportamento humano. "Precisamos ter uma visão crítica para evidenciar que decisões como esta acabam se mostrando pouco eficazes. Alguns estudos mais recentes concluem que a raiz dos crimes violentos está situada na violência doméstica, e não nos videogames violentos, que funcionam mais como válvula de escape", afirma.

Trata-se de uma decisão que causa perplexidade, visto que jogos com temática explicitamente violenta – e, portanto, supostamente aptos a causar muito mais danos – jamais foram objeto de interesse da Sociedade de Psicologia e do MP. O banimento é simplesmente inusitado. O processo foi encerrado com um acordo homologado em audiência entre as partes. Os termos não são conhecidos. De maneira surpreendente, uma ONG de Brasília já queria proibir o jogo, cerca de um ano antes.[134]

Infelizmente, esse é apenas mais um caso de ativismo judicial e não foi o último. Enquanto nos Estados Unidos o Judiciário jamais tomou qualquer decisão semelhante, no Brasil a prática de proibição de jogos eletrônicos é relativamente rotineira, conformando um inaceitável ativismo judicial, no qual juízes arvoram para si mesmos o papel de guardiões da moral. Como em outros casos, o efeito da proibição acaba sendo mínimo, pois não há como ter qualquer controle sobre as cópias existentes nos lares dos jogadores, ainda mais em consoles cujo nível de pirataria era gigantesco, como foi o caso do Xbox original e do Playstation 2. Mesmo no Xbox 360, que depois recebeu uma conversão do jogo, o índice de pirataria era relativamente grande.

O BANIMENTO DE THE CRIMS

Como já indiquei, existem mais alguns casos de proibição judicial no Brasil. O caso a seguir é relativamente obscuro, em razão da pouca visibilidade do jogo na grande mídia: trata-se da inusitada situação que envolveu o jogo *The Crims*, em 2006.[135] Segundo a descrição que consta no site do game, "*The Crims* é um RPG on-line gratuito que acontece em um lugar chamado CrimCity, uma metrópole para gângsteres, vermes e criminosos. Você tem tempo limitado para ganhar o máximo respeito da maneira que puder. Quem terminar a rodada com mais respeito vence!"[136]. Apesar da descrição relativamente suave, o jogo é muito mais sinistro. Pelo menos de acordo com o site do MPF de Minas Gerais, que solicitou a proibição do acesso on-line: "O jogo induz e propaga a prática de delitos como assaltos, tráfico de drogas e homicídio. Pela sistemática do game, o participante angaria créditos e pontos ao assassinar cidadãos, violentar idosos, atropelar pedestres, contratar prostitutas, usar, produzir e comercializar drogas pesadas, entre outras atividades criminosas."[137] Uma notícia no site do MPF relata o episódio judicial em questão. Transcrevo a seguir:

> Em sua decisão, o juiz afirma que "é livre toda forma de expressão e manifestação do pensamento desde que daí não resulte a prática de conduta vedada pelo ordenamento jurídico-constitucional pátrio", como a exposição de crianças e adolescentes a mensagens de violência gratuita e de exortação à criminalidade.
> "Em relação ao *The Crims*, o juiz ressalta sua reprovabilidade, que, não bastasse o bom senso, ainda é evidenciada por inúmeros estudos e pesquisas que indicam ser o jogo apto a induzir à formação de uma juventude no mínimo confusa, se não mesmo indiferente, quanto aos valores morais e éticos pelos quais se deva pautar."[138]

Uma matéria no *Estadão* também deu destaque ao caso. O magistrado apontou que "não são poucas as situações concretas em que é evidenciada a estreita correlação entre a violência experimentada por meios eletrônicos e tragédias da vida cotidiana". "Com efeito, os direitos, mesmo os constitucionalmente garantidos, não são, em geral, absolutos e merecem interpretação sistemática de modo a sopesá-los e harmonizá-los com outros de igual ou até mais estatura. Nesse contexto, note-se que, entre nós, embora sejam livres a manifestação do pensamento e da atividade intelectual e artística, vedada a censura, art. 5°, IV e IX, da CF/88, também goza de especial relevo a proteção da criança e do adolescente, a quem é assegurado, com absoluta prioridade, o direito à vida, à dignidade, ao respeito, à convivência familiar e comunitária, sendo ainda dever da sociedade, família e Estado mantê-los a salvo de toda forma de negligência, discriminação, exploração, violência, crueldade

VIDEOGAME E VIOLÊNCIA

e opressão, caput do art. 227 da Carta Magna." "Donde se conclui que é livre toda forma de expressão e manifestação do pensamento desde que daí não resulte a prática de conduta vedada pelo ordenamento jurídico-constitucional pátrio, como, *in casu*, a exposição de crianças e adolescentes a mensagens de violência gratuita, exortação à criminalidade e completa inversão dos valores inerentes a uma sociedade justa e solidária. Induvidoso, nessa toada, que o princípio constitucional do amparo à criança e ao adolescente é de maior relevância que o da garantia à liberdade de manifestação do pensamento."

A fundamentação emprega os usuais lugares-comuns de ponderação entre liberdade de expressão artística e proteção de crianças e adolescentes, interpretação equivocada sobre o público-alvo e relações não comprováveis de causa e efeito. Mas o que interessa destacar aqui é quanto é esdrúxula a situação. Como o jogo não é vendido fisicamente e seus servidores não se encontram no Brasil, seu banimento representou um impasse judicial significativo. O MPF havia pedido bloqueio irrestrito do site do jogo, de origem sueca, mas o juiz federal substituto João César Otoni de Matos, da 19ª Vara da Justiça Federal, considerou que a medida demandaria "demorado trâmite burocrático e mesmo questões inerentes à soberania de outra nação".[139] A solução adotada pelo magistrado é de uma criatividade impressionante. Conforme a matéria do *Estadão*: "Pela decisão, os réus – TV Globo Ltda., Google Inc., o Núcleo de Informação e Coordenação do Ponto BR e o Comitê Gestor da Internet do Brasil – têm prazo de cinco dias para suspender as páginas e os suportes relacionados ao acesso do jogo no Brasil."[140] No fim de 2017, o processo ainda continuava ativo: a última movimentação fora em 27/6/2016.[141]

Uma matéria muito interessante sobre o jogo pode ser encontrada no site do jornal português *Correio da Manhã*. Embora reproduza muitos estereótipos típicos do pânico moral e a habitual certificação da condenação do conteúdo do produto (indicado para maiores de 18 anos) por especialistas, um trecho merece especial atenção:

"O país do mundo com mais jogadores do *The Crims* é o Brasil, onde estão registrados mais de quinhentos mil avatares. Vários analistas consideram que esse fenômeno tem uma razão de ser: o fato de alguns juristas terem interposto ações judiciais para impedir o acesso livre ao jogo, considerando que era prejudicial ao público infantojuvenil. De acordo com um parecer do MPF brasileiro, jogar *The Crims* 'induz e propaga a prática de delitos como assaltos, tráfico de drogas e homicídio.' No entanto, por causa de problemas relacionados com a legislação internacional em vigor, os sites que dão acesso ao jogo só foram proibidos no estado de Minas Gerais".[142]

Mais do que o suposto potencial criminógeno de *The Crims*, o que merece ponderação é a irracionalidade da medida, que de fato provoca exatamente o resultado oposto ao que se pretende obter, maximizando o número de jogadores e conseguindo a proeza de fazer com que um game sueco acabe se tornando extremamente popular no Brasil – mais do que em qualquer lugar do mundo –, apesar de estar disponível em trinta idiomas distintos. Confesso que eu também descobri o jogo por meio da polêmica desencadeada pelo processo (que nem foi movido contra os desenvolvedores), e após conhecê-la, torna-se praticamente irresistível a vontade de pelo menos conferir *The Crims*.

O site do jogo continua disponível aos brasileiros. Os desenvolvedores com certeza agradecem a publicidade gratuita que ajuda a fazer do game, que transforma o crime em produto, como discutido anteriormente, um grande sucesso no Brasil. Alguém dirá que estou promovendo *The Crims* no livro e, logo, o argumento também se aplicaria a mim. Mas essa pessoa estaria apenas provando o meu ponto: o único motivo pelo qual eu me interessei por ele foi justamente a tentativa desastrada de proibição e, se não fosse por ela, ele nem ao menos estaria neste livro e eu jamais teria ouvido falar no game.

COUNTER-STRIKE *E OS MASSACRES DE VIRGINIA TECH E NORTHERN ILLINOIS: A ESCALADA DO PÂNICO MORAL E A PROIBIÇÃO DO JOGO NO BRASIL*

Se o universo do crime sempre provocou grandes polêmicas, o que dizer então da temática da guerra nos games? Terá sido diferente? É claro que não. São igualmente gigantescas as controvérsias em torno dos produtos

VIDEOGAME E VIOLÊNCIA

culturais centrados em campos de guerra virtuais. Os jogos do gênero sempre testaram os limites e praticamente declararam guerra aberta contra os guardiões da moral, que não perderam a oportunidade de transformá-los em bodes expiatórios para inúmeras tragédias.

Doom e *Duke Nukem 3D* não foram os únicos jogos relacionados a massacres. É também o caso de *Counter-Strike,* um FPS tático originalmente desenvolvido como uma modificação do popular game *Half-Life* e posteriormente comprado pela produtora Valve, responsável pelo próprio *Half-Life.* O jogo foi lançado em 1999 para PC e mais tarde a série chegou também aos consoles de videogame, como o Xbox, Xbox 360 e o Playstation 3. Trata-se de um game feito para ser jogado exclusivamente no modo multiplayer e que coloca frente a frente duas equipes, formadas por "terroristas" e "antiterroristas" em diversas modalidades de confronto virtual. Como não há modo *single player,* não existe uma narrativa que conduza o jogador: somente essa premissa inicial, que permite que os jogadores se enfrentem on-line. A exceção é o segundo jogo da série, *Counter-Strike: Condition Zero,* estruturado em torno de uma campanha *single player. Counter-Strike: Source* (um *remake* do original com o *engine source) e Counter-Strike: Global Offensive* concentram o foco estritamente no multiplayer, como na versão original. O jogo foi fundamental para o desenvolvimento dos chamados *eSports,* ligas de competição entre jogadores profissionais cujo crescimento nos últimos anos é verdadeiramente impressionante: as disputas são televisionadas e acompanhadas on-line e já existem até torcidas significativas, bem como jogadores que alcançaram a condição de verdadeiros astros.

Foi somente em 2007 que a polêmica em torno de *Counter-Strike* surgiu, envolvendo-o em uma tragédia que atingiu a Virginia Polytechnic Institute and State University em Blacksburg, Virginia, nos Estados Unidos. Os norte-americanos reviveram as terríveis memórias de Columbine no dia 16 de abril daquele ano, quando o estudante Cho Seung-hui matou 32 pessoas e feriu outras 17 em dois ataques separados, se suicidando logo em seguida.

Foi o maior massacre efetuado por um único atirador na história dos Estados Unidos e, como não poderia deixar de ser, rapidamente os games foram considerados responsáveis pela tragédia.

Winda Benedetti, da Nbcnews, relata que poucas horas após o massacre, sem que a polícia sequer tivesse identificado o atirador, o culpado já havia sido encontrado: os jogos eletrônicos. É o que Jack Thompson disse para a Fox News, ligando o massacre a *Counter-Strike*. Sua declaração é, no mínimo, audaciosa: "Eram vidas de verdade, que agora tinham acabado por causa do game. Não tenho a menor dúvida."

O advogado não foi uma voz isolada na tentativa de criminalizar *Counter-Strike*. Dias depois, o *Washington Post* publicou uma história em seu site, na qual alegava ter ouvido vários jovens afirmarem que Cho era fã de jogos violentos, em especial de *Counter-Strike*, o que parecia corroborar o "palpite" de Thompson. No entanto, o parágrafo em questão foi posteriormente removido da matéria sem qualquer explicação por parte do *Washington Post*.

As autoridades divulgaram uma relação de itens encontrados no dormitório de Cho e não havia um único jogo eletrônico, console ou algo relacionado a games, apesar de um computador ter sido confiscado. Em uma entrevista com Chris Mattews, da Hardball, o colega de quarto de Cho disse que jamais o vira jogando qualquer jogo eletrônico, o que deixa claro que a cobertura de parte da grande mídia conformou sensacionalismo da pior espécie, movido – mais uma vez – por injustificável criminalização cultural apressada e de fundo moral.

Thompson aparentemente havia colocado um jornal renomado em situação visivelmente constrangedora. É o que acontece quando o jornalismo é posto a serviço da difusão do pânico manifestado por um empreendedor moral. No entanto, apesar da inexistência de qualquer indício nesse sentido, o dano já havia sido feito: mais uma vez fora difundida a ligação entre videogame e violência, ainda que não houvesse qualquer evidência no caso para embasar as alegações de Jack Thompson. O que havia de concreto, como em tantas outras oportunidades, era um histórico extenso e documentado de problemas mentais. O rapaz chegara a escrever um ensaio dizendo que desejava repetir o massacre de Columbine, logo após a tragédia.[143] Ainda mais grave é o fato de a legislação não proibir que alguém com suas condições mentais adquirisse armas de fogo, o que ele acabou conseguindo fazer.[144]

VIDEOGAME E VIOLÊNCIA

Como em inúmeras outras oportunidades, os games eram transformados em bodes expiatórios de uma tragédia que potencialmente poderia ter sido evitada se o controle da venda de armas de fogo fosse mais eficaz. Apesar de toda a comoção gerada pelas declarações de Jack Thompson, novamente elas não foram mais do que mera especulação sensacionalista, difundida de forma irresponsável pela mídia. O relatório final do governo norte-americano sobre a tragédia não fez absolutamente nenhuma menção aos jogos eletrônicos.[145]

A Dra. Karen Sternheimer, socióloga da University of Southern California, discorda completamente das opiniões de Thompson. Ela aponta que, antes do massacre de Virginia Tech, a maior tragédia dessa natureza havia ocorrido em 1966, na Universidade do Texas, em Austin. Os jogos eletrônicos nem sequer existiam, o que certamente deve merecer alguma consideração antes que diagnósticos apressados sejam emitidos. Para ela, a questão é mais profunda: ainda que não fique claro se Cho jogava games, por que alguém deveria se surpreender se fosse o caso? Afinal, que jovem de 23 anos na América do Norte nunca jogou games? Estima-se que 97% dos adolescentes norte-americanos jogam games com alguma regularidade.[146] Para ela, a explicação que envolve jogos eletrônicos é em alguma medida reconfortante, já que permite uma resposta simples para um problema grave e profundo, que se potencialmente "resolvido" poderia impedir que tragédias como essa voltassem a acontecer. Mas, infelizmente, as coisas não são tão simples assim.

Jason Della Rocca, líder de uma organização que representa gamers do mundo inteiro, afirma que indivíduos como Thompson essencialmente se alimentam dos medos de pessoas que não compreendem os jogos eletrônicos. Ele aponta que para pessoas que não cresceram jogando games, o apelo de um jogo como *Counter-Strike* é difícil de ser compreendido. Segundo Della Rocca: "Pode ser difícil perceber que o jogo promove trabalho em equipe e comunicação entre os jogadores. Parece difícil imaginar que jogadores que adoram correr nos cenários de *Counter-Strike* eliminando seus oponentes virtuais não tenham o menor desejo de fazer isso na vida real." Ele enfatiza: "Somos pessoas normais, que jogam games."[147]

Era preciso literalmente afirmar a normalidade da subcultura gamer para resistir aos estereótipos criminalizantes difundidos pela grande mídia. Como o leitor pode notar, o embate aos poucos foi se tornando cada vez mais decisivo, pois o discurso moralizante não se contentava com os games e logo passou a estigmatizar os próprios jogadores. O problema era rotineiramente apresentado como se existissem dois campos opostos de construção de significado: como indiquei antes, normalidade da sociedade contra a ameaça que representava a anormalidade dos gamers. A subcultura gamer estava sitiada e era preciso resistir. Nada parecia ser capaz de impedir que o pânico moral se esparramasse pelo tecido social, com consequências absolutamente desastrosas e provocando reações enérgicas e inesperadas, até em ambientes escolares. O caso a seguir é um dos que escolhi compartilhar para demonstrar os terríveis resultados que o processo de estigmatização dos gamers pode provocar.

Uma escola localizada em Houston, no Texas, suspendeu e arbitrariamente transferiu um estudante de 17 anos pelo simples fato de ele ter criado um "mapa" de seu colégio para ser utilizado em *Counter-Strike*. A questão chegou ao conhecimento das autoridades escolares quando os pais de uma aluna telefonaram, um dia após o massacre de Virginia Tech, denunciando que sua filha havia jogado um game que "envolvia assassinato" e "acontecia em um mapa animado da Clement School". Os resultados do telefonema são relativamente previsíveis e típicos de indivíduos consumidos pelo pânico.

A atuação da direção do colégio foi implacável. Rapidamente foi encontrado o site que hospedava o mapa e medidas drásticas foram tomadas contra o estudante: o relatório policial aponta que o adolescente (que não foi identificado e obviamente não foi acusado de nenhum crime) foi levado à sala do diretor da escola e incisivamente interrogado. Ele disse que "era apenas um jogo e que ele jamais teve a intenção de que qualquer violência ocorresse na escola ou de que alguém se machucasse de qualquer forma". Mas isso não bastou para evitar que fosse suspenso e transferido para outra instituição de forma absolutamente arbitrária, já que não havia violado qualquer regra imposta pela escola.

VIDEOGAME E VIOLÊNCIA

A mãe do jovem deu permissão para que a polícia revistasse o quarto do filho. As autoridades não encontraram nada ilegal, mas confiscaram cinco espadas decorativas durante a busca. O autor de uma das matérias que discutiram o caso na época brinca que "os direitos de proprietários de espadas estão ameaçados desde que ficou comprovado que elas foram a principal causa de morte durante o cerco da cidade de Acre, na Terceira Cruzada".[148] Apesar da ironia, o tratamento da situação não foi nada agradável: o assunto foi abordado pelas autoridades escolares como evento de "nível 3", o que, de acordo com o manual escolar, abrange casos de ameaça terrorista(!).

O rapaz havia demonstrado extraordinário talento para alguém da sua idade, mas a leitura feita pela direção da escola a partir dos estereótipos do discurso criminalizante não via isso como uma habilidade: pelo contrário, era praticamente indício de criminalidade. Felizmente, as autoridades não reagiram do mesmo modo que a direção da escola em questão: para a polícia, nenhum crime foi cometido e não havia qualquer ameaça para nenhuma pessoa ou grupo de pessoas específico.[149] Mas, surpreendentemente, determinaram que o garoto apagasse o jogo e o mapa de seu computador, o que é absolutamente arbitrário e incompreensível.[150]

Diga-se de passagem que é bastante comum que estudantes criem mapas de suas escolas ou outros locais familiares para games desse tipo. Isso obviamente não conforma um indício de planejamento para o cometimento de massacres em escolas, o que chega às raias do absurdo.

No entanto, outros motivos podem ter contribuído para os juízos emitidos pelas autoridades do colégio. O atirador de Virginia Tech, Cho Seung-hui, era coreano e o garoto era descendente de chineses. É possível que isso tenha relação com o alcance do pânico, por mais triste que seja. O caso gerou enorme revolta na comunidade chinesa da cidade, da qual a família do rapaz fazia parte, demonstrando que provavelmente outras questões perpassam o lamentável episódio, como ódio e preconceito contra o outro.[151]

Foi feito um apelo para que estudantes asiáticos não fossem rotulados como terroristas.[152] Mas a paranoia havia tomado conta das autoridades escolares, como pode ser percebido pelo teor de suas próprias declarações. Nesse sentido, a fala de Mary Ann Simpson, representante da FBISD (grupo do qual a Clement School faz parte) merece atenção: "Desde Columbine, qualquer coisa que remotamente se pareça com uma ameaça deve ser levada muito a sério." "Se não fizermos isso, algo muito sério acontecerá", disse ela.[153] Mas nem todos concordaram: Stan Magee, membro do Conselho da escola, disse que houve uma reação desproporcional por causa da tragédia de Virginia Tech. "Ele fez o mapa em sua casa. Jamais levou nada à escola, nem nunca escreveu qualquer coisa ameaçadora ou disse algo estranho a um colega ou professor. Nada." Outros argumentaram que não havia motivo para que o rapaz não retornasse ao seu campus original. Mas, aparentemente, a decisão não foi revertida.[154]

Creio que o leitor começa a compreender agora meu argumento de que a satanização passou a atingir os próprios gamers, ainda que neste caso existissem características peculiares que também merecem consideração. Alguns dos elementos que integram a leitura do pânico moral como descrito originalmente por Cohen podem ser percebidos aqui. Dentre eles, uma noção fundamental: comportamentos até então considerados irrelevantes se tornam suspeitos. Neste caso pode ser visto que a criminalização cultural atingiu alguém que compartilhava de características comuns com o autor de um massacre: a etnia asiática e *Counter-Strike* (mesmo que no caso de Cho isso fosse apenas parte da invenção de significado típica da criminalização cultural). Isso bastou para que ocorresse uma associação maldosa entre sua imagem como gamer, sua descendência chinesa e os estereótipos criminógenos dos jogos e criminalizantes dos gamers.

Não é inteiramente surpreendente que o processo de demonização costume atingir os grupos sociais mais vulneráveis. A difusão contínua de pânico moral acaba gerando um clima emocional que funciona como cenário para que comportamentos isolados ou irrelevantes sejam valorizados de forma exagerada, desencadeando respostas alarmistas e apressadas. Com isso é "confirmada" a "ameaça" que representam os jogos e os jogadores, o que permite reforçar os estereótipos iniciais.

VIDEOGAME E VIOLÊNCIA

O medo começava a se enraizar de modo cada vez mais preocupante. Não era sequer necessário que houvesse qualquer conduta ofensiva; bastava que alguém fosse identificado como inimigo em potencial para que represálias acontecessem. Os casos anteriores "comprovavam" que esse era o curso mais acertado de ação a seguir: cortar o mal pela raiz, antes que a "periculosidade" interna do potencial autor fosse exteriorizada por uma conduta que ameaçaria o bem-estar do restante da comunidade. Com a disseminação de pânico, o estigma da violência foi lentamente estendido também aos jogadores de games violentos, que muitas vezes são vistos como perigos latentes para a sociedade. As implicações dessa construção de significado ficarão claras ao longo do livro, particularmente no que se refere ao controle de armas em solo norte-americano. O caso a seguir mostra claramente isso.

Em 14 de fevereiro de 2008, um novo massacre ocorreu nos Estados Unidos. Um estudante chamado Steven Kazmierczak, de 27 anos, matou cinco alunos da Northern Illinois University e se suicidou logo em seguida. Antes que a polícia chegasse a qualquer conclusão, Thompson estava novamente diante das câmeras da Fox News, ligando a tragédia a *Counter-Strike* e aos jogos do estilo FPS, que segundo ele "permitem que esses massacres sejam ensaiados".[155]

A mídia mais uma vez embarcou no trem da criminalização cultural: o *New York Times* publicou uma matéria em que antigos colegas de quarto afirmavam que Kazmierczak jogava *Counter-Strike*. O título da reportagem do jornal é um clássico do pânico moral: "Assassino universitário era louco por jogo violento."[156] Por outro lado, o *Northwest Herald*, diferentemente do *New York Times*, noticiou que era muito comum que os estudantes jogassem *Counter-Strike* no alojamento onde ficava Kazmierczak, mas que nenhum dos outros alunos disparou contra seus colegas.[157] O contraste entre o jornalismo sério e a imprensa marrom é facilmente perceptível, como em tantos outros casos.

A ousadia de Jack Thompson parecia não conhecer limites: ele ameaçou processar os investigadores se não lhe fosse dado acesso a todos os documentos que revelassem que Kazmierczak jogava games violentos. O site GamePolitics entrou em contato com ele para se assegurar de que de fato ele estava se intrometendo no trabalho das autoridades e no processo de luto da comunidade por causa de algo tão trivial como o hábito de um adulto de jogar games. Sua resposta não foi nada elegante: "É claro que eu fiz o pedido, seu idiota. Os investigadores já responderam de forma profissional, dizendo que me darão as informações assim que possível. É assim que se procede, o que você não saberia."[158]

Se a atitude de Thompson já é surpreendente, o que dizer das declarações de Robert Pritchard, político republicano da região? Ele sustentou que a tragédia não deveria conduzir a nenhuma decisão apressada sobre restrição de armas. Pritchard afirmou que uma medida assim não teria qualquer impacto sobre crimes violentos nos quais são empregadas armas de fogo. "Penso que precisamos ampliar a discussão para incluir outros fatores que podem estar pesando nas decisões desses dementes. Penso que os games são parte do problema, assim como a televisão e os filmes. Uma cultura inteira de violência", declarou. Não surpreende que Pritchard seja um notório defensor dos direitos dos proprietários de armas de fogo.[159]

Os fatos contam uma história bem diferente do que é vendido pelo discurso de criminalização cultural promovido por Robert Pritchard e Jack Thompson. Como também pôde ser visto em outras ocasiões, o que parece mais pertinente para o caso é o fato de que o atirador tinha um extenso histórico de problemas mentais, sofreu abuso de colegas na escola quando criança, esteve internado em centros de tratamento psiquiátrico e havia parado de tomar medicamentos antidepressivos pouco antes da tragédia.[160] Kazmierczak fora expulso do Exército por esconder seu histórico psiquiátrico. Ele expressava admiração por Hitler e pelo *serial killer* Ted Bundy. Os colegas de quarto o apelidaram de "strange Steve". A investigação de mais de um ano sobre o caso revelou que ele estudou os massacres de Columbine e Virginia Tech e tinha como ídolo o sádico assassino da série *Jogos Mortais*, não que isso signifique que a culpa deva ser deslocada para outra forma de entretenimento. A CNN teve acesso a mais de 1.500 páginas da investigação, que aparentemente

VIDEOGAME E VIOLÊNCIA

nem sequer mencionam os games como parte da motivação. Como ele não havia sido recolhido a nenhuma instituição para tratamento de problemas mentais nos cinco anos anteriores, pôde comprar armas legalmente em Illinois, o que não seria possível de outra forma.[161]

Com certeza isso mostra que existe espaço para jornalismo sério na grande mídia e que mais uma vez os games tinham sido criminalizados irresponsavelmente. O problema é que esse tipo de cobertura sempre chega tarde demais para confrontar a disseminação inicial de pânico pelos empreendedores morais. Como em tantas outras ocasiões, o massacre da Northern Illinois University decorreu de uma situação complexa que envolvia a condição pessoal do autor e o contexto social em que ele se encontrava, demonstrando a leviandade por trás dos argumentos que levantaram a hipótese simplificadora da causalidade direta, promovendo a criminalização cultural de um game jogado por milhões de pessoas.

Apesar de ter sido envolvido nos massacres de Virginia Tech e New Illinois, não foi nos Estados Unidos que *Counter-Strike* teve sua comercialização restringida. Foi no Brasil. E dessa vez não foi sequer necessário que ocorresse uma tragédia para "justificar" o banimento, como no caso do atirador Mateus da Costa Meira.

Counter-Strike foi proibido em todo o território nacional em outubro de 2007, por determinação do juiz da 17ª Vara Federal da Seção Judiciária do Estado de Minas Gerais, Carlos Alberto Simões de Tomaz, juntamente com *EverQuest*.[162] Sem dúvida, trata-se de um dos episódios mais lamentáveis que o leitor encontrará neste livro. Na inicial do MPF consta a audaciosa afirmativa de que os jogos têm conteúdo e temática altamente perversos, representando grave dano à saúde dos consumidores de modo geral, o que significa que eles são impróprios para qualquer faixa etária, sendo insuficiente a classificação de 18 anos definida pelo Ministério da Justiça para *Counter-Strike*.

Destaca-se inicialmente que a proibição almejada pelo MPF era muito mais abrangente do que a obtida em 1999: ela não se contenta com todas as versões dos jogos referidos, incluindo também "quaisquer livros, encartes, revistas". Todo e qualquer material relacionado a eles deve simplesmente ser erradicado do mercado. O fundamento é bastante simples: o jogos seriam fatores de propulsão à violência e deturpadores da formação psicológica e da personalidade de crianças e adolescentes. O MPF produz uma verdadeira *etiologia* dos efeitos nocivos dos games, sustentando que os danos seriam produzidos a longo prazo.

O tempo passou, mas as acusações eram muito semelhantes e novamente remetiam aos habituais juízos morais sobre os games: interferência na educação e desenvolvimento sadio de crianças e adolescentes e efeitos criminógenos, ou seja, relação de causa e efeito entre videogame e violência. Em síntese, este foi o pedido do MPF.

A decisão é ainda mais estarrecedora. Não é sem alguma perplexidade que constatei que a fundamentação da decisão é praticamente um exercício de copiar e colar da decisão que proibiu seis jogos em 1999.[163] Assim se pronuncia o magistrado: "Sobre o presente tema, a Dra. CLÁUDIA MARIA RESENDE NEVES GUIMARÃES, juíza Federal da 3ª Vara da Seção Judiciária de Minas Gerais, analisou com percuciência a questão da violência contida em jogos de computadores, notadamente o *DOOM, POSTAL, MORTAL KOMBAT, REQUIEM, BLOOD* e *DUKE NUKEN*, que, embora vestindo roupagem distinta, se aplica ao caso concreto em discussão nestes autos."

A decisão original é reproduzida na íntegra, como se não existisse qualquer distinção entre os jogos originalmente banidos e *Counter-Strike* e *EverQuest*. O juiz complementa a motivação da magistrada com alguns argumentos seus, mas novamente remete aos lugares-comuns de colisão entre liberdade de expressão artística e livre iniciativa de um lado e proteção especial à criança e ao adolescente, de outro. Concorda que os games são perigosos para o público em geral e sustenta que, apesar da restrição de faixa etária, os jogos continuam chegando a menores de idade. A intenção parece ser a melhor possível: salvaguardar a dignidade da pessoa humana. Mas o resultado é um verdadeiro desastre, como o trecho a seguir claramente demonstra: "De fato, a questão se agrava ainda mais, conforme relatado pelo Ministério Público Federal às fls. 06/08, à medida que o jogo *COUNTER-STRIKE*, fabricado nos Estados Unidos e adaptado no Brasil, 'virtualiza' uma cena de combate

VIDEOGAME E VIOLÊNCIA

entre a Polícia do Estado do Rio de Janeiro e traficantes entrincheirados nas favelas, tendo por fundo musical um funk proibido. Na visão de especialistas, esse jogo ensina técnica de guerra, uma vez que o jogador deve ter conhecimento sobre táticas de esconderijo, como se estivesse numa guerrilha, com alternativas de terrorista e contraterrorista, tática de ataque e defesa. Com efeito, essas cenas, bem descritas naquelas páginas, trazem imanentes estímulos à subversão da ordem social, atentando contra o Estado Democrático de Direito e contra a segurança pública, impondo sua proibição e retirada do mercado.

Sob fundamento que tais, este Juízo julga procedente o pedido do Ministério Público Federal para condenar a União a proibir a distribuição e comercialização de quaisquer livros, encartes, revistas, CD Roms, fitas de vídeo-game ou computador do jogo *COUNTER-STRIKE*, bem como tomar as medidas necessárias à retirada do mercado desses exemplares. Outrossim, fica também a União condenada a proibir a distribuição e comercialização de quaisquer livros, encartes, revistas, CD Roms, fitas de vídeo-game ou computador do jogo *EVERQUEST*, tomando as medidas imprescindíveis para obstar a entrada desse jogo no território nacional, tudo sob pena de multa diária, no valor de R$ 5.000,00 (cinco mil reais), com incidência após o trânsito em julgado, que será revertida para o Fundo de que trata a Lei nº 7.347/85."

A notícia da proibição dos jogos foi amplamente divulgada na imprensa do país. Cerca de trinta pessoas protestaram contra o banimento de *Counter-Strike* na Avenida Paulista, no vão livre do MASP, em São Paulo. Embora numericamente inexpressivo, o movimento teve significado simbólico importante como resistência, gerando debates entre os presentes, que apontaram que *Counter-Strike* ainda podia ser adquirido pela internet e que outros jogos semelhantes, como *Battlefield*, permaneciam disponíveis no mercado.[164]

Farei algumas considerações pontuais antes de discutir a decisão de segunda instância que reverteu o julgado original. Diga-se de passagem que *EverQuest* nem sequer tinha sido lançado no Brasil. Mas esse não é o detalhe mais espantoso. O magistrado sustenta que as cenas de *Counter-Strike* "trazem imanentes estímulos à subversão da ordem social, atentando contra o Estado Democrático de Direito e contra a segurança pública, impondo sua proibição e retirada do mercado".[165] Que *Counter-Strike* é um jogo "revolucionário" não é novidade para nenhum gamer que se preze. Mas é difícil que mais alguém possa um dia ter cogitado que ele é revolucionário *nesse sentido*. É difícil escolher as palavras diante de uma decisão movida por esse tipo de motivação. *Counter-Strike* atenta contra o Estado Democrático de Direito e a segurança pública? De que modo? Como isso é ao menos possível?

Trata-se de uma constatação absolutamente surpreendente, como também é incompreensível o teor da decisão: como a sentença proibiu apenas a comercialização e não o uso dos jogos, nada impedia que eles continuassem sendo oferecidos em *lan houses*, que não foram obrigadas a deletá-los, o que também era verdadeiro para as cópias instaladas em computadores pessoais.[166]

A fundamentação da sentença simplesmente remete ao vazio: os juízos subjetivos do magistrado condicionam a apreciação do caso, sem que jamais fique claro de que modo *Counter-Strike* pode de fato representar uma ameaça para o Estado Democrático de Direito e a segurança pública. Obviamente ele não teve nenhum contato direto com o jogo ou procurou mais informações sobre ele, o que foi um grave equívoco, pois definitivamente as aparências enganam. A descrição do cenário do game na sentença revela que ele pertence a uma modificação não oficial do game da Valve, o que põe em questão o mérito da decisão, já que o conteúdo "subversivo" não integra o pacote de *Counter-Strike* comercializado oficialmente no país (ou em qualquer outro lugar, por sinal). O jogo foi posteriormente liberado para comercialização pelo Tribunal Regional Federal da 1ª Região, em Brasília, em sede recursal.[167] Decisão original acertadamente desconstituída. Vamos aos argumentos utilizados.[168]

A Electronic Arts apontou "insanáveis vícios contidos na sentença recorrida" e "manifesta improcedência dos argumentos que embasam" a ação civil pública. Trago um trecho em especial da argumentação da defesa que considero digno de reprodução: "Por fim a requerente refuta a alegação do MPF, acolhida pela sentença, de que o jogo *COUNTER-STRIKE* teria como conteúdo a guerra entre traficantes e policiais do

Rio de Janeiro, sustentando que esse cenário foi 'criado por terceiros, sem quaisquer ligações ou autorizações da requerente ou da programadora do jogo'; e diz ser absurda a possibilidade de um jogo de entretenimento ter a capacidade de ensinar técnicas de guerra a seus usuários, assim não se admite que um jogo de simulador de voo seja capaz de ensinar o jogador a pilotar uma aeronave, ou que um jogo de corrida automobilística permita que se pilote automóveis de corrida."

A decisão é cirúrgica: "toda a fundamentação da sentença proferida na referida ação (cópia juntada às fls. 267/276) encontra-se na especial proteção que o Estado deve dispensar às crianças e aos adolescentes, por força do disposto do art. 227 da Constituição Federal, bem como aos direitos a eles consagrados pela Lei 8.069/90 (Estatuto da Criança e do Adolescente). Vale dizer, o juiz a quo adotou como razões de decidir os fundamentos da sentença proferida na Ação Civil Pública 1999.38.00.037967-8, que, por sua vez, ao apreciar os supostos efeitos nocivos provocados por jogos eletrônicos considerados violentos, concluiu que os direitos constitucionais assegurados à criança e ao adolescente (art. 227) devem prevalecer sobre a garantia constitucional da liberdade para exploração de atividade econômica (art. 170).

Sendo certo, portanto, que a ação civil pública não tem por finalidade exclusivamente a proteção dos direitos das crianças e dos adolescentes, mas a retirada do mercado de jogos eletrônicos que, segundo o MPF, são prejudiciais à saúde física e psíquica das pessoas de qualquer faixa etária; e ainda que o jogo *COUNTER-STRIKE*, único comercializado no Brasil, encontra-se recomendado pelo Ministério da Justiça apenas para maiores de 18 anos, pessoas que podem utilizar ou consumir, ao seu livre-arbítrio, qualquer tipo de serviço ou produto, desde que seja lícito, considero que a análise a ser feita não deve restringir-se à eventual supremacia das regras de proteção à criança e ao adolescente sobre a normas que asseguram a liberdade de expressão e de exploração de atividade econômica.

Diante disso, entendo, em juízo provisório, que a pretensão do MPF (retirada do mercado de jogos eletrônicos) deve ser afastada em razão dos sérios indícios de configurar cerceamento da liberdade.

Em relação ao vídeo game *EVERQUEST*, embora seja atribuída a ocorrência de dois casos de surtos psicóticos nos Estados Unidos, em razão de sua utilização, esses fatos não foram sequer objeto de deliberação na sentença proferida na ação civil pública e o referido jogo não é comercializado no Brasil. Os efeitos nocivos à saúde física e psíquica das pessoas devem ser analisados não somente à vista das imagens e do conteúdo dos jogos, mas também de longo tempo de exposição e permanência do usuário no terminal do computador, que em alguns casos relatados pela imprensa chega a ultrapassar 24 horas de uso contínuo, o que por si só pode acarretar prejuízo à saúde, independentemente do conteúdo do vídeo-game."

Trata-se de um caso no qual os tribunais superiores controlaram a racionalidade ou, melhor dizendo, barraram a irracionalidade da decisão original, claramente amparada em juízos morais do magistrado em questão. Direito e moral, ainda mais moral *à la carte*, são coisas distintas. Ou deveriam ser. O juiz decidiu equivocadamente com base em um referencial fático inexistente, já que a fase retratada na inicial não faz parte do produto que se buscava banir. Por fim, o exame realizado em segunda instância mostrou que é equivocada a invocação de tutela de crianças e adolescentes como causa para banir produtos destinados ao público adulto.

Vamos esperar que os juízes brasileiros se abstenham do triste papel que desempenharam no passado e que o ativismo judicial anti-games fique enterrado para todo sempre. É preciso ter familiaridade com o objeto da disputa e resistir à tentação de trajar as vestes do censor. Já temos empreendedores morais em demasia no país, particularmente na grande mídia. Que os juízes não se tornem gestores da moral alheia. Como disse na Fase 1, embora muitos se arvorem neste papel, algo bem diferente é considerar se os receptáculos da bondade dos empreendedores morais efetivamente desejam essa espécie tão voluntariosa de "proteção".

Com isso encerro a análise da segunda onda de criminalização dos games no Brasil. A terceira epidemia de pânico moral relativo aos games no país será enfrentada no penúltimo trecho da Fase 6, quando discutirei o Massacre de Realengo e o Caso Pesseghini.

VIDEOGAME E VIOLÊNCIA

CALL OF DUTY: *GUERRAS VIRTUAIS, PÂNICOS PROPOSITAIS E ATENTADOS REAIS NA RÚSSIA, HOLANDA E NORUEGA*

Nenhuma série que abarque conflitos contemporâneos é tão famosa quanto *Call of Duty*, que teve grande receptividade por parte dos gamers desde seu lançamento, em 2003. Distribuída pela Activision e desenvolvida pelos estúdios Infinity Ward, Treyarch e posteriormente Sledgehammer, a franquia atingiu patamares inigualáveis de populari-dade a partir de *Call of Duty 4: Modern Warfare*.

Como o nome indica, foi abandonado o cenário da Segunda Guerra Mundial que até então caracterizava a série e adotada temática realista, inclusive com incorporação de armas reais, licenciadas pelos fabricantes. No entanto, não foi exatamente o realismo do game que fez com que a série fosse envolvida em debates intensos sobre a violência nos jogos eletrônicos.

No início de *Call of Duty 4: Modern Warfare*, o jogador experimenta a sensação de ser espancado e executado publicamente, em primeira pessoa. Em seguida, o controle é deslocado para outro personagem, que elimina inimigos que se encontram dormindo. Não resta dúvida: não é um jogo para espíritos sensíveis. Mas isso não é nada perto do que o game reserva para as fases posteriores: ao escapar de helicóptero, é detonado um artefato nuclear que atinge a aeronave. Instantes depois o personagem acorda em meio às ruínas de uma cidade devastada. Por alguns segundos parece ter sobrevivido: o game possibilita que o jogador se arraste lentamente até o último suspiro, para então morrer de forma agonizante, ouvindo o ruído das chamas e de sua própria respiração ofegante. Não me considero uma pessoa impressionável. Mas isso não impediu que meu coração acelerasse. É um momento memorável. A cena gerou revolta em setores conservado-res da sociedade norte-americana, inconformados com a retratação detalhada da morte do personagem.

Mas a controvérsia não se restringiu ao conteúdo do jogo. *Call of Duty 4: Modern Warfare* foi envolvido em pelo menos uma polêmica significativa: o desaparecimento e a morte do adolescente canadense Brandon Crisp, de 15 anos, que fugiu de casa depois que seus pais lhe

SALAH H. KHALED JR.

tiraram o videogame Xbox 360.[169] Dias após o desaparecimento, os pais do garoto declararam que temiam que ele tivesse sido raptado por jogadores de *Call of Duty 4: Modern Warfare*, sem que existisse qualquer indício nesse sentido.[170] A polícia descartou qualquer participação de terceiros no caso. *The Fifth State*, um programa de televisão canadense, abordou a questão em um de seus episódios, relacionando a morte do rapaz, que ocorreu em função da queda de uma árvore, três semanas após a fuga, com o jogo. De acordo com o programa, o game integra um "submundo de games competitivos". O episódio em questão retratou as imagens de violência nos games e afirmou que elas são prejudiciais para as vidas de jovens, que de outra forma – sem tomar contato com tais imagens – seriam inteiramente "normais".

Qualquer pessoa bem informada sabe que os conceitos de normalidade e anormalidade sempre são perigosos, mesmo quando utilizados de forma minimamente responsável, como decerto não foi o caso do programa em questão.

Steve Tilley escreveu um texto para o *Toronto Sun*, referindo a teoria do rito de passagem e mostrando que inúmeras formas de expressão cultural foram criminalizadas no passado, como agora são os games. Ele argumenta que os games já existem há mais de quarenta anos, mas continuam sendo tratados como algo capaz de viciar crianças.[171]

Brandon era um rapaz franzino que não conseguiu se sobressair jogando hóquei pela falta de porte físico. Os games se tornaram seus substitutos para os esportes, algo por meio do qual ele poderia se sobressair competitivamente, ainda que em detrimento da vida social. Neste ponto o documentário acerta. Mas erra grosseiramente quando retrata os jogadores como pessoas obcecadas com assassinato virtual em massa, o que não é somente ofensivo para os gamers que se divertem com algo inofensivo, como também veicula uma imagem distorcida para o público em geral, que não tem familiaridade com o hobby e pode dar crédito a tais afirmativas.[172]

O site Joystiq considerou o documentário sensacionalista e concordou com apenas duas coisas ditas nele: que os pais devem prestar mais atenção nos games que seus filhos jogam e no comentário do diretor executivo da

VIDEOGAME E VIOLÊNCIA

Entertainment Software Association no Canadá, que afirmou ser uma situação devastadora para a família, mas que a indústria dos games não tinha nenhuma relação com ela.[173]

Foi com *Call of Duty: Modern Warfare 2* que o pânico moral atingiu a franquia de forma verdadeiramente expressiva. Mas inicialmente isso não teve relação com um acontecimento real: a reação foi propositalmente engendrada. A Infinity Ward claramente projetou uma cena com intenção flagrante de motivação de controvérsia para promover seu produto, que mercantiliza a guerra, como *GTA* mercantiliza o crime. E não poderia ser diferente: a comoção foi muito forte.

Logo no início do game o jogador é avisado de que a primeira missão apresenta "conteúdo perturbador" e lhe é oferecida a opção de "pular" a fase, sem que isso lhe traga nenhum prejuízo no restante do jogo (sob esse aspecto, de fato foram muito mais ajuizados do que os designers da Rockstar). A opção também é disponibilizada no decorrer da própria missão, na qual um agente infiltrado da CIA deve participar de um massacre conduzido por uma fictícia organização terrorista russa, em um aeroporto repleto de civis. De fato, a fase é absolutamente estarre-cedora: em meio ao caos as pessoas correm desesperadas, os feridos se arrastam sangrando pelo chão e as tentativas de auxílio resultam em ainda mais mortes sangrentas, para as quais o jogador pode contribuir diretamente, caso escolha fazê-lo. Não é atribuída nenhuma pontuação ao jogador quando dispara e atinge civis e seguranças do aeroporto e é possível atravessar a fase sem dar um disparo sequer, ainda que não seja possível disparar contra os terroristas, já que o jogador é um agente da CIA infiltrado.

Joguei a fase. Não tive nenhuma vontade de disparar em quem quer que fosse. Dentro da lógica proposta pelo jogo, não faria sentido atirar nos terroristas, já que eu estava "infiltrado" e uma colaboração dessa ordem me pareceu desnecessária, até porque julguei que minha omissão passaria despercebida em meio ao caos. Disparei para preservar o disfarce, mas sem atingir ninguém. Mas acabei jogando novamente para verificar o motivo de tanta comoção e explorei a possibilidade que o jogo dava. Não há como negar: a sensação é desagradável, ou pelo menos foi para mim. Não menos desagradável do que a cena protagonizada por Trevor em *Grand Theft Auto V*. Embora tenha sido oferecida a opção de "pular" de fase, sob certos aspectos a cena é ainda pior do que a de *Grand Theft Auto V*: não vejo como ela pode se prestar, mesmo que remotamente, a qualquer reflexão produtiva. Como era de esperar, a fase provocou polêmica mundo afora.

Na Alemanha e no Japão, o jogo foi modificado para impedir que o jogador atirasse em civis, o que encerrava a partida com a mensagem *"game over"*. A missão controvertida foi inteiramente removida da versão russa do jogo. Por mais que possam existir objeções justificadas, fica claro que estamos diante de censura, ainda que não tenha chegado ao extremo que é o banimento, como já ocorreu no Brasil com alguns jogos. De qualquer modo, classificação restritiva é uma coisa; modificação de conteúdo de um produto voltado para o entretenimento adulto é outra bem diferente.

Como já observado, a situação não é nova: jogos como *Soldier of Fortune* e *Carmageddon* sofreram cortes e modificações uma década antes. O tempo não havia alterado em nada a situação: os games continuavam sendo submetidos a critérios distintos de outras mídias voltadas para o entretenimento. Por outro lado, é preciso exercitar um pouco de compreensão: é praticamente impossível que algum dia cenas como essa ou a de *Grand Theft Auto V* não causem enorme desconforto nas pessoas. Causam até mesmo em jogadores, que dirá o que representam para quem teme ou no mínimo não compreende os jogos eletrônicos?

Call of Duty: Modern Warfare 2 chegou a ser objeto de discussão na Câmara dos Comuns do Reino Unido, horas antes de seu lançamento. Foi argumentado que o game tinha um nível de violência tão elevado que o próprio fabricante colocara avisos alertando o jogador e oferecendo a possibilidade de pular certas cenas. Para muitos parlamentares, a questão não seria de censura, mas de proteção de crianças e de medidas necessárias para garantir que elas não tivessem acesso ao conteúdo violento. Trata-se basicamente do mesmo confronto que levou ao banimento de seis jogos no Brasil, em 1999 e, posteriormente, em 2006, 2007 e 2008. Mas o resultado foi diferente: os debates favoreceram a liberdade de ex-

VIDEOGAME E VIOLÊNCIA

pressão, concluindo que, embora o conteúdo fosse desagradável, o nível de violência não era substancialmente diferente do encontrado em filmes e livros, não sendo justificado o pânico moral criado pelo *Daily Mail*.[174] O jogo obteve a classificação 18+ da British Board of Film Classification.

A controvérsia não se limitou ao âmbito político: líderes religiosos expuseram suas opiniões sobre *Call of Duty: Modern Warfare 2* em um painel intitulado "Videogames violentos são prejudiciais à sociedade?". Cristãos, muçulmanos e judeus foram unânimes em condenar o jogo. Alex Goldberg argumentou que ele colocava o jogador no papel de um "terrorista" que não quer que sua condição de agente infiltrado seja descoberta e por isso "age como um terrorista". Fazan Mohammed destacou que não era apenas entretenimento, mas uma experiência interativa de violência, apontando que Goebbels dizia que o entretenimento foi muito mais responsável pela preparação do povo alemão para a guerra do que os discursos de Hitler. O reverendo Stephen Lowe, ele próprio jogador de *World of Warcraft*, disse que não era possível traçar um paralelo entre desempenhar ativamente um papel de terrorista em um aeroporto e o moralismo que resultou na tentativa de proibição de histórias em quadrinhos de horror na década de 1950, que supostamente seriam aptas a poluir as mentes das crianças e torná-las violentas.[175]

Não me parece que um painel como esse seja uma boa ideia. Líderes religiosos são autoridades em assuntos religiosos, por óbvio. Antropólogos, sociólogos, psicólogos e criminologistas provavelmente motivariam discussões muito mais interessantes sobre o jogo. Isso não significa que eles necessariamente não o condenariam, mas se o fizessem, é provável que empregassem argumentos de maior densidade.

Pelo menos duas matérias escritas por pessoas familiarizadas com games fizeram críticas muito mais pertinentes e sensatas. Para Stuart Kennedy, do *The Australian*, a cena não acrescenta nada ao jogo e parece um golpe de marketing.[176] Gerard Campbell, do site Stuff.co.nz, foi ainda mais contundente, afirmando que a qualidade gráfica da cena polêmica é inferior às demais. Para ele, a fase foi criada para deliberadamente gerar controvérsia e interesse para um jogo que já venderia milhões de cópias de qualquer forma.[177]

Minha opinião é clara: que a cena é de gosto discutível é inegável. Mas não se pode concordar com censura de um produto destinado ao público adulto: mesmo que certos limites tenham sido ultrapassados, as próprias pessoas têm condições de avaliar se o jogo é condizente com seus valores ou não, além de existir a possibilidade de pular a fase. E não me parece que ele possa ser considerado veículo para afirmação do ódio, como é o caso de alguns games que veremos na Fase 4.

A questão é que eventualmente menores têm acesso ao jogo sem o conhecimento dos pais. Mas esse é um problema de outra ordem: como já referido, os consoles atuais têm sistemas de bloqueio de conteúdo que possibilitam que os pais efetivamente definam que tipo de games seus filhos devem jogar, cabendo a eles exercer ou não esse controle discricionário.

O site GamesRadar.com relacionou a cena entre as dez mais chocantes da década nos games, apontando que ela seria um divisor de águas: ou cenas com tamanha intensidade se tornariam mais comuns nos jogos ou a polêmica levaria ao surgimento de uma legislação específica, voltada para a contenção das representações da violência em jogos eletrônicos.[178]

Mas o exercício de futurologia fracassou: o "atentado" provavelmente continua sendo o trecho mais polêmico que existe em um jogo AAA de grande escala (com orçamento semelhante aos *blockbusters* norte--americanos), salvo pela incursão da série *GTA* no mundo da tortura, que tem o agravante de não dar a opção de pular a fase. Fora essa exceção, nenhuma outra produtora ousou tanto quanto a Infinity Ward. Até hoje nenhuma legislação versa especificamente sobre os jogos eletrônicos e seu conteúdo: a indústria dos games permanece resistente ao desejo de censura e, como veremos, provavelmente obteve uma vitória definitiva, pelo menos nos Estados Unidos.

A polêmica em torno de *Call of Duty: Modern Warfare 2* não se restringiu ao âmbito do pânico moral e imposição de censura: o velho argumento de causa e efeito entre games e violência foi reafirmado pela mídia em vários fatos impactantes, como discutirei a partir de agora.

A controvérsia ficou realmente séria quando a imprensa russa vinculou a missão do jogo a um atentado suicida em um aeroporto de Moscou.

VIDEOGAME E VIOLÊNCIA

O repórter Robert Mackey, do *New York Times*, relatou que um programa de televisão russo corroborou a afirmativa com o depoimento do Dr. Walid Phares, especialista em terrorismo da *Fox News*, que teria afirmado que terroristas estavam usando jogos como esse para planejar e treinar ataques.[179] O canal *Russia Today*, financiado pelo governo, simplesmente sustentou que *Call of Duty: Modern Warfare 2* motivou o atentado e recorreu ao habitual artifício da opinião de um especialista para obter um efeito de verdade para o processo de criminalização cultural que promovia.

Mas as coisas não seguiram o rumo planejado. Phares veio a público esclarecer a forma com que sua interpretação da questão foi utilizada na matéria e foi incisivo: para ele, games não criam terroristas, é uma ideologia que os cria. Phares apontou que a alegação desse tipo de vínculo deve estar amparada em dados obtidos a partir de pesquisas sérias de psicólogos e cientistas sociais. Ele indicou que existem jogos desenvolvidos pelo Hamas e pelo Hezbollah, que não são séries comerciais – como *COD* –, mas sim máquinas de propaganda destinadas a fortalecer convicções. Mas eles não têm nenhuma relação com jogos produzidos para entretenimento.[180]

Discutirei adiante alguns dos games indiretamente referidos, ainda nesta Fase. O fato é que o próprio especialista desconstruiu por completo a argumentação irresponsável do canal russo, embora obviamente seja impossível saber quantas pessoas que assistiram à reportagem russa original ou à notícia da Fox News tiveram contato com a refutação. O dano já estava feito.

Infelizmente, o atentado em Moscou não foi o primeiro nem o último caso no qual o jogo foi relacionado a um episódio real de violência. Em abril de 2011, na Holanda, Tristan van der Vlis, de 24 anos, abriu fogo em um shopping: matou sete pessoas e feriu gravemente outras três, se matando logo em seguida.[181] A imprensa explorou o fato de o atirador ser jogador de *Call of Duty: Modern Warfare 2* e as similaridades entre o incidente e a polêmica fase do ataque terrorista, ainda que aparentemente pouco tivessem em comum.[182]

Não há como não se impressionar. O leitor certamente já percebeu que a época muda, o país muda, o jogo muda, mas uma coisa parece persistir com enorme resiliência: a crença no discurso que conecta videogame e violência. Definitivamente, o relato fictício do jornalista H.L. Mencken sobre a *história da banheira* parece ter encontrado um adversário à altura: as pessoas simplesmente estão dispostas a acreditar na hipótese de causa e efeito entre videogame e violência, por mais inverossímil e desprovida de comprovação que ela seja.

A maior das polêmicas que envolve a série é sem dúvida a alegação de Anders Behring Breivik, autor do massacre de 22 de julho de 2011 que deixou 77 mortos na Noruega, de que ele teria utilizado o jogo como treinamento.[183]

Oito pessoas morreram em decorrência de explosões detonadas por Breivik em Oslo e 69 dos disparos efetuados por ele na ilha de Utøya. De acordo com Breivik, um dispositivo holográfico de mira teria sido utilizado por ele enquanto jogava *COD*, um jogo empregado por exércitos de todo o mundo para treinamento. Segundo a descrição dada por Breivik, "o jogo consiste em centenas de diferentes tarefas e algumas delas podem ser comparadas a um ataque verdadeiro. Por isso é utilizado por exércitos de todo o mundo. É muito bom para adquirir experiência com dispositivos de mira". Breivik disse ainda que "se você tem familiaridade com uma mira holográfica, ela é construída de tal forma que você pode dar ela a sua avó e ela teria sido uma superatiradora. É projetada para ser utilizada por qualquer um. Precisa de pouco treino para ser usada da melhor forma. Mas é claro que ajuda se você pratica usando um simulador".

Afirmações contundentes, não é mesmo? Nem tanto. Todos que conhecem o jogo sabem que a afirmação de Breivik é despropositada, uma vez que a série é notoriamente conhecida pela pouca liberdade de ação que dá ao jogador: os caminhos são totalmente predefinidos e há pouco espaço para ação tática em cenários que são bastante restritos por causa do reduzido tamanho dos mapas em que se dão os confrontos. *COD* em nada se assemelha à dimensão tática da série *Arma*, por exemplo. Não há sequer a liberdade permitida pelos cenários mais amplos da franquia

Battlefield. Mas isso não impediu que a afirmativa de Breivik fizesse com que algumas lojas parassem de comercializar o jogo.[184]

A menção a um dispositivo holográfico que teria sido utilizado conjuntamente com o game também causa estranheza, uma vez que *COD* não tem suporte a qualquer aparato dessa espécie, salvo melhor juízo. Tudo o que ele podia aprender com *COD* é apontar uma mira para alguém e disparar com um controle de videogame ou mouse, o que certamente não equivale a ter uma arma nas mãos, não só pelo peso da própria arma, como também pelo "coice" que ela dá quando disparada. Mas alguns veículos aceitaram a argumentação de Breivik e embarcaram nela. Veja por exemplo o texto "Breivik treinou durante um ano para os ataques mortais jogando video game".[185] Ou um texto "meramente informativo", como o publicado no *Mirror*, que indica que Breivik "jogava *Call of Duty*, um jogo que permite que o jogador mate pessoas em uma ilha", insinuando a existência de uma conexão entre o game e o atentado.[186]

Em um artigo publicado no *Guardian* intitulado "Não culpe os videogames pelo massacre de Anders Behring Breivik", Simon Parkin discute a produção de pânico moral em torno das declarações do atirador, mostrando que as pessoas que não têm familiaridade com os games desconfiam deles e estão predispostas a serem antivideogame: "Esses malditos games tinham algo a ver com isso, eu sabia!", seria uma frase típica de alguém consumido pelo pânico moral. O autor considera que com a ascensão de pessoas que conhecem games a posições editoriais, as matérias que condenam os jogos eletrônicos perderão força. Com certeza isso pode ser relacionado à emergência e ao aprofundamento dos tentáculos da subcultura gamer na mídia de massas contemporânea, como relatei no início desta Fase. Talvez essa realmente seja a única saída para a questão, ainda que bastante otimista. Ele aponta que os designers devem ampliar a ambição temática de seus trabalhos. E finaliza: "Mesmo assim, pessoas problemáticas continuarão a extrair qualquer inspiração que buscarem para alimentar sua própria loucura. Essa é uma proteção que nenhum criador tem como oferecer para a sua criação."[187]

Breivik é ou pelo menos estava insano quando executou o massacre? Seus escritos revelam simpatia pela extrema direita e desprezo pelo feminismo; elegem o islamismo e o marxismo como inimigos. O "manifesto" de Breivik destila ódio e proclama uma "limpeza étnica" na Europa. Ele declarou que o principal motivo para ter feito o que fez foi divulgar seu manifesto, que até cita o Brasil como "catastrófico" exemplo de miscigenação racial. Apesar de dois diagnósticos indicando o contrário, foi considerado mentalmente são e condenado pela morte de 77 pessoas. Ele disse que chegou a jogar 16 horas por dia de *World of Warcraft*, mas negou que o jogo tivesse qualquer relação com o atentado.

Como se tudo o que o atirador fez e disse não bastasse, Breivik teve a audácia de registrar uma queixa formal contra o ministro da Justiça e o diretor da prisão onde estava, alegando que as revistas diárias e o fato de ele ter que jogar jogos velhos em um Playstation 2 equivalia à tortura.[188] Breivik chegou a ameaçar uma greve de fome: queria ter acesso a jogos adultos, como os outros detentos, manifestando inconformidade por ter que jogar games infantis como *Rayman Revolution*, que, segundo ele, foi desenvolvido para crianças de 3 anos de idade.[189] Obviamente, os pedidos não foram atendidos: mesmo para alguém que é crítico da pena privativa de liberdade (como eu), parece difícil justificar que Breivik tenha acesso a *qualquer* jogo.

A polêmica em torno da série não se encerra aí. Não foi apenas em *Call of Duty: Modern Warfare 2* que a controvérsia foi proposital. A série abertamente buscou inúmeras vezes provocar polêmica, ainda que de forma bem menos sofisticada do que os responsáveis por *GTA*. Algumas das tentativas são bastante desastradas. Sem dúvida, nenhuma delas realmente serviu ao propósito almejado como a do atentado terrorista no aeroporto.

Call of Duty: Black Ops foi outro game da série que flertou com temática polêmica, ainda que um tanto quanto inusitada. No game o jogador recebe a missão de matar um jovem Fidel Castro, em um período anterior ao da Crise dos Mísseis de Cuba. Teria sido o próximo estágio do pânico moral relativo aos games? Um incidente diplomático no âmbito das relações internacionais? Certamente o leitor pensará que estou sendo irônico: isso não poderia ser motivo de atenção de ninguém menos do que o próprio Fidel Castro... ou poderia?

VIDEOGAME E VIOLÊNCIA

Talvez não, mas algo muito próximo disso ocorreu. Um artigo postado no site Cubadebate, no qual Fidel Castro rotineiramente publicava seus textos, é bastante agudo: "O que os Estados Unidos não conseguiram por mais de cinquenta anos, tentam agora por meios virtuais."[190] De acordo com o governo cubano, os Estados Unidos teriam tentado assassinar Castro 638 vezes. O artigo sustenta que de um lado o jogo glorifica as tentativas de assassinato contra Castro, enquanto de outro lado estimula o comportamento sociopata em crianças e adolescentes, que são os principais consumidores desses games.[191] Criminalização cultural e condenação moral e política, em poucos parágrafos. O texto inclui uma citação de Eduardo Galeano para dar suporte aos argumentos desenvolvidos: "A violência gera violência, como se sabe; mas também gera a ganância da indústria da violência, que a vende como espetáculo e a converte em objeto de consumo."[192]

É óbvio que Galeano não escreveu especificamente sobre *COD*. Mas seu ponto de vista se encaixa na tradição de crítica da mercantilização a que me referi no início do capítulo. No corpo do texto ele é visivelmente apropriado para dar um toque de argumento de autoridade à censura feita ao jogo, ainda que não contemple o efeito criminógeno suscitado no restante do artigo. De qualquer modo, a situação chega a ser anacrônica. Uma máquina do tempo aparentemente havia sido acionada e o mundo retornara aos anos 1950 e 1960.

A controvérsia parece sem sentido atualmente, com o falecimento de Fidel. Mas de qualquer forma o que interessa é constatar que a crença na relação de causa e efeito entre games e violência se tornou transnacional, sendo suscitada nas mais diferentes realidades geográficas do mundo: já fez aparições nos Estados Unidos, em Honduras, Venezuela, Brasil, Holanda, Noruega, Tailândia, Rússia, Cuba, Austrália, Itália, Inglaterra e incontáveis outros países, o que demonstra que penetrou profundamente no imaginário contemporâneo globalizado.

Call of Duty: Black Ops II também foi acusado de violência excessiva: o jogo inclui tortura, pessoas queimando até a morte, civis morrendo no fogo cruzado e até mesmo um container repleto de cadáveres apodrecidos. O game é rotineiramente listado em relações de jogos mais violentos, como a da Commonsensemedia.com.[193]

Call of Duty: Modern Warfare 3 também provocou uma pequena controvérsia, por causa de uma cena não interativa incluir a morte de uma criança. Brian Ashcraft, do site Kotaku, escreveu que cenas assim são novas nos games, talvez porque eles tradicionalmente sejam vistos como brinquedos: "É óbvio que eles não são, mas essa percepção provavelmente manteve os desenvolvedores longe desse tipo de situação", afirmou. Tina Palacios, do IGN, considerou a cena mais "forçada" do que qualquer outro momento controverso da série. Para ela, foi incluída apenas como um momento de choque, sem conexão com o restante da história do jogo.[194] O artifício de manufatura deliberada do pânico começava a perder a serventia. A cena não causou nada semelhante ao impacto esperado, deixando de gerar a publicidade gratuita que poderia aumentar o desempenho do jogo no mercado. Mas isso fez pouca diferença: vendeu milhões de cópias da mesma forma.

De qualquer modo, a mercantilização da guerra tem outras facetas. Pelo menos uma delas é bem mais simpática do que a simples busca por lucro. Um dado pouco conhecido é o estabelecimento da Call of Duty Endowment, uma fundação voltada para o auxílio de veteranos de guerra, que contou com uma doação de um milhão de dólares da Activision, proprietária da série.[195]

Mas de outra faceta da mercantilização não se pode dizer algo tão simples assim: trata-se do emprego de games de guerra como propaganda e ferramenta de recrutamento, como discutirei a seguir.

A VIRTUALIDADE DA GUERRA E A REALIDADE DA VIRTUALIDADE: OS CASOS DE KUMA\WAR, AMERICA'S ARMY, UNDER ASH, UNDER SIEGE E SPECIAL FORCES

Neste trecho ficará claro como os jogos de guerra levantam questões muito diferentes das que são motivadas pelos games estruturados em torno da possibilidade de transgressão. Ferrell, Hayward e Young consideram que a violência mediada contribui para a própria reconstrução da realidade cotidiana. Para eles, é possível perceber que as ações do Exército norte-americano e da própria violência insurgente estão

VIDEOGAME E VIOLÊNCIA

sendo reconfiguradas como entretenimento virtual, demonstrando outra faceta da mercantilização da violência como espetáculo digital.[196]

Os autores apontam que o Exército adaptou títulos como *Battlezone*, *Doom, Medal of Honor* e *Counter-Strike* para utilizá-los como simuladores de combate. Que os militares utilizem games para propósitos de treinamento não é inteiramente surpreendente, já que a maioria das pessoas que ingressam no serviço militar cresceram em ambientes onde jogar games era algo comum. Mas talvez o mais surpreendente – e criminologicamente mais importante – é constatar que a distinção entre treinamento virtual simulado, vida real e atuação concreta de soldados está se evaporando.[197] Os autores percebem dois processos concomitantes, que merecem discussão:

a) **A recriação de conflitos contemporâneos em tempo real.**

É o caso de *Kuma\War*, um jogo que usa como slogan a frase "Notícias verdadeiras de guerra, jogos verdadeiros de guerra" e permite que o jogador participe de cenários como a batalha final de Muamar Kadafi, a busca por membros da Al-Qaeda e assim por diante. O jogo adota o modelo *free-to-play* e tem mais de 108 episódios que retratam situações reais.

No entanto, apesar da pretensão de realismo, o jogo foi muito mal recebido pela imprensa especializada: para Scott Osbourne, do GameSpot, os cenários militares vagamente realísticos do jogo não conseguem disfarçar o que é no fundo um FPS fraco e simples.[198]

Definitivamente essa não é a dimensão mais interessante, e sim o outro aspecto: a utilização dos games como plataforma de propaganda ideológica e recrutamento, como veremos a seguir.

b) **O desenvolvimento de uma série de games militares pelo próprio Exército norte-americano e outras organizações de caráter militar.**

O jogo que inicialmente interessa aqui é *America's Army*. Como observam Ferrell, Hayward e Young, o Exército não se contentou em converter os games existentes e desenvolveu sua própria plataforma, lançando

America's Army: Operations em 2002, como título gratuito.[199] Mais de 41 versões e updates já foram lançados. O game saiu inicialmente para PC e depois para Playstation 2, Xbox e Xbox 360.

Uma matéria publicada no *New York Times* em 2002, intitulada "O Tio Sam quer que você jogue este jogo", explora a construção de *America's Army* como ferramenta de sedução para atrair jovens para o Exército. O game foi projetado para ser realístico: cada arma foi modelada cuidadosamente e a mira do jogador é influenciada pela postura do personagem, pela respiração e pelo movimento. Um jogador que parte em uma corrida alucinada contra uma trincheira e dispara sua arma dificilmente atingirá algo. O game inclui progresso em uma carreira virtual no Exército e não é tão violento quanto alguns títulos comerciais semelhantes. No primeiro jogo da série, os inimigos usam máscaras de esqui ou outras vestimentas que os identificam como terroristas. A matéria relata que uma das intenções de *America's Army: Operations* era reduzir uma das maiores despesas do Exército: os 15 mil dólares que são gastos aproximadamente no recrutamento de cada soldado. O jogo é abertamente considerado ferramenta de propaganda.[200] Mas não se pode dizer que ele não tenha nenhum valor além da intenção de sedução: *America's Army* foi muito bem recebido pela imprensa especializada. Isso mostra que os desenvolvedores tinham consciência de que um jogo ruim poderia ter efeito exatamente oposto ao pretendido. Sob este aspecto, de fato acertaram em cheio: sua média no site Metacritic é de 82/100. Scott Osbourne, do GameSpot, aponta que é irônico que o governo americano patrocine através do Exército um jogo desse tipo, depois de tantos políticos terem impulsionado suas carreiras condenando o entretenimento violento e os games. Mas reconhece que nos seus melhores momentos *America's Army* é um jogo intenso que rivaliza ou ultrapassa os mais bem-sucedidos jogos de tiro comerciais.[201]

É claro que um jogo assim levanta infinitas questões. Autores como Robbins, De Long e Schuilenburg consideram que games desse tipo demonstram que a militarização da vida se tornou a parte mais importante de uma cultura orientada pela ideia de segurança.[202] O jogo fez parte de

VIDEOGAME E VIOLÊNCIA

uma estratégia ambiciosa: uma matéria da Reuters detalha o investimento de 12 milhões de dólares no U.S. Army Experience Center, no shopping Franklin Mills, em Filadélfia. Sessenta computadores, dezenove consoles Xbox 360 e dezenas de telas interativas descrevem bases militares e opções de carreira no Exército com detalhes. Os potenciais recrutas podem transitar livremente no espaço e experimentar outras opções ainda mais intensas. Entrevistado na matéria, Jesse Hamilton, um ex-sargento que serviu no Iraque em 2005 e 2006, diz que o uso de games glamouriza a guerra e engana potenciais recrutas.[203]

Não são poucos os veteranos que manifestaram posições semelhantes. Um protesto foi organizado em Rancho Cardova, Califórnia, local onde estava sendo realizado um torneio de *America's Army* patrocinado pelo Exército. Membros do Veteran Peace Group foram contundentes: "É como dar doces a crianças [...] é uma espécie de pedofilia militar que ataca jovens." Um representante do Exército fez o contraponto e disse que o evento tinha apenas o propósito de familiarizar as pessoas com a vida militar.[204]

Cada ação tem uma reação. Em outros lugares do mundo, programadores utilizaram tecnologia semelhante para difundir uma mensagem ideológica muito diferente, antes mesmo que *America's Army* estivesse disponível para download. Designers que apoiam a causa palestina lançaram seus próprios games, que incluem recriações digitais do conflito com Israel. Para Ferrell, Hayward e Young, o objetivo de jogos como *Under Ash* (Afkar Media), *Under Siege* (Afkar Media) e *Special Forces* (Hezbollah) é duplo: em primeiro lugar, relatar sua própria versão do conflito; em segundo lugar, confrontar a hegemonia dos jogos de guerra projetados nos Estados Unidos.[205]

Um representante do Hezbollah declarou que *Special Forces* visa resistir a ocupação israelense: "De certo modo, ele oferece treinamento mental e pessoal para quem o joga, permitindo que se sinta como se fosse lutador da resistência"[206] O movimento é dialético: do real para o virtual e de volta para o real.

O designer Radwan Kasmiya, de *Under Siege* e *Under Ash* (*Afkar Media*), não aprova comparações entre seus games e *Special Forces* (desenvolvido pelo Hezbollah) e *America's Army*. Em todos os seus jogos, não é possível vencer: o personagem morre ou é aprisionado. Ele afirma que não quer fazer jogos "anti-G.I. Joe", mas jogos que falam de verdades escondidas por vozes mais altas.[207]

Não irei adentrar o mérito das mensagens políticas mediadas pelos jogos expostos neste trecho, uma vez que isso exigiria uma análise complexa que ultrapassaria completamente o propósito deste livro. Mas o leitor pode perceber claramente que existe um movimento intenso de utilização de games como plataforma para veiculação de ideologias políticas. E ele tem alcance mundial. Basta pensar na iniciativa russa de financiamento de jogos de guerra patrióticos, bem como de introdução da possibilidade de banimento de jogos que "distorcem" a história da Rússia. Um assessor do ministro da Cultura disse que "um game não deve apenas divertir, deve também ensinar e promover uma educação patriótica".[208] O primeiro jogo a ser desenvolvido com apoio estatal terá como temática o advento da aviação russa durante a Primeira Guerra Mundial. O assessor ainda citou *Company of Heroes* como exemplo negativo de jogo, pois retrata um soldado russo que incendeia casas de civis durante a Segunda Guerra Mundial.[209]

Bem-vindos à nova face da guerra: a virtualidade real de uma insuspeitada dimensão de confronto ideológico mundial.

QUANDO A FRONTEIRA ENTRE O VIRTUAL E O REAL É BORRADA: MEDAL OF HONOR E SIX DAYS IN FALLUJAH

A série *COD* pode estar no centro do furacão, mas a controvérsia em torno de jogos que representam conflitos contemporâneos não se restringiu a ele. É o caso de *Medal of Honor* e *Six Days in Fallujah*, como discuto a seguir.

A tradicional série *Medal of Honor* sempre teve como cenário a Segunda Guerra Mundial. Mas com a versão de 2010, a Electronic Arts pretendia atingir o público de *Call of Duty: Modern Warfare* e por isso ambientou o jogo em um conflito contemporâneo, no Afeganistão. Este é provavelmente um dos episódios mais desastrados da história dos games. Se já existem motivos pelos quais a indústria tem seus adversários de plantão, a releitura de *Medal of Honor* lhes deu ampla munição. No modo *single player* o jogador comanda forças norte-americanas contra os Talibãs, o que certamente já bastaria para gerar alguma comoção. Mas no modo multiplayer de *Medal of Honor*, o jogador podia originalmente escolher o lado dos Talibãs, o que imediatamente gerou controvérsia nos Estados Unidos.

Quando a série era ambientada na Segunda Guerra Mundial, era natural que o jogador pudesse fazer parte dos nazistas no modo multiplayer. Mas em um jogo contemporâneo, a opção levantava uma série de questões éticas bem diferentes. A polêmica atingiu *Medal of Honor* e com muita força. Para muitas pessoas, a mercantilização da guerra tinha um limite, e um produto com essas características era absolutamente inaceitável. Amanda Taggart, da Electronic Arts, afirmou que a maioria de nós fazia isso desde os 7 anos: se alguém é o policial em uma brincadeira, outro alguém deve ser o bandido, o pirata ou o alienígena. Logo, no modo multiplayer "alguém tem que ser o Talibã".

Uma simplificação grosseira para um produto construído desde o princípio para obter publicidade gratuita? É difícil discordar. Apesar das justificativas da Electronic Arts, o *timing* do lançamento era péssimo: o jogo estava para ser lançado em um momento decisivo do conflito, que custou a vida de mais de 1.200 soldados americanos. Os dados sobre as perdas do adversário são desconhecidos.[210]

Nem mesmo a imprensa especializada poupou o jogo: para Dan Whitehead, do site Eurogamer, observar tropas da coalizão serem massacradas nas ruas de Cabul foi uma experiência estranha, considerando que um amigo havia perdido seu irmão no conflito algumas semanas antes. Whitehead reflete que "essa é uma guerra de verdade e que está sendo travada agora, causando desconforto a opção de combate entre jogadores virtuais e recompensas pela quantidade de mortes em sequência obtidas pelo jogador".[211]

SALAH H. KHALED JR.

Joseph Olin, presidente da Academy of Interactive Arts and Sciences, expressou um ponto de vista diferente, sustentando que o papel da arte em tempos de guerra é facilitar a empatia com o inimigo. Para ele, em todas as simulações de combate com as quais nos divertimos, como nos filmes e na literatura, sempre foi possível experimentar o combate pela perspectiva do inimigo. Essa sempre foi uma qualidade dos filmes sobre a Segunda Guerra Mundial.

É um ponto de vista que merece consideração, mas Olin foi uma voz isolada. De todos os efeitos benéficos de que os games supostamente são capazes, este não soa nada factível. Parece pouco provável que *deathmatches* possam provocar um sentimento de empatia pelo inimigo, até pelo fato de sua retratação no jogo ser completamente estereotipada e grosseira.

Quando contatado para se manifestar sobre o jogo, Marty Callaghan, representante da organização de veteranos de guerra American Legion (AL), disse que o conteúdo de jogos eletrônicos não é de interesse da AL: "Estamos preocupados com o mundo real, com as tropas que estão lutando na guerra e com os veteranos que serviram seu país. Estamos preocupados com essa realidade."[212] A polêmica poderia ter sido encerrada com essa declaração. Mas não foi o caso: ganhou impulso quando a mãe de um soldado morto na guerra, Karen Meredith, deu uma entrevista para a Fox News e afirmou que "um jogo baseado em uma guerra que está acontecendo agora não faz o menor sentido e é desrespeitoso".[213]

O secretário de Defesa do Reino Unido, Liam Fox, declarou que se sentia enojado pelo jogo. Para ele é chocante que alguém pense que é aceitável recriar os atos do Talibã contra soldados britânicos. Em resposta à declaração do secretário de Defesa, a Electronic Arts afirmou que não havia tropas britânicas em *Medal of Honor*, o que demonstra que ele obviamente não tinha nenhuma experiência própria com o jogo, nem ao menos se informado de forma aprofundada sobre ele.[214] A ministra da Defesa da Dinamarca, Gitte Lillelund Bech, considerou que o jogo é de mau gosto, mas sustentou que tinha fé nas habilidades da juventude do país para distinguir o certo e o errado, não sendo necessária legislação sobre

VIDEOGAME E VIOLÊNCIA

a questão que determinasse qualquer proibição. Uma posição bastante sensata, por sinal.[215]

Bases militares norte-americanas baniram o game, que não foi disponibilizado em nenhuma das lojas localizadas em instalações do Exército. Mas *Medal of Honor* não chegou a ser realmente proibido, já que sua posse era permitida.[216]

A pressão surtiu efeito, ainda que limitado. Fez com que a Electronic Arts mudasse o nome do adversário da coalizão no modo multiplayer: a designação Talibã foi abandonada em troca de "força opositora", um eufemismo que pouca diferença poderia representar para quem se sentia incomodado diante do jogo. A mudança não fez com que o produto passasse a ser disponibilizado em bases militares.[217]

Greg Goodrich, produtor executivo do jogo (que também havia participado no passado de *Kingpin: Life of Crime*, sobre o qual falei na Fase 2), afirmou que a mudança foi feita após muitos debates internos. No entanto, disse que a modificação não afeta em nada a campanha *single player* e que o restante das imagens do jogo permanece intacto.[218]

Em um duro editorial, Michael Thomsen, do IGN, um site especializado em games, atacou a Electronic Arts e as produtoras DICE e Danger Close, responsáveis pelo game, afirmando que se o respeito com os soldados fosse importante, nem sequer teriam feito um modo multiplayer, além de terem feito muito mais em termos narrativos com a experiência *single player*.[219]

É difícil deixar de constatar que no mínimo faltou sensibilidade para a Electronic Arts. Qualquer possibilidade de exploração séria da densidade de questões que envolvia o conflito foi inteiramente deixada de lado. Não há nenhuma tentativa de retratar de forma digna a incursão norte-americana sob a perspectiva de qualquer um dos lados em *Medal of Honor*. O jogo não atingiu nem remotamente o sucesso da série COD, ainda que tenha motivado uma continuação, *Medal of Honor Warfighter*, que vendeu menos ainda. Apesar de toda a publicidade gratuita, a jogabilidade simplesmente não convencia e esse sempre é o critério decisivo para a comunidade gamer. A Electronic Arts decidiu abandonar temporariamente a série por causa da má recepção do público e da crítica.

Diferentemente da Electronic Arts, que insistiu com *Medal of Honor* até o fim, é interessante observar que a Konami optou por abandonar outro jogo, intitulado *Six Days in Fallujah*. Ele nem sequer foi lançado, apesar de parecer relativamente promissor, em função de seu compromisso com o realismo. A Konami decidiu não enfrentar a enorme repercussão que o jogo estava tendo na imprensa e os protestos recebidos por meio de inúmeros e-mails e telefonemas.

De certo modo, *Six Days in Fallujah* acabou pagando o preço pela controvérsia em torno de *COD* e *Medal of Honor*. O game vinha sendo desenvolvido pela Atomic Games e tinha como cenário a Batalha de Fallujah, uma das mais sangrentas da Guerra do Iraque. Logo que *Six Days in Fallujah* começou a ser divulgado, rapidamente se tornou alvo de manifestações de repúdio: o pai de um soldado inglês morto no conflito considerou que glorificá-la é uma demonstração de mau gosto diante da enorme perda de vidas na Guerra do Iraque.[220] Os protestos não foram apenas de pessoas que apoiavam a presença norte-americana no Iraque, ou de familiares de soldados mortos em combate: o grupo pacifista inglês Stop the War Coalition disse que "não há nada a celebrar na morte de pessoas que resistem a uma injusta e sangrenta invasão [...] criar um jogo a partir de um crime de guerra e capitalizar com a morte e os ferimentos de milhares de pessoas é doentio. Jamais haverá um tempo em que possa ser apropriado 'brincar' de cometer atrocidades. O massacre de Fallujah deve sempre ser lembrado com vergonha e horror, não glamourizado para entretenimento".[221]

Percebe-se claramente que o argumento caminha em direção semelhante às críticas sobre a mercantilização do crime. Mas transformar um conflito contemporâneo em produto que visa lucro é algo bem diferente. Ainda mais quando se trata de um massacre. Existem acusações de emprego de armas químicas e, particularmente, de bombas incendiárias, bem como de uso indiscriminado de força contra civis e crianças por parte das forças norte-americanas na ofensiva de Fallujah, em novembro de 2004.[222] Tim Collins, tenente-coronel do 1st Battalion Royal Irish Regiment, teceu comentários semelhantes: para ele, "é muito

VIDEOGAME E VIOLÊNCIA

cedo para fazer um jogo sobre uma guerra que ainda está em curso [...] é particularmente insensível, considerando o que aconteceu em Fallujah, e eu certamente irei me opor ao lançamento desse jogo".[223]

Os protestos de militares e famílias de militares acabaram fazendo com o que a Konami desistisse de lançar o jogo, uma decisão considerada questionável por vários sites especializados em games, como o PC World.[224] De qualquer modo, apesar da temática delicada, o projeto parece muito mais responsável que *Medal of Honor*: os desenvolvedores de *Six Days in Fallujah* afirmaram que o jogo não tinha objetivos políticos e pretendia apenas relatar a história de homens e mulheres que sobreviveram ao conflito. Um grupo de 42 fuzileiros navais forneceu diários, memórias, fotos e vídeos para assegurar que a experiência fosse retratada de forma realística. Mas jamais saberemos se o jogo pretendia abordar questões psicológicas enfrentadas pelos soldados norte-americanos durante o conflito ou qualquer reflexão mais aprofundada sobre a guerra sob a perspectiva deles. O projeto foi encerrado.

Entrevistados pelo GameSpot após o abandono do desenvolvimento, os programadores foram surpreendidos pelo apoio recebido de dezenas de fuzileiros que gostariam de contribuir com *Six Days in Fallujah* e disseram que o desafio era encontrar financiamento para concluir o game, o que acabou não acontecendo.[225] Nenhuma distribuidora estava disposta a assumir um projeto tão polêmico: ironicamente, o jogo da Atomic Games havia se tornado radioativo e ninguém queria investir ou sequer estar associado a ele.

As razões pelas quais tantos fuzileiros mostraram interesse no lançamento do jogo extrapolam os propósitos deste livro, mas são dignas de um rápido palpite: a importância dos games na cultura contemporânea está cada vez maior, e um jogo que retratasse a Operação Fallujah com luzes heroicas poderia ser um instrumento excelente de fixação de uma memória social favorável para a incursão norte-americana no Iraque. Com certeza isso é extremamente importante tanto para a imagem que os fuzileiros e ex-fuzileiros têm de si mesmos quanto perante o público.

Para quem possa pensar que essa hipótese é despropositada, penso que o trecho a seguir mostra que ela ao menos merece alguma consideração.

SALAH H. KHALED JR.

"NÃO ATIRE NOS CIVIS": PARA A CRUZ VERMELHA, A JOGABILIDADE DE GAMES MILITARES DEVE ADERIR A LEIS INTERNACIONAIS SOBRE CONFLITOS ARMADOS

A importância dos games sobre guerra para a cultura contemporânea é inegável. Talvez em nenhum outro momento isso fique tão claro quanto na inusitada pretensão da Cruz Vermelha, que propõe que a jogabilidade de games militares deve aderir a leis internacionais sobre conflitos armados. A mudança de foco é nítida: isso não significa que as críticas sobre a mercantilização da guerra não tenham nenhuma validade, mas já que os jogos de guerra existem e estão aí para ficar, a estratégia adotada para "enfrentá-los" assumiu um aspecto muito mais pragmático e surpreendente.

Por mais estranha que possa soar a ideia, o fato é que a infame missão de *Call of Duty: Modern Warfare 2* violou uma antiga tradição dos jogos eletrônicos: não atire nos civis. Desde o clássico *Operation Wolf* essa premissa sempre foi de algum modo respeitada. Mas ela também tinha relação com o desafio do jogo, que exigia reflexos rápidos para atirar e também para não atirar, sob pena de *game over*. Coincidentemente, foi essa a alteração imposta em vários países para que *Call of Duty: Modern Warfare 2* fosse comercializado, ainda que não tivesse qualquer relação com reflexos rápidos.

De qualquer modo, embora essa regra não seja respeitada nos jogos de tiro contemporâneos, nunca se soube de um jogo no qual atirar em um civil pudesse fazer com que o jogador enfrentasse um Tribunal Militar ou a dispensa desonrosa do Exército. François Sénéchaud, do Comitê Internacional da Cruz Vermelha, disse que, em razão da verossimilhança entre os FPS e o combate real, os jogos devem se conformar às regras que versam sobre conflitos armados internacionais. Para ele, "games que representam campos de batalha contemporâneos são muito próximos da realidade [...] é difícil perceber a diferença entre imagens reais e as imagens geradas pelos games".[226] Um documento postado no site da Cruz Vermelha esclarece que os jogadores devem ser recompensados

VIDEOGAME E VIOLÊNCIA

por respeitar as leis do conflito armado e, portanto, deve haver penalidades pela violação dessas leis, ou seja, pelo cometimento de crimes de guerra no plano virtual. Não se trata de estragar a diversão do jogador com mensagens inoportunas ou citação de dispositivos legais, mas de integrar aos jogos as leis do conflito armado de modo que os gamers tenham uma experiência realística e tenham que lidar com os dilemas enfrentados por combatentes em campos de batalha reais.[227]

A ideia não é despropositada: Marek Spanel, da Bohemia Interactive, responsável pela série de simuladores de combate *Arma*, disse que pretende implementar as sugestões. É claro que a forma com que essa integração poderia ser feita suscita inúmeros problemas. Mas Keith Stuart, do *Guardian*, aponta que o que a Cruz Vermelha quer é que os designers pensem sobre conflitos armados e incorporem noções de direito internacional: que os desenvolvedores digam que em uma missão você deve sobrevoar uma escola onde estão escondidos terroristas e decidir se deve abrir fogo ou não – ou seja, que os jogadores compreendam as consequências dessa decisão não apenas em termos de pontuação ou progresso no jogo, mas em termos de conflitos armados reais – os conflitos que os games retratam.[228]

Provavelmente o jogo que lidou de forma mais adequada com as tensões típicas dos conflitos armados foi *Spec Ops: The Line*, do estúdio Yager Development. Embora não retrate um conflito contemporâneo real, o game suscita dilemas morais e éticos típicos das situações extremas a que são submetidos soldados em tempos de guerra. Muito mais maduro do que qualquer jogo da série *COD* ou *Battlefield*, *Spec Ops: The Line* emprega mecânicas típicas da série *Gears of War* para inserir o jogador na trama, que se passa em uma Dubai arruinada pela guerra. Em determinada cena a equipe do jogador é cercada por uma multidão de civis furiosos: a única escolha aparente é abrir fogo ou morrer. O jogo não legitima um massacre e muito menos exige que o jogador cometa um massacre: apenas um tiro basta para que a multidão seja dispersa; se a arma é apenas apontada para o céu, o efeito é exatamente o mesmo. Mas quando o jogador escolhe se irá ou não abrir fogo contra a multidão, ele não sabe que esse será o desfecho: é no calor do momento que ele é obrigado a decidir, e com certeza muitos jogadores escolherão abrir fogo, ainda que tenham que refletir, mesmo que brevemente, sobre essa escolha.

Momentos como esse mostram que os games ainda arranham a superfície do seu potencial. Os limites para o que experiências narrativas interativas podem representar ainda estão longe de serem alcançados. Os games amadurecem a olhos vistos, salvo para aqueles que os satanizam de forma irresponsável e generalizante, sem levar em conta o que realmente está em jogo. Como observou Guillaume de Fondaumière, o CEO do estúdio Quantic Dream (responsável por *Heavy Rain* e *Beyond: Two Souls*, dois jogos de narrativa extremamente sofisticada e com captura de movimentos de atores reais), a situação evoluiu e os estigmas associados com os games de que "são viciantes" e "causam violência" são exagerados e não costumam ser aceitos pela grande maioria dos consumidores. Ele conclamou a indústria a desenvolver projetos mais significativos e que mostrem do que os games são capazes como forma de entretenimento.[229] Apesar da famosa declaração do crítico de cinema Roger Ebert de que isso jamais aconteceria, os games recentemente foram reconhecidos como forma de arte nos Estados Unidos.[230]

Nesta Fase, discuti inúmeros games que foram criminalizados culturalmente por empreendedores morais, sem que existissem fundamentos concretos para que seu conteúdo fosse motivo de censura ou casos nos quais a mera presença circunstancial de um game ou o simples fato do responsável por um atentado ter interesse em games foi suficiente para motivar um discurso de causa e efeito entre videogame e violência. O leitor certamente percebeu que não deixei de tecer comentários duros sobre os excessos de alguns jogos consagrados. Se já transpareceu que mesmo sendo gamer não sou um defensor incondicional dos games, isso ficará claro nas páginas a seguir, quando enfrentarei o discurso de ódio mediado por alguns jogos. Trata-se de uma lista restrita de produtos que são exceções à defesa da liberdade de expressão artística que sustento ao longo da obra.

VIDEOGAME E VIOLÊNCIA

NOTAS

1. Mark Fenwick e Keith Hayward. *In*: Jane Pickford (org.), 2000.
2. Mike Presdee, 2001, p. 59.
3. Jeff Ferrell *et al.*, 2008, p. 140.
4. *Ibidem.*
5. *Ibidem.*
6. *Ibidem*, p. 141.
7. *Ibidem*, p. 142.
8. *Ibidem*, p. 142.
9. *Ibidem*, p. 142.
10. Salo de Carvalho, 2013, p. 89. (Grifos meus.)
11. Mike Presdee, 2001, p. 28.
12. Ver nota 1.
13. Mike Presdee, 2001, p. 58.
14. Angela Mcrobbie e Sarah L. Thornton, 1995, pp. 559-560.
15. *Ibidem*, p. 572.
16. Rebecca Levene e Magnus Anderson. Em: <http://www.thesundaytimes.co.uk/sto/Magazine/Features/article1146360.ece#nextt>.
17. *Destructoid*. Em: <http://www.destructoid.com/destructoid-interview-jerald--block-md-on-videogames-and-columbine-36153.phtml>.
18. Ver nota 14.
19. *Ibidem*, p. 566.
20. *Ibidem*, p. 568.
21. *Ibidem*, p. 572.
22. *Sky News*. Em: <http://news.sky.com/story/1142951/grand-theft-auto-v-stab--victims-game-stolen>.
23. Luke Karmali. Em: <http://www.ign.com/articles/2015/08/21/grand-theft-auto--franchise-has-shipped-over-220-million-units>.
24. Keza Macdonald. Em: <http://www.ign.com/articles/2013/09/16/grand-theft--auto-v-review>.
25. Kiri Miller, 2008.
26. Gonzalo Frasca, 2003.
27. Jeff Ferrell, 2010, pp. 339.
28. *Ibidem*, p. 350.
29. *Ibidem*, pp. 339-343.
30. *Ibidem*, p. 344.
31. Mike Presdee, 2001, p. 62.
32. *Ibidem*, p. 64.
33. Jeff Ferrell, 2010, p. 347.
34. *Ibidem*, p. 348.

35. Jack Katz, 1988, p. 4.
36. *Ibidem*, p. 10.
37. Ver nota 1.
38. *Ibidem*.
39. *Ibidem*.
40. *Ibidem*.
41. Keith Hayward, 2002.
42. *Ibidem*.
43. Jeff Ferrell, 2010, p. 345.
44. *Ibidem*, p. 346.
45. Keith Hayward. *In*: J. Muncie, G. Hughes e E. McLaughlin, 2002.
46. Jeff Ferrell, 1995b; Jeff Ferrell e Stephen Lyng (orgs.), 2004, p. 77.
47. Ver nota 1.
48. Mike Presdee, 2001, p. 63.
49. Jeff Ferrell, 2010, p. 348. Na tradução consta crime e "comodidade". Parece-me que a tradução correta de "commodity" no contexto da frase é produto ou mercadoria.
50. Jack Katz, 1988, p. 324.
51. Mike Presdee. *In*: G. Barak, 1994 *apud* Mark Fenwick e Keith. J. Hayward. *In*: Jane Pickford (org.), 2000.
52. Ruth M. Chittó Gauer, *In*: Ruth M. Chittó Gauer (coord.) e Mozart Linhares da Silva (org.), 1998, p. 24.
53. Patrick M. Markey, Charlotte N. Markey e Juliana E. French, 2014.
54. *Ibidem*.
55. Eddie Makuch,. Em: <http://www.gamespot.com/articles/violent-video-games-dont-lead-to-increases-in-viol/1100-6422421/>.
56. *Ibidem*.
57. Lauren Gonzalez, *op. cit.*
58. GamesRadar. Em: <http://www.gamesradar.com/the-10-most-shocking-game-moments-of-the-decade/?page=3>.
59. Hiroyuki Koshoji. Em: <http://www.upi.com/Health_News/2005/06/11/Japan-moves-to-restrict-cruel-games/37471118492943/>.
60. Tor Thorsen. Em: <http://www.gamespot.com/news/take-two-self-censoring-vice-city-6085346>.
61. Lauren Gonzalez, *op. cit.*
62. *Ibidem*.
63. Elizabeth Millard. Em: <http://www.newsfactor.com/news/New-York-Balks-at-Grand-Theft-Auto/story.xhtml?story_id=0300003HXXO0>.
64. Ivan Pereira, Michael Saul e Alice Gendar. Em: <http://www.nydailynews.com/entertainment/pols-rage-vid-game-takes-shot-city-article-1.214924>.
65. Elizabeth Millard. Em: <http://www.newsfactor.com/news/New-York-Balks-at-Grand-Theft-Auto/story.xhtml?story_id=0300003HXXO0>.

VIDEOGAME E VIOLÊNCIA

66. Set Schiesel. Em: <http://www.nytimes.com/2008/04/28/arts/28auto.html?_r=1&ref=arts>.
67. *Nzgamer*. Em: <http://nzgamer.com/reviews/691/grand-theft-auto-iv.html>.
68. Jeff Ferrell, 1999, p. 408.
69. *Sky News*. Em: <http://news.sky.com/story/1142648/grand-theft-auto-v-launch--sickies-expected>.
70. Emanuel Maiberg. Em: <http://www.gamespot.com/articles/gta-publisher-game--development-getting-more-expens/1100-6425318/>.
71. Keza Macdonald. Em: <http://www.ign.com/articles/2013/09/16/grand-theft--auto-v-review>.
72. Alex Hern. Em: <http://www.theguardian.com/technology/2013/sep/18/grand--theft-auto-5-under-fire-for-graphic-torture-scene>.
73. Mark Ferreti. Em: <http://www.consumerreports.org/cro/news/2014/12/5-most--violent-video-games/index.htm>.
74. Eddie Makuch. Em: <http://www.gamespot.com/articles/gtav-voice-actors-say--game-does-not-glamorize-violence/1100-6415325/>.
75. *Idem*. Em: <http://www.gamespot.com/articles/gta-5-australia-ban-undermines--freedom-of-expressi/1100-6424110/>.
76. *WND*. Em: <http://www.wnd.com/2003/12/22266/>.
77. *Ibidem*.
78. *Fox News*. Em: <http://www.foxnews.com/story/2006/09/26/lawsuit-blames--grand-theft-auto-for-murders-on-newsman-ranch/>.
79. Rene Romo. Em: <http://www.abqjournal.com/paperboy/text/news/state/496235nm09-26-06.htm>.
80. Rebecca Leung. Em: <http://www.cbsnews.com/stories/2005/06/17/60minutes/main702599.shtml>.
81. *Ibidem*.
82. Edwin Sutherland e David Cressey, 1978, pp. 80-82.
83. Francisco Muñoz Conde e Winfried Hassemer, 2008, p. 60.
84. *Ibidem*, pp. 60-61.
85. Edwin Sutherland e David Cressey, 1978, pp. 80-82.
86. *Ibidem*.
87. Duncan Mansfield. Em: <http://old.chronicle.augusta.com/stories/2003/10/23/biz_398118.shtml>.
88. Gresham Sykes e David Matza, 1957.
89. Rebecca Leung, *op. cit.*
90. Christopher J. Ferguson, 2008, p. 31.
91. Robert K. Merton, 1968, p. 477.
92. Francisco Muñoz Conde e Winfried Hassemer, 2008, p. 111.
93. Matthew Chayes. Em: <http://web.archive.org/web/20080630075011/http://www.newsday.com/news/local/crime/ny-lirob275743162jun27,0,4494415.story>.

94. Nopporn Wong-Anan. Em: <http://uk.reuters.com/article/2008/08/04/oukin-uk--video-murder-idUKLAU42753320080804>.

95. Andrew Buncombe. Em: <http://www.independent.co.uk/news/world/asia/grand--theft-auto-iv-is-pulled-from-thai-shops-after-killing-of-taxi-driver-885204.html>.

96. Jim Reed. Em: <http://news.bbc.co.uk/newsbeat/hi/technology/newsid_7540000/7540623.stm>.

97. Lee Cochran. Em: <http://abcnews.go.com/TheLaw/story?id=5262689&page=1>.

98. Robert K. Merton, 1938. pp. 672-682.

99. Gerry Holt. Em: <http://www.bbc.co.uk/news/uk-14442821>.

100. Oliver Poole. Em: <http://www.standard.co.uk/news/fear-and-a-sense-of-loss--amid-high-streets-smoking-ruins-6430641.html?origin=internalSearch>.

101. *The Korea Herald*. Em: http://www.koreaherald.com/view.php?ud=20120814001089&cpv=0; William Usher. Em: <http://www.cinemablend.com/games/Police-Blame--GTA-IV-Violent-Attack-Drunken-Man-45871.html>.

102. *Sky News*. Em: <http://news.sky.com/story/1132826/boy-8-kills-gran-after--playing-video-game>.

103. Jason Hanna. Em: <http://edition.cnn.com/2013/10/09/us/vegas-flight-child/>.

104. *Sky News*. Em: <http://news.sky.com/story/1142951/grand-theft-auto-v-stab--victims-game-stolen>.

105. Greg Kasavin. Em: <http://www.gamespot.com/manhunt/reviews/manhunt--review-6093884/>.

106. Matt Cundy. Em: <http://www.gamesradar.com/manhunt-nearly-caused-a--mutiny-at-rockstar/>.

107. Eric Gwinn. Em: <http://articles.chicagotribune.com/2003-11-24/features/0311240176_1_gaming-scene-optional-headset-manhunt>.

108. Tor Thorsen. Em: <http://www.gamespot.com/articles/manhunt-banned-in-new--zealand/1100-6085503/>.

109. Volker Briegleb. Em: <http://www.onlinekosten.de/news/artikel/15125/0/Brutalo--Spiel-bundesweit-beschlagnahmt>.

110. *BBC News*. Em: <http://news.bbc.co.uk/2/hi/uk_news/england/leicestershire/3538066.stm>.

111. *Daily Mail*. Em: <http://www.dailymail.co.uk/news/article-312008/Store-withdraws-video-game-brutal-killing.html>.

112. *Out-Law*. Em: <http://www.out-law.com/page-4760>.

113. *Ver nota 111*.

114. *BBC News*. Em: <http://news.bbc.co.uk/2/hi/uk_news/england/leicestershire/3624654.stm>.

115. Tim Ingham. Em: <http://www.mcvuk.com/news/read/murder-victims-parents--condemn-manhunt-sequel/019569>.

VIDEOGAME E VIOLÊNCIA

116. *N4G*. Em: <http://n4g.com/news/26185/jack-thomspon-versus-manhunt-2>.
117. *GamePolitics*. Em: <http://gamepolitics.com/2007/04/19/breaking-grand-theft-
-auto-publisher-settles-lawsuit-against-jack-thompson#.Uic5i5LUm3s>.
118. Tom Bramwell. Em: <http://www.eurogamer.net/articles/manhunt-2-excuses-
-in-early>.
119. Matt Slagle. Em: <http://news.google.com/newspapers?nid=1915&dat=20070620
&id=p7ctAAAAIBAJ&sjid=J3MFAAAAIBAJ&pg=4879,4003385>.
120. Brendan Sinclair. Em: <http://www.gamespot.com/news/teen-charged-with-
-harassing-antigame-activist-6141010>.
121. *Idem*. Em: <http://www.gamespot.com/articles/report-judge-oks-bully/1100-
-6159812/>.
122. Martha Neil. Em: <http://www.abajournal.com/news/article/controversial_fla_la-
wyer_is_disbarred_jack_thompson_alleges_enemies_list>.
123. Anthony Breznican. Em: <http://usatoday30.usatoday.com/tech/gaming/2006-
08-09-bully-preview_x.htm>.
124. Stephen Totilo. Em: <http://www.mtv.com/news/articles/1538356/bully-game-
-not-schoolyard-gta-after-all.jhtml>.
125. Brendan Sinclair. Em: <http://www.gamespot.com/news/bullys-boy-on-boy-
-scenes-causing-a-stir-6160340>.
126. Michael Martin. Em: <http://www.ign.com/articles/2015/01/23/dragon-age-
-inquisition-earns-special-recognition-award-from-glaad>.
127. Ellie Gibson. Em: <http://www.eurogamer.net/articles/news_010906_bullychn-
ge>.
128. *BBC News*. Em: <http://news.bbc.co.uk/2/hi/uk_news/politics/4380020.stm>.
129. *BBC News*. Em: <http://news.bbc.co.uk/2/hi/technology/6063502.stm>.
130. *Folha de S.Paulo*. Em: <http://www1.folha.uol.com.br/folha/informatica/ult
124u390541.shtml>.
131. Em: <http://s.conjur.com.br/dl/Decisao_Bully.pdf>.
132. *Conjur*. Em: <http://www.conjur.com.br/2008-abr-10/juiz_proibe_venda_jogo_
bully_base_psicologia>.
133. *Ibidem*.
134. Jones Rossi. Em: <http://g1.globo.com/Noticias/PopArte/0,,MUL24970-7084,00-
ONG+BRASILIENSE+QUER+PROIBIR+JOGO+BULLY+NO+BRASIL.html>.
135. Ação civil pública. 2006.38.00.014197-6.
136. Em: http://www.thecrims.com/.
137. *Ministério Público Federal*. Em: <http://www.prmg.mpf.mp.br/imprensa/noticias/
direitos-do-cidadao/justica-manda-suspender-sites-com-o-jogo-the-crims>.
138. *Ibidem*.
139. *Estadão*. Em: <http://www.estadao.com.br/noticias/geral,justica-suspende-sites-
-que-dao-acesso-a-jogo-the-crims,20060320p71223>.

140. *Ministério Público Federal.* Em: <http://www.prmg.mpf.mp.br/imprensa/noticias/direitos-do-cidadao/justica-manda-suspender-sites-com-o-jogo-the-crims>.
141. Apelação 0014084-77.2006.4.01.3800 (TRF1).
142. *Correio da Manhã.* Em: <http://www.cmjornal.xl.pt/domingo/detalhe/uma-vida--de-crime-online.html>.
143. Johana Neuman e Tina Marie Macias. Em: <http://articles.latimes.com/2007/aug/31/nation/na-vatech31>.
144. Michael Luo. Em: <http://www.nytimes.com/2007/04/21/us/21guns.html>.
145. Andy Chalk. Em: <http://www.escapistmagazine.com/news/view/73166-Virginia--Tech-Report-Makes-No-Mention-of-Videogames>.
146. *Palo Alto Medical Foundation.* Em: <http://www.pamf.org/parenting-teens/general/media-web/videogames.html>.
147. Winda Benedetti. Em: <http://www.nbcnews.com/id/18220228#.UiuB2JLUm3s>.
148. Austin Modine. Em: <http://www.theregister.co.uk/2007/05/03/student_Counter--Strike_map_texasschool/>.
149. *Ibidem.*
150. Brendan Sinclair. Em: <http://www.gamespot.com/articles/student-transferred--for-making-counter-strike-map-based-on-school/1100-6235913/>.
151. Austin Modine, *op. cit.*
152. *GamePolitics.* Em: <http://gamepolitics.com/2007/05/02/school-board-ponders--students-counter-strike-of-map-of-his-school#.VbPpcflViko>.
153. Ver nota 150.
154. *GamePolitics.* Em: <http://gamepolitics.com/2007/05/02/school-board-ponders--students-counter-strike-of-map-of-his-school#.VbPpcflViko>.
155. Winda Benedetti, *op. cit.*
156. *New York Post.* Em: <http://nypost.com/2008/02/16/college-killer-crazy-for--violent-vid-game/>.
157. Kevin P. Kraver. Em: <http://www.nwherald.com/2008/02/16/killer-was-a-quiet--smarter-kid/a70q7v6/doc47b5d88b455b5780307923.txt?page=1>.
158. *GamePolitics.* Em: <http://www.gamepolitics.com/2008/02/18/jack-thompson--seeking-killers-video-game-history-threatens-niu-with-lawsuit#.VbPWt_lViko>.
159. John Patterson. Em: <http://prev.dailyherald.com/story/?id=136567&src=109>.
160. *NBC News.* Em: <http://www.nbcnews.com/id/23200851/ns/us_news-crime_and_courts/t/police-investigate-niu-shooters-two-sides/#.UiuSNpLUm3s>.
161. Abbie Boudreau e Scott Zamost. Em: <http://edition.cnn.com/2009/CRIME/02/13/niu.shooting.investigation/index.html>.
162. Ação Civil Pública 2002.38.00.046529-6.
163. Processo 2002.38.00.046529-6. *Conjur.* Em: <http://www.conjur.com.br/2008--jan-28/leia_decisao_proibiu_venda_jogos_violentos>.

VIDEOGAME E VIOLÊNCIA

164. Thiago Faria. Em: <http://www1.folha.uol.com.br/tec/2008/02/369233-protesto--a-favor-do-counter-strike-leva-30-pessoas-a-av-paulista.shtml>.

165. *Folha de S.Paulo.* Em: <http://www1.folha.uol.com.br/folha/informatica/ult124u364924.shtml>.

166. *Ibidem.*

167. *G1.* Em: <http://g1.globo.com/Noticias/Games/0,,MUL1199747-9666,00-JUSTICA+LIBERA+VENDA+DO+GAME+COUNTER-STRIKE+NO+BRASIL.html>.

168. TRF-1 – MEDIDA CAUTELAR INOMINADA: MCI 10959 MG 2008.01.00.010959-9.

169. *Canada.com.* Em: <http://www.canada.com/story.html?id=f0ee0f84-2e80-46db-a1f7-1709c9a050a0>.

170. *Cumberlandnewsnow.* Em: <http://www.cumberlandnewsnow.com/Living/2008-11-10/article-381477/Combating-video-game-addiction-must-be--made-priority,-experts-urge/1>.

171. Steve Tilley. Em: <http://www.torontosun.com/entertainment/columnists/steve_tilley/2009/03/06/8647976-sun.html>.

172. *Ibidem.*

173. Griffin Mcelroy. Em: <http://www.joystiq.com/2009/03/08/sensationalized-top--gun-report-blames-pro-gaming-for-death-of/>.

174. *Parliament.UK.* Em: <http://www.publications.parliament.uk/pa/cm200809/cmhansrd/cm091109/debtext/91109-0002.htm>.

175. Tim Ingham. Em: <http://www.mcvuk.com/news/read/religious-leaders-slam--modern-warfare-2>.

176. Stuart Kennedy. Em: <http://www.theaustralian.com.au/australian-it/personal--tech/gore-fest-goes-too-far/story-e6frgazf-1225798466332>.

177. Gerard Campbell. Em: <http://www.theaustralian.com.au/australian-it/personal--tech/gore-fest-goes-too-far/story-e6frgazf-1225798466332>.

178. GamesRadar, *op. cit.*

179. Robert Mackey. Em: <http://thelede.blogs.nytimes.com/2011/01/25/russian--media-points-to-moscow-airport-attack-in-u-s-video-game/>.

180. *GamePolitics.* Em: <http://www.gamepolitics.com/2011/01/28/dr-walid-phares--video-games-don039t-create-terrorists#.UinicZLUm3s>.

181. *NU.nl.*, Em: <http://www.nu.nl/alphen-ad-rijn/2488241/man-24-richt-bloedbad--in-alphen-ad-rijn.html>.

182. *De Telegraaf.* Em: <http://www.telegraaf.nl/binnenland/article20270009.ece>.

183. *The Guardian.* Em: <http://www.theguardian.com/world/2012/apr/19/anders--breivik-call-of-duty>. Acesso em 13/9/2013.

184. *Veja.* Em: <http://veja.abril.com.br/noticia/internacional/noruega-retira-do--mercado-dois-videogames-que-inspiraram-o-massacre-da-noruega>.

185. David Charter. Em: <http://www.thetimes.co.uk/tto/news/world/europe/article3388879.ece>.

186. Nick Owens. Em: <http://www.mirror.co.uk/news/uk-news/norway-massacre-
-killing-ended-after-143637>.
187. Simon Parkin. Em: <http://www.theguardian.com/commentisfree/2012/apr/22/
video-games-anders-breivik-massacre>.
188. Sarah Michael. Em: <http://www.dailymail.co.uk/news/article-2567184/Police-
-reject-right-wing-mass-murderer-Anders-Breiviks-claims-torture-outdated-
-Playstation-2.html>.
189. Thomas Seymat. Em: <http://www.euronews.com/2014/02/14/far-right-terrorist-
-breivik-threatens-hunger-strike-for-better-video-games-end-/>.
190. *Cubadebate*. Em: <http://www.cubadebate.cu/noticias/2010/11/09/nueva-ope-
racion-contra-cuba-eeuu-lanza-videojuego-cuyo-objetivo-es-asesinar-a-fidel/#.
VcdJ3iZViko>.
191. *Daily Mail*. Em: <http://www.dailymail.co.uk/news/article-1328719/Call-Duty-
-Black-Ops-Fidel-Castro-plot-causes-outrage-Cuba.html?ITO=1490>.
192. *Cubadebate, op. cit.*
193. Jenny Gudmundsen. Em: <http://www.commonsensemedia.org/blog/10-most-
-violent-video-games-and-10-alternatives>.
194. Mike Snider. Em: <http://content.usatoday.com/communities/gamehun-
ters/post/2011/11/call-of-duty--modern-warfare-3-answers-the-call/1#.
VPHyoy6xWWw>.
195. Ed. O'keefe. Em: <http://www.washingtonpost.com/wp-dyn/content/arti-
cle/2009/11/08/AR2009110817897.html>.
196. Jeff Ferrell, Keith J. Hayward e Jock Young, 2008, p. 145.
197. *Ibidem*, pp. 145-146.
198. Scott Osbourne. Em: <http://www.gamespot.com/reviews/kumawar-re-
view/1900-6103077/>.
199. Jeff Ferrell, Keith J. Hayward e Jock Young, 2008, p. 146.
200. Brian Kennedy. Em: <http://www.nytimes.com/2002/07/11/technology/uncle-
-sam-wants-you-to-play-this-game.html>.
201. Scott Osbourne. Em: <http://www.gamespot.com/reviews/americas-army-
-operations-review/1900-2895424/>.
202. Jeff Ferrell, Keith J. Hayward e Jock Young, 2008, p. 147.
203. Jon Hurdle. Em: <http://www.reuters.com/article/2009/01/10/us-usa-army-
-recruiting-idUSTRE50819H20090110?feedType=RSS&feedName=technolog
yNews&pageNumber=1&virtualBrandChannel=0>.
204. *ABC News 10*. Em: <http://archive.news10.net/news/local/story.aspx?storyid=
51581&catid=2>.
205. Jeff Ferrell, Keith J. Hayward e Jock Young, 2008, pp. 147-148.
206. *WND*. Em: <http://www.wnd.com/2003/03/17550/>.

VIDEOGAME E VIOLÊNCIA

207. *Gamesforchange.org.* Em: <http://www.gamesforchange.org/2010/11/592/>.
208. Vladimir Koslov. Em: <http://www.hollywoodreporter.com/news/russian-government-produce-patriotic-video-644289>.
209. *Ibidem.*
210. Dan Sarto. Em: <http://www.awn.com/blog/who-s-really-arms-over-ea-s-new-medal-honor>.
211. Dan Whitehead. Em: <http://www.eurogamer.net/articles/medal-of-honor-multiplayer-beta-hands-on?page=2>.
212. Dan Sarto, *op. cit.*
213. Matt Peckham. Em: <http://www.nbcnews.com/id/38740099/ns/technology_and_science-games/t/play-taliban-angle-controversial-medal-honor/#.UjBVF5LUm3s>.
214. *BBC News.* Em: <http://www.bbc.co.uk/news/technology-11056581>.
215. *Politken.* Em: <http://politiken.dk/tjek/digitalt/spil/article1044536.ece>.
216. Anne Flaherty. Em: <http://www.huffingtonpost.com/2010/09/08/medal-of-honor-video-game_n_709619.html>.
217. Alexander Sliwinski. Em: <http://www.joystiq.com/2010/10/05/military-stores-wont-carry-medal-of-honor-despite-taliban-cha/.z>
218. Jim Reilly. Em: <http://www.ign.com/articles/2010/10/01/taliban-renamed-in-medal-of-honor-multiplayer>.
219. Michael Thomsen. Em: <http://www.ign.com/articles/2010/10/01/editorial-renaming-the-taliban-in-medal-of-honor>.
220. *Daily Mail.* Em: <http://www.dailymail.co.uk/news/article-1168235/Iraq-War-video-game-branded-crass-insensitive-father-Red-Cap-killed-action.html>.
221. Laura Parker. Em <http://www.gamespot.com/articles/six-days-in-fallujah-the-untold-story/1100-6396567/>.
222. Peter Popham. Em: <http://www.independent.co.uk/news/world/middle-east/us-forces-used-chemical-weapons-during-assault-on-city-of-fallujah-514433.html>.
223. *Daily Mail.* Em: <http://www.dailymail.co.uk/news/article-1168235/Iraq-War-video-game-branded-crass-insensitive-father-Red-Cap-killed-action.html>.
224. Matt Peckham. Em: <http://www.pcworld.com/article/163938/konami_drops_6daysfallujah.html>.
225. Laura Parker, 2012, *op. cit.*
226. Keith Stuart. Em: <http://www.theguardian.com/technology/gamesblog/2013/oct/03/red-cross-players-accountable-war-crimes>.
227. *Ibidem.*
228. *Ibidem.*
229. Eddie Makuch. Em: <http://www.gamespot.com/articles/stigmas-associated-with-games-exaggerated-says-heavy-rain-dev/1100-6407658/>.
230. Laura Parker. Em: <http://www.gamespot.com/articles/us-government-recognises-video-games-as-art/1100-6314344/>.

Fase 4. O lado negro da força: quando os discursos de ódio se hospedam nos games

A utilização dos games como veículos para a disseminação de ódio

Nesta Fase discutirei jogos que veiculam discursos de ódio e desprezo pelo outro de forma inaceitável para qualquer mídia, o que obviamente vale também para os games. Se na Fase anterior mostrei exemplos estarrecedores de criminalização cultural e injustificável pânico moral, passo agora a contemplar o outro lado da moeda: jogos que veiculam uma imagem de desrespeito e, em alguns casos, até mesmo de ódio pelo outro. Não se trata apenas de falta de sensibilidade, como em *Medal of Honor*, ou de retratação questionável de uma situação como a tortura (como em *Grand Theft Auto*) ou um atentado terrorista (como em *Call of Duty: Modern Warfare 2*).

Não que isso signifique que é admitida uma hipótese simplificadora de causação em relação aos títulos que discutirei logo a seguir. Não se trata de uma mensagem mediada por jogos que motivaria a violência, como se os jogadores fossem meros objetos suscetíveis de estímulo por fatores externos. A questão é o repúdio à disseminação de um discurso de ódio por meio dos games, que funcionam como plataforma para a difusão de preconceito, menosprezo e enxovalhamento do outro. Ódio e amor são afetos e não fazem parte da natureza das pessoas, que não nascem amorosas ou odiosas. Em outras palavras, podemos aprender a amar e podemos aprender a odiar, como apontou Marcia Tiburi em *Como conversar com um fascista*.[1] Manifestações explícitas de ódio jamais são aceitáveis em qualquer circunstância, não importa qual a embalagem que as acondiciona. A liberdade de expressão artística não comporta xenofobia, antissemitismo, homofobia, racismo e tantas outras manifestações de desprezo pelo outro, infelizmente numerosas demais para relacionar e explicar aqui, o que foge aos propósitos desta obra.[2]

Se o pânico moral pode ser constatado na criminalização cultural de vários games, em alguns casos restritos deparamos com jogos que são verdadeiramente inadequados e que para muitos, até para críticos da própria imprensa especializada em games, jamais deveriam ter sido criados. O leitor decerto se recorda de *Custer's Revenge* e *Chiller*. Discutirei agora os herdeiros da vergonhosa tradição estabelecida por eles. Em muitos desses casos a condenação está longe de ser equivocada, pelo contrário. Em outros, o excesso não é tão manifesto: talvez ainda exista margem para que alguns os defendam. Mas no mínimo são jogos que justificam a controvérsia. Passo a tratar deles, reconhecendo que existem diferentes níveis de excesso em cada um, como o leitor com certeza perceberá. Rotineiramente integram listas de "piores", "mais desprezíveis" ou "mais diabólicos" jogos de todos os tempos, de inúmeras publicações especializadas, apesar de a grande mídia desconhecer a maioria deles. Isso mostra que a subcultura gamer tem seus próprios mecanismos de vigilância e controle interno: zela pela integridade da própria mídia e luta contra a infestação parasitária do ódio em um passatempo cujo sentido maior consiste, acima de tudo, na diversão.

VIDEOGAME E VIOLÊNCIA

RAPELAY: *O JOGO DE ESTUPRO DIGITAL*

De todos os jogos nesta triste relação, *RapeLay* é provavelmente o que provoca mais indignação, e neste caso (como em muitos outros, como demonstrarei logo a seguir) ela é mais do que justificada. Trata-se de um jogo "erótico" em 3D desenvolvido pela empresa japonesa Illusion e lançado em 2006 no Japão. Se *Carmageddon* retomou a fórmula de *Death Race*, *RapeLay* retoma em alguma medida a premissa de *Custer's Revenge*, só que agora de forma explícita. A narrativa do jogo se desenvolve a partir da perspectiva de Kimura Masaya, personagem que persegue uma mãe e suas duas filhas, com um único objetivo em mente: estuprá-las.

As séries *Biko* e *Battle Raper* já haviam causado alguma controvérsia, mas é com *RapeLay* que se tornaram notórios os excessos da Illusion. O site Somethingawful.com foi categórico: o jogo é uma simulação de estupro em alta resolução. Trata-se de um game desprovido de alma, em que adolescentes são violentadas em quartos realísticos e podem engravidar caso ocorra ejaculação dentro delas. O autor da crítica o compara a *Custer's Revenge* e diz que naquele jogo não havia qualquer decisão quanto a fazer com que a índia abortasse, ou um medidor de seu "prazer sexual". Ela apenas permanecia amarrada ao poste e "aceitava" as coisas, o que para ele remete a um tempo simples e melhor.[3]

Trata-se de uma afirmativa no mínimo questionável, ainda que sem dúvida o nível gráfico dos excessos tenha sido elevado exponencialmente: se já não era aceitável antes, quem dirá agora. A Illusion simplesmente foi longe demais. Para o site Honestgamers.com, não interessa se o jogo é bem programado ou não; em *RapeLay* o jogador estupra mulheres da forma mais abusiva possível e elas "aprendem a gostar disso", o que é inaceitável.[4] Infelizmente, *RapeLay* acabou comprovando o argumento do político britânico Keith Vaz de que existem games que permitem que o jogador participe em atos horríveis como o estupro.[5] Com toda certeza é um produto que não devia existir.

RapeLay foi inicialmente vendido na Inglaterra pela Amazon, na seção da loja on-line dedicada a vendedores externos, mas logo que começaram as reclamações o jogo foi considerado inapropriado e rapidamente retirado do site.[6] Também despertou atenção nos Estados Unidos, onde foi lançada campanha por sua proibição.[7] A Illusion manifestou perplexidade diante da campanha movida contra o game em território norte-americano, sustentando que RapeLay era vendido apenas no Japão e estava de acordo com as leis locais. Mas é claro que isso não impedia que versões importadas fossem comercializadas por vendedores independentes, como também não impedia a disseminação de cópias piratas.

Apesar de a Illusion ter defendido sua posição, em virtude da enorme – e justificada – comoção que RapeLay causou, a empresa acabou optando por retirar o produto do mercado, uma vez que estava se mostrando prejudicial à indústria dos games como um todo. RapeLay foi banido na Austrália e é o único jogo eletrônico banido na Argentina, uma vez que o consideraram uma apologia ao estupro. Alguns sites argumentaram que a proibição não é sempre o melhor caminho, e que no Japão jogos como esse são aceitos, enquanto o número de estupros lá é muito menor do que em países como os Estados Unidos. Mas o argumento somente teria alguma validade se todos os estupros ocorridos no Japão fossem conhecidos, o que obviamente não é verdade. Pelo contrário, o estupro é um dos crimes que menos chega ao conhecimento das autoridades, e é perfeitamente possível que o número de estupros não relatados no Japão seja ainda maior, por questões culturais que extrapolam os propósitos deste estudo. O leitor decerto se recorda da discussão sobre "cifra negra" na Fase 2: existe uma diferença gigantesca entre a criminalidade real e a conhecida. Não pode haver nenhum "porém": RapeLay jamais deveria ter sido feito.

Infelizmente, mesmo que ele possa ser o jogo mais abominável de todos os tempos, existem outros games que não ficam muito atrás, como veremos a seguir.

VIDEOGAME E VIOLÊNCIA

PLATAFORMAS VIRTUAIS DE MANIFESTAÇÃO DE ÓDIO AO DIFERENTE:
OS CASOS DE POSTAL, ETHNIC CLEANSING, LEFT BEHIND: ETERNAL FORCES
E MUSLIM MASSACRE: THE GAME OF MODERN RELIGIOUS GENOCIDE

Como o leitor se recordará, *Postal* foi banido no Brasil em 1999, na mesma decisão que proibiu *Duke Nukem 3D, Doom, Mortal Kombat, Requiem* e *Blood*. De todos os games relacionados, ele é o único que de fato pode motivar objeções consistentes, ainda que tenha sido com o segundo jogo da série que a produtora Running with Scissors realmente ultrapassou os limites éticos de respeito ao outro. E ele não foi proibido no Brasil, como nenhum dos jogos desta triste relação jamais foi.

Postal foi lançado para Mac em 1995, mas a controvérsia começou de fato em 1997, com o lançamento para PC do game desenvolvido pela Running with Scissors e distribuído pela Ripcord Games. O título do jogo deriva da expressão *"going postal"*, que indica um momento de extrema fúria e frustração, que geralmente leva alguém a cometer atos de violência. A expressão ganhou força por causa do elevado número de carteiros que protagonizaram agressões com armas de fogo no final dos anos 1980, nos Estados Unidos. Se alguns jogos a que me referi parecem violentos para o leitor, é preciso dizer que eles apenas se aproximam timidamente do nível de violência explícita da série *Postal*.

A premissa do jogo é simples: o personagem enlouquece ao ser despejado de sua casa, o que desencadeia uma reação incontrolável de fúria contra todos os habitantes da cidade, que são exterminados de forma implacável. O primeiro jogo da série transcorre em terceira pessoa e, diferentemente dos FPS, não tem como objetivo sobreviver e alcançar um determinado ponto do mapa, mas simplesmente eliminar um percentual exigido de NPCs. Um vídeo no final do jogo parece indicar que o protagonista sucumbiu a sua psicose e encontra-se recolhido em uma instituição estatal para tratamento de pessoas com doenças mentais. Não há exagero em dizer que o nível de violência de *Postal* fez com que outros jogos violentos da época parecessem brinquedos de criança, até porque pessoas "comuns" eram massacradas: não eram alienígenas, monstros ou mesmo soldados.

O público e muitos proprietários de lojas especializadas em games protestaram veementemente contra ele na época de seu lançamento. O líder do projeto, Vince Desi, apareceu em inúmeros debates, até com o governador de Arkansas, e confrontou a mídia em todas as oportunidades que se apresentaram. O US Postal Service (correio americano) processou a Running with Scissors por considerar que o game era prejudicial a sua imagem. As partes chegaram a um acordo, mas os termos são desconhecidos.[8]

Em 1998, o jogo retornou às manchetes: Troy Foley, um estudante da oitava série da escola Half Moon Bay, na Califórnia, foi suspenso por escrever um ensaio intitulado *"goin' postal"*. Não foi possível determinar se ele se inspirou no game ou na expressão, que é notoriamente conhecida. No texto do menino, o personagem mata um policial, o vice-diretor e o diretor, o que certamente bastou para lhe render a suspensão.[9] Pelo menos ele não foi transferido imediatamente da escola como o jovem que projetou um cenário da Clement School para *Counter-Strike*, embora ainda pareça exagerado suspender uma criança por causa de uma redação. No entanto, é importante lembrar que o episódio aconteceu antes do massacre de Columbine e, portanto, ainda no segundo estágio do ciclo vital do pânico moral.

Foi com *Postal 2*, lançado em 2003, que a controvérsia em torno do jogo chegou ao ápice. O nível de violência é ainda maior do que no game anterior, o que com certeza tem relação com a modificação do ponto de vista do jogador para a primeira pessoa. Os desenvolvedores mudaram a estrutura do jogo para permitir que as tarefas fossem cumpridas sem violência. O slogan passou a ser "o jogo é tão violento quanto você", uma saída aparentemente conveniente para as possibilidades que são dadas ao jogador.

Alguns veem no jogo uma espécie de manifesto contra as tentativas de censurar a indústria dos games, já que em *Postal 2* o personagem trabalha para a própria Running with Scissors e é atacado por pessoas armadas que protestam contra jogos violentos. No entanto, os críticos mais duros do jogo, que chegou a receber nota zero de várias publicações especializadas em games, afirmam que ele deliberadamente incita violência.

VIDEOGAME E VIOLÊNCIA

Se ele deliberadamente incita violência ou não é mais do que eu estaria disposto a dizer. Mas que foi projetado de forma proposital para provocar reações indignadas, não resta a menor margem de dúvida. A diferença em relação a outros jogos ousados é que todos os limites foram ultrapassados com essa intenção, o que torna *Postal 2* um produto verdadeiramente desprezível e faz com que qualquer pessoa sensata empregue expressões que em geral são banalizadas pelos empreendedores morais. A diferença é que neste caso a reação é absolutamente justificada.

O Office of Film and Literature Classification (OFLC), órgão governamental neozelandês, investigou o jogo por cerca de um ano e concluiu que ele foi feito para dar ao jogador o poder de impor violência e humilhação a outros seres humanos. No relatório, afirma-se que o jogo contém racismo, machismo e homofobia, além de representar de forma preconceituosa asiáticos e militantes islâmicos. Além disso, *Postal 2* promove e apoia o uso de urina para conduzir atos degradantes e desumanos, uma vez que dá ao jogador o poder de urinar sobre qualquer objeto ou NPC existente no game. O OFLC foi implacável: foram estabelecidas multas para quem possuir uma cópia do jogo, e para quem suprir, distribuir, exibir ou anunciar o game foi prevista pena privativa de liberdade de até um ano, além de multas bem mais elevadas.[10] *Postal 2* também foi banido na Austrália, Malásia, Alemanha, França e temporariamente na Suécia.

Por mais que o argumento da liberdade de expressão seja suscitado e defendido, a verdade é que existem limites para praticamente qualquer direito e a série *Postal* os ultrapassa por completo. Um regime democrático não pode suportar uma linguagem que por excelência negue ao outro o respeito que lhe é devido na condição de diferente. E a série *Postal* claramente faz isso, desprezando outras culturas, fazendo discriminação de gênero e promovendo homofobia, o que foi até reconhecido por inúmeros sites e revistas especializadas em games.

Apesar da publicidade negativa, isso não impediu que trechos do jogo fossem utilizados no videoclipe *Where is the Love?* do Black Eyed Peas e que Uwe Boll levasse a franquia ao cinema, com resultados igualmente desastrosos. *Postal 2* foi eleito em 2006 pela revista *PC World* um dos dez piores jogos de todos os tempos, justificadamente.

A desenvolvedora parece se orgulhar desse tipo de "prêmio", pois lista em seu site uma relação de honras questionáveis conferidas à série.[11] *Postal 2* também foi mal recebido pelos críticos em geral, tendo uma nota de 50/100 no site Metacritic (que faz uma média das notas mundialmente atribuídas aos games). A recepção de *Postal 3* foi ainda pior, alcançando uma média de apenas 24 pontos de 100 possíveis.

A série definitivamente comprova a tese de que a violência não basta para tornar um jogo bem-sucedido. Antes de qualquer outra consideração, *Postal* é simplesmente um jogo ruim e com conteúdo inadequado, seja qual for a numeração que acompanhe o título do game em questão.

Infelizmente, a lista ainda está longe de terminar. E as coisas sempre podem piorar. Alguns produtos merecem um repúdio ainda maior do que *Postal*.

É o caso de *Ethnic Cleansing*, desenvolvido pela Resistance Records, uma gravadora *underground* especializada em bandas neonazistas e defensoras da "supremacia branca". No game, o protagonista (um *skinhead* ou membro da Ku Klux Klan) é encarregado de assassinar negros, latinos e judeus. O objetivo de *Ethnic Cleansing* é matar Ariel Sharon, ex-primeiro-ministro de Israel, que no enredo do jogo está tramando para dominar o mundo.

Brian Marcus, da Anti-defamation League (ADL), disse que foi a primeira vez que ele viu uma tecnologia tão sofisticada dedicada a espalhar uma mensagem de ódio.[12] A ADL alertou os proprietários do motor gráfico Genesis 3D, no qual o jogo foi feito, tentando convencê-los a não licenciar as ferramentas de programação para um game explicitamente racista. Mas inexplicavelmente não tiveram sucesso e o jogo foi lançado mesmo assim.[13] William Pierce, presidente da National Alliance, proprietária da Resistance Records, disse que os games são apenas outra forma de publicidade para o grupo, que começou a publicar jornais racistas em Washington em 1974.[14] Evidentemente, não há por que considerar a mensagem menos ofensiva em virtude do meio utilizado para veiculação: trata-se de algo simplesmente deplorável.

Ethnic Cleansing ficou merecidamente em primeiro lugar na lista de jogos mais racistas elaborada pelo site UGO. Também foi incluído na

VIDEOGAME E VIOLÊNCIA

relação de jogos mais perversos de todos os tempos, do site GamesRadar.[15] É evidente que o argumento da liberdade de expressão criativa não é aceitável para um jogo que expressamente propõe uma "limpeza étnica" virtual. Embora não se tenha notícia de que qualquer ato de violência tenha ocorrido em função dele, só o fato de integrar uma cultura de ódio já basta para desprezá-lo.

Felizmente, o jogo não foi bem-sucedido no aspecto comercial, embora não existam números concretos para comprovar essa afirmativa. Ao que tudo indica, permanecerá para sempre na obscuridade, ressurgindo apenas em relações com conotação pejorativa, sendo este o único lugar em que pode merecer qualquer destaque, como também é o caso do jogo a seguir.

Left Behind: Eternal Forces é um RTS (jogo de estratégia em tempo real) lançado pela Inspired Media Entertainment. No game baseado na série de livros *Left Behind,* o jogador comanda um grupo cristão que luta contra um governo mundial controlado pelo anticristo. O inimigo é Nicolae Carpathia, personagem fictício que "havia sido presidente da Romênia, Secretário Geral das Nações Unidas e assassinado em Jerusalém, para depois ressuscitar e posteriormente ser possuído por Satã". A proposta do jogo já parece ousada, para dizer o mínimo, mas o que realmente choca é a execução da ideia, por mais despropositada que possa parecer.

Em *Left Behind: Eternal Forces*, o jogador deve converter para o cristianismo todos os civis aliados do anticristo, usando força letal apenas quando necessário. No lado do "anticristo" encontram-se vários *rock stars* fictícios e personagens com nomes que soam muçulmanos. No lado "cristão" encontram-se missionários, cantores de *gospel* e médicos, por exemplo. Tipper Gore provavelmente adoraria, se o leitor me permite a ironia. Quando perguntado sobre os nomes árabes e muçulmanos, o presidente da Left Behind Games, Jeffrey Frichner, disse que o jogo não promove o preconceito, mas que os muçulmanos "não acreditam em Cristo" e por isso não poderiam estar do "lado de Cristo" no jogo, o que "parece óbvio".[16] Além de manifestar profundo desconhecimento sobre as crenças alheias, a conclusão inevitável do argumento de

Frichner é de que os muçulmanos estão do lado do "anticristo", o que certamente é tudo menos o respeito com o outro, ou sequer a tolerância com a diferença religiosa.

Left Behind: Eternal Forces foi muito mal recebido pelos críticos. O GameSpot acusou o jogo de promover machismo, intolerância com outras etnias e conflito religioso, além de oferecer a opção de jogar do lado do anticristo no modo multiplayer, o que nem sequer parece condizente com seu público-alvo.[17] Se lutar do lado dos talibãs já parecia insensato para muitos, o que dizer de se aliar com o "anticristo"? A Gameology apontou que a ideia de que o jogo promove violência em nome de Jesus não é de todo verdadeira, já que o nível de violência é baixo. Por outro lado, o jogo tem uma imagem militar e expressa um desejo de domínio cristão, além de conter inúmeras referências de propaganda anticientífica e não corresponder ao processo de evangelização, que não se dá em questão de segundos.[18] O IGN não deu tanta atenção ao conteúdo preconceituoso do jogo, mas mesmo uma análise concentrada em sua jogabilidade não foi nada favorável.[19] Mark Morford, do SFGate, apontou que no game o jogador mata, aleija e odeia, tudo em nome de Deus.[20] Várias organizações cristãs se opuseram ao lançamento de *Left Behind: Eternal Forces*, defendendo que ele fosse boicotado em razão de sua mensagem de ódio e intolerância.[21] O advogado Jack Thompson rompeu seu vínculo com a editora que promovia o jogo e disse que o evangelho não manda matar em nome de Deus, o que Jesus deixou bem claro.[22]

Pelo menos uma vez é preciso reconhecer que Thompson fez a coisa certa: pena que seu julgamento não foi tão claro em tantas outras oportunidades.

Um grupo cristão chegou a preparar uma remessa do jogo para tropas norte-americanas no Iraque, mas a iniciativa foi abortada pelo Departamento de Defesa Americano logo após a *ABC News* ter questionado a iniciativa. Para o reverendo Timothy Simpson, da organização norte-americana Christian Alliance for Progress, "é um jogo horrível, em que você converte ou mata os adversários, exatamente como os 'Osama Bin Ladens' nos descrevem".[23]

Apesar de toda a polêmica e de promover o ódio – ou ao menos o desprezo – pelo diferente, *Left Behind: Eternal Forces* espantosamente

VIDEOGAME E VIOLÊNCIA

teve três sequências. Não há nenhuma notícia de agressão relacionada ao jogo, mas aparentemente existe um nicho comercial que o consome, o que explica a sobrevivência da série.

Outro exemplo lastimável de intolerância religiosa é *Muslim Massacre: The Game of Modern Religious Genocide*, um game independente distribuído gratuitamente. A tradução do título do jogo parece dizer tudo: *Massacre muçulmano: o jogo moderno de genocídio religioso*. Trata-se de um título amador cuja premissa é bastante simples: matar todos os "muçulmanos" que aparecem na tela. Enquanto alguns dos "muçulmanos" que são alvos no jogo claramente são civis, outros são retratados como terroristas. O game tem como premissa pura e simplesmente "que o jogador assuma o controle de um herói americano e elimine a raça [é como consta no original] muçulmana com um arsenal das armas mais destruidoras do mundo". Não há nenhum sinal de ironia: não é nenhuma espécie de crítica elaborada ao imperialismo norte-americano. O jogador enfrenta "Bin Laden", "Maomé" e até mesmo "Alá", demonstrando a completa falta de critério e de respeito de seu criador.

Para Nicholas Coates, do Gulf News, o jogo demonstra um mal-entendido profundo sobre o Islã. Mohammed Shafiq, executivo da Ramadhan Foundation, disse ao *Telegraph* que encorajar crianças e jovens a matar muçulmanos em um jogo é inaceitável e profundamente ofensivo. O jogo acabou provocando críticas mais gerais aos próprios games. Para Shafiq, existe um aumento de violência nos Estados Unidos e parte dele se deve aos games: quando jovens passam seis horas por dia jogando games violentos, é bem mais provável que eles cometam atos de violência.[24] Como se percebe, muitas vezes mesmo pessoas sensatas dificilmente conseguem escapar do alcance do pânico moral. Jogos como *Muslim Massacre* certamente não ajudam em nada a imagem dos games. Mas evidentemente não há como controlar a iniciativa isolada de um único indivíduo. É preciso separar as coisas.

Para o site especializado em games Kotaku, *Muslim Massacre: The Game of Modern Religious Genocide* está repleto de estereótipos de mau gosto e violência gratuita. O jogo foi criado pelo usuário Eric "Sigvatr" Vaughn, do fórum SomethingAwful.com. Ele declarou que, se tivesse que dar um sentido ao jogo, seria algo como "metaforicamente destruir a descrição estereotipada de um muçulmano".[25] Para ele, o jogo é divertido e engraçado e os muçulmanos representados não são baseados nos próprios muçulmanos. Vaughn disse não acreditar que seu jogo possa plantar a semente do ódio em uma criança e que são os pais os responsáveis pelo estímulo a atitudes positivas.[26]

Em um artigo publicado no site do veículo saudita *Arab News*, Aijaz Afaqui não só expressou seu pesar por *Muslim Massacre: The Game of Modern Religious Genocide* ter sido lançado no "aniversário" do 11 de Setembro como criticou duramente o retrato caricaturado e estereotipado de árabes como inimigos do Ocidente, que pode ser encontrado em jogos como *War in the Gulf, Delta Force, Conflict: Desert Storm, Full Spectrum Warrior, Kuma\War* e *Conflict: Global Terror*, entre outros. O autor questiona: "É surpreendente que exista tanto ódio, suspeita e ignorância sobre árabes e muçulmanos no Ocidente? É surpreendente que o abismo entre o Islã e o Ocidente continue a crescer perigosamente a cada dia?"[27]

É claro que os games aos quais Afaqui se refere apenas refletem uma percepção tristemente dominante nos Estados Unidos, sobretudo em setores conservadores. Nesse sentido, uma parcela da indústria dos games de algum modo reflete o espírito do seu tempo e procura atender à demanda gerada pelo discurso midiático de satanização do outro, o que com certeza motiva e justifica as reservas externadas por Afaqui.

Games com essas características eram muito comuns nos anos 1990. Felizmente, o auge desse tipo de jogo parece ter passado e nenhum deles foi tão infeliz na representação de ódio como *Muslim Massacre: The Game of Modern Religious Genocide*, provavelmente por não ser um produto comercial.

JFK RELOADED: *O VERDADEIRO SIMULADOR DE ASSASSINATO?*

JFK Reloaded empalidece diante dos excessos que acabei de relatar. Mas isso não significa que não seja censurável. Trata-se de um game de gosto absolutamente questionável, no qual o jogador assume o papel

VIDEOGAME E VIOLÊNCIA

de Lee Harvey Oswald, autor do assassinato do presidente americano John F. Kennedy, em 1963. Sua missão é mais do que óbvia: matar JFK. Thompson banalizou a expressão "simulador de assassinato" a ponto de ela provavelmente perder o sentido. Mas se existe um caso no qual é aplicável, certamente é este. Não há dúvida de que define de forma bastante precisa a jogabilidade de *JFK Reloaded*.

A pontuação é atribuída com base na conformidade das ações do jogador ao relatório da Comissão Warren, que foi estabelecida pelo presidente Lyndon Johnson para investigar as circunstâncias da morte de Kennedy. O jogo nunca foi lançado para consoles e permaneceu restrito aos PCs. Kirk Ewing, presidente da Traffic Games, disse que o game pretende "reviver a história". Para ele, *JFK Reloaded* tem a capacidade de provar que nenhuma outra pessoa estava envolvida no assassinato de Kennedy. Segundo Ewing, o sistema de balística claramente demonstra que é possível, mas os jogadores descobrirão quão difícil é atingir o alvo como Oswald conseguiu. Uma equipe de dez pessoas investiu sete meses de pesquisa e seis meses de programação para recriar o cenário de acordo com as investigações da Comissão Warren.[28]

Como era de esperar, representantes da família Kennedy consideraram o jogo desprezível, mas não disseram se pretendiam processar a empresa responsável. O senador norte-americano Joseph Lieberman também protestou contra o game. Christy Glaubke, da organização Children NOW, que promove conteúdo seguro para crianças, disse que o jogo não tem nenhum mérito educacional. Para ela, a única lição é a de como ser um assassino.[29] No entanto, é preciso lembrar que a empresa deixava claro em seu site que o game era destinado ao público adulto.[30]

Não que isso de qualquer modo tornasse justificável a iniciativa. E o que é pior: os desenvolvedores foram ainda mais ousados, o que certamente contribuiu para piorar a já desfavorável imagem de *JFK Reloaded*. No lançamento do jogo, a Traffic Games fez uma promoção oferecendo a soma de até 53.800 libras para quem fizesse a maior pontuação, recriando de forma mais precisa os três tiros disparados por Lee Harvey Oswald.[31] Os resultados da competição foram posteriormente anunciados no site do jogo, mas o valor pago foi substancialmente inferior ao prometido.[32] Embora possa soar como uma boa estratégia de marketing, a promoção apenas acentuou quanto a premissa de *JFK Reloaded* era infeliz.

O site GamesRadar classificou-o em segundo lugar em sua lista de jogos mais perversos (que sequer deveriam existir).[33] Sem dúvida, se há algum jogo que parece digno da expressão "simulador de assassinato", é *JFK Reloaded*, embora permaneça totalmente em aberto a possibilidade de que alguém possa aprender a disparar por meio de um jogo de computador, utilizando um teclado e um mouse. Como eu disse anteriormente, a existência de restrições ao conteúdo de um jogo não significa de modo algum crédito ao mito de causa e efeito entre videogame e violência. De qualquer modo, *JFK Reloaded* está longe de ser o pior exemplo de retratação de uma tragédia real no universo dos games, como veremos a seguir.

JOGOS BASEADOS EM MASSACRES ESCOLARES: SUPER COLUMBINE MASSACRE RPG!, V-TECH RAMPAGE E SCHOOL SHOOTER: NORTH AMERICAN TOUR 2012

Imagino que boa parte dos leitores deve ter ficado chocada com a simples existência de jogos baseados em massacres em escolas. O primeiro título que merece atenção tem um nome mais do que sugestivo: *Super Columbine Massacre RPG!*. Trata-se de um jogo que suscita sentimentos ambíguos e que rotineiramente frequenta listas de games mais desprezíveis. Mas nem sempre tudo é o que parece, e esse game parece ser uma prova de quanto é necessário ter cuidado antes de formular juízos apressados. É importante que o leitor se desarme e compreenda o sentido do que o criador propôs com o jogo. Não é uma simples glorificação do massacre como inicialmente pode aparentar.

Como o nome indica, é um RPG: jogo com enfoque no aspecto narrativo, no qual o jogador assume o papel de um personagem em uma história. A expressão "super" remete ao console Super NES da Nintendo. Era extremamente comum que as produtoras colocassem Super na

VIDEOGAME E VIOLÊNCIA

frente de inúmeros jogos para ele, o que resultou em dezenas de títulos com nomes semelhantes: *Super Ghouls'n Ghosts, Super Castlevania IV* e assim por diante. O game foi criado por uma única pessoa: Danny Ledonne, que não é sequer um programador. Ele foi desenvolvido com auxílio de um programa chamado RPG Maker 2000 e concluído após seis meses de trabalho. Os gráficos são extremamente rudimentares (semelhantes aos dos jogos de Super NES) e todo o foco do game consiste na experiência que é proporcionada pelo roteiro de Ledonne.

Super Columbine Massacre RPG! recria o massacre de Columbine e o insere em um roteiro de ficção: o jogador assume os papéis de Eric Harris e Dylan Klebold, de fato "executando o massacre" e experimentando por meio de *flashbacks* uma série de experiências da vida dos dois. A narrativa compreende o período do massacre e aventuras fictícias dos dois no inferno após seus suicídios. O lançamento ocorreu em 20 de abril de 2005, no sexto aniversário da tragédia.

Super Columbine Massacre RPG! foi distribuído gratuitamente, sendo pedidas apenas doações de um dólar para ajudar no pagamento dos servidores que o hospedavam. Ledonne não revelou sua identidade, temendo a controvérsia que o jogo inevitavelmente provocaria. No primeiro ano após o lançamento, *Super Columbine Massacre RPG!* não recebeu muita atenção e teve apenas dez mil downloads. Foi no ano seguinte que a história foi discutida na imprensa: não é surpreendente que o game e seu autor tenham eventualmente chamado a atenção da grande mídia. *Super Columbine Massacre RPG!* foi duramente criticado, até por muitas publicações especializadas em games.

A reação das famílias das vítimas foi extremamente negativa e a identidade de Ledonne acabou sendo descoberta por Roger Kovacs, amigo pessoal de uma jovem assassinada no massacre. Ele afirmou que o jogo possibilitava que ela fosse morta novamente, ainda que os únicos personagens não fictícios de *Super Columbine Massacre RPG!* fossem os atiradores. Mas nem todos o condenaram: Richard Castaldo, um dos estudantes feridos no massacre e *gamer*, disse que algumas partes foram difíceis para ele, mas que por outro lado, ainda que soe estranho dizer isso, de alguma forma ele apreciou a experiência de ver o jogo pela perspectiva dos assassinos.[34] Castaldo expressou satisfação pelo fato de o jogo ter sido feito, considerando-o um meio útil de lidar com a tragédia. Quando lhe perguntaram se o game tornava os eventos triviais, declarou que um jogo eletrônico é apenas mais um meio de expressão artística.[35]

Ledonne afirmou que não defende o massacre e que o jogo não o glorifica. Segundo ele, se você progride o suficiente no game, verá fotos bastante gráficas de Eric e Dylan mortos: "Não consigo pensar em uma forma melhor de confrontar suas ações e as consequências que elas tiveram."[36] Ledonne disse que um dos problemas com os quais ele se deparou ao desenvolver o jogo foi a escolha de perspectiva. Ele decidiu que, para representar o ponto de vista dos assassinos, era importante desumanizar todos os outros estudantes, retirando seus nomes e identidades, de modo que fossem vistos da forma que ele acredita que Eric e Dylan deviam ver: como clichês e estereótipos.[37]

Apesar da argumentação de Ledonne, a imprensa especializada foi impiedosa com o jogo, com raríssimas exceções. A PC World colocou o game na segunda colocação em sua lista dos dez piores jogos de todos os tempos.[38] O tratamento na grande mídia foi ainda pior: Betty Nguyen, da CNN, declarou que *Super Columbine Massacre RPG!* é um exemplo claro de uma subcultura vibrante que venera terroristas.[39] Nguyen empregou a expressão subcultura de forma coloquial: praticamente identificou uma espécie de subcultura em particular na comunidade gamer, ou seja, uma subcultura *delinquente*.

A insinuação é relativamente simples: *Super Columbine Massacre RPG!* de algum modo contribuiria para uma subcultura de violência ou seria até mesmo parte da motivação de potenciais atiradores homicidas. Com certeza o leitor já está suficientemente familiarizado com o argumento. Mas sem dúvida havia algo de novo nesta situação: logo um game baseado em um massacre numa escola estava sendo acusado de ter provocado nada menos que... um massacre numa escola.

Em setembro de 2006, o atirador Kimveer Gill matou Anastasia De Sousa e feriu outros 19 estudantes antes de se matar no Dawson College, em Montreal, no Canadá. Em uma de suas várias postagens em fóruns

VIDEOGAME E VIOLÊNCIA

da internet, Gill disse que gostava de jogar *Super Columbine Massacre RPG!*, o que bastou para o jogo ser ligado ao incidente.[40]

Nem poderia ser diferente. Se a relação de causa e efeito já era suscitada sem que houvesse qualquer vínculo plausível, o que dizer deste caso? É preciso reconhecer que a correlação é bastante perturbadora. Em uma entrevista ao vivo, Mark Strobel, do *Toronto Sun*, desafiou Ledonne: "Me pergunto se o atirador não perdeu contato com a realidade com alguma ajuda do seu jogo." Ledonne respondeu que criou *Super Columbine Massacre RPG!* porque os jogos se tornaram bodes expiatórios; embora alguns jogadores cometam atos de violência, uma vez que a maioria dos jovens do sexo masculino joga videogame, ele não vê correlação.[41]

Ledonne foi entrevistado pelo portal brasileiro G1. Apesar do título sensacionalista da matéria, "Autor de jogo que inspirou assassinatos no Canadá fala ao G1", as respostas de Ledonne são bastante interessantes. Perguntado sobre a possibilidade de que "videogames transformem pessoas em assassinos", Ledonne respondeu: "Videogames podem contribuir para a visão de mundo que uma pessoa tem. Isso é inegável. Mas, também é óbvio, qualquer coisa pode ter o mesmo efeito. Atualmente, nos Estados Unidos, videogames são jogados pela maior parte dos jovens, sobretudo homens. Se eles fossem, de verdade, uma fonte de violência, veríamos tiroteios como o de Dawson todos os dias. Encurtando a história, não acho que videogames possam produzir assassinos. Pessoas que saem por aí atirando nas outras certamente possuem traços em comum, mas videogames não está entre eles." Questionado se temia alguma represália, respondeu: [...] "Não. Eu acho que as pessoas podem ficar com raiva do que não entendem. Eu sempre tentei explicar da melhor forma possível o que eu estava fazendo com este jogo e o porquê. Nós pensamos em videogames como algo que nós simplesmente jogamos, como um elemento trivial de nossas vidas, e ainda não reconhecemos seu potencial como crítica social ou como instrumento de debate sobre assuntos importantes. Isso está mudando, vagarosamente, e eu penso que *Super Columbine* é parte da mudança. Então, quando as pessoas

SALAH H. KHALED JR.

entendem a natureza de *Super Columbine Massacre* geralmente acham razoável sua criação, mesmo que não concordem comigo."[42] Ledonne produziu e editou um documentário intitulado *Playing Columbine*, no qual relata sua experiência pessoal após o lançamento do jogo e também discute questões ligadas aos games como forma de expressão artística, bem como a relação entre jogos eletrônicos e violência.[43] Claramente há muito mais em jogo em *Super Columbine Massacre RPG!* do que a glorificação do massacre ou uma simples intenção de promoção pessoal de seu autor. É um trabalho que no mínimo merece ser conhecido, ainda que possa justificadamente ser visto com algumas reservas. O leitor certamente percebeu que tenho sentimentos ambíguos em relação ao jogo. Mas não se equivoque. Sua inclusão nesta Fase ocorreu fundamentalmente por causa da temática explorada, que deve ser abordada em conjunto com os demais jogos do "gênero". Não considero que exista discurso de ódio em *Super Columbine Massacre RPG!*.

Por outro lado, se a iniciativa de Ledonne merece simpatia ou ao menos ter reconhecida a ambiguidade de sentimentos que provoca, o mesmo não pode ser dito de outros games que enfrentaram a temática de modo visivelmente irresponsável. É o caso de *V-Tech Rampage*, um jogo amador que recria o massacre de Virginia Tech: o jogador assume o controle de um personagem armado – que representa o atirador Cho Seung-Hui – e deve atravessar três níveis de carnificina, nos quais a tragédia é representada em gráficos bastante primitivos para os dias atuais e sem qualquer espécie de sofisticação narrativa. O jogo foi criado por Ryan Lambourn, um jovem australiano de 21 anos, que o postou em um site chamado Newgrounds.com, no qual é possível compartilhar jogos da mesma forma que usuários compartilham vídeos no YouTube.

A reação ao jogo não foi nada boa, como era de esperar. Mas as coisas pioraram ainda mais. A atitude do criador de *V-Tech Rampage* diante da repercussão foi totalmente inesperada: Lambourn afirmou que retiraria o game do ar caso recebesse 2 mil dólares em doações e que pediria desculpas caso recebesse mais mil dólares.

É claro que a postura dele alimentou ainda mais a polêmica em torno de *V-Tech Rampage*. Entrevistado por telefone, Lambourn disse que

VIDEOGAME E VIOLÊNCIA

"já fez uma série de coisas ofensivas antes, mas nunca com tamanha popularidade" e que fez o jogo porque "é engraçado". O jovem disse que a ideia do "resgate" foi sugerida por amigos e que ele a considerou hilária. Lambourn disse que era uma "piada": "Já que estavam tão furiosos com o jogo, dei a eles um meio de tirá-lo do ar." Segundo ele, a "doação" foi apenas "uma forma de deixar as pessoas ainda mais bravas e funcionou".[44] Em outra entrevista, quando questionado se a possibilidade de ferir os sentimentos das famílias das vítimas não o incomodava em nada, Lambourn afirmou ser um "canalha sem coração" e pediu que a citação de sua fala ficasse em negrito quando transcrita, ainda que claramente afirmasse que não apoiava assassinato.[45] Se ele é ou não realmente um canalha sem coração não há como saber, mas sem dúvida é um inconsequente. Não há nada em *V-Tech Rampage* que sirva a qualquer propósito louvável.

Diante das inevitáveis comparações entre *V-Tech Rampage* e *Super Columbine Massacre RPG!*, Danny Ledonne afirmou que seu jogo jamais visou lucro e que Ryan fez um manifesto que parecia um pedido de resgate de sequestro. Ledonne pediu que a comunidade gamer discutisse como fazer um jogo mais relevante sobre o massacre de Virginia Tech e não se um jogo sobre o massacre deveria ou não ser feito.[46]

O senador norte-americano Andrew Lanza comparou o jogo a *Grand Theft Auto IV*.[47] Mas a menção conjunta dos dois games nos mesmos termos demonstra quanto o senador (des)conhecia sobre os jogos que atacava: obviamente, a comparação é completamente descabida.

V-Tech Rampage foi classificado em quarto lugar na lista de jogos mais perversos do site GamesRadar. Para Tyler Nagata, que elaborou a relação, não há absolutamente nada em *V-Tech Rampage* que possa conduzir a qualquer reflexão sobre os massacres que costumam ocorrer em ambientes escolares. Ainda que o autor do jogo diga que se trata de uma piada, é uma piada rude, de mau gosto e nada engraçada.[48]

A relação de jogos baseados em massacres em escolas ainda é composta por mais um título de gosto visivelmente duvidoso: *School Shooter: North American Tour 2012*. Trata-se de um game desenvolvido pela Checkerboarded Studios, que tem um objetivo bastante simples: o jogador deve matar estudantes, professores e funcionários de uma escola. Como se isso não bastasse, no final o jogador é obrigado a "cometer suicídio" para não ser capturado por policiais. As armas utilizadas são as mesmas que Eric Harris, Dylan Klebold e Cho Seung-Hui usaram. Diferentemente de *Super Columbine Massacre RPG!* e *V-Tech Rampage*, os gráficos são realísticos e o estilo adotado é o dos FPS.

É óbvio que o jogo provocou enormes controvérsias, antes mesmo de ser lançado.[49] Inúmeros educadores e pais se mostraram horrorizados com sua premissa e, diga-se de passagem, com toda a razão.[50]

É evidente que não estou aqui de modo algum deixando qualquer dúvida quanto à questão: não se trata de pânico moral, mas de absoluta falta de sensibilidade e exploração comercial indevida do sofrimento alheio. Não é apenas uma iniciativa de gosto discutível. Não existe nenhuma explicação razoável para a transformação de massacres reais em entretenimento interativo. A questão aqui não é de eventual estímulo para outros massacres, mas de respeito aos familiares das vítimas.

Greg Tito, do site The Escapist, disse que ficou perplexo quando ouviu falar do game. Quem faria um jogo que claramente ultrapassa a fronteira entre entretenimento saudável e psicose? O repórter entrevistou um dos programadores do jogo e concluiu que a iniciativa não só é moralmente repreensível, como perigosa para a indústria de games como um todo.[51] O programador, identificado apenas como Pawnstrike, disse que espera que o game previna a ocorrência de novos massacres. Para ele, talvez o jogo forneça uma forma de satisfação desses anseios e impeça que a violência alcance o mundo real.[52]

Que o programador atribua um propósito tão nobre a uma iniciativa de cunho comercial é algo absolutamente censurável. A teoria da válvula de escape não se presta a legitimar um produto tão deplorável. Mesmo que a mercantilização do crime e da guerra tenha se tornado uma realidade inescapável na cultura contemporânea, isso é demais. Em nada se assemelha ao "instinto de luta saudável" incorporado a um jogo como *Bully*, por exemplo, ou mesmo a jogos nos quais o gamer personifica criminosos violentos fictícios.

Como o jogo é uma modificação do popular game *Half-Life 2*, da Valve, isso fez com que Jack Thompson ameaçasse o presidente da companhia e pedisse que ele encerrasse o projeto. Mas Gabe Newell não dispunha de poderes para fazer isso mesmo que quisesse, já que a empresa não tem nenhuma relação com o desenvolvimento de *School Shooter: North American Tour 2012*.[53] Proibido de advogar pelo resto da vida, Thompson continuava a levantar poeira na direção errada, mesmo quando estava do lado certo. Felizmente, o jogo não saiu até hoje e o site que hospedava a página dele desapareceu. Tudo indica que a iniciativa foi abandonada.

HATRED: *O PRÓXIMO ESTÁGIO DOS GAMES ESTRUTURADOS EM TORNO DE MASSACRES?*

Aproximando-me do encerramento dessa lista nada honrosa, ódio é exatamente o nome de um jogo que provocou muita polêmica antes mesmo de ser lançado: *Hatred*. O trailer do game começa com as divagações de um indivíduo aparentemente perturbado e revoltado, que pretende fazer com que o mundo pague por seu sofrimento, proferindo frases como "chegou a hora de matar e de morrer" e "minha cruzada homicida começa aqui".

O que se segue é uma série de cenas de brutalidade absurda. Mulheres, crianças, idosos e policiais são executados implacavelmente pelo protagonista do jogo. Jarosław Zielińsk, um dos criadores, disse que Hatred não deve ser levado a sério, pois "é apenas um jogo". Para ele, enquanto outros games estão se tornado "educados, politicamente corretos, agradáveis e uma forma de arte mais elevada do que o simples entretenimento, eles quiseram criar algo contra essas tendências".[54]

Descrito apropriadamente pelo GameSpot como "simulador de massacre", foi classificado como AO (Adults Only) pela ESRB, o que de fato faz com que não possa ser lançado para os consoles da Nintendo, Microsoft e Sony, que não admitem jogos com essa classificação em seus sistemas. *Hatred* lembra *School Shooter: North American Tour 2012*.

É totalmente censurável. A violência pode não ser diferente de outros jogos, mas por que alguém iria querer jogar um game que glorifica o massacre sem sentido de outros seres humanos?

Por mais que se possa defender a liberdade de expressão criativa, ela deve ter limites. A ESRB acertou com a classificação AO, mas o produto não é recomendável a quem quer que seja. O GameSpot foi implacável com o jogo, reservando a ele a nota 3 (em uma escala de 1 a 10). Para o crítico Justin Clark, o jogo falha em todos os sentidos possíveis.[55] Acima de tudo, falha no quesito que mais importa: é desprovido de humanidade. No site Metacritic, a média de avaliações dos críticos lhe dá 43/100. As 527 avaliações de usuários lhe dão uma média 4,6/10.[56] Como em tantos outros casos, a violência não é uma garantia de sucesso.

Encerro esta Fase afirmando que realmente não há concessões aceitáveis: nenhum produto que dissemine uma cultura de ódio pode merecer outro juízo que não o de reprovação. Seja contra judeus, negros e latinos, como em *Ethnic Cleansing*, contra árabes e muçulmanos em *Left Behind: Eternal Forces* e *Muslim Massacre: The Game of Modern Religious Genocide*, ou contra mulheres, como em *RapeLay*. São criações irresponsáveis, que não representam de modo algum a indústria dos games como um todo e que são rotineiramente execradas pelos redatores dos sites especializados, como também é o caso da infeliz série *Postal* e do desrespeito para com a família Kennedy em *JFK. V-Tech Rampage* ainda está disponível na internet, mas felizmente *School Shooter: North American Tour 2012* nem chegou ao mercado. Quem dera fosse esse também o destino dos demais. Nada mais precisa ser dito sobre nenhum deles.

Alguém poderá dizer que eu não fiz mais do que dar visibilidade a esses produtos e que de certo modo eu estaria reproduzindo um dos efeitos do pânico moral que tanto critico. Mas essa é uma faceta reduzida do universo dos games que precisa ser conhecida e não pode simplesmente ser ignorada, por uma questão de honestidade intelectual e porque é preciso assinalar de forma enfática o que é realmente inaceitável no entretenimento eletrônico interativo. A ESRB já classificou mais de vinte mil jogos. É insignificante o número deles que sucumbiu à cultura do ódio. Por sorte, a colonização dos games pelos discursos de ódio não

VIDEOGAME E VIOLÊNCIA

é algo com que tenhamos que nos preocupar. Mas, de qualquer modo, é preciso estar sempre vigilante.

Já tracei um bom panorama do ciclo vital de disseminação do pânico moral. Creio que o leitor está devidamente informado sobre a questão. O próximo passo é, enfim, investigar as pesquisas que sustentam a existência de uma relação de causa e efeito entre videogame, agressividade e dessensibilização, como discutirei na próxima Fase.

O leitor perceberá uma mudança significativa no tom do texto: agora o inimigo é outro.

NOTAS

1. Marcia Tiburi, 2015.
2. Salah H. Khaled Jr., 2016a e Salah H. Khaled Jr., 2016c.
3. Zack Parsons. Em: <http://www.somethingawful.com/hentai-game-reviews/rapelay/>.
4. *Honest Gamers*. Em: <http://www.honestgamers.com/4775/miscellaneous/rapelay/review.html>.
5. Tim Ingham. Em: <http://www.mcvuk.com/news/read/modern-games-feature--virtual-rape-mp-tells-parliament/016307>.
6. Matthew Moore. Em: <http://www.telegraph.co.uk/technology/4611161/Rapelay--virtual-rape-game-banned-by-Amazon.html>.
7. Frank Lombardi. Em: <http://www.nydailynews.com/news/christine-quinn-rips--horrifying-rape-game-rapelay-article-1.389723>.
8. Lauren Gonzalez. Em: <http://www.gamespot.com/features/when-two-tribes-go--to-war-a-history-of-video-game-controversy-6090892/?page=2>.
9. Michael Easterbrook. Em: <http://www.psychologytoday.com/articles/199907/taking-aim-violence>.
10. Curt Feldman. Em: <http://www.gamespot.com/news/postal-2-banned-in-new-zealand-6114067>.
11. Ver a relação de "honras" em: <http://runningwithscissors.com/main/index.php?page=page3191>.
12. Julie Scheeres. Em: <http://archive.wired.com/culture/lifestyle/news/2002/02/50523>.
13. *Giant Bomb*. Em: <http://www.giantbomb.com/ethnic-cleansing/3030-29306/>.

14. Julie Scheeres, Em: <http://archive.wired.com/culture/lifestyle/news/2002/02/50523>.
15. Tyler Nagata, <http://www.gamesradar.com/the-top-7-most-evil-games/?page=7>.
16. Ilene Lelchuck. Em: <http://www.sfgate.com/news/article/Convert-or-die-game--divides-Christians-Some-2465605.php>.
17. Brett Todd. Em: <http://www.gamespot.com/left-behind-eternal-forces/reviews/left-behind-eternal-forces-review-6162370/>.
18. *Gameology*. Em: <http://www.gameology.org/reviews/left_behind_eternal_forces_first_impressions_finally>.
19. Steve Butts. Em: <http://www.ign.com/articles/2006/11/14/left-behind-eternal-forces-review?page=1>.
20. Mark Morford. Em: <http://www.sfgate.com/entertainment/morford/article/Jesus-Loves-A-Machine-Gun-It-s-the-new-Left-2495488.php>.
21. Fredrick Clarckson. Em: <http://www.dailykos.com/story/2006/11/28/275327/-Christian-Groups-Boycott-Religious-Warfare-Kid-Vid#>.
22. Mike Musgrove. Em: <http://www.washingtonpost.com/wp-dyn/content/article/2006/08/16/ar2006081601764.html>.
23. Anna Schecter. Em: <http://abcnews.go.com/blogs/headlines/2007/08/dod-stops-plan-/>.
24. *Los Angeles Times*. Em: <http://latimesblogs.latimes.com/babylonbeyond/2008/09/middle-east-mus.html>.
25. Adam Hartley. Em: <http://www.techradar.com/news/gaming/muslim-massacre-game-sparks-pointless-controversy-464185>.
26. Mathew Moore. Em: <http://www.telegraph.co.uk/news/uknews/2776951/Muslim-Massacre-video-game-condemned-for-glamorising-slaughter-of-Arabs.html>.
27. Aijaz Afaqi. Em: <http://web.archive.org/web/20120403063549/http://arabnews.com/opinion/columns/article161055.ece>.
28. *The Guardian*. Em: <http://www.theguardian.com/technology/2004/nov/22/usnews.games>.
29. Jason Tuoehey. Em: <http://www.pcworld.com/article/118717/article.html>.
30. O site original pode ser acessado em: <http://web.archive.org/web/20041209093612/http://www.jfkreloaded.net/>.
31. Ver nota 28.
32. O site original pode ser acessado em: <http://web.archive.org/web/20050328032350/www.jfkreloaded.com/competition/>.
33. Tyler Nagata, *op. cit.*
34. Jose Antonio Vargas. Em: <http://www.washingtonpost.com/wp-dyn/content/article/2006/05/19/ar2006051901979.html>.
35. Patrick Dugan. Em: <http://www.gamasutra.com/view/feature/1699/soapbox_why_you_owe_the_columbine_.php>.

36. Jose Antonio Vargas, *op. cit.*
37. *Destructoid.* Em: <http://www.destructoid.com/virtual-school-shootings-interviewing-two-of-the-most-hated-game-creators-alive-31610.phtml>.
38. Emru Townsend. Em: <http://www.pcworld.com/article/127579/article.html?page=3>.
39. Transcrição disponível em: <http://edition.cnn.com/TRANSCRIPTS/0711/11/sm.01.html>.
40. *CNN.* Em: <http://web.archive.org/web/20080430192032/http://www.cnn.com/2006/WORLD/americas/09/14/montreal.shooting/index.html>. Acesso em 9/9/2013.
41. Ver nota 35.
42. Jones Rossi. Em: <http://g1.globo.com/Noticias/PopArte/0,,AA1282580-7084,00-AUTOR+DE+JOGO+QUE+INSPIROU+ASSASSINATOS+NO+CANADA+FALA+AO+G.html>.
43. Andrew Barker. Em: <http://variety.com/2008/film/reviews/playing-columbine-1117939050/>.
44. Stephen Hutcheon. Em: <http://www.smh.com.au/news/games/outrage-over-virginia-tech-game/2007/05/16/1178995212668.html>.
45. Ver nota 37.
46. *GamePolitics.* Em: <http://gamepolitics.com/2007/05/15/super-columbine--creator-comments-on-v-tech-game#.Ui8cXZLUm3s>.
47. *Silive.* Em: <http://blog.silive.com/advanceupdate/2007/05/vtech_rampage_internet_game_sp.html>.
48. Tyler Nagata, *op. cit.*
49. *My Fox Houston.* Em: <http://www.myfoxhouston.com/story/18176468/school--shooting-spree-game-making-waves>.
50. *Krem.* Em: <http://www.krem.com/story/news/2014/09/22/14981690/>.
51. Greg Tito. Em: <http://www.escapistmagazine.com/news/view/108065-Inside--the-Sick-Mind-of-a-School-Shooter-Mod>.
52. *Ibidem.*
53. Andy Chalk. Em: <http://www.escapistmagazine.com/news/view/108523-Jack-Thompson-Threatens-Gabe-Newell-Over-School-Shooter-Mod>.
54. Eddie Makuch. Em: <http://www.gamespot.com/articles/gog-responds-to--controversial-ultraviolent-killing/1100-6423023/>.
55. Justin Clark. Em: <http://www.gamespot.com/reviews/hatred-review/1900-6416157/>.
56. Veja médias atualizadas em: <http://www.metacritic.com/game/pc/hatred>.

Fase 5. Videogame, agressividade e dessensibilização: verdade ou ilusão?

Os jogadores e o que está em disputa neste jogo: panorama inicial da questão

Nesta Fase o leitor enfim conhecerá as pesquisas acadêmicas que fundamentam "cientificamente" o discurso moralista da grande mídia. Mas não será uma simples exposição. Desconstrução é a expressão que melhor designa o esforço empreendido neste trecho do livro. Minha intenção consiste em demonstrar a fragilidade dos argumentos dos acadêmicos que sustentam a existência de uma relação de causa e efeito entre videogame, agressividade e dessensibilização. Caberá ao leitor julgar se fui ou não bem-sucedido nesta missão. É bastante provável que a discussão desta Fase seja pesada demais para quem não está acostumado com leituras acadêmicas. Mas encorajo o leitor a persistir, uma vez que os pontos discutidos aqui são decisivos para o livro.

Christopher Ferguson relata que os primeiros estudos sobre videogame e violência foram centrados em jogos como *Missile Command*,

Pac-Man, Berzerk, Zaxxon e *Centipede*. Mas mesmo após o surgimento de games realmente violentos, como *Mortal Kombat* e *Doom*, as pesquisas realizadas nas décadas de 1980 e 1990 permaneceram inconclusivas, apesar da indignação moral existente.[1]

O tom das pesquisas somente começou a se modificar substancialmente depois da tragédia de Columbine. Logo após o massacre, surge na academia uma intenção deliberada de suprimento de demanda, que consiste em atribuir condição de verdade ao discurso midiático e às convicções dos empreendedores morais sobre os games. Como observa Ferguson, afirmações mais incisivas começaram a se tornar comuns. Alguns estudiosos começaram a apontar que: os efeitos nocivos são comparáveis em magnitude à relação entre fumar e desenvolver câncer no pulmão (Huesmann, Anderson, Bushman); o videogame e outras formas de entretenimento violento podem explicar até 30% da violência na sociedade (Strasburger); os efeitos dos jogos violentos são comparáveis em magnitude ao efeito de importantes fatores de riscos criminógenos e a inconsistência nas pesquisas praticamente evaporou (Anderson).[2]

Teremos oportunidade de confrontar esses dados e conclusões nesta Fase.

De todas as manifestações, uma delas é particularmente importante: apesar de tratar sobre o entretenimento violento de forma geral, o presidente da Academia Americana de Pediatria, David Cook, fez a seguinte afirmação: de 3.500 estudos sobre o entretenimento violento, apenas 18 deles não teriam encontrado uma relação de causa e efeito.[3]

Assustador, não é mesmo? Mas nem tudo é o que parece. Olson e Kutner procuraram a fonte do dado sobre "3.500 estudos" e descobriram que ele tinha sido obtido do livro *Stop Teaching our Kids to Kill*, de Grossman. Discuti o livro brevemente na Fase 2, como o leitor se recorda. Grossman, por sua vez, cita um estudo de 1998 da Unesco, que menciona o assombroso número de 3.500 pesquisas que comprovariam o impacto das mídias violentas. Mas no estudo da Unesco não há nenhuma indicação sobre a fonte dos dados.[4] O número simplesmente remete ao mais absoluto vazio, embora rotineiramente seja utilizado como argumento de autoridade para justificar o perigo que os games violentos supostamente representariam.

VIDEOGAME E VIOLÊNCIA

Em 2005, a Associação Americana de Psicologia divulgou uma resolução sobre jogos violentos, ligando-os a comportamento, pensamento e efeitos agressivos, bem como decréscimo de comportamento prossocial. O texto da resolução não deixa margem para dúvida. Defende uma redução do conteúdo violento nos games, com base nos argumentos a seguir: "Uma análise compreensiva das pesquisas sobre violência interativa sugere que a exposição gera: a) aumento do comportamento agressivo; b) aumento de pensamentos agressivos; c) aumento de raiva; d) reduz a intenção de auxílio; e) aumenta a excitação fisiológica e, finalmente, que estudos sugerem que os games influenciam o aprendizado de um modo muito mais profundo do que assistir à TV passivamente", apesar de este último ponto já ter sido contestado por uma análise conjunta de várias pesquisas, em 2001.

Ferguson relata que, apesar da posição manifestada pela Associação Americana de Psicologia, a comunidade acadêmica se dividia cada vez mais no início do novo milênio. Hoje essa divisão é facilmente identificável: de um lado, encontra-se um grupo de acadêmicos que sustenta a existência de uma relação perceptível de causa e efeito, destacando-se os nomes de Craig Anderson e Brad Bushman e, de outro lado, acadêmicos que negam a existência dessa relação de causalidade, como Cheryl Olson, Lawrence Kutner, John Colwell e o próprio Ferguson.[5] A controvérsia no meio acadêmico é essencial para o tratamento da questão, uma vez que o peso social das pesquisas sobre o tema é gigantesco. Como observam Olson e Kutner, "estudos acadêmicos são munição muito valiosa em batalhas políticas locais, estaduais e nacionais; o destino de muitas verbas estatais e carreiras está em jogo, sem falar em políticas desenvolvidas para ditar o comportamento de designers, lojistas e crianças".[6]

Nesta Fase do livro finalmente tratarei dessas pesquisas. Não será uma análise exaustiva, até porque já foram publicados milhares de artigos sobre o tema. Mas creio que a seleção que organizei será mais do que suficiente para os propósitos deste livro. O leitor obviamente já sabe por quais pesquisas nutro simpatia, mesmo sem conhecê-las. Mas é preciso confrontar os argumentos de ambas as correntes, para assegurar a seriedade da abordagem aqui desenvolvida.

SALAH H. KHALED JR.

O GENERAL AGGRESSION MODEL *E A HIPÓTESE DE CAUSAÇÃO: OS GAMES VIOLENTOS PROVOCAM AGRESSIVIDADE E DESSENSIBILIZAÇÃO?*

Cerca de um ano após o massacre de Columbine, Craig Anderson e Karen E. Dill publicaram um artigo que se referia diretamente à tragédia. O texto começa com uma espécie de recapitulação: "No dia 20 de abril de 1999, Eric Harris e Dylan Klebold lançaram um ataque na Columbine High School, em Littleton, Colorado, matando 13 pessoas e ferindo 23 antes de atirarem em si mesmos. Apesar de ser impossível saber exatamente o que fez com que esses adolescentes atacassem colegas e professores, um número de fatores provavelmente esteve envolvido. Um dos possíveis fatores é a influência de jogos violentos. Harris e Klebold gostavam do sangrento jogo de tiro *Doom*, licenciado pelo exército para treinar soldados a matar de forma eficiente [...] O entretenimento afeta nossas vidas. O comportamento de crianças e adultos decorre em grande parte das lições que aprendemos da televisão e dos filmes. Existem excelentes razões teóricas para crer que os games violentos terão efeitos similares e provavelmente maiores."[7]

Os autores iniciam o artigo com um breve apanhado sobre a história dos games, indicando que originalmente eram inofensivos (como o clássico *Pong*), mas que até *Pac-Man* teria provocado reações negativas, com algumas pessoas questionando "se crianças deviam jogar um game assim". Na introdução, sustentam que *Mortal Kombat* mudou drasticamente o universo dos games. Para os autores, o mercado é dominado por jogos violentos e as pesquisas são esparsas, fracas e muitas abraçam o pensamento de que os games são uma forma saudável de lidar com a agressão. Segundo eles, é necessário abordar seriamente os efeitos do hábito de jogar games violentos, o que inclusive contribuiria para a compreensão dos efeitos do entretenimento violento em geral.[8]

Anderson percebeu a janela de oportunidade que Columbine representava e reestruturou o modelo de análise anteriormente desenvolvido por ele em outras pesquisas para refletir os efeitos dos jogos violentos, como veremos no decorrer desta Fase. Os autores concluem o texto afirmando que "jogos violentos fornecem um meio de aprendizado e prática de soluções agressivas para situações de conflito. O efeito dos jogos violentos parece ser de natureza cognitiva. A curto prazo, jogar um game violento parece afetar a agressividade e estimular pensamentos agressivos. Efeitos de longo prazo sugerem que o jogador aprende e pratica novos scripts agressivos, que se tornam cada vez mais acessíveis quando surgem conflitos na vida real. Se a contínua exposição a jogos violentos realmente leva a uma acessibilidade maior a uma variedade de estruturas de comportamento agressivo, efetivamente alterando a estrutura básica da personalidade de alguém, as consequentes mudanças nas interações sociais podem levar a crescentes aumentos de agressividade. A natureza interativa do aprendizado no videogame sugere que ele é potencialmente mais perigoso que a TV e os filmes, que são mais investigados. Com a recente tendência de maior realismo e violência gráfica nos games e o aumento de sua popularidade, os consumidores de jogos violentos (e seus pais) devem estar cientes dos potenciais riscos. Recentes acontecimentos noticiados, como o elo entre o massacre no Colorado e o hábito de jogar games violentos, despertaram um debate público sobre seus efeitos. Enquanto o debate prossegue, os jogos se tornam cada vez mais violentos. Como cientistas, devemos aprofundar as insuficientes pesquisas e esclarecer para a sociedade a extensão do que os riscos envolvidos podem causar".[9]

Uma profissão de fé estava sendo iniciada. O artigo foi a pedra fundamental em torno da qual se ergueu uma verdadeira igreja de crentes no nascente dogma: o potencial maléfico dos games. Nenhuma análise que apontasse os supostos efeitos nocivos dos games foi tão aprofundada e disseminada como a que surgiu naquele momento. Literalmente dezenas, talvez até centenas, de pesquisadores compartilham dos métodos e das conclusões de autores como Anderson e Bushman.

Anderson alcançou grande notoriedade por suas pesquisas, que foram recepcionadas com entusiasmo por uma imprensa que ansiava pela espécie de credibilidade que apenas o conhecimento acadêmico é capaz de oferecer. Se no primeiro texto que trata do tema ele ainda argumenta com cautela, nos anos seguintes suas conclusões se tornaram cada vez mais contundentes. Ele fundou uma verdadeira "escola" sobre os efeitos nocivos dos games: centenas de artigos foram escritos, promovendo um acúmulo de saberes que não dialogam com as posições contrárias e continuamente reafirmam as mesmas premissas básicas como se fossem verdades quase absolutas e inquestionáveis. O recurso predileto para reafirmação do "efeito de verdade" de seu modelo de análise pode ser constatado nos chamados *meta-studies*: textos pequenos que agregam os resultados individuais de inúmeras pesquisas no mesmo sentido e que desconsideram as pesquisas discrepantes, como se a quantidade de resultados coincidentes a partir das mesmas premissas fosse equivalente ao seu grau de veracidade.[10] Alguns desses artigos refletem o trabalho internacional de pesquisadores que usam os mesmos métodos e ferramentas conceituais e operam em contínua colaboração.[11]

A falta de diálogo com as posições contrárias acaba produzindo uma endogenia acadêmica indesejável no campo científico, que deve ser pautado por outros critérios. Dentre eles, um dos mais fundamentais é a noção de que todo saber é datado e tem um prazo de validade: o conhecimento é biodegradável e todas as hipóteses estão sujeitas a falseabilidade, ou seja, destinadas a eventualmente serem superadas por estudos mais ricos e abrangentes. Diferentemente, o que move pesquisadores como Anderson e Bushman é uma intenção de contínua reiteração da sua hipótese inicial, o que expressa um anseio de domínio, típico de uma noção de conhecimento como poder.

Mas vamos ao que pode ser identificado como eixo central da argumentação desse grupo de pesquisadores. O leitor já esperou tempo demais para tomar contato direto com essas pesquisas, anunciadas desde o prelúdio do livro.

Em 2003, Craig Anderson e Brad Bushman publicaram um artigo que explica detalhadamente o General Aggression Model (GAM): uma ferramenta analítica que eventualmente foi adotada por inúmeros acadêmicos e que, de acordo com seus partidários, permite apreciar os efeitos dos jogos violentos nos níveis de agressividade dos usuários. Resumidamente, o modelo opera a partir de um relacionamento cíclico entre o indivíduo e o meio, no qual variáveis pessoais como hostilidade,

VIDEOGAME E VIOLÊNCIA

temperamento, atitude diante de agressões e variáveis situacionais – como a exposição à violência virtual nos games – interagem para influenciar uma pessoa, em especial no âmbito da cognição (scripts agressivos ou pensamentos hostis), emoção (raiva e frustração) e excitação (frequência cardíaca e pressão).

Cognição, emoção e excitação são hipoteticamente os mecanismos que interagem para influenciar a apreciação que um indivíduo faz de uma ação agressiva (ou ambígua). Por exemplo, se uma pessoa esbarra em outro indivíduo, é a condição interna do indivíduo que sofreu o choque inesperado que influenciará sua interpretação do episódio dentre duas opções possíveis: se a pessoa que esbarrou nele o fez com intenção hostil ou se o choque foi acidental. Quando os pensamentos da pessoa são hostis e ela está fisiologicamente excitada (após a exposição a um game violento, por exemplo), é mais provável que interprete a ação como hostil. Assim que uma apreciação da situação é feita, processos decisórios ocorrem: dependendo do estado interno do indivíduo e dos recursos disponíveis, a decisão pode ser pensada ou impulsiva. Se a interpretação foi de hostilidade, é mais provável que a pessoa agrida do que ignore o choque, ainda mais se a decisão for impulsiva. Nesse sentido, os jogos violentos maximizariam a possibilidade de conflitos.

Anderson e Bushman sustentam que os games violentos afetam os níveis de agressividade a curto e longo prazos. A curto prazo, eles funcionam como uma variável situacional que pode influenciar agressivamente cognição, emoção e excitação, o que conduz a comportamento agressivo. A longo prazo, jogos violentos podem influenciar um comportamento agressivo, promovendo crenças e atitudes agressivas, scripts de comportamento agressivo e expectativas agressivas, o que por sua vez pode tornar a própria personalidade de alguém agressiva. Ou seja: cada episódio de violência virtual experimentado reforça a noção de que a agressão é uma forma eficaz e apropriada de lidar com conflitos e raiva.[12]

O modelo concebido por Bushman e Anderson foi adotado e reconhecido por inúmeros pesquisadores, que o citam como referência em seus artigos, considerando-o elemento central de um "consenso" em torno da ideia de que a exposição ao conteúdo violento aumenta níveis de agressividade.[13] Muitos o descrevem como uma verdadeira *etiologia* do comportamento agressivo, ou seja, como uma explicação satisfatória, verdadeira e exaustiva de suas causas.[14]

MOLHOS PICANTES E DISPAROS SONOROS EM ADVERSÁRIOS INEXISTENTES: FINALMENTE A COMPROVAÇÃO CIENTÍFICA DA RELAÇÃO DE CAUSA E EFEITO?

Tudo isso parece muito interessante no plano teórico. Mas como a teoria se relaciona com o mundo real? Como Bushman e Anderson demonstram que o GAM não é mais do que um exercício infundado de abstração teórica?

Os autores não embasam o GAM somente no âmbito teórico. Bushman e Anderson desenvolveram uma série de pesquisas de teor experimental nas últimas décadas que merecem ser conhecidas e, posteriormente, confrontadas. Para eles, experimentos conduzidos em laboratório conformam evidência empírica que confirma suas hipóteses. Eles entendem que o debate pode não ser apresentado corretamente pela grande mídia, mas que a evidência de que os games provocam aumento nos níveis de agressividade tornou-se esmagadora.[15] Nos experimentos referidos, foram "verificados" níveis de agressividade e também de dessensibilização, outra categoria-chave para Bushman e Anderson, assim como para seus seguidores.

Bushman, Anderson e Carnagey escolheram um grupo de pessoas para participar de um experimento. Elas foram informadas de que o experimento tinha como finalidade a avaliação de diferentes formas de entretenimento, e o objetivo disso era evitar que inconscientemente correspondessem às expectativas dos pesquisadores.

Os participantes informaram a quantidade de horas que jogam videogame por semana e a porcentagem de jogos violentos, o que indicaria sua preferência ou não por violência virtual. Também preencheram um questionário, que supostamente possibilitaria estabelecer seus níveis de agressividade. Os índices de frequência cardíaca (FC) e resposta galvâ-

VIDEOGAME E VIOLÊNCIA

nica da pele: medição da resposta da taxa de transpiração à estimulação elétrica (RGP) dos participantes foram medidos por eletrodos que posteriormente foram retirados. Logo em seguida, eles jogaram durante vinte minutos um game violento (*Carmageddon, Duke Nukem, Mortal Kombat, FutureCop*) e um game não violento (*Glider Pro, 3D Pinball, 3D Munch Man, Tetra Madness*). Os jogos foram escolhidos de forma aleatória pelos pesquisadores. Depois de os participantes terem jogado, novamente foram medidos seus índices de FC e RGP. O passo seguinte consistiu em fazer com que assistissem a dez minutos de cenas de violência real, em contextos distintos: em julgamentos, confrontos policiais, tiroteios e brigas em prisões. Em uma cena, dois presos esfaqueiam outro, por exemplo. Os índices de FC e RGP foram constantemente monitorados durante toda a sessão.[16] Os resultados indicaram que não houve variação considerável nos índices de FC e RGP nos jogos dos mesmos grupos e que as variáveis "gênero" e "preferência por jogos violentos" não mereciam consideração, o que permitiu inclusive que os resultados fossem tidos como abrangentes. O estudo, portanto, foi baseado nos índices originais de FC e RGP, nos índices após os games terem sido jogados e nos índices durante a sessão em que os participantes assistiram a cenas de violência real. Com base nesses parâmetros, os pesquisadores concluíram que mesmo uma sessão de apenas vinte minutos de violência virtual já basta para que as pessoas se tornem menos sensíveis à violência real, visto que os índices de FC e RGP daqueles que jogaram jogos não violentos são bem mais elevados diante das cenas de violência presenciadas. Em suma, os autores concluíram que isso comprova que os games violentos provocam uma perda de sensibilidade fisiológica diante da violência real, o que, segundo eles, contribui para o comportamento antissocial.[17]

A palavra-chave para os pesquisadores Craig Anderson, Brad Bushman e Nicolas Carnagey (dos departamentos de Psicologia das Universidades de Iowa e Michigan) é dessensibilização, cujo sentido definem como uma redução na reação emocional fisiológica à violência real. Os autores argumentam que a dessensibilização já foi utilizada sistematicamente como forma de tratamento para o medo de aranhas, cobras e sangue, assim como para o trauma resultante de estupro e pesadelos.

Existem evidências que indicam até que militares norte-americanos usam videogame como treinamento e como forma de dessensibilizar tropas para a violência, o que seria necessário para sua eficácia em combate.

Por outro lado, para Anderson, Bushman e Carnagey, a dessensibilização de crianças e adultos diante de estímulos violentos pode ser prejudicial para a vida em sociedade. Para os autores, a dessensibilização provocada pelos games violentos produz uma redução nos níveis de ansiedade e medo diante da violência, que fisiologicamente se traduz em uma redução da frequência cardíaca. Esse processo ocorre por meio da exposição à violência em um contexto positivo e muitas vezes bem--humorado, em que personagens cartunizados são recompensados por agirem de modo violento. Para eles, os estímulos violentos cresceriam de acordo com as classificações etárias dos games, o que provocaria reflexos cognitivos como: percepção reduzida da gravidade de lesões; perda de atenção diante de acontecimentos violentos; perda de simpatia pelas vítimas de violência; aumento na crença de que a violência é normativa; perda de atitude negativa diante da violência. Os efeitos comportamentais seriam: redução na intenção de ajuda (com menor probabilidade de intervenção ou atraso na intervenção, não reconhecimento de uma emergência etc.) e aumento nos níveis de agressividade (com maior possibilidade de iniciar agressões, maior nível de agressividade e persistência na agressividade).[18]

Os autores consideram que os games violentos têm efeitos mais pronunciados do que os filmes e os programas de TV violentos pelo fato de os jogadores estarem diretamente envolvidos e, portanto, mais propensos à identificação com personagens violentos. Se no passado a tecnologia por trás dos games era rudimentar e não se mostrava apta a promover o processo de dessensibilização, com os avanços recentes esse obstáculo desapareceu. De modo geral, sustentam que os gamers se acostumam com a violência e acabam se tornando fisiologicamente indiferentes a ela, o que não deve ser de interesse apenas da comunidade científica, mas também de políticas públicas.[19]

Bushman, Anderson e os demais pesquisadores que seguem essa linha de raciocínio não fazem uma distinção rígida entre os games e

VIDEOGAME E VIOLÊNCIA

outras formas de entretenimento violento, visto que apontam que um filme como *O senhor dos anéis* produziria efeitos muito diferentes dos livros nos quais é baseado, em razão do que denominam glorificação da violência. Para eles, as pesquisas sobre games violentos refletem os dados encontrados nas pesquisas sobre filmes e programas de televisão, com a diferença de que nos games os efeitos são muito mais pronunciados.[20] Os pesquisadores argumentam que os efeitos são mais agudos porque o jogador se identifica com o personagem de uma forma que não é possível nos filmes, em razão do aspecto interativo típico dos games.

Um experimento desenvolvido pelos psicólogos Peter Fischer, Andreas Kastenmüller e Tobias Greitemeyer procurou testar essa hipótese e concluiu que a habilidade de personalizar e configurar o próprio personagem nos games contribuía de modo significativo para a elevação dos níveis de agressividade.

Os participantes foram informados de que tomariam parte em dois experimentos distintos: um destinado a avaliar o marketing de jogos eletrônicos e outro sobre molhos picantes e doces (sim, é exatamente isso).

No primeiro experimento, os participantes jogaram um game que deveria ser avaliado por eles em termos de qualidade e apelo publicitário. Os jogadores foram divididos em grupos: com e sem personagens personalizados, em jogos agressivos e não agressivos. O game utilizado no experimento foi *Wii Sports*, da Nintendo, que contém vários jogos. Os escolhidos foram boxe (violento) e boliche (não violento). Depois de jogar, os participantes responderam a um questionário indicando se gostaram do jogo e se o recomendariam a outras pessoas. Após terem completado o primeiro teste, foram informados de que participariam de um segundo teste, dedicado a molhos picantes e doces (apesar de somente molhos picantes terem sido utilizados). Como o participante que faria o papel de degustador não podia conhecer previamente o molho que lhe era fornecido, foi explicado que caberia ao participante prévio definir a quantidade de molho que seria ministrada ao participante seguinte, que teria que consumi-lo integralmente (na verdade não existia a figura do degustador). Todos foram informados de que o molho era extremamente picante e que havia sido constatado que 84% da população da

Alemanha não havia gostado dele (por mais inverossímil que esse dado pudesse parecer). No entanto, foi salientado que a quantidade de molho seria definida de acordo com a decisão dos participantes. Foram distribuídas garrafas de molho picante, colheres e copos plásticos. Pediram aos participantes que experimentassem o molho primeiro e depois o colocassem em um copo de plástico. A quantidade depositada foi medida em gramas e utilizada como "índice de agressividade".[21] Entrevistado por um repórter do site Kotaku, Bushman sustentou que esse é um meio aceitável e consolidado para comprovar a agressividade de alguém.[22]

Os resultados já devem soar previsíveis para o leitor e são condizentes com outras pesquisas que partem da mesma metodologia: os jogadores de games violentos preencheram os copos com maior quantidade de molho picante do que os jogadores de games não violentos, e os jogadores que personalizaram seus personagens ministraram uma quantidade ainda maior do que os que jogaram com um personagem padrão. Os autores também partiram dos parâmetros estabelecidos por Bushman e Anderson, mas indicaram que seria necessário verificar os efeitos dos personagens personalizados em jogos prossociais ou de corrida. Peter Fischer, Andreas Kastenmüller e Tobias Greitemeyer concluem o artigo afirmando que os efeitos negativos dos games violentos são acentuados pelas opções de personalização, o que indica que mais do que nunca é necessário alertar os pais sobre os games para evitar a exposição de crianças, visto que cada vez mais jogos estão oferecendo essa opção.[23]

Outra pesquisa partiu das diretrizes estabelecidas pelo GAM e testou a hipótese de que a exposição a games violentos conduziria a comportamento agressivo, como discussões com professores e brigas, o que foi "comprovado", de acordo com os autores.

Questionários foram respondidos de forma anônima por centenas de crianças e adolescentes – com o consentimento dos pais – e aplicados por seus professores. As variáveis previstas nos questionários foram: a) exposição a games violentos; b) quantidade de horas jogadas; c) traços de hostilidade na personalidade; d) limites impostos pelos pais; e) discussões com professores; f) notas; e g) brigas.

VIDEOGAME E VIOLÊNCIA

Os pesquisadores concluíram que houve muito mais correlação entre jogos violentos e lutas do que entre jogos violentos e discussões com professores, o que para eles se deve a uma série de razões, como: a) discussões são menos agressivas do que brigas; b) o alvo das discussões é uma figura de autoridade, diferentemente das brigas, que são entre iguais; c) não existem praticamente discussões nos games, mas existe uma grande quantidade de agressão física.

Os próprios autores perceberam que uma questão não foi respondida pelo experimento por eles conduzido: os adolescentes são mais hostis e agressivos porque jogam games violentos ou eles preferem jogos violentos porque já são agressivos, independentemente dos games? Os pesquisadores argumentam que o GAM prevê efeitos bidirecionais, com variáveis pessoais – como hostilidade – determinando hábitos de consumo, que por sua vez podem reforçar ou modificar as variáveis pessoais. Mas destacam que esse não foi o objetivo da pesquisa, que abarcou 607 estudantes de oitava e nona séries, em quatro escolas norte-americanas.[24]

Bushman conduziu outro experimento, no qual 39 adultos do sexo masculino foram selecionados pela internet para um teste anunciado como sendo relacionado ao tempo de reação diante da demonstração de imagens. Após terem preenchido questionários no qual indicavam seus jogos favoritos, os participantes tiveram seus índices de agressividade medidos por formulários que empregavam uma Escala de Irritabilidade, respondendo a questões como "não consigo evitar discussão quando uma pessoa não concorda comigo", "alguns amigos me acham esquentado", "se alguém me bate, eu bato de volta".

O passo seguinte consistiu em fazer com que os participantes acreditassem que competiam uns com os outros, em uma tarefa que avalia o tempo de reação após um ruído ter sido emitido, por meio de um botão que deve ser pressionado o mais rápido possível (Competitive Reaction Time Task – CRTT). Também lhes foi dito que o perdedor ouviria um som alto pelos fones de ouvido, e que a intensidade e a duração do ruído seria definida pelo participante vencedor da etapa. Ao final de cada etapa, cada participante via uma mensagem que dizia "VOCÊ VENCEU" ou "VOCÊ PERDEU" e recebia um disparo quando perdia. Os ruídos variavam em intensidade (nível 1 = 60 decibéis a nível 10 = 105 decibéis, o equivalente a um alarme de incêndio, sendo também oferecida uma opção não agressiva, nível 0) e duração (nível 1 = 0,5 segundo a nível 10 = 2,5 segundos). De acordo com os pesquisadores, seria como se cada participante controlasse uma arma com a qual podia atingir seu adversário com ruídos altos caso vencesse a disputa, que dura 25 etapas. O nível de agressividade é calculado com base na média de intensidade e duração dos disparos. O ruído é basicamente aquele que se ouve em um canal "fora do ar" ou que não corresponde a nenhuma estação de TV. O teste é uma adaptação de medidas anteriores de agressividade que empregavam choques elétricos leves.

Um detalhe importante sobre o teste é que na verdade não existe um adversário. O computador controla os resultados e estipula aleatoriamente a intensidade e a duração dos disparos quando "vence", o que ocorre na metade das vezes. Os pesquisadores consideram que essa é uma medida válida e confiável de agressividade, consolidada em estudos de outros pesquisadores e empregada com sucesso nas próprias pesquisas.

Os níveis de agressividade foram medidos para cada participante do experimento, o que "estabeleceu" que os jogadores de jogos violentos mostraram maior agressividade tanto em duração quanto em intensidade. Finalmente, testes usando um pico de tensão específico no cérebro – conhecido como P300 – resultaram em níveis de amplitude inferiores (menor sensibilidade) nos jogadores de games violentos e níveis maiores de latência (demora para categorizar a imagem) em relação aos jogadores de games não violentos, quando mostradas a eles imagens violentas (como um homem com a arma apontada para a cabeça de outro) sem que houvesse diferença em relação a imagens negativas, mas não violentas (como um *skinhead* neonazista diante de uma suástica).[25]

Com base nos procedimentos desenvolvidos, os pesquisadores afirmam que a exposição a jogos violentos produz dessensibilização especificamente em relação à violência, como pode ser percebido pelas reduzidas respostas do córtex a imagens violentas e pelos níveis de agressividade demonstrados nos testes, que foram coincidentes nos participantes. Para os autores, isso coloca em questão a noção de que os efeitos da exposição

VIDEOGAME E VIOLÊNCIA

à violência eletrônica não seriam sentidos a longo prazo, sugerindo que uma exposição prolongada a games violentos teria efeitos prejudiciais ao funcionamento do cérebro e ao comportamento.[26]

Em outro experimento semelhante, 75 pessoas (46% do sexo feminino) foram selecionadas pela internet, de acordo com os índices de exposição a jogos violentos. Os escolhidos foram informados de que participariam de um experimento com o propósito de determinar os efeitos do videogame na percepção visual e no tempo de reação dos usuários. Após terem consentido, foram colocados eletrodos no couro cabeludo dos participantes para a realização de encefalogramas. Em seguida eles foram distribuídos aleatoriamente para jogar durante 25 minutos jogos violentos (*Call of Duty: Finest Hour, Hitman: Contracts, Killzone* e *Grand Theft Auto: Vice City*) e não violentos (*Jak and Daxter: The Precursor Legacy, MVP Baseball 2004, Tony Hawk's Pro Skater 4* e *Sonic Plus Mega Collection*). Depois lhes foram mostradas imagens neutras (um homem em uma bicicleta, por exemplo) e violentas (um homem enfiando o cano da arma na boca de outro, por exemplo). As imagens apareciam durante um segundo e eram separadas entre si por intervalos de um segundo, sendo pedido aos participantes que pensassem sobre sua reação às imagens. Estas foram extraídas do International Affective Picture System, um banco de dados de figuras usadas para suscitar emoções. Para encerrar o procedimento, foi utilizado um teste com a mesma medida de agressividade a que me referi anteriormente, que consiste na simulação de um confronto entre os participantes com a possibilidade de emissão de ruídos nos ouvidos dos perdedores. Os índices das pessoas que suspeitaram de que não havia um adversário real foram descartados. Os homens se mostraram mais agressivos do que as mulheres, mas os efeitos dos jogos violentos foram semelhantes nos dois grupos.

As conclusões dos testes foram as seguintes: jogadores que preferem jogos violentos demonstraram menor sensibilidade diante de imagens que evocam violência, independentemente de terem jogado um jogo violento durante o experimento; jogadores que não preferem jogos violentos, mas que jogaram jogos violentos no experimento, demonstraram menor sensibilidade que seus pares que não jogaram jogos violentos no teste. A dessensibilização detectada se traduziu em maior agressividade nos testes que simularam agressividade, mesmo para os jogadores que não tinham preferência prévia por jogos violentos. Curiosamente, não houve alteração significativa nos níveis P3 dos encefalogramas dos jogadores que têm o hábito de jogar jogos violentos após a sessão de 25 minutos fazendo exatamente isso. Para os pesquisadores, isso pode significar duas coisas: em primeiro lugar, que o nível de dessensibilização dessas pessoas já é tão elevado que uma experiência intensa não produz resultados significativos; em segundo lugar, pode existir outro fator – não levado em consideração – que causa uma afinidade com violência e uma resposta P3 reduzida diante de imagens violentas para gamers que preferem games violentos.[27]

Em outro estudo, Brad Bushman, Laurent Bègue e Youssef Hasan concluíram que os games violentos também aumentam a tendência a interpretar como hostis intenções alheias, sugerindo a possibilidade de que games fazem com que as pessoas enxerguem o mundo através de lentes sangrentas, em clara alusão à expressão "enxergar o mundo através de lentes cor-de-rosa". O experimento foi conduzido com 136 universitários franceses. Repetindo a metodologia do estudo anterior, os estudantes jogaram um jogo violento ou não violento durante vinte minutos. Após terem encerrado a sessão, leram uma história sobre conflitos interpessoais repleta de pontos em aberto. Os estudantes tinham que dizer o que achavam que os personagens sentiam, pensavam e deveriam falar ao longo da história. Para encerrar o procedimento, também disputaram o jogo competitivo a que me referi anteriormente, no qual o vencedor tem a habilidade de acionar um ruído bastante alto nos ouvidos do perdedor pelos fones. De acordo com os pesquisadores, os jogos violentos aumentaram a tendência de percepção de intenção hostil, o que foi verificado pela maneira com que foram preenchidos os questionários sobre os personagens da história lida pelos estudantes. Essa tendência, por sua vez, fez com que os níveis de agressividade fossem elevados, o que pode ser constatado pela intensidade e duração dos ruídos emitidos contra os estudantes adversários no jogo competitivo.

VIDEOGAME E VIOLÊNCIA

Os efeitos foram mais acentuados em homens, mas também atingiram mulheres. Desse modo, os pesquisadores concluíram que os jogos violentos aumentam a expectativa de hostilidade, que por sua vez aumenta os níveis de agressividade.[28]

Curiosamente, um experimento semelhante, dedicado a explorar os efeitos dos jogos violentos em homens e mulheres, demonstrou diferenças significativas de agressividade entre os dois sexos, pois os homens foram muito mais agressivos. Bartholow e Anderson procuraram razões que explicassem uma diferença tão pronunciada e especularam que os jogos escolhidos podem ter tido relação com os resultados. Por um lado, afirmaram que o jogo violento (*Mortal Kombat*) tem quase todos os personagens masculinos, o que dificultaria a identificação que potencializaria a agressão feminina, além de que aparentemente as mulheres não gostaram do jogo não violento (*PGA Tournament Golf*), ao passo que os homens gostaram. Para os autores isso pode indicar que as mulheres se envolveram menos com a experiência e por isso se mostraram menos propensas a usar índices elevados no teste CRTT, além do fato de as mulheres terem tendências agressivas diferentes dos homens, optando normalmente pela agressão verbal ou psicológica.[29]

Bushman, Hasan e Bègue sustentam que os jogos violentos tornam as pessoas mais estressadas, o que por sua vez, também as torna mais agressivas. De acordo com os pesquisadores, muitos jogos violentos são estressantes, pois "os inimigos estão tentando matar o personagem controlado pelo jogador".

Fascinante, não é mesmo? Vejamos como chegaram a essa conclusão.

O experimento desenvolvido por eles tinha como objetivo verificar se os jogos eletrônicos induzem estresse nos jogadores, o que por definição os tornaria mais agressivos. O estresse foi medido por testes de coerência cardíaca, que consistem na sincronização do ritmo da respiração e das batidas cardíacas, realizados antes e durante as sessões de videogame. A metodologia é semelhante à empregada no estudo anterior: o objetivo do teste não é revelado e 77 participantes jogam um jogo violento (*Condemned 2, Call of Duty 4* ou *The Club*) ou não violento (*S3K Superbike, Dirt 2* ou *Pure*) durante vinte minutos. Após terem jogado, os participantes enfrentaram o teste competitivo de resposta em 25 etapas (CRTT), no qual é dada a oportunidade de disparar um ruído nos ouvidos dos adversários, que eram sempre do mesmo sexo. A intensidade e a duração do ruído foram usados como parâmetros de agressividade, o que, segundo os pesquisadores, é o equivalente a poder disparar em um adversário com uma arma de som, dentro dos limites éticos de um laboratório. Como referido anteriormente, para eles essa "é uma medida de agressividade válida e que já é utilizada há décadas". Os resultados indicam que os jogadores de games violentos têm níveis inferiores de coerência cardíaca e maiores níveis de agressividade do que os de games não violentos; só foi percebida diferença entre os grupos e não entre os jogos de cada grupo.

Para os autores, eis outra possível razão pela qual os games violentos aumentam níveis de agressão: o estresse que eles causam. Como se isso não bastasse, sustentam que os games violentos são indiretamente prejudiciais à saúde, uma vez que causam estresse, o que pode provocar inúmeros reflexos negativos, como doenças cardiovasculares. Para os pesquisadores, embora ninguém seja morto em um game violento, os jogadores experimentam um acentuado nível de estresse, o que os torna mais propensos a agressões.[30]

Marc A. Sestir e Bruce D. Bartholow concluíram que assim como jogos violentos produzem efeitos nefastos que conduzem a sentimentos, pensamentos e comportamentos antissociais (o que para eles já está bem documentado), jogos não violentos podem ter efeitos positivos, prossociais. Para eles, é aparentemente claro que meios diferentes de entretenimento são dotados de potencial para modificar padrões de interação social. Em outras palavras, "você é o que consome; esta pesquisa indica que para os games isso pode ser tanto uma bênção quanto uma maldição". Os próprios autores afirmam que a pesquisa levantou uma série de outras questões, mas isso não fez com que relativizassem suas conclusões.[31]

Dois experimentos conduzidos pelos psicólogos Tobias Greitemeyer e Silvia Osswald também merecem atenção. Os pesquisadores testaram a reação dos jogadores diante de um jogo prossocial (*Lemmings*) e um jogo neutro (*Tetris*). Após as sessões, dois testes foram feitos: comple-

VIDEOGAME E VIOLÊNCIA

tar palavras ("sho_t" pode ser "shoot" – atirar ou "short" – pequeno, por exemplo) e pequenas histórias, cujos finais podem ser violentos ou não, de acordo com a opção escolhida por quem preenche o teste. As experiências comprovaram a hipótese proposta por eles, a de que um jogo prossocial (comparado com um jogo neutro) reduz a expectativa de que outras pessoas respondam com comportamentos, pensamentos e sentimentos agressivos e também reduz a acessibilidade de pensamentos antissociais. Bushman e Anderson são amplamente citados no artigo.[32]

Os estudos são aparentemente infindáveis, mas para os propósitos aqui assumidos ainda precisamos ver mais alguns deles.

Uma equipe de pesquisadores analisou o cérebro de um grupo de jovens que jogam mais de dez horas por semana. O Dr. Yang Wang, da Indiana University School of Medicine, afirmou que os exames de ressonância magnética revelaram pela primeira vez níveis reduzidos de ativação em certas regiões frontais do cérebro. Segundo ele, "essas regiões são importantes para o controle de emoções e comportamento agressivo. Os dados indicam que jogar games violentos produz efeitos de longo prazo no funcionamento do cérebro". O Dr. Vincent Mathews concluiu que "isso explica o que outros pesquisadores encontraram em estudos comportamentais: quando as pessoas são expostas a jogos violentos, elas podem se tornar mais agressivas".[33]

Uma questão em aberto nos estudos em questão é a natureza da relação entre competitividade, violência e agressividade. Anderson e Carnagey confrontaram duas hipóteses sobre a suposta causa da agressividade nos games: a do conteúdo violento e a da competitividade. Para empreender o experimento, os pesquisadores selecionaram quatro jogos de esporte: *MLB Slugfest Baseball* e *NFL Blitz Football* (violentos) e *MVP Baseball 2004* e *Madden Football* (realísticos). Os participantes jogaram os jogos selecionados e os classificaram como violentos ou não violentos. Os resultados foram idênticos à classificação feita pelos pesquisadores: 58 homens e 62 mulheres (todos eles universitários) responderam a questionários indicando suas preferências de games desde a infância e com que frequência jogavam games de esporte violentos e não violentos, além de questionários para avaliar seus níveis de agressividade e preferência por esportes na vida real. Os universitários jogaram durante vinte minutos um jogo violento ou não violento, escolhido aleatoriamente. Em seguida, foram submetidos ao Word Pronunciation Task, um teste que consiste em pronunciar as palavras que surgem em uma tela de computador enquanto o sistema registra o tempo que o usuário leva para identificar a palavra. Ao todo, são 24 palavras agressivas ("atacar" e "esganar", por exemplo) e 36 palavras de controle (18 palavras de fuga: "escapar", "desertar"; 18 palavras neutras: "contemplar", "ouvir"). A pressão e a frequência cardíaca dos participantes foi medida várias vezes durante o procedimento. Como não houve distinção nos resultados entre jogos violentos e não violentos, os pesquisadores resolveram descartar essa variável, restringindo o foco ao Word Pronunciation Task. A partir desses parâmetros, afirmam que a variável "conteúdo agressivo" é a que define agressividade, e não a variável "competitividade", já que os universitários que jogaram games violentos identificaram as palavras agressivas com maior facilidade; os jogadores com tendências agressivas se mostraram mais vulneráveis a esse efeito de curto prazo. Em uma variação do teste, o Word Pronunciation Task foi substituído pelo State Hostility Scale (SHS) e pelo Attitudes Towards Violence in Sports Questionnaire (ATVS). O primeiro mede os sentimentos do usuário em relação a 35 adjetivos ("irritado" e "gentil", por exemplo) e o segundo pede ao usuário que classifique vários tipos de comportamento agressivo nos esportes, em uma escala que vai de "discordo fortemente" a "concordo fortemente". Os resultados foram semelhantes: os participantes que jogaram jogos violentos obtiveram pontuações mais elevadas no teste SHS e apoiaram mais a violência nos esportes (ainda que restrita ao hóquei). Finalmente, realizaram o costumeiro teste CRTT e dispararam ruídos contra adversários inexistentes. Os resultados foram os mesmos, o que para os pesquisadores indica que o fator violência é o responsável pela agressividade, já que a competitividade nos dois grupos de games é a mesma. No entanto, eles reconhecem que a experiência não testou o fator competitividade em si mesmo, mas apenas em contraste com a hipótese do conteúdo violento.[34]

VIDEOGAME E VIOLÊNCIA

Com isso, finalmente podemos avançar na análise. Em síntese, os pesquisadores consideram que os dados produzidos em laboratório constituem evidência empírica de que os games causam agressividade e dessensibilização fisiológica à violência, diferenciando-os de proposições teóricas.[35]

Estaria comprovada a relação de causa e efeito entre videogame e violência?

Não é tão simples assim. Entrevistado pelo site Kotaku, Bushman deixou claro que para ele agressividade não equivale à violência. "Não há como saber", disse ele, já que a violência não tem como ser testada: "Não podemos dar facas e armas aos participantes e ver o que fazem com elas, isso não é ético. Mas podemos usar medidas éticas nas quais eles podem atingir fisicamente ou de outro modo as pessoas e essas medidas consistentemente mostram que jogadores de games violentos são mais agressivos do que jogadores de games não violentos. É mais provável que esfaqueiem, estuprem ou atirem em alguém? Eu não sei. Esses eventos são muito raros e nós não podemos estudá-los de forma ética, portanto não sei qual a ligação entre jogar games violentos e comportamento criminal violento. Mas sabemos que existe uma ligação entre jogar games violentos e formas mais comuns de comportamento agressivo, como se envolver em brigas."[36]

Não há dúvida de que Bushman é muito mais contido do que os arautos do pânico moral que povoam a mídia. Mas se é assim, então pelo menos no campo da agressividade parece não haver margem para questionamento quanto aos efeitos dos jogos violentos, não é mesmo?

Não exatamente: mesmo que aceite essa premissa, ainda seria preciso definir o que é agressividade e qual seria o percentual significativo (ou pelo menos preocupante) despertado pelos games violentos, algo que não é tão simples quanto aparenta.

Em um de seus estudos, Ferguson detectou um aumento percentual de 0,06%. Entrevistado pelo Kotaku, declarou o seguinte: "Vamos imaginar que você jogou um game violento e ele o tornou 0,5% mais agressivo, você perceberia isso? Penso que não. Para contextualizar, se amanhã você estiver 0,5% mais feliz, o que exatamente isso significa? É um efeito minúsculo. Se meu filho estivesse 0,5% mais agressivo do que ontem, penso que eu não notaria."

SALAH H. KHALED JR.

Mas o professor Gentile, um entusiasta do GAM, como vimos, não concorda e afirma que Ferguson está mais preocupado com a criminalidade violenta, enquanto um aumento pequeno de agressividade pode influenciar os jovens de maneira mais mundana. Gentile afirmou que o que o preocupa "é a agressividade do dia a dia. O que é isso? Adentre uma escola de ensino médio e veja como os garotos tratam uns aos outros. São rudes. Dizem coisas maldosas. Espalham rumores uns sobre os outros. Mantêm-se afastados uns dos outros. São verbalmente agressivos uns com os outros e muitas vezes até partem para a agressão física. Esses são os níveis de agressividade que garotos rotineiramente têm em suas vidas. E adultos também. Quando você pensa em agressividade em sua vida e pensa em seus amigos ou namorada, você pode se enfurecer e dizer algo desagradável. Isso é agressividade e magoa, não é mesmo? Portanto, a agressividade de que eu falo é séria no que se refere à vida das pessoas. E quando pensamos nesse nível, os efeitos estão lá, mesmo nas pesquisas de Ferguson."[37]

Gentile parece contido, mas o fato é que Bushman e Anderson são mais incisivos na exploração de uma possível correlação com o comportamento criminal violento.

Bushman afirma que "nenhum pesquisador que ele conhece diria que a violência no entretenimento é o único fator de risco para agressividade ou violência, ou que é o mais importante fator. Habitualmente, é um somatório de fatores. Mas esse é um fator sobre o qual podemos fazer algo a respeito".[38]

Em um artigo publicado antes do deslocamento de suas pesquisas para a temática dos jogos violentos, Anderson e Bushman defenderam a extrapolação dos dados obtidos em laboratório para a violência real. Eles disseram que "é importante notar que medidas de agressividade real (crimes violentos) compartilham poucas semelhanças superficiais com medidas de agressividade em laboratório (como descargas elétricas). No entanto, essas medidas de agressividade compartilham características comuns: visam provocar estímulos nocivos a uma vítima, com a intenção e expectativa de causar danos à vítima".[39]

VIDEOGAME E VIOLÊNCIA

Se aceitos os pontos de vista de Gentile, Bushman e Anderson, a questão estaria aparentemente fechada. As pesquisas são certeiras e os jogos violentos de fato provocam aumento nos níveis de agressividade e dessensibilização, ainda que não com a extensão que a grande mídia costuma atribuir, até utilizando-se das pesquisas de Bushman e Anderson de forma exagerada e distorcida. Correto?

De modo algum.

DESCONSTRUÇÃO DAS PESQUISAS QUE SUSTENTAM A RELAÇÃO DE CAUSA E EFEITO: COLOCANDO O GENERAL AGGRESSION MODEL E SEUS RESULTADOS EM QUESTÃO

Imagino que um leitor desavisado pode ter sido seduzido pela argumentação e pelos resultados apresentados: o somatório de pesquisas com resultados semelhantes produz um "efeito de verdade" extremamente cativante e esconde o fato de convicções morais estarem maquiadas com autoridade científica.

Os pesquisadores partem de uma hipótese inicial positiva de causação e "legitimam" essa hipótese com pesquisas deliberadamente construídas para confirmar a suposta relação de causa e efeito, que jamais é realmente colocada em questão. Apresentadas em conjunto com a cobertura sensacionalista da imprensa e conectadas a casos nos quais a relação de causa e efeito foi suscitada, são praticamente irresistíveis para o público, que acaba tendo sua opinião formada por discursos indutores de pânico moral. Mas como eu disse no prelúdio da obra, é preciso opor um contradiscurso a essa construção: os argumentos que sustentam essas conclusões não atingiram consenso na comunidade científica, embora eles procurem ocultar as opiniões dissidentes. Vamos a algumas delas.

Os pesquisadores Adachi e Willoughby chegaram a conclusões distintas após terem feito um exame cuidadoso das pesquisas sobre os efeitos dos jogos violentos nos níveis de agressividade dos jogadores. Eles apontam que a conclusão de que um jogo violento provoca mais comportamento agressivo do que um jogo não violento pode se dever

SALAH H. KHALED JR.

somente ao fato de o jogo violento ser mais competitivo e difícil do que o não violento. Adachi e Willoughby argumentam que um jogo não violento que seja muito competitivo, difícil e rápido pode elevar mais a agressividade do que um jogo violento que tenha índices menores nessas características. Segundo eles, seria preciso fazer pesquisas que abarcam esses aspectos para obter resultados mais satisfatórios. Jogos FPS normalmente são rápidos e intensos, exigindo reflexos e atenção constante do jogador. Os estudos que sugeriram que esses jogos provocam agressividade rotineiramente os compararam com jogos muito menos exigentes, com jogabilidade mais lenta e normalmente bem mais fáceis. A falta de isolamento dessa variável por si só já compromete os resultados obtidos.[40]

Olson e Kutner chegaram a conclusões semelhantes. Eles mostram que em alguns estudos um jogo de ação intenso e violento é comparado com um game não violento absolutamente tranquilo. Em um estudo específico, os pesquisadores compararam *Wolfenstein 3D* com *Myst* (um jogo surreal de exploração e resolução de quebra-cabeças) com base no fato de que os dois envolvem um formato 3D com um personagem que caminha pelos cenários. Qualquer gamer sabe que a comparação entre os dois títulos é totalmente inadequada. Olson e Kutner apontam que, para uma comparação dessas fazer sentido, é preciso confrontar games com níveis semelhantes de excitação emocional e fisiológica.[41]

Para Adachi e Willoughby, outra variável importante não levada em consideração é o tempo de jogo despendido nas experiências em questão, que raramente ultrapassa a faixa de 5 a 25 minutos. Isso sugere que não houve tempo suficiente para que os jogadores se familiarizassem com o jogo, o que pode ser causa de frustração, que por sua vez pode elevar os níveis de agressividade. Os pesquisadores compreendem que um jogador precisa de mais tempo para se sentir confortável com determinado game, o que reduz a frustração inicial, já que passa a haver familiaridade com os controles e a jogabilidade. Isso também está muito mais próximo das situações da vida real, uma vez que gamers habituais jogam de forma muito mais frequente e com maior duração.[42] Olson e Kutner também perceberam o problema: na maioria das pesquisas, o tempo de jogo é

VIDEOGAME E VIOLÊNCIA

extremamente curto. "Qualquer um de nós pode atestar que sofreu para sobreviver por alguns minutos em um jogo com o qual não tinha familiaridade: um aumento de hostilidade ou raiva pode ter relação com a frustração de tentar aprender um jogo novo tão rapidamente!", disseram eles.[43]

Adachi e Willoughby também apontam que é preciso levar em conta a diferença entre pesquisa experimental e generalizações sobre a vida real: o fato de que um participante em um laboratório possa ministrar mais molho picante a outro após ter jogado um jogo violento, em comparação a quem jogou um game não violento, não significa necessariamente que pessoas que jogam games violentos se envolveriam em conflitos imediatamente após jogá-los. Se fosse esse o caso, os índices de violência na América do Norte teriam sido elevados drasticamente, uma vez que os jogos violentos fazem cada vez mais sucesso. Seria preciso confrontar os dados obtidos com métodos, como o Hot Sauce Paradigm (Paradigma do Molho Picante), com violência doméstica e atos criminosos de violência para verificar se existe correlação. Além disso, também seria interessante observar se pessoas com tendências agressivas são mais suscetíveis ou não aos efeitos dos games violentos e comparar os resultados com pessoas que não apresentam essas tendências.[44]

Um estudo desenvolvido pelos psicólogos Simon Goodson e Sarah Pearson lançou dúvidas pertinentes sobre o conteúdo violento dos games e seus possíveis efeitos. Os pesquisadores concluíram que games de futebol provocam reações físicas e emocionais muito mais fortes nos participantes do seu experimento do que os games violentos. O estudo em questão procurou determinar se eventos que produzem respostas emocionais na realidade também produzem efeitos similares quando são experimentados nos games. Quarenta participantes foram escolhidos aleatoriamente para jogar um jogo violento e um jogo de futebol. A frequência cardíaca, a respiração e a atividade cerebral foram medidas antes e durante a sessão. Quando apreciados os resultados, a análise demonstrou que "matar alguém" provoca pouca atividade, enquanto "marcar um gol" ou "provocar uma falta" causa níveis elevados de atividade. De acordo com Goodson, "existe muita preocupação quanto aos efeitos dos videogames e como eles contribuem para agressões em geral. Mas esta pesquisa aponta que 'matar alguém' não é tão real quanto simular um esporte e o cérebro reconhece isso, não reagindo da mesma maneira. Uma vez que os participantes reagiram de maneira mais intensa durante o game de futebol, parece que os efeitos dos games violentos foram mal representados no passado".[45]

Goodson sustenta que jogos com representações mais fiéis da realidade e uma experiência familiar ao jogador provocam respostas mais intensas. Games de corrida também se mostraram muito mais aptos a provocar efeitos no jogador do que os games violentos. Goodson argumenta que "os jogos imitam a vida real e, desse modo, o jogador experimenta 'emoções reais'. É por isso que 'dirigir' e 'jogar futebol' provoca tanta emoção. A violência eletrônica não é algo com o qual as pessoas tenham qualquer familiaridade na vida real. Normalmente o jogador mata 'soldados' e 'alienígenas', o que faz da experiência algo superficial. Muitas pessoas até alegam que jogar games violentos as acalma".

Um repórter participou diretamente do experimento. Os jogos testados foram *Pro Evolution Soccer 2009* (futebol) e *Gears of War 2* (um jogo de tiro em terceira pessoa assumidamente violento). O repórter relata que a mera visão do símbolo do Liverpool já bastou para fazer sua atividade cerebral disparar. Jogando com a Inglaterra contra a Alemanha, seu cérebro reagiu de forma intensa quando seu time levou um gol. Quando deu um carrinho no jogador adversário, a reação cerebral foi de prazer, que logo se transformou em revolta quando recebeu um cartão vermelho. Já quando jogou *Gears of War 2*, seu cérebro praticamente não teve reação. Os monitores mostraram que ele se sentiu levemente incomodado quando atiravam em seu personagem, mas que matar alienígenas não provocava qualquer mudança em sua atividade cerebral. Demonstrando humildade, Goodson fez questão de enfatizar que suas pesquisas não são um manifesto de que jogos violentos são inofensivos e muito menos de que jogos de esporte farão de alguém um assassino. Em suas palavras, "simplesmente concluímos que as pessoas se sentem muito mais excitadas e ligadas a jogos de esporte do que a jogos de tiro".[46]

VIDEOGAME E VIOLÊNCIA

De qualquer forma, ele alerta que "a maioria das pesquisas que liga jogos violentos a índices acentuados de agressão são mal pensadas, carecem de validade e demonstram uma incompreensão do tópico investigado, os games". Como ele aponta, "existe um número crescente de pesquisas que afirma não existir uma ligação entre jogos violentos e agressão".[47] Para Simon Goodson, Sarah Pearson e Helen Gavin, a grande mídia usa os games como bode expiatório para uma sociedade agressiva. Os autores consideram que as pesquisas devem deixar de atender os critérios sensacionalistas da imprensa: o foco deve estar centrado nas respostas emocionais induzidas por games que imitam situações potencialmente reais.[48]

Ferrell, Hayward e Young apontam que as pesquisas centradas nos supostos efeitos de diferentes mídias constituem um extenso corpo de trabalho, preocupado com a identificação de conexões causais entre representações e subsequentes pensamentos e comportamentos humanos. Apesar de uma quantidade inestimável de tempo e dinheiro ter sido gasta testando essa possível conexão, nenhuma conclusão sólida foi obtida – e como resultado disso o debate em torno dos seus efeitos ainda persiste nas ciências sociais e em outros lugares. Tal fato se deve em parte à metodologia e suas limitações. Por exemplo, por mais de cinquenta anos, pesquisadores tentaram comprovar uma correlação direta entre imagens violentas e comportamento violento no mundo real, muitas vezes por meio de experiências controladas nas quais os participantes são submetidos a estímulos agressivos (uma quantidade enorme de imagens e cenas violentas) e então monitorados para ver se seu comportamento e suas atitudes foram afetados pela experiência que acabaram de passar. Tais estudos, e foram feitos milhares deles, foram empregados para embasar várias explicações de causa e efeito sobre comportamento violento, desde teorias de aprendizado social a teorias psicológicas de dessensibilização e desinibição, e também foram empregados como parte de campanhas de conservadorismo moral ou censura. Esses experimentos de laboratório foram duramente criticados por acadêmicos que duvidam de que o comportamento exibido em contextos artificiais será reproduzido em circunstâncias reais. Os autores pensam que pesquisas de curta duração sobre os efeitos de determinada mídia não consideram as influências sociológicas, psicológicas e culturais de longo prazo.[49]

Com esses argumentos tenho condições de encaminhar os pontos de vista das pesquisas que absolutamente colocam em questão a suposta relação de causa e efeito entre videogame, agressividade e dessensibilização.

Christopher Ferguson é o autor de maior destaque no campo oposto a Anderson e Bushman, os nomes mais expressivos das teorias sobre os supostos efeitos nocivos dos games. Sua visão contrasta enormemente com a de suas contrapartes acadêmicas, como pode ser observado pela própria maneira que ele aborda a questão. Para Ferguson, a tragédia de Columbine foi um dos piores massacres em escolas da história dos Estados Unidos. Exatamente o que faz com que um jovem (em geral do sexo masculino) se envolva em atos premeditados de assassinato contra alvos inocentes é motivo de muita incompreensão. Eventos traumáticos como esses geram um anseio por respostas imediatas, tanto por parte do público quanto pelos responsáveis por políticas públicas. Eles fizeram com que fosse cada vez mais tentador tanto para o público quanto para os cientistas atribuir a responsabilidade por tais crimes a determinantes externos e não aos indivíduos que de fato os cometeram. É comum que pesquisadores como Anderson e Dill (no artigo que discuti no início desta Fase) invoquem a memória de Columbine como uma forma de demonstrar a relevância de suas próprias pesquisas sobre entretenimento violento.

O autor aponta que um levantamento mostrou que o entretenimento violento (de jogos como *Doom*) e outros elementos da cultura pop (como a subcultura gótica) foram dois dos pontos mais discutidos como causas da tragédia de Columbine em artigos publicados no *New York Times* e no *Los Angeles Times*, o que contrasta drasticamente com o fato de apenas 1% dos artigos focarem na responsabilidade e no caráter dos agressores. A grande mídia parece promover abertamente a ideia de que o entretenimento violento e, especificamente, os games violentos causam comportamento violento.[50] Mas há pesquisas com conclusões muito distintas: elas indicam que embora seja amplamente aceita a ideia de que existe uma relação de causa e efeito entre videogame e violência, ela é, na

VIDEOGAME E VIOLÊNCIA

melhor das hipóteses, um exagero, e na pior, simplesmente equivocada. A afirmativa de que essa conexão causal existe é bastante suspeita.[51]

Christopher Ferguson aponta que os atos de agressão em si mesmos raramente são estudados, uma vez que há limites éticos para o que pode ser examinado em um laboratório.[52] Nesse sentido, uma coisa é a definição de agressão como comportamento que visa ao dano físico intencional ou à humilhação de outra pessoa, mas desenvolver uma definição operacional de agressividade que pode ser utilizada em laboratório em estudos experimentais é um desafio significativo.[53] O fato é que nenhuma medida de agressividade utilizada em laboratório se aproxima minimamente da definição mais comum e simples de agressividade que surge de pronto na mente de alguém quando se discute o tema, ou seja, a agressão física.[54] Obviamente, seria irresponsável permitir que os participantes de um experimento pudessem agir de modo agressivo uns com os outros; mas isso faz com que os resultados dos estudos desenvolvidos em laboratório tenham uma validade externa muito questionável.[55]

Os resultados obtidos de modo experimental em laboratório não são suficientemente consistentes para autorizar a extrapolação feita pelos pesquisadores e, mesmo que fossem, existem dificuldades consideráveis para generalizar os resultados de testes laboratoriais de agressão para violência real. Pesquisas recentes mostram que não há correlação entre a medida de agressão obtida por meio de disparos sonoros e crimes violentos ou violência doméstica.[56] O chamado Taylor Competitive Reaction Time Test (TCRTT), que usa a intensidade e a duração do disparo sonoro como medida de agressividade, é utilizado de forma diferente em cada pesquisa. Não há padronização, mas isso não impede que os resultados individuais das pesquisas sejam posteriormente agregados em análises abrangentes (os *meta-studies*, como me referi antes) que "comprovam" a existência da relação de causa e efeito. No entanto, nenhum estudo que relacione essa forma de medição com a violência criminal real jamais foi conduzido.[57] Ferguson apontou que o teste provavelmente é mais indicado para medir "competitividade" do que "agressividade", como o próprio nome indica.[58]

SALAH H. KHALED JR.

Os pesquisadores e principalmente os disseminadores de suas pesquisas em geral associam o resultado de seus estudos com violência criminal, mas medidas de agressividade, sejam elas no âmbito experimental ou como correlação, são capazes de prever violência real? Simplesmente não existe nenhuma evidência que sustente a validade externa das medidas utilizadas. Por mais que os autores possam dizer que isso não é relevante ou não causa preocupação, uma vez que os pesquisadores pretendem generalizar suas conclusões para o mundo real, é óbvio que essa questão é de extrema importância.[59]

Para Olson e Kutner, os métodos adotados não diferenciam agressividade e violência. A psicologia experimental de Anderson e Bushman simplesmente supõe que os participantes desses experimentos, em geral alunos universitários que são remunerados pela participação ou obtêm créditos para o curso, não conseguem separar fantasia e realidade e não sabem que "punir" alguém com um choque elétrico leve ou com uma pistola de 9mm levará a consequências muito diferentes. Podemos admitir que alguém que atinge outra pessoa com um curto disparo sonoro terá a mesma intenção dolosa que alguém que atira em um funcionário em uma loja de conveniência ou esfaqueia outra pessoa em uma briga de bar?[60]

A possibilidade de generalização dos dados obtidos em laboratório para atos reais de violência é muito questionável, mesmo que fossem consistentes e padronizados.

É preciso confrontar o que sustentam Bushman e Anderson com as discussões no âmbito da filosofia científica. Elas revelam como são perigosas as pesquisas voltadas para a confirmação de resultados previamente desejados e que eliminam todas as variáveis que colocam em xeque o objetivo pretendido. São pesquisas conduzidas de forma deliberada para confirmar teorias já existentes e que jamais são colocadas em dúvida por seus autores.

Feyerabend aponta que "os resultados de observação falarão em favor da teoria, de vez que formulados com observância de seus termos. E surge a impressão de se haver, finalmente, alcançado a verdade. Torna-se evidente, ao mesmo tempo, que se perdeu todo contato com o mundo e que a estabilidade atingida, a aparência de verdade absoluta, não pas-

VIDEOGAME E VIOLÊNCIA

sa do resultado de um conformismo absoluto. Com efeito, como será possível submeter a teste ou aprimorar a verdade de uma teoria se ela é elaborada de maneira tal que qualquer acontecimento concebível pode ser descrito e explicado nos termos de seus princípios?".[61]

Bushman e Anderson costumam se vangloriar do consenso obtido em torno de seu modelo de análise e das conclusões sobre os efeitos nocivos dos games. As opiniões divergentes são consideradas anomalias que não merecem atenção. Não há qualquer debate com posições contrárias, de modo que o uso da palavra "consenso" para descrever o atual estágio das pesquisas sobre potenciais efeitos dos games violentos parece completamente inadequado: a simples adesão de um grupo de pesquisadores a determinado modelo que aspira condição de *paradigma* não significa que seus resultados possam ser aceitos como expressão inequívoca da verdade.

"Um paradigma é aquilo que os membros de uma comunidade partilham e, inversamente, uma comunidade científica consiste em homens que partilham um paradigma [...] de acordo com essa concepção, uma comunidade científica é formada pelos praticantes de uma especialidade científica. Estes foram submetidos a uma iniciação profissional e a uma educação similares, numa extensão sem paralelos na maioria das outras disciplinas. Neste processo absorveram a mesma literatura técnica e dela retiraram muitas das mesmas lições [...]",[62] como mostrou Thomas Kuhn.

As primeiras citações de Kuhn já evidenciaram quanto é relativa a condição de verdade da ciência: um paradigma não é mais do que um consenso estabelecido por pesquisadores que compartilham de métodos comuns em determinado campo de saber. Mas como o leitor já percebeu, o consenso nos estudos sobre videogame, agressividade e violência inexiste. Nunca chegou a se formar, de modo que nem sequer é possível falar em crise paradigmática. Pelo contrário: o que temos é um dissenso permanente, que reflete o momento definido por Kuhn como pré-paradigmático: diversas escolas competem pelo domínio de um campo de estudos determinado.[63]

Como Olson e Kutner discutiram, as posições manifestamente divergentes entre as opiniões sobre efeitos dos jogos violentos podem refletir de modo parcial as diferenças de treinamento profissional e formação. Pesquisadores e teóricos distintos com frequência veem as coisas de forma distinta em razão de suas experiências e perspectivas.[64]

Esse dissenso sempre existiu. Em 2001, o professor Jeffrey Goldstein testemunhou perante o Senado norte-americano. Ele afirmou que havia lido praticamente todas as pesquisas publicadas em inglês sobre jogos eletrônicos, o que inclui os jogos de consoles e computadores, assim como jogos on-line. Para ele, nem a qualidade nem a quantidade das pesquisas sobre games consegue inspirar confiança e sólidas conclusões sobre seus efeitos. Praticamente todo estudo sofre de definições imprecisas (de violência e agressividade), medidas ambíguas (confundindo jogabilidade agressiva com comportamento agressivo, ou usando medidas questionáveis de agressividade, como disparos sonoros e relatos prévios de agressividade do entrevistado), e generalizações exageradas a partir dos dados obtidos. Estudos que argumentam que analisam os efeitos dos jogos eletrônicos raramente discutem a atividade de jogar em si mesma.[65]

Como refletiu Kuhn, o estabelecimento de um paradigma acaba governando os próprios praticantes da ciência, que trabalham em torno de métodos consensuais e padronizados. Pode-se argumentar que Anderson, Bushman e seus seguidores claramente tentaram estabelecer um paradigma para os estudos sobre os efeitos dos games, o que lhes garantiria o domínio nesse campo e, como consequência, a produção de um consenso sobre a conexão entre games, agressividade e dessensiblização, estruturado em torno do GAM. Muitas vezes, porém, os recursos utilizados para a obtenção do tão desejado consenso ultrapassam os limites éticos que devem governar a ciência, como podemos perceber com facilidade.

Uma revisão da literatura que aponta relação de causa e efeito entre videogame e violência revela muitos problemas, como o emprego de medidas experimentais não confiáveis de agressividade e o chamado "publication bias", ou seja, a tendência de publicar ou fazer referência somente a estudos que reforçam as convicções de editores ou as próprias conclusões dos autores.[66] Goldstein aponta que as pesquisas publicadas em revistas científicas não representam todas as pesquisas sobre jogos eletrônicos. Estudos que não conseguem encontrar dados estatísticos

VIDEOGAME E VIOLÊNCIA

significativos têm menor probabilidade de publicação. As pesquisas publicadas são apenas uma fração de todas as pesquisas e tendem a consistir nos estudos que encontraram dados estatísticos significativos. Isso é conhecido como o "problema da gaveta de escrivaninha", porque estudos que não encontram efeitos decorrentes dos games permanecem não publicados, trancados nas gavetas dos pesquisadores.[67]

O "problema da gaveta de escrivaninha" ocorre em dois níveis distintos: em primeiro lugar, os editores de publicações podem preferir resultados positivos (de causa e efeito), uma vez que eles são mais "interessantes". Desse modo, artigos com resultados negativos (de causa e efeito) são rejeitados com maior frequência do que os positivos. Em segundo lugar, os próprios autores podem suprimir (consciente ou inconscientemente) as pesquisas que não se conformam às suas hipóteses iniciais. Isso pode ocorrer tanto por meio da supressão completa de um artigo com resultados negativos (de causa e efeito) como por meio da reiterada realização de análises estatísticas até que os resultados confirmem a hipótese inicial do pesquisador. Isso não significa necessariamente desvio ético, pois os pesquisadores podem racionalizar os resultados iniciais como incorretos ou refazer o procedimento em virtude de algum erro, que, "corrigido", permite que o resultado esperado seja obtido.[68]

Feyerabend afirma: "É possível, naturalmente, simplificar o meio em que o cientista atua, através da simplificação de seus principais fatores. Afinal de contas, a história da ciência não consiste apenas de fatos e de conclusões retiradas dos fatos. Contém, a par disso, ideias, interpretações de fatos, problemas criados por interpretações conflitantes, erros, e assim por diante. Uma análise mais profunda mostra que a ciência não conhece 'fatos nus', pois os fatos de que tomamos conhecimento já são vistos sob certo ângulo, sendo, em consequência, essencialmente ideativos. Se assim é, a história da ciência será tão complexa, caótica, permeada de enganos e diversificada quanto o sejam as ideias que encerra; e essas ideias, por sua vez, serão tão caóticas, permeadas de enganos e diversificadas quanto as mentes dos que as inventaram."[69]

É preciso se acautelar contra os discursos científicos e seu suposto caráter de verdade. Não custa lembrar que uma leitura científica capacitou o Holocausto.

Ferguson analisou a literatura e percebeu que nos testes de laboratório indicados nos artigos que sustentam a ideia de causação "pensamentos agressivos" eram citados com muito mais frequência do que "comportamento agressivo", o que para ele não é motivo de surpresa: "É normal que indivíduos expostos a jogos violentos em um laboratório tenham pensamentos agressivos. A questão fundamental é se esses 'pensamentos' conduzem a comportamentos agressivos."[70] O fato de os jogos causarem excitação fisiológica (aumento da frequência cardíaca, pressão etc.) ou que os jogadores ainda estariam pensando sobre o conteúdo do game que acabaram de jogar não é nada alarmante. A questão é se os indivíduos que jogam games violentos não estão apenas excitados fisiologicamente ou com pensamentos agressivos, mas se seu comportamento está alterado a ponto de ser possível dizer que é mais provável que eles causem danos a algo ou alguém do que seria de outra maneira.[71] Por exemplo, um indivíduo exposto a uma cena que retrata suicídio tem uma possibilidade muito grande de estar pensando em tópicos relacionados a suicídio, mas será que isso necessariamente aumentará as chances de que o indivíduo cometa suicídio, particularmente se ele ou ela não consideravam essa possibilidade antes?

Ferguson aponta que a busca pelos efeitos decorrentes dos games violentos é razoável. No entanto, os pesquisadores devem estar preparados para testar e rever suas hipóteses, bem como a qualidade dos dados que produzem. Quando tragédias como o massacre de Columbine ocorrem, é tentador procurar por "bodes expiatórios" que respondam de forma simples a um problema complexo. Mas os pesquisadores não devem se deixar iludir por hipóteses prévias que podem até desviar o foco da comunidade científica e do público das reais influências biológicas, sociais e familiares no comportamento violento. A maior parte dos pesquisadores dessa área parece mais preocupada em "provar" a existência da relação de causa e efeito do que propriamente testar a teoria de modo metodologicamente preciso e adequado.[72]

Em uma passagem formidável, Feyerabend aponta que: "Em outras palavras, surge a suspeita de que o pretenso êxito se deva à circunstância de que a teoria, ficando projetada para além de seu ponto de partida,

VIDEOGAME E VIOLÊNCIA

transformou-se em rígida ideologia. Essa ideologia 'tem êxito' não porque bem se afeiçoe aos fatos, mas porque não se especificam fatos que pudessem constituir-se em teste e porque alguns desses fatos são afastados. O êxito é inteiramente artificial. Tomou-se a decisão de, haja o que houver, aderir a algumas ideias e o resultado foi, muito naturalmente, o de essas ideias sobreviverem."[73]

Muitas vezes há uma renúncia explícita da necessária confrontação da teoria com a realidade. Se teoria e realidade não se coadunam, é a teoria que deve ceder, e não o contrário. Exemplo claro disso é a redução significativa nas estatísticas sobre criminalidade juvenil, que contrasta com a crescente popularidade dos jogos eletrônicos.[74] Se a hipótese de causa e efeito fosse procedente, aconteceria o contrário. Mesmo que os resultados levem em conta a cifra negra da criminalidade adolescente, a discrepância permaneceria muito significativa para ser simplesmente desconsiderada. Os prognósticos apocalípticos de Ronnie Lamm e seus aliados no início da década de 1980 não foram nem remotamente confirmados. Mas como apontam Olson e Kutner, "Seja por qual razão for, os vários especialistas que citaram o aumento da criminalidade na década de 1990 como evidência dos efeitos criminógenos dos games não estão nada apressados para retirar essas declarações diante das reduzidas taxas de crimes ou as explicações mais diretas de aumentos temporários. Também não estão falando do gigantesco aumento de popularidade dos games, o que inclui os violentos, durante os anos em que se verifica que as estatísticas de crimes violentos estão despencando."[75]

Ferguson aponta que apesar de serem muito recentes as pesquisas sobre os efeitos dos games violentos, pesquisadores como Carnagey e Anderson sustentam que as evidências são conclusivas.[76] Bushman afirma que "jogar games violentos pode ser comparado a fumar cigarros. Um único cigarro pode não causar câncer no pulmão, mas fumar durante semanas, meses ou anos aumenta o risco. Do mesmo modo, a exposição a games violentos pode ter um efeito cumulativo na agressividade".[77] Anderson chegou a afirmar que o debate científico sobre o aumento provocado na agressividade pelo entretenimento violento estava essencialmente encerrado.[78] Uma declaração como essa não é apenas equivocada, é eticamente muito questionável.

Jock Young discutiu brevemente as teorias que sustentam a existência de efeitos. Ele aponta que "é frequente que a pesquisa tenha sido estruturada de forma falha, a correlação é rotineiramente confundida com causalidade, definições de comportamento prossocial e antissocial são arbitrárias, generalizações com base em situações 'artificiais' de laboratório ou pesquisas desenvolvidas em ambientes escolares são feitas em relação a situações 'naturais' vividas com algum descaso e de qualquer modo, os resultados são frequentemente inconsistentes, confusos e superficiais. Acima de tudo, existe uma suposição de determinismo mecânico e simples que ignora a reflexão humana. Afinal, a exposição à violência através de uma mídia pode levar uma pessoa a ser tornar um ativista contra a violência do mesmo modo que pode encorajar quem procura justificativas para sua própria violência."[79]

Uma análise aprofundada do conjunto de pesquisas existentes demonstra que a ligação empírica entre jogos violentos e atos de violência real ou comportamento agressivo é, na melhor das hipóteses, bastante tênue. Porém, muitos pesquisadores construíram suas reputações com base no ativismo antivideogame, o que faz com que se torne muito difícil para eles manter a objetividade científica necessária para avaliar o tema que estudam. Como se isso não bastasse, tanto pesquisadores quanto políticos inimigos dos games ignoram propositalmente os estudos que contrariam a posição que defendem, como é o caso das pesquisas que indicam que os jogos atenuam tendências agressivas. Isso contraria drasticamente a noção de ciência como um empreendimento comum. Como observou Becker, "se fizermos frente aos nossos problemas de método e de técnica com uma combinação de análise logicamente rigorosa e de compreensão sociológica da pesquisa como um empreendimento coletivo, talvez possamos enfim criar uma ciência viável".[80]

Segundo Feyerabend: "A condição de coerência, por força da qual se exige que as hipóteses novas se ajustem a teorias aceitas, é desarrazoada, pois preserva a teoria mais antiga e não a melhor. Hipóteses que contradizem teorias bem assentadas proporcionam-nos evidência impossível de obter por outra forma. A proliferação de teorias é benéfica para a ciência, ao passo que a uniformidade debilita o poder crítico. A uniformidade, além disso, ameaça o livre desenvolvimento do indivíduo."[81]

VIDEOGAME E VIOLÊNCIA

Para Feyerabend, se é verdade "que muitos fatos só se manifestam à luz de teorias alternativas, recusar-se a examinar essas alternativas resultará em afastar, ao mesmo tempo, fatos potencialmente refutadores. Mais particularmente: resultará em afastar fatos cuja descoberta patentearia a completa e irreparável inadequação da teoria".[82]

Feyerabend problematiza a questão de forma incisiva, mencionando que é possível "criar uma tradição que se mantém una, ou intacta, graças à observância de regras estritas, e que, até certo ponto, alcança êxito. Mas será desejável dar apoio a essa tradição em detrimento de tudo mais? Devemos conceder-lhe direitos exclusivos de manipular o conhecimento, de tal modo que quaisquer resultados obtidos por outros métodos sejam, de imediato, ignorados?".[83] A resposta do autor é um NÃO (em negrito e caixa alta no original), que expressa justamente o sentido do contradiscurso como resistência intelectual que citei no prelúdio da obra.

Ferguson destaca que "a mídia zelosamente noticia somente os resultados mais negativos, uma vez que tais resultados 'vendem' muito mais para um público já tomado pela ansiedade. Políticos encampam o pânico, visando construir uma imagem de 'preocupação com crianças'. A violência no entretenimento é um tópico incomum, uma vez que atrai tanto pessoas de direita, normalmente preocupadas com questões religiosas, quanto pessoas de esquerda, normalmente comprometidas com o pacifismo. O resultado do pânico moral é que crenças equivocadas são veiculadas para o grande público e a histeria assim induzida gera ganhos para a grande mídia, os políticos e alguns acadêmicos ativistas. O custo pode consistir em restrição de liberdades individuais, ameaça de intromissão estatal na criação dos filhos e perda de credibilidade para as próprias ciências sociais."[84]

Jerald Block afirma que suas pesquisas apresentaram resultados completamente distintos dos estudos de Bushman e Anderson: para ele, os games não tornam as pessoas mais agressivas; pelo contrário, parecem acalmá-las. Block revisou a literatura que sustenta a relação de causa e efeito entre games e violência e afirmou não ter ficado nada impressionado. Ele menciona que Bushman e Anderson publicaram um artigo em que chegam a afirmar uma correlação equivalente a fumar e desenvolver câncer nos pulmões, o que considera absolutamente despropositado.[85] Olson e Kutner mostraram como a comparação é sem sentido. Os argumentos são devastadores:[86]

a) **O câncer de pulmão era uma doença rara antes que o hábito de fumar se tornasse comum.** Agora é a principal causa de morte por câncer. O comportamento agressivo não era raro antes que a mídia eletrônica interativa se tornasse popular;

b) **Taxas de câncer de pulmão crescem conjuntamente com dados sobre o consumo de cigarros e decrescem quando eles caem.** Isso pode ser constatado tanto na população em geral quanto em subgrupos (homens, mulheres, ricos, pobres e assim por diante). Não importa como você observe o grupo: quanto mais se fuma, maior é o índice de câncer. Não se vê nada semelhante quando olhamos para games e índices reais de violência como crimes violentos cometidos por menores;

c) **Existe um mecanismo fisiológico muito bem conhecido sobre como o hábito de fumar provoca câncer.** O processo pelo qual a violência em diferentes mídias supostamente provoca violência real ainda habita o reino da especulação;

d) **Existe uma relação de dose-resposta entre fumar e câncer de pulmão.** Apesar de ser mediado pelos genes e fatores ambientais (como exposição a asbestos), de modo geral, quanto mais uma pessoa fuma, maior o risco de câncer de pulmão. Não está claro se maior exposição a jogos violentos (mais horas de jogo? mais anos de jogo? escolha de jogos com mais sangue?) tem relação com efeitos maiores em crianças;

e) **Câncer de pulmão é um conjunto bem definido de doenças:** nós conhecemos quando vemos e os especialistas concordam com métodos de diagnóstico e resultados. Um patologista observando uma célula de câncer em Boston quase sempre chegará ao mesmo diagnóstico que um especialista em Bangcoc ou em Barcelona. Mas os especialistas

VIDEOGAME E VIOLÊNCIA

diferem substancialmente sobre como diagnosticar comportamento agressivo e violento, tanto em cenários artificiais (laboratórios) quanto em garotos de verdade em salas de aula [lembre-se da discussão anterior sobre paradigma: existe um consenso sobre câncer que não pode ser encontrado de modo algum nas discussões sobre influência dos games no comportamento agressivo e violento];

f) **A relação entre fumo e câncer de pulmão é uma via de mão única, com uma clara indicação de causalidade.** Pessoas que têm câncer ou uma predisposição genética para ter câncer não têm mais chances do que outras pessoas de procurar cigarros. Mas é provável que crianças que sejam mais agressivas do que outras prefiram e procurem programas e games violentos. É possível que o tempo gasto com um jogo ou filme violento ajude a moldar ou provocar impulsos agressivos em crianças. Talvez um nível maior de consumo de mídias violentas possa indicar agressividade existente [ver a discussão sobre o limitado "lugar" dos games nos massacres em escolas na Fase 1 e a ideia do catalisador estético da violência nesta Fase];

g) **A exposição à fumaça de cigarros é fácil de observar e pode ser medida por métodos consensuais (ainda que seja mais difícil para o fumante passivo).** Exposição a jogos violentos é discutível e difícil de ser medida. De certo modo, é mais fácil medir a exposição a jogos violentos do que a exposição à violência na TV; pelo menos você sabe que a criança está prestando atenção quando joga um game. Mas em um programa de televisão, todos a que assistem são expostos à mesma violência. Em um game, jogadores diferentes podem ser submetidos a níveis enormemente diferentes de violência, ainda que joguem a mesma quantidade de horas e os mesmos jogos;

h) **A confiabilidade (consistência) da medida durante um período de tempo também é diferente.** Células cancerígenas ainda estarão presentes três horas depois, enquanto o comportamento ou pensamentos agressivos podem ter passado;

SALAH H. KHALED JR.

i) Nós sabemos que começar a fumar ainda jovem aumenta o risco de uso de cigarro a longo prazo e câncer. Não sabemos se pessoas jovens de certa idade têm um risco maior decorrente do hábito voluntário de jogar games. Por exemplo, talvez tenhamos que dar atenção maior aos hábitos de consumo de mídia de jovens adolescentes, já que sabemos que os pais os monitoram menos do que as crianças, justamente quando o estágio emocional, social e o desenvolvimento cerebral pode torná-los mais vulneráveis à influência de mídias violentas [Nesse sentido, certamente não seria interessante que adolescentes tivessem contato com produtos que veiculam discurso de ódio, como visto na Fase anterior].

Para Block, muitos dos artigos que propõem uma correlação entre violência virtual e real contêm sérios problemas, como cálculos estatísticos incorretos ou conclusões ambiciosas demais. Segundo ele, se existe uma relação entre a violência virtual e o desempenho de violência real, ela aparenta ser muito fraca.[87]

Os dados mostram que a ascensão dos games violentos coincide com a redução considerável de crimes violentos nos Estados Unidos, no Canadá, na União Europeia, na Austrália e no Reino Unido. Isso deve no mínimo colocar em questão a própria base da crença de que jogos violentos estariam promovendo violência social. A correlação está sendo feita de forma totalmente equivocada: seria o mesmo que concluir que o câncer de pulmão estaria decrescendo de maneira drástica com a distribuição massiva de cigarros à população, o que obviamente não tem como ser verdade.[88] Não se trata apenas de uma relação de causa e efeito não comprovada; Ferguson argumenta que os dados existentes pesam contra qualquer possibilidade de relação causal.[89]

O autor chegou a conclusões opostas: sessões de videogame aparentemente reduzem os estados psicológicos negativos (hostilidade e depressão). Tanto jogos violentos quanto não violentos parecem relaxar os jogadores e reduzir estados negativos de ânimo. Para Ferguson e Valadez, tudo sugere que jogos violentos são apenas isso: jogos. Ainda que possam ter design sofisticado, eles não devem ter os efeitos (positivos

VIDEOGAME E VIOLÊNCIA

ou negativos) que alguns creem que definitivamente têm.[90] De qualquer modo, embora não seja objeto deste livro, não posso deixar de mencionar brevemente a existência de pesquisas que indicam:

a) os efeitos positivos pedagógicos dos games para as crianças;[91]
b) benefícios físicos e intelectuais aos praticantes;[92]
c) benefícios para a visão, o cérebro, o equilíbrio, a boa forma e a coordenação motora;[93]
d) benefícios para a memória e a capacidade de planejamento;[94, 95]
e) melhorias na leitura de crianças com dislexia;[96]
f) incremento na "flexibilidade cognitiva", "descrita como a habilidade que uma pessoa tem de se adaptar e alternar entre as tarefas e pensar em várias ideias em um determinado momento para resolver problemas";[97]
g) que jogar pode ajudar no tratamento de doenças, na concentração e até no controle de sonhos;[98]
h) melhora na visão e na tomada de decisões, alívio da dor e combate a doenças mentais.[99]

Autores como Olson argumentaram que o interesse em games, até nos violentos, é apropriado para o desenvolvimento de crianças, particularmente as do sexo masculino, que precisam de canais de fantasia para a exploração de tópicos densos de forma saudável. Lenhart considera que um interesse dessa ordem aparentemente faz parte do desenvolvimento saudável de adolescentes. Já foi observado que ao longo da história crianças se interessaram por alguma espécie de entretenimento violento, o que sugere que isso faz parte de seu processo de desenvolvimento.[100]

Em outro estudo feito em equipe, Ferguson argumenta que as pesquisas sobre videogame e violência costumam deixar de lado terceiras variáveis importantes, como a exposição à violência familiar e as próprias tendências agressivas internas.[101] Os pesquisadores fizeram uma análise do GAM de Anderson e Bushman, utilizado por muitos pesquisadores para examinar os efeitos dos games violentos. Como observei, de acordo com o GAM o entretenimento violento causa a formação de *scripts* de comportamento agressivo. Esses *scripts* cognitivos fornecem informações automáticas sobre o modo como o indivíduo deve se comportar em determinadas circunstâncias sociais. Quanto mais uma pessoa for exposta a estímulos violentos, maior será o número de *scripts* agressivos formados e subsequentemente empregados diante de situações reais potencialmente hostis. De modo mais específico, quando uma situação parecer ambígua, o indivíduo pode interpretá-la como hostil em função de tais *scripts*, o que causaria respostas violentas. Estímulos violentos, como games, provocariam comportamento agressivo a curto e longo prazos. Mas essa teoria implica modelagem passiva de comportamento, uma vez que indivíduos expostos a conteúdo violento demonstrariam comportamento agressivo independentemente de personalidade, ambiente familiar, genética ou outros fatores biológicos que não são especificamente negados, mas excluídos do modelo de análise do GAM. A teoria sustenta que nenhum indivíduo é imune aos efeitos do entretenimento violento e, logo, o comportamento violento deve ser observável em toda população. Portanto, essa teoria sugere que indivíduos sem nenhuma motivação preexistente para comportamento violento podem adquiri-la por meio da repetida exposição a entretenimento violento, conformando uma abordagem do estilo "tábula rasa" (que ignora as características pessoais do indivíduo).[102]

Isso é um completo equívoco, já que cada um de nós tem uma história e uma identidade que é única e nos diferencia de qualquer outra pessoa: não somos coisas mecanicamente sujeitas a dar respostas com base em estímulos externos, não importa por meio de que fonte a informação mediada nos alcance.

Para os autores, não está claro que o GAM é uma ferramenta capacitada para previsão de comportamento agressivo. Eles comparam o GAM com outro modelo de análise, que leva em conta as características dos indivíduos e sua história, considerando que certas pessoas têm uma inclinação maior para reagir violentamente diante de situações de estresse intenso. Segundo esse modelo, para tais indivíduos as situações concretas da vida atuariam como catalisadores motivacionais, enquanto o entretenimento violento em geral funcionaria como catalisador

VIDEOGAME E VIOLÊNCIA

estético: quando uma pessoa com tendências violentas decide atuar de modo violento, ela pode imitar a violência que viu em um game ou filme, mas se eles fossem removidos da esfera de modelos de comportamento possíveis para aquela pessoa, a violência ainda ocorreria, mesmo que de outra forma. Portanto, games violentos não causam comportamento violento, mas podem ter um impacto na forma que ele assume (assim como qualquer outra forma de entretenimento).

Os autores fizeram uma extensa análise comparada dos dois modelos e consideraram que o segundo é muito mais convincente. Os resultados mostraram que jogar games violentos não constitui um fator de risco significativo de que o indivíduo venha a cometer futuros atos de violência criminal. Em conclusão, eles sugerem que os esforços de prevenção de crimes violentos devem ter como foco a família e a redução da violência doméstica, deixando de lado a fixação com o entretenimento violento.[103]

Para Guy Cumberbatch, pesquisador que estudou os efeitos da mídia de massas no comportamento violento durante décadas, "é impressionante que alguém que analise as evidências de pesquisas nesse campo possa tirar quaisquer conclusões do padrão, mais ainda argumentar com tanta confiança e até mesmo paixão que isso demonstre os efeitos nocivos da violência na televisão, nos filmes e nos games. Ainda que testes estatísticos sejam de vital importância para as ciências sociais, eles parecem ter sido utilizados neste campo como instrumentos de tortura dos dados até que confessassem algo que poderia justificar publicação em uma revista científica. Se uma conclusão é possível é que permanece em aberto um juízo sobre a questão. A violência nas mídias foi submetida a linchamento sem que exista praticamente nenhuma evidência de culpa".[104]

Segundo Young, existe uma persistente tendência conservadora, tanto em políticos quanto em acadêmicos, para explicar a violência como algo decorrente da exposição à mídia em oposição a um amplo espectro de fatores (como desigualdade e pobreza, por exemplo), que têm impacto nas pessoas. Isso é complementado pela omissão dos fatores culturais conducentes à violência. Além disso, os efeitos são estudados como se fossem resultado de pequenos átomos de violência e não narrativas do que é permitido e não permitido.[105]

Os criminologistas hoje reconhecem que o crime é um fenômeno complexo, composto por inúmeras variáveis e impossível de ser compreendido a partir do olhar isolado de uma única ciência. É preciso que os pesquisadores tenham humildade e reconheçam que as causas da violência não podem ser identificadas com facilidade e que qualquer explicação monocausal, ou seja, concentrada em uma causa isolada e identificável do motivo pelo qual a violência ocorre, será manifestamente grosseira e insuficiente.

Para Salo de Carvalho, "[...] se as causas ou os fatores são múltiplos, o comportamento delitivo não pode ser explicado a partir do reducionismo etiológico. A afirmação da necessidade de compreensão bio-psico-social--antropológica e jurídica do delito reflete, em consequência, a própria impossibilidade da compreensão do agir humano através de esquemas lógico-racionais. Em outros termos: se as causas do comportamento reprovável são inúmeras, ou inexistem causas ou as causas são inapreensíveis pelo conhecimento humano". Como observa o autor, assumir esse limite significa inclusive reconhecer que a Criminologia não é ciência, mas o ocaso de sua pretensão científica é uma virtude e não uma limitação.[106]

É evidente que Ferguson e os pesquisadores com quem ele tem afinidade não estão dispostos a dar um passo tão significativo, rompendo completamente com as premissas da etiologia, ou seja, das teorias de causação. Mas, no campo em que estão situados, com certeza são um exemplo de sensatez admirável.

A hipótese de dessensibilização provocada pelo entretenimento violento também foi enfrentada. Ferguson e seus parceiros concluíram que a exposição a entretenimento violento não tem nenhum impacto sobre a empatia com as vítimas de violência e não fez com que o estresse dos indivíduos expostos ao entretenimento violento diminuísse quando testemunharam violência real. Os resultados indicam que a dessensibilização (pelo menos a decorrente de exposição a conteúdo violento) desempenha um papel muito pequeno na aquisição de *scripts* agressivos. Isso sugere que esforços preventivos concentrados no entretenimento e na dessensibilização que ele supostamente causaria pouco teriam a ajudar na redução da violência real e teriam impacto limitado na empatia com vítimas de violência.

VIDEOGAME E VIOLÊNCIA

Os pesquisadores sugerem que a ideia de dessensibilização foi primeiramente assumida como "verdade" nos círculos acadêmicos e logo após "sustentada" por pesquisas que buscaram validar essa "verdade", que não foi avaliada de modo objetivo. Para os autores, as pesquisas devem reconhecer que os efeitos do entretenimento violento são mais individualizados e sutis do que é tradicionalmente percebido pelas teorias em questão.[107] Ferguson também pesquisou a relação entre games e depressão e não encontrou nenhum indicativo significativo nesse sentido.[108]

O *Washington Post* apresentou um estudo comparativo dos dez maiores mercados do mundo. As conclusões são significativas: norte-americanos gastam bilhões de dólares em games todo ano e os Estados Unidos têm o maior número de homicídios com arma de fogo no mundo desenvolvido. Nos EUA existem 270 milhões de armas e 90 incidentes com arma de fogo aconteceram de 1966 a 2012. Nenhum outro país tem mais de 46 milhões de armas e 18 incidentes. A porcentagem mundial composta por norte-americanos é de 4,4% – e 44% das armas do mundo pertencem a norte-americanos. Entre todos os atiradores (em qualquer contexto), 31% são norte-americanos.[109] Em outros países onde os games são populares, as taxas são muito menores. Na verdade, os países que têm proporcionalmente o maior número de consumidores de games estão entre os mais seguros do mundo, o que certamente guarda relação com o fato de que países ricos ou desenvolvidos (com consumidores que podem pagar por games caros) geralmente têm taxas menores de crime.[110] Mas se os games provocam violência, os dados deveriam refletir essa condição, não é mesmo?

Um estudo longitudinal acompanhou onze mil crianças por cerca de uma década e não encontrou nenhuma associação entre o hábito de jogar games (desde pelo menos os 5 anos) e problemas de temperamento ou comportamento na adolescência. A televisão e os games não provocaram nenhum problema de atenção ou emocional e não foi detectada nenhuma diferença entre meninas e meninos. A única alteração que a pesquisa mostrou foi que crianças de 5 anos que assistiram a mais de três horas de TV por dia tiveram um pequeno aumento em problemas comportamentais no período dos 5 aos 7 anos. A mesma situação não foi verificada com os games, mas os pesquisadores alertam que a exposição aos jogos é menor e pode ter havido maior controle dos pais quanto ao conteúdo do que o da televisão (os consoles permitem definições de conteúdo de acordo com faixa etária).[111] Luke Karmali, do IGN, comentou com ironia que "embora esse estudo dificilmente seja considerado a palavra final no assunto, ele decerto é mais um elemento convincente que se junta às evidências de que os jogos não são uma forma perniciosa e maligna projetada para apodrecer mentes juvenis".[112]

Christopher Ferguson, Adolfo Garza, Jessica Jerabeck, Raul Ramos e Mariza Galindo enfrentaram a questão da agressividade provocada pelos games violentos e chegaram a conclusões muito distintas do que defendem Anderson, Bushman e os pesquisadores que adotam o GAM.[113] Segundo eles, a exposição a games violentos não conduz diretamente a qualquer efeito positivo ou negativo, seja de curto ou longo prazo. Depressão, caracteres antissociais de personalidade, violência familiar e influências sociais são os fatores que melhor podem prever eventuais condutas violentas. Uma revisão das pesquisas sobre o tema acaba inclusive revelando algo inesperado: as pesquisas que indicam que os jogos produzem efeitos positivos (com melhorias na coordenação motora, melhoria nos níveis de atenção e até aprimoramento na habilidade de cirurgiões) são muito mais robustas e consistentes, ainda que também possam sofrer de problemas metodológicos e conclusões apressadas. Uma análise com base em outra metodologia parece indicar que quaisquer ligações entre games violentos e agressão são apenas efeitos colaterais de outros processos que estão ocorrendo na vida do adolescente. É preciso abandonar os rígidos modelos de análise, que podem até ter causado danos à credibilidade do campo científico.[114]

Becker aponta que alguns podem pensar que "somente através do uso de concepções experimentais estritas em condições controladas de laboratório podemos obter proposições científicas rigorosamente testadas [...] seria excessivamente extremo dizer que os metodólogos gostariam de transformar a pesquisa sociológica em algo que uma máquina pudesse fazer? Acho que não, pois os procedimentos que eles recomendam têm todos em comum a redução da área em que o julgamento humano pode operar, substituindo este julgamento pela aplicação inflexível de alguma regra de procedimento".[115] Para o autor, "ao invés de insistir

VIDEOGAME E VIOLÊNCIA

em procedimentos mecânicos que minimizam o julgamento humano, podemos tentar tornar as bases destes julgamentos tão explícitas quanto possível, de modo que outros possam chegar às suas próprias conclusões".[116] Em outras palavras, como expulsar o fator *humano* de algo que certamente é humano, a ciência e, mais ainda, como expulsar o humano da compreensão do comportamento humano? É preciso ter honestidade intelectual e também muita cautela antes de divulgar como definitivos resultados de estudos científicos, particularmente quando eles têm o poder de impactar de forma significativa a vida social.

Um pesquisador forçosamente deve levar em consideração as consequências de tornar pública sua pesquisa. Os resultados divulgados possivelmente serão utilizados de modo pragmático para sustentar visões populares ou discursos morais. É preciso ter cuidado, pois a reprodução sensacionalista e moralista das premissas de pesquisas cuja condição de validade é questionável será muito menos comedida do que a versão original.

Ferrell fez críticas devastadoras em um texto com o insinuante título de "Morte ao método". O autor ataca duramente certo tipo de Criminologia que permanece tendo a estatística como objeto de fetiche. Sua crítica poderia muito bem ser dirigida aos pesquisadores que estudam os efeitos dos games violentos, inclusive a algumas pesquisas do próprio Ferguson, pois adotam exatamente a estrutura que ele denuncia: "a investigação se sustenta ou é abortada em razão de medição e cálculo. Como mostrado inúmeras vezes em extensas tabelas, em elaboradas equações matemáticas que ocupam páginas inteiras e em longas exposições metodológicas que contrastam com breves seções de 'discussão' ou 'conclusões', esse tipo de pesquisa criminológica é orientada primordialmente para a edificação de monumentos estatísticos – sobre dados superficiais e uma debilíssima fundação epistemológica."[117]

Ferrell relata uma pesquisa que o leitor certamente considerará desconcertante e que mostra a extensão de quanto pode ser patológico o fetiche pela estatística e pelos dados obtidos por meio de metodologias experimentais. "Em 2006, na Conferência Sutherland da Sociedade Americana de Criminologia, o professor de políticas públicas e estatística Daniel Nagin citou um experimento clínico recente no qual jovens universitários do sexo masculino foram 'instruídos a se masturbar, mas não a ponto de ejacular, enquanto respondiam a uma série de questões relacionadas a sexo'. Ao citar o estudo como o 'tipo de investigação sobre a tomada de decisões que, acredito, vai esclarecer temas importantes da criminologia', auxiliando a 'colocar o tema da escolha para o centro da pesquisa teórica e empírica da criminologia', Nagin continua e levanta uma interessante questão metodológica. 'Experiências de teorias de amplo alcance', salientou, 'dependem, com frequência, de dados obtidos a partir de pesquisas em que os entrevistados respondem com calma, em estado de desestímulo...'. Já o experimento masturbatório 'sugere que as respostas em estado de tranquilidade para a escolha de considerações importantes como julgamentos morais e vínculos sociais podem fornecer uma medição bastante infiel desse fator no estado emocional que comumente acompanha o comportamento criminal'."[118]

Definitivamente chegamos ao ponto máximo, ao nirvana metodológico, mas não ao efetivo gozo, aparentemente, da pesquisa experimental. Disparos sonoros, doses de molho picante e... masturbação. Escolha seu veneno e divirta-se enquanto os ratos respondem aos estímulos em laboratório. Morte ao método, realmente.

Feyerabend aponta que todas as metodologias, até as mais óbvias, têm limitações. O autor demonstra como é fácil, por meio do recurso ao racional, iludir as pessoas e conduzi-las ao nosso bel-prazer.[119]

Como pudemos observar, as expressões alarmadas de alguns acadêmicos levaram à publicação de várias declarações de grupos profissionais preocupados com o conteúdo dos games e sua potencial influência em crianças (como referi no início desta Fase, Academia Americana de Pediatria, 2000; Associação Americana de Psicologia, 2005). Mas a credibilidade dessas declarações é questionável, uma vez que foram escritas por profissionais amplamente comprometidos com o pensamento de que os games são nocivos. Por outro lado, as análises do US Department of Health and Human Services (2001), do Governo Australiano (2010) e da Mayo Clinic (Hall, Day, & Hall, 2011) apontaram que, na melhor das hipóteses, os dados são inconclusivos, o que sugere que os pesquisadores gastaram uma quantidade considerável de verbas para desnecessariamente preocupar a sociedade com os alegados efeitos nocivos, disseminando pânico moral.[120]

VIDEOGAME E VIOLÊNCIA

É preciso estar atento aos limites de pesquisas na área da psicologia: um grupo de 270 cientistas chefiado por Brian Nosek, psicólogo social da Center for Open Science em Charlottesville, Virginia, se dedicou à tarefa hercúlea de refazer cem experimentos publicados anteriormente em três prestigiadas revistas da área: a intenção era verificar se chegariam aos mesmos resultados que as pesquisas originais. Surpreendentemente, menos da metade dos estudos replicadores chegou aos mesmos resultados, conforme artigo publicado na revista *Science*.[121] São pelo menos três os motivos que podem explicar a baixa reprodutibilidade dos resultados originais: a) o resultado original pode ter sido um falso positivo, identificando um fenômeno que na verdade não existe; b) a tentativa de replicar o resultado original falhou e o resultado é um falso negativo, sendo correta a detecção do fenômeno no estudo original; e c) a discrepância pode ter relação com a incapacidade de reproduzir o estudo original, já que os participantes têm diferentes etnias ou idades, as condições de avaliação são diferentes ou o fenômeno é sazonal.[122]

Isso não significa que as pesquisas em questão não tenham nenhuma credibilidade científica, mas indica que existe um gigantesco nível de incerteza, não sendo responsável considerar ciência e verdade como algo equivalente. A possibilidade de equívoco sempre será imensa, seja ela conscientemente assumida como manipulação deliberada de resultados ou não. E sempre existirá o risco de que empreendedores morais se apropriem de pesquisas cuja credibilidade é questionável para reforçar suas próprias cruzadas e guerras culturais.

Segundo Ferguson e coautores, é possível relacionar uma série de indicativos de que a própria comunidade científica sucumbiu ao pânico moral.[123]

1) Uma teoria em particular é sustentada como conclusiva e consistentemente demonstrada sem que exista qualquer possibilidade de dúvida ou debate;

2) As construções teóricas empregam medidas que são imprecisas, não padronizadas, não confiáveis ou de validade duvidosa;

SALAH H. KHALED JR.

3) Os proponentes da teoria constroem argumentos que impossibilitam sua falsificação, o que pode incluir inúmeros artifícios para desqualificar estudos com resultados diferentes, bem como negar a existência de *publication bias*;

4) Proponentes podem empregar o *citation bias*, ou seja, não reconhecer estudos que contradizem os seus ou visões teóricas alternativas às suas, deixando de citá-los em seus artigos;

5) Foi constatada a existência de uma grande margem de *publication bias* nas pesquisas nesse campo;

6) Os pesquisadores começaram a se associar ou a aceitar fundos de pesquisa de ativistas ou grupos de lobby dedicados a uma causa em particular (no caso em questão, o combate aos games violentos);

7) Proponentes de uma dada visão teórica começam a compará-la de modo favorável com conclusões científicas sedimentadas, como a relação entre fumar e desenvolver câncer no pulmão, o aquecimento global, a teoria da evolução etc.;

8) Proponentes de uma dada visão teórica empregam ataques pessoais contra seus críticos;

9) Proponentes de uma dada visão teórica empregam falácias lógicas como forma de obtenção de autoridade ou consenso;

10) Uma visão teórica depende em demasia de confirmação e não de refutação, invertendo o processo científico.

Eu poderia escrever um extenso texto sobre os méritos desses dez pontos e com ele sepultaria por completo a ambição de verdade que move os pesquisadores que sustentam a relação de causa e efeito entre videogame, agressividade e dessensibilização. Seria um pequeno tratado de epistemologia, semelhante a discussões que desenvolvi em outra obra, de viés acadêmico muito mais aprofundado.[124] Por ora, penso que existe uma forma muito mais contundente de arrematar esta Fase: mostrando os terríveis reflexos das pesquisas que apontam os efeitos nocivos dos games em uma situação concreta da vida real. Tenho certeza de que o leitor compreenderá plenamente o que digo após tomar contato com o caso a seguir.

VIDEOGAME E VIOLÊNCIA

A relação entre games e violência foi utilizada como *tática de defesa* no julgamento de Christopher Harris, acusado de matar uma família de cinco pessoas, em 2009, em Illinois, Estados Unidos. A estratégia empregada na defesa de Harris foi mirabolante. Seus advogados sustentaram que ele teria matado apenas uma pessoa e em legítima defesa: o adolescente de 14 anos Dillen Constant, que teria um histórico de problemas escolares, além de rotineiramente jogar games violentos, como *Mortal Kombat*.[125]

A defesa sustentou que Dillen teria matado a própria família e que Harris apenas tentara se defender dele, e era o único sobrevivente da tragédia.

Para reforçar essa tese, a defesa trouxe ninguém menos que Craig Anderson, o psicólogo da Iowa State University, notório por suas teorias sobre o aumento nos níveis de agressividade provocados por jogos violentos. O detalhe é que ele jamais havia ouvido falar de Dillen ou da influência que os jogos violentos pudessem ter tido sobre o menino até a tragédia. O garoto já estava morto quando Anderson adentrou o caso. Aparentemente, Dillen havia jogado *Mortal Kombat* horas antes dos assassinatos, o que representou uma janela de oportunidade para que Anderson testemunhasse sobre um assunto no qual era especialista.

O *Illinois Times* não poupou Anderson de modo algum, a quem chamou de especialista controverso: "Com um custo de 250 dólares por hora, Anderson era provavelmente a pessoa mais bem paga no recinto. Um psicólogo da Iowa State University foi introduzido no processo graças a seu estudo sobre a incitação à violência promovida pelos games. Trata-se, como várias cortes já constataram, de um elo muito tênue, na melhor das hipóteses."

De fato, nem todos os jornalistas norte-americanos sucumbiram ao pânico moral. E Anderson realmente testemunhou, por incrível que pareça. Ele afirmou que Dillen era um rapaz problemático, violento e muitas vezes hostil, na escola e até mesmo com familiares. Como mencionei antes, Anderson jamais teve qualquer contato com ele. Suas declarações foram baseadas exclusivamente no material fornecido pela defesa de Christopher Harris e, é claro, em suas próprias leituras de reportagens publicadas nos jornais locais.

SALAH H. KHALED JR.

Os promotores Michael Atterberry e Steven Nate ficaram revoltados com o depoimento. Segundo Atterberry, foi o testemunho mais ofensivo a que ele já assistiu.

Nate começou a arguição de Anderson perguntando se ele havia se tornado violento depois de jogar *Mortal Kombat*. "Não", o psicólogo respondeu. O promotor insistiu: "Não é verdade que *Pac-Man* é considerado um jogo violento?" Anderson respondeu que durante certas condições, sim. Nate não deu trégua a ele e pressionou o nervo exposto: "Você concordaria que a imensa maioria das pessoas que é exposta a games violentos não comete violência?" "Isso é correto", respondeu o psicólogo. Por outro lado, ele não concordou quando Nate lhe disse que seu juízo sobre a questão tinha tanto valor quanto arremessar uma moeda para o alto (cara ou coroa?). Mas o promotor insistiu: "Você concordaria que apenas ser do sexo masculino representa um fator de risco tão grande quanto os outros que mencionou?" Anderson respondeu que "teria que consultar sua tabela, mas provavelmente sim". Acuado e empregando "argumentos sem autoridade", ele resolveu recorrer ao velho artifício do "argumento de autoridade", ou seja, "o que eu sustento vale pelo simples fato de que sou eu que estou dizendo, já que sou uma autoridade reconhecida no meu campo de pesquisa". Para Anderson, o problema é que os promotores simplesmente não entendem sua língua: "Me desculpe, meritíssimo, mas é bom que advogados não sejam psicólogos. Eles não compreendem a ciência." O confronto entre Anderson e o promotor atingiu seu ápice quando o psicólogo foi forçado a admitir que não entrevistou ninguém para formar suas opiniões sobre Dillen, que eram baseadas somente nos relatórios que a defesa lhe forneceu. Nate afirmou que Anderson "não tinha a menor condição de afirmar a verdade ou a veracidade dos documentos aos quais teve acesso". Não restou alternativa ao psicólogo: ele teve que admitir que não tinha sequer como saber com que frequência Dillen jogava games violentos.[126]

Finish him. Flawless victory. Fatality.

O resultado do processo é previsível: Christopher Harris foi condenado.[127] Mas um detalhe merece mais atenção do que talvez qualquer outro: a alegação de que Harris teria cometido homicídio em legítima

VIDEOGAME E VIOLÊNCIA

defesa foi considerada absurda, uma vez que ficou estabelecido que o corpo de Dillen Constant foi atingido 52 vezes por uma barra de ferro.[128]

Sem mais nada a dizer. O caso mostra quanto é perigoso e até que ponto podem chegar não só pesquisas desconectadas da realidade, como pesquisadores também. Que triste papel desempenhou Anderson. Não é por acaso que Edgar Morin preocupa-se com o que chamou de pensamento simplificador. Para ele, é preciso atentar para os estragos que os pontos de vista simplificadores têm feito, não apenas no mundo intelectual, mas na vida.[129] Como observou Ferguson, "é preciso perceber que a ciência é uma empreitada humana e ela é facilmente danificada pela política e por opiniões pessoais".[130]

O pano poderia cair aqui. *Game over*. Mas ainda temos uma última Fase a enfrentar antes dos créditos finais. Respire fundo. Nem tudo é desesperador. Na próxima etapa veremos que, na maior batalha da sua história, a indústria dos games e os gamers triunfaram. E saíram mais fortalecidos do que nunca, para desespero dos que passaram décadas defendendo uma campanha moral que não foi capaz de destruir a fortaleza da liberdade de expressão criativa. As comportas resistiram ao assalto inimigo.

NOTAS

1. Craig Ferguson, s./d., p. 58.
2. *Ibidem*, p. 59.
3. *Ver nota 2*.
4. Lawrence Kutner e Cheryl K. Olson, 2008, capítulo 3.
5. Craig Ferguson, *op. cit.*, p. 59.
6. Lawrence Kutner e Cheryl K. Olson, 2008, p. 3
7. Craig A. Anderson e Karen E. Dill, 2000, p. 772.
8. *Ibidem*.
9. *Ibidem*, p. 789.
10. Craig A. Anderson, 2004, pp. 113-122.
11. Craig A. Anderson *et al.*, 2010, pp. 151-173.

12. Craig A. Anderson e Brad J. Bushman2002, pp. 27–51.
13. Eric Uhlmann e Jane Swanson, 2004, pp. 41-52.
14. Douglas A. Gentile *et al.*, 2004, pp. 522.
15. Eric Uhlmann e Jane Swanson, *op. cit.*
16. Nicholas Carnagey *et al.*, 2007, pp. 489-496.
17. *Ibidem.*
18. *Ibidem.*
19. *Ibidem.*
20. Ver nota 11.
21. Peter Fischer *et al.*, 2010, pp. 192-195.
22. Jason Schreier Em: <http://kotaku.com/5976733/do-video-games-make-you-violent-an-in-depth-look-at-everything-we-know-today>.
23. Ver nota 21.
24. Douglas A. Gentile *et al.*, 2004, pp. 522.
25. Bruce D. Bartholow *et al.*, 2006, pp. 532-539.
26. *Idem.*
27. Christopher R. Engelhardt, 2011, pp. 1.033-1.036.
28. Youssef Hasan *et al.*, 2012, pp. 953-956.
29. Bruce D. Bartholow e Craig A. Anderson, 2002, pp. 283-290.
30. Youssef Hasan *et al.*, 2012, p. 17
31. Marc A. Sestir e Bruce D. Bartholow, 2010, pp. 934-942.
32. Tobias Greitemeyer e Silvia Osswald, 2009, pp. 896-900.
33. *Mirror Online.* Em: <http://www.mirror.co.uk/news/technology-science/technology/violent-video-games-rewire-parts-94396>.
34. Craig A. Anderson e Nicholas L. Carnagey, 2009, pp. 731-739.
35. *Idem.*
36. Jason Schreier, 2013, *op. cit.*
37. *Idem.*
38. *Idem.*
39. Craig Anderson e Brad Bushman, 1997, pp. 19-41.
40. Paul J.C. Adachi e Teena Willoughby, 2011, pp. 55-62.
41. Lawrence Kutner e Cheryl K. Olson, 2008, cap. 3, p. 14.
42. Ver nota 40.
43. Lawrence Kutner e Cheryl K. Olson, 2008, cap. 3, p. 14.
44. Ver nota 40.
45. *The British Psychological Society.* Em: <http://www.bps.org.uk/news/football-video-gamers-reach-fever-pitch>.
46. *Alphagalileo.* Em: <http://www.alphagalileo.org/ViewItem.aspx?ItemId=109982&CultureCode=en>.

VIDEOGAME E VIOLÊNCIA

47. *The British Psychological Society.* Em: <http://www.bps.org.uk/news/video-games-and-brreal-life-violence>.
48. Simon Goodson *et al.* Em: <http://www.inter-disciplinary.net/wp-content/uploads/2010/06/goodsonpaper.pdf>.
49. Jeff Ferrell *et al.*, 2008, p. 126.
50. Cristopher J. Ferguson, 2007, pp. 470-482.
51. Whitney D. Gunter e Kevin 2012, pp. 1.348-1.355.
52. Christopher J. Ferguson, 2008a, pp. 25-37.
53. Jose J. Valadez e Christopher J. Ferguson, 2012, pp. 608-616.
54. Christopher J. Ferguson, 2009, pp. 103-126
55. Ver nota 53.
56. Ver nota 52.
57. Ver nota 50.
58. Lawrence Kutner e Cheryl K. Olson, 2008, cap. 3, p. 16.
59. Ver nota 54.
60. Lawrence Kutner e Cheryl K. Olson, 2008, cap. 3, p. 7.
61. Paul Feyerabend, 1977, pp. 56-57.
62. Thomas S. Kuhn, 1975, pp. 219-221.
63. *Ibidem*, p. 222.
64. Lawrence Kutner e Cheryl K. Olson, 2008, cap. 3, p. 6.
65. Jeffrey Goldstein. Em: <http://ocw.metu.edu.tr/pluginfile.php/2351/mod_resource/content/1/Goldstein_effectsofgamesonkids.pdf>.
66. Ver nota 52.
67. Jeffrey Goldstein, *op. cit.*
68. Ver nota 50.
69. Paul Feyerabend, 1977, pp. 20-21.
70. Ver nota 50.
71. Christopher J. Ferguson *et al.*, 2008, pp. 311-332.
72. Ver nota 50.
73. Paul Feyerabend, 1977, p. 55.
74. Ver nota 53.
75. Lawrence Kutner e Cheryl K. Olson, 2008, cap. 3, p. 4.
76. Ver nota 50.
77. *The Ohio State University.* Em: <http://researchnews.osu.edu/archive/violgametime.htm>.
78. Ver nota 54.
79. Jock Young. *In*: Hans-Jorg Albrecht, Telemach Serassis e Harald Kania (orgs.), 2004.
80. Howard Becker, 1993, p. 19.

81. Paul Feyerabend, 1977, p. 46.
82. *Ibidem*, p. 54.
83. *Ibidem*, pp. 20-21.
84. Ver nota 52.
85. *Destructoid*. Em: <http://www.destructoid.com/destructoid-interview-jerald--block-md-on-videogames-and-columbine-36153.phtml>.
86. Lawrence Kutner e Cheryl K. Olson, 2008, cap. 3, pp. 4-6.
87. Jerald J. Block, 2007, p. 5.
88. Ver nota 52.
89. *Ibidem*.
90. Ver nota 53.
91. Johannes Fromme, 2003.
92. *O Dia*. Em: <http://odia.ig.com.br/portal/cienciaesaude/games-trazem-benef%C3%ADcios-f%C3%ADsicos-e-intelectuais-aos-praticantes-1.488862>.
93. *Hype Science*. Em: <http://hypescience.com/23609-video-games-fazem-bem-a-saude-de-acordo-com-pesquisas/>.
94. Sarah Griffiths. Em: <http://www.dailymail.co.uk/sciencetech/article-2483687/Playing-video-games-half-hour-day-make-brain-bigger.html>.
95. *Science News*. Em: <http://www.sciencedaily.com/releases/2013/04/130418094751.htm>.
96. David Owen. Em: <http://www.ign.com/articles/2013/05/29/can-video-games--make-dyslexic-children-read-better>.
97. *Uai*. Em: 17/5/2015.<http://sites.uai.com.br/app/noticia/saudeplena/noticias/2013/08/22/noticia_saudeplena,145053/jogar-videogame-pode-melhorar--o-desempenho-do-cerebro.shtml>.
98. Ana Carolina Addario. Em: <http://jovem.ig.com.br/oscuecas/noticia/2011/01/15/videogame+pode+fazer+bem+a+saude+10346394.html>. Acesso em 17/7/2015.
99. *Estadão*. Em: <http://blogs.estadao.com.br/modo-arcade/cinco-razoes-pelas--quais-os-videogames-fazem-bem-a-saude/>.
100. Christopher J. Ferguson *et al.*, 2012a.
101. Ver nota 71.
102. *Ibidem*.
103. *Ibidem*.
104. Lawrence Kutner e Cheryl K. Olson, 2008, p. 3.
105. Jock Young. *In*: Hans-Jorg Albrecht, Telemach Serassis e Harald Kania (orgs.), 2004; Ver Stanley Cohen e Jock Young (orgs.), 1981.
106. Salo de Carvalho, 2009, p. 334.
107. Raul A. Ramos *et al.*, 2013, pp. 210.
108. Ver nota 53.

VIDEOGAME E VIOLÊNCIA

109. *The New York Times.* Em: <https://www.nytimes.com/2017/11/07/world/americas/mass-shootings-us-international.html>.
110. Max Fisher. Em: <https://www.washingtonpost.com/blogs/worldviews/wp/2012/12/17/ten-country-comparison-suggests-theres-little-or-no-link-between-video-games-and-gun-murders/>.
111. Alison Parkes *et al.* Em: <http://adc.bmj.com/content/early/2013/02/21/archdischild-2011-301508.full.pdf+html>.
112. Luke Karmali. Em: <http://www.ign.com/articles/2013/11/18/games-definitely--dont-harm-kids-says-huge-study>.
113. Ver nota 100.
114. Christopher J. Ferguson *et al.*, 2012b, pp. 141-146.
115. Howard Becker, 1993, p. 19.
116. *Ibidem*, p. 20.
117. Jeff Ferrell, 2012, p. 162.
118. *Ibidem*, p. 165.
119. Paul Feyerabend, 1977, p. 43.
120. Ver nota 53.
121. *Open Science Colaboration*, 2015, p. 251.
122. Gabriel Alves. Em: <http://www1.folha.uol.com.br/ciencia/2015/08/1674716-na--area-da-psicologia-61-dos-estudos-cientificos-sao-frageis.shtml>.
123. Ver nota 113.
124. Ver Salah H. Khaled Jr., 2016e.
125. Bruce Rushton. Em: <http://www.illinoistimes.com/Springfield/article-11440-backdooring-it.html>.
126. *Ibidem*.
127. *Pantagraph*. Em: <http://www.pantagraph.com/news/local/crime-and-courts/beason-slayings/live-coverage-harris-faces-life-in-prison-after-jury-convicts/article_3ad9adda-ae9e-11e2-ba34-001a4bcf887a.html>.
128. *Ibidem*.
129. Edgar Morin, 2005, p. 83.
130. Jason Schreier, 2013, *op. cit.*

Fase 6. A batalha decisiva e o contra-ataque dos empreendedores morais

O veredito da Suprema Corte dos Estados Unidos: estado da Califórnia (Edmund G. Brown, governador) *versus* The Entertainment Merchants Association e Entertainment Software Association

Já expus inúmeros casos em que a liberdade de expressão artística das produtoras de games foi colocada em questão nos Estados Unidos. Não foram poucas as legislações estaduais que tentaram impor alguma forma de sanção ao comércio de jogos que fosse mais restritiva do que o sistema indicativo da ESRB, tido por inúmeros empreendedores morais como manifestamente insuficiente. Apresentei a controvérsia existente nas pesquisas que discutem os efeitos decorrentes dos games e com isso preparei o cenário para o momento decisivo no qual elas enfim foram confrontadas diante do juízo imparcial de terceiros. Com as cartas na mesa, posso encaminhar o desfecho da mais decisiva batalha que a indústria dos games já enfrentou em toda a sua história. E ela foi vencida de forma estrondosa.

Em junho de 2011, a Suprema Corte dos Estados Unidos decidiu que os games também desfrutam da proteção de liberdade de expressão e considerou que as pesquisas que apontam que eles têm efeitos nocivos não são convincentes.[1]

O caso colocou em lados opostos o estado da Califórnia (Edmund G. Brown, governador) e a The Entertainment Merchants Association (representante de lojistas) e a Entertainment Software Association, representante da indústria de games. O ponto central da disputa era a constitucionalidade da legislação californiana, que proibia a venda e a locação de "jogos violentos" para menores, estabelecendo multas de até mil dólares. Mas, em paralelo, as pesquisas que apontam a existência e a inexistência de efeitos criminógenos foram utilizadas como argumentos pelos respectivos interesses e, logo, também foram apreciadas na decisão da Suprema Corte.

As definições de "jogo violento" estabelecidas pela lei em questão são as seguintes:

Um game no qual um jogador "mata, mutila, desmembra ou ataca sexualmente a imagem de um ser humano" e "uma pessoa razoável, considerando o jogo como um todo, concluiria que ele apela para um interesso mórbido ou desviante de menores" e o jogo é "patentemente ofensivo aos padrões que a comunidade considera aceitável para menores".

A Suprema Corte considerou que os games estão incluídos no mesmo tipo de proteção de liberdade de expressão que desfrutam filmes e livros e, pela primeira vez, se pronunciou explicitamente de maneira favorável aos jogos eletrônicos. Após uma disputa judicial de seis anos, foi decidido por sete votos a dois que a lei californiana conformava uma inaceitável limitação da liberdade de expressão, expressamente proibida na Primeira Emenda da Constituição norte-americana. Tentarei sintetizar os principais argumentos utilizados na decisão.

O ministro Scalia relatou e foi seguido por Kennedy, Ginsburg, Sotomayor e Kagan. Alito formulou uma opinião concordante (com algumas ressalvas), seguido por Roberts. Thomas e Breyer sustentaram conclusões

VIDEOGAME E VIOLÊNCIA

dissidentes. Vamos aos fundamentos da decisão, inicialmente de forma resumida, conforme o relator:

O mais básico dos princípios – de que o governo não tem o poder de restringir a liberdade de expressão por causa de sua mensagem, suas ideias, seu assunto ou conteúdo – é sujeito a pequenas e limitadas exceções históricas, como é o caso da obscenidade, do incitamento e de discursos de ódio. Nenhuma legislatura pode criar novas categorias de expressão proibidas simplesmente por considerar o valor de uma categoria em particular diante de seus custos sociais e puni-la caso não seja aprovada no teste. Os Estados Unidos não têm uma tradição de especificamente restringir o acesso de crianças a retratações de violência. Não é nada convincente o pensamento de que jogos "interativos" representam problemas especiais, já que o jogador participa da ação violenta na tela e determina seu resultado. Estudos psicológicos que propõem demonstrar uma conexão entre a exposição a games e efeitos nocivos em crianças não comprovam que essa exposição faça com que menores atuem de modo agressivo. Quaisquer efeitos demonstrados são pequenos e indistinguíveis de outras formas de entretenimento. Uma vez que a Califórnia não escolheu restringir outras formas de mídia (por exemplo, desenhos animados), sua legislação sobre games é extremamente específica, o que provoca dúvidas sobre a conduta do Estado: se ele realmente está perseguindo o interesse que afirma sustentar ou se está desfavorecendo um setor ou ponto de vista em particular. A Califórnia também não conseguiu demonstrar que as restrições em questão seriam capazes de satisfazer a alegada necessidade substancial de pais que gostariam de restringir o acesso de seus filhos a jogos violentos. O sistema de classificação voluntário da indústria dos games já atende em grande medida a essa função. Se a intenção é prestar assistência aos pais, a legislação ultrapassa limites, uma vez que nem todas as crianças que são proibidas de comprar games têm pais que não aprovam a compra. A legislação não resiste ao escrutínio.[2]

Esta é uma síntese bastante resumida da decisão, conforme o relator. Mas os argumentos merecem um exame mais detalhado, já que enfrentam questões suscitadas inúmeras vezes ao longo do livro.

Segundo Scalia, os princípios básicos da liberdade de expressão não se alteram com novas e diferentes formas de comunicação e entretenimento: os jogos comunicam ideias e mensagens sociais por meio de recursos narrativos familiares como personagens, roteiro, diálogos e música, o que basta para lhes garantir a proteção da Primeira Emenda. "A Constituição determina que juízos morais e estéticos sobre arte e literatura são reservados ao indivíduo e não ao governo, mesmo que com aprovação da maioria. Ainda que os avanços da tecnologia possam representar desafios para a aplicação da Constituição, os princípios básicos da liberdade de expressão e de imprensa, como os dispostos na Primeira Emenda, não variam."[3]

Scalia aponta que a Califórnia tentou enquadrar o "conteúdo violento" como obscenidade, quando os precedentes da Corte autorizam que a "obscenidade" tenha somente pertinência quando se trata de condutas sexuais. Segundo o ministro, não é a primeira vez que a Corte rejeita tentativas de um estado categorizar expressão artística com temática de violência como "obscenidade". Mas decisões anteriores já estabeleceram que a "violência" não faz parte da "obscenidade" que a Constituição admite regular.[4]

Scalia esclarece que a Califórnia não propôs nenhuma espécie de controle sobre a venda de mídias violentas e ofensivas para adultos. Foi proposta uma categoria inteiramente nova de controle de conteúdo do que seria admissível enquanto liberdade de expressão para crianças. Para ele, isso não tem precedente e é inteiramente equivocado: "Os menores são intitulados a uma parcela significativa de proteção da Primeira Emenda e somente diante de uma forma relativamente estreita e específica de circunstâncias muito bem definidas pode o governo impedir a disseminação de materiais protegidos a eles [...] não há dúvida de que o Estado dispõe de poder legítimo para proteger crianças de danos, mas isso não inclui um poder ilimitado para restringir as ideias a que crianças são expostas."[5]

Segundo Scalia, os argumentos suscitados pelo estado da Califórnia poderiam ressoar de forma positiva se existisse no país uma tradição de

VIDEOGAME E VIOLÊNCIA

restrição de conteúdo violento a crianças, mas esse não é o caso: "Certamente os livros que damos às nossas crianças para ler ou que lemos para elas quando são mais jovens contêm muita violência. Os contos dos Irmãos Grimm, por exemplo. A rainha é obrigada a dançar em chinelos ferventes até cair morta no chão, por ter tentado envenenar a Branca de Neve. As irmãs malignas de Cinderela têm os olhos arrancados por pombas. João e Maria (crianças, por sinal!) matam a bruxa que as capturou assando-a no forno." A literatura indicada para adolescentes também está repleta de exemplos macabros, que podemos encontrar na Odisseia, no Inferno de Dante e no Senhor das Moscas, por exemplo.[6]

O ministro citou diversos exemplos de literatura violenta e foi bastante direto: "Ler *Inferno*, de Dante, é sem dúvida mais edificante cultural e intelectualmente do que jogar *Mortal Kombat*. Mas essas diferenças intelectuais e culturais não são diferenças constitucionais." Scalia rebateu os argumentos que indicavam que os games são diferentes dos livros e por isso não estariam acobertados pela proteção da Primeira Emenda: "Como indicou o juiz Posner, toda literatura é interativa. Quanto mais cativante, mais interativa é. Quando é bem-sucedida, a literatura suga o leitor para dentro da história, faz com que ele se identifique com os personagens, convida-o a julgá-los e debater com eles, experimentar seus sofrimentos e alegrias como se fossem seus próprios."[7]

Scalia recordou que a Suprema Corte chegou a censurar filmes no início do século XX em razão de sua capacidade para supostamente estimular o mal. Mas desde então a Corte mudou por completo de posição. Ele relata que novelas de rádio foram perseguidas, assim como histórias em quadrinhos e, posteriormente, a televisão e as letras de músicas. Para ele, o Estado deve identificar um problema imediato que precise de solução e a restrição da liberdade de expressão deve ser absolutamente necessária para essa solução. A Califórnia não consegue satisfazer essa exigência. Logo no início da argumentação, o estado reconhece que não é capaz de mostrar uma relação de causalidade direta entre os games violentos e os danos a menores. Em referência a uma decisão anterior da Corte, a Califórnia argumenta que não precisa produzir prova porque a legislatura é capaz de prever que a relação existe, com base em estudos psicológicos. Mas a evidência apresentada não é convincente. A Califórnia se apoia principalmente na pesquisa do Dr. Craig Anderson e de alguns outros psicólogos cujos estudos propõem demonstrar a existência de uma conexão entre a exposição a jogos violentos e os danos causados a crianças.

Scalia aponta que "esses estudos não foram aceitos por qualquer corte, por uma boa razão: eles não provam que games violentos levem menores a agir de maneira agressiva (o que ao menos seria um começo). Todas as pesquisas são baseadas em correlação, e não em evidência de causação, e a maioria delas sofre de falhas significativas de metodologia. No máximo elas mostram correlação entre a exposição ao entretenimento violento e minúsculos efeitos reais, como crianças se sentindo mais agressivas ou emitindo ruídos mais altos poucos minutos depois de terem jogado um jogo violento em oposição a um não violento. Mesmo se fossem aceitas as conclusões do Dr. Anderson de que os jogos violentos produzem alguns efeitos nos sentimentos de agressividade de crianças, esses efeitos são pequenos e indistinguíveis dos efeitos produzidos por outros meios de entretenimento. Em seu testemunho em outro processo, o Dr. Anderson admitiu que a extensão dos efeitos produzidos é basicamente a mesma que decorre da exposição à violência por meio da televisão. E admite que exatamente os mesmos efeitos ocorrem quando crianças assistem a desenhos animados estrelados pelo Pernalonga ou pelo Papa-Léguas, ou quando jogam games classificados como E (apropriados para todas as idades) ou até mesmo quando veem a foto de uma arma. Mas é claro que a Califórnia sabiamente não considerou a possibilidade de restringir desenhos animados, a venda de jogos classificados como livres ou a distribuição de fotos de armas. A consequência disso é que a legislação é extremamente seletiva quando julgada com base em seus próprios critérios de justificação, o que em nossa visão é causa suficiente para derrotá-la [...] A Califórnia simplesmente elegeu os fornecedores de games para tratamento desfavorável, pelo menos em comparação com cartunistas, livreiros e produtores de filmes, sem apresentar nenhuma razão persuasiva do porquê".[8]

VIDEOGAME E VIOLÊNCIA

Scalia ainda indicou que, por outro lado, a Califórnia está perfeitamente disposta a permitir que esse "material perigoso" caia nas mãos de uma criança, bastando para isso que um dos pais ou até mesmo um tio ou uma tia digam ok. E não existe sequer uma exigência de comprovação de parentesco: basta a palavra da criança e do adulto. "Não é assim que um problema social sério é tratado", disse ele.[9]

Scalia aponta que a Califórnia não foi capaz de demonstrar que a legislação restritiva auxiliaria de forma significativa os pais que desejam controlar os jogos violentos a que os filhos têm acesso. O sistema de classificação da ESRB já cumpre esse propósito. Preencher o pequeno espaço existente no controle feito por pais responsáveis dificilmente pode ser compreendido como algo de interesse estatal. Por fim, nem todas as crianças proibidas de adquirirem jogos violentos por conta própria têm pais que *se importam* caso elas efetivamente comprem os jogos. Uma parte do efeito da legislação pode de fato estar de acordo com o que querem alguns pais de crianças, mas o conjunto dos efeitos só pode estar de acordo com o que o Estado pensa que os pais *devem querer*. E isso ultrapassa o limite de "assistência parental" que uma restrição da Primeira Emenda requer para ser considerada constitucional.

Em conclusão, Scalia esclarece que a Corte não está fazendo um juízo sobre a visão da legislação californiana de que os jogos violentos (ou quaisquer outras formas de expressão) corrompem os jovens ou prejudicam seu desenvolvimento moral. A questão consiste fundamentalmente nos limites da intervenção estatal, que devem ser observados mesmo quando estiver em questão a proteção de crianças: a legislação não é aceitável porque atinge os direitos garantidos pela Primeira Emenda de jovens cujos pais (e tias e tios) pensam que jogos violentos são um passatempo inofensivo.[10]

Perceba como a fundamentação é diametralmente oposta ao ativismo judicial visto nas decisões que proibiram jogos no Brasil.

O ministro Samuel Alito expressou preocupação com o conteúdo dos games, mas considerou que a lei em questão era muito vaga no que se referia à definição em que consistia, de fato, conteúdo violento.[11] Para ele, os debates claramente demonstraram que os próprios defensores da legislação encontraram grandes dificuldades para caracterizar que games se encaixariam na definição de violência por eles proposta.[12] Como indicou Alito, o devido processo legal exige que pessoas de inteligência comum consigam discernir com facilidade o que é proibido. A falta de clareza em uma lei como essa provoca preocupação no que diz respeito à Primeira Emenda, que exige que qualquer limite nesse sentido tenha uma especificidade muito grande. Por outro lado, Alito manifestou preocupação com os avanços e, principalmente, com o conteúdo de certos games: ele se referiu diretamente a *Custer's Revenge, RapeLay, Super Columbine Massacre RPG!, V-Tech Rampage, Ethnic Cleansing* e *JFK Reloaded*, títulos que o leitor teve a oportunidade de conhecer na Fase 4 desta obra. Alito não concordou com o pensamento de que os games não diferem substancialmente de outras formas de entretenimento narrativo, mas também considerou a lei inconstitucional por causa da indefinição sobre o que caracterizaria um jogo violento.

Cinco ministros também votaram de forma favorável, seguindo as razões de Scalia. Vamos aos dois votos dissidentes.

O ministro Thomas fez uma reconstituição histórica do sentido original da Primeira Emenda e dos sentimentos dos Pais Fundadores para sustentar que, mesmo que fosse admitido que os games são uma forma de expressão, a única forma de expressão prejudicada pela lei seria aquela que contornaria a vontade de um pai ou guardião, o que para ele não se encaixa no sentido de liberdade de expressão como originalmente compreendida. Ele não tocou no argumento de causação nem fez referência às pesquisas sobre o tema.

O ministro Breyer considerou que a lei é suficientemente clara ao definir a proibição e, portanto, não é vaga. Usando precedentes nos quais foi decidido que não havia proteção pela Primeira Emenda, ele questionou: por que é mais difícil discernir "matar, mutilar e desmembrar" do que "nudez"? Ele descreveu um jogo que certamente não deixa margem para dúvida, sem indicar o nome: "O personagem atira no joelho de um policial, despeja gasolina e depois o incendeia, urina sobre seu corpo

VIDEOGAME E VIOLÊNCIA

em chamas e finalmente o mata com um tiro na cabeça." (Tudo indica que se trata de *Postal 2*.) Para ele, a lei não impõe mais do que uma modesta restrição de expressão, já que não proíbe ninguém de jogar, não proíbe adultos de comprar e nem crianças e adolescentes de comprar, desde que um familiar esteja disposto a ajudar. Ele considerou que existem muitos estudos científicos que dão suporte à lei da Califórnia. Relata que cientistas sociais encontraram evidência causal de que jogar games violentos causa danos e estudos experimentais em laboratórios também comprovaram essa hipótese. Ele se refere até aos *meta-studies* discutidos na Fase anterior, mas reconhece que não tem o conhecimento científico necessário para discernir quem está certo nos lados opostos do debate. Breyer aponta que, diferentemente da maioria, pensa que existem subsídios suficientes nesses estudos e opiniões de especialistas para que seja aceita a conclusão dos legisladores da Califórnia de que games provavelmente fazem mal a crianças. Para ele, a restrição de expressão é justificada porque suplementa os esforços de pais que não querem que seus filhos adquiram material interativo potencialmente danoso e violento. Ele foi o único ministro a dar crédito aos estudos que apontam efeitos nocivos decorrentes dos games. O leitor pode ter acesso à decisão completa no site da Suprema Corte Americana.[13]

O resultado foi extremamente impactante: sete votos a favor *versus* dois votos contra pela inconstitucionalidade da lei californiana.

Defensores da Primeira Emenda aplaudiram a decisão, ao passo que grupos de pressão preocupados com os efeitos da violência interativa em crianças expressaram seu desapontamento. Os apólogos acadêmicos das teorias de causação não se manifestaram de maneira direta, mas evidentemente seu prestígio foi afetado não só pelo resultado, como também pelo teor e conteúdo da decisão. Ferguson e os pesquisadores associados a ele passaram a fazer referência à posição assumida pela Suprema Corte em seus artigos acadêmicos, sustentando que era preciso rever a metodologia das pesquisas e os resultados apressados por elas divulgados, sob pena de perda de credibilidade das próprias hipóteses científicas.[14]

Michael Gallagher, representante da ESA, comemorou a decisão. Para ele, "trata-se de uma vitória histórica da Primeira Emenda e da liberdade criativa de todos os artistas e autores: a Suprema Corte confirmou o que sempre soubemos, ou seja, que as proteções ao direito de expressão são tão aplicáveis aos games quanto a outras formas de expressão artística, como livros, filmes e música".[15]

O autor da lei, o senador e psicólogo infantil Leland Yee, manifestou seu desapontamento e disse que "a Suprema Corte preferiu o lado da América corporativa e do Walmart contra nossas crianças". Como curiosidade, fica o fato de a lei ter sido assinada pelo então governador Arnold Schwarzenegger, cujo histórico de participação em entretenimento violento é notoriamente conhecido.[16]

Mas talvez a reviravolta mais surpreendente de toda a história seja a constatação, alguns anos depois, em 2016, de que o senador Leland Yee estava envolvido em corrupção e tráfico de armas, condutas pelas quais foi sentenciado a cinco anos de prisão, o que contrasta completamente com o moralismo exacerbado que caracterizou sua postura como ativista anti-games. Sem dúvida, a realidade demonstra de forma clara como empreendedores morais rotineiramente não obedecem ao padrão moral que querem impor aos demais. Leland Yee declarou ter vergonha de suas ações e disse que se sentiria atormentado pelo restante de sua vida.[17] O final de sua carreira como ativista anti-games foi ainda mais melancólico que o de Jack Thompson, que perdeu o direito de exercer a advocacia, como já vimos.

Não há dúvida de que essa foi a mais expressiva vitória que a indústria obteve contra o processo de criminalização cultural dos games. Com a decisão da Suprema Corte, a batalha contra a censura em âmbito legal foi praticamente vencida de maneira derradeira, pelo menos em solo norte-americano. Os games finalmente tiveram sua condição de forma de expressão artística reconhecida, passando a desfrutar do mesmo status que filmes, livros e músicas, no que se refere à liberdade de expressão e proibição de qualquer cerceamento a ela.

O relator do processo, o ministro Scalia, faleceu em 2016. A notícia de sua morte ocupou destaque considerável nos sites especializados

VIDEOGAME E VIOLÊNCIA

em games. A Entertainment Software Association emitiu uma nota lamentando sua morte e destacando a elaboração do voto majoritário que garantiu aos games a proteção da Primeira Emenda. A declaração destaca que todos que amam o entretenimento interativo são devedores de Scalia pela eloquente defesa de criadores e consumidores de games.[18]

Em paralelo, os argumentos de pesquisadores como Bushman, Anderson e Gentile foram confrontados com as conclusões de Olson, Kutner e Ferguson. E os efeitos nocivos dos games foram massivamente afastados pelos ministros. Apenas um deles deu crédito a hipóteses de causação de agressividade e dessensibilização. Com certeza isso diz algo sobre essas teorias. Jamais foram aceitas judicialmente nos Estados Unidos e foram massivamente recusadas pela maior Corte do país.

É claro que os universos são distintos e a relação de causalidade exigida em âmbito judicial não equivale necessariamente aos conceitos empregados pela psicologia social ou experimental. Os critérios de prova empregados no processo são muito mais rígidos. Não é por acaso que nos Estados Unidos o processo de criminalização cultural nunca levou à vitória em sede judicial. E isso merece uma discussão, ainda que sucinta.

Ferguson aponta que os precedentes judiciais deixam claro que a relação de causalidade entre videogame e violência não foi comprovada pelas pesquisas existentes. Com certeza isso se relaciona com o alto nível de exigência probatória para que sejam aceitas relações de causa e efeito no processo. O autor assinala que Gentile, Saleem e Anderson defenderam um padrão menos rigoroso de causalidade para as próprias pesquisas em torno dos efeitos de mídias violentas. O modelo seria centrado em torno da ideia de "probabilidade" no lugar da ideia de "causa necessária e suficiente". A essência desse padrão menos exigente de causalidade consiste na ideia de que qualquer relação estatística, não importa quão pequena seja, é suficiente para demonstrar a causalidade quando baseada em "estatísticas de probabilidade", como aquelas costumeiramente empregadas nas ciências sociais.

Obviamente, isso é muito diferente da causalidade "necessária e suficiente", que exige a demonstração consistente de uma relação de

SALAH H. KHALED JR.

causa e efeito. Ao contrário do modelo defendido pelos autores, a "necessária e suficiente causalidade" representa uma exigência muito maior de vínculo e foi demonstrada em casos como fumar e desenvolver câncer, por exemplo: o câncer de pulmão é raro entre não fumantes (os casos restantes são explicados por meio de herança genética, uma segunda necessária e suficiente causa).

O problema inerente à exigência menor da variante probabilística da causalidade é que, em razão de questões relacionadas ao emprego de medidas inválidas de agressividade, efeito gaveta de escrivaninha (*publication bias*) e interpretação seletiva de resultados inconsistentes, ela pode estar baseada em dados precários e não confiáveis. Praticamente qualquer relação pode ser "causal" com uma exigência tão baixa, semeando grande confusão no público e reduzindo a confiança nas declarações de psicólogos.[19]

Não é por acaso que as pesquisas experimentais de Bushman e Anderson jamais foram aceitas judicialmente. Extrapolações generalizantes com base em metodologias e medidas questionáveis de agressividade não satisfazem a exigência probatória das práticas judiciais. Para o processo, um *standard* de prova baseado na simples probabilidade não serve. Não pode jamais servir. Ele não se contenta com meras hipóteses. Pelo contrário, deve sempre rechaçar o que já se chamou de primado das hipóteses sobre os fatos, como discuti em outra oportunidade.[20]

O direito é um dos domínios nos quais a teoria da prova está mais desenvolvida.[21] Nesse sentido, o processo é ruptura. Ele emprega outro tipo de critério, que não se diferencia somente da psicologia social e experimental. Seu oposto é exatamente o sentido de verdade que a grande mídia utiliza. Foi dito que para a mídia o valor "velocidade" conta mais do que o valor "verdade". No entanto, a "verdade" se encontra entre os elementos autofundantes e autolegitimantes da grande mídia, mesmo que na prática não a respeite. Mas isso não quer dizer que o desrespeito para com os processos de aferição de verdade da ciência ou do direito signifique que a grande mídia não se interessa pela verdade. Como vimos extensivamente ao longo da obra, a mídia produz verdade. A "sua" verdade.[22]

VIDEOGAME E VIOLÊNCIA

No que diz respeito ao tópico deste livro, pudemos observar o desdobrar dessa dinâmica de difusão e irradiação de uma visão de senso comum que produz criminalização cultural e difunde pânico moral. Ainda que a subcultura gamer possa ter se desenvolvido a ponto de conquistar significativos lugares de fala como resistência social, ela certamente não está em pé de igualdade com o enorme poder e visibilidade que desfrutam os reacionários culturais nos mais variados campos: jornalístico, político, científico etc. O poder movido por essa máquina de criminalização cultural é assombroso, como o leitor teve a oportunidade de conhecer. Mas é precisamente aqui que o processo mostra a sua feição: ele pode ser visto como contrário a tudo isso. Ele é um ato demarcatório. Estabelece uma fronteira, um limite que um regime de verdade estruturado em torno da opinião moral (ou mesmo da probabilidade) não consegue ultrapassar. Ele produz um hiato, uma demora. Dá tempo ao tempo, permite que o contraditório ocorra. E com paridade de armas. Em igualdade de condições. Com regras claras e definidas. Devido processo legal, que não se deixa seduzir por expectativas que venham de fora, sejam elas de cunho moral ou de qualquer outro. "Será essa uma das suas maiores glórias: pedirem-lhe sangue e ele oferecer contraditório. Recusar-se, perante a pressão para condenar, a afivelar a lógica do carrasco", como disse Rui Cunha Martins. O autor é incisivo: se diante do clamor popular ele tiver que escolher a impopularidade, que a escolha.[23]

O autor aponta que o processo é – e deve sempre ser – contraintuitivo. Ele não é balizado pelas formas espontâneas de pensamento que desconsideram a demora em função da obviedade e do que, estatisticamente repetido, é assumido como verdade. Ele impõe um hiato entre o que se diz saber e o que é possível aceitar-se como sabido. Ele recusa presunções em favor da exigência de prova.[24] E se o processo é contraintuitivo, a democracia é deve ser – *contramajoritária*. Ela não existe para assegurar o domínio da maioria, seja ele político, econômico, social ou mesmo estético e cultural. Pelo contrário, existe justamente para assegurar a autonomia e a diferença dos que são diferentes e que, como tais, não são anormais pelo simples fato de pertencerem a uma subcultura que não se subordina aos critérios morais de quem quer que seja.

SALAH H. KHALED JR.

Alguém perguntará: e os processos que decidiram pela proibição de games no Brasil?

Eu responderei: representam exatamente o contrário do que acabo de sustentar, como creio que consegui demonstrar. São decisões que resultaram de abstrações não comprováveis e que refletiram a moral *à la carte* de magistrados que julgaram com base em seu próprio universo de crenças, desconsiderando a exigência probatória que deve demarcar a especificidade do processo.[25] Como mostrei anteriormente, é visível que os magistrados jamais tiveram qualquer contato com os games que integravam os processos referidos, enquanto já ficou estabelecido que pelo menos dois ministros da Suprema Corte dos Estados Unidos fizeram questão de ter contato direto com o objeto da disputa.[26]

Os ministros da Suprema Corte dos Estados Unidos cumpriram a sua função, ainda que para muitos isso possa ter sido causa para indignação. Mas se por um lado foi o suficiente para dar um basta nas iniciativas legislativas descabidas que durante anos ameaçaram produtoras e lojistas, por outro lado não representou praticamente nada para os empreendedores morais da grande mídia e sua contínua reafirmação do mito social de causalidade entre videogame e violência.

Muito se enganaram sobre o impacto que o julgamento da Suprema Corte poderia ter. Logo após a decisão, Ferguson e seus colaboradores apontaram que os medos em torno dos games estavam em declínio e que era possível que as redes sociais se tornassem o novo bode expiatório.[27] Mas infelizmente eles tiveram uma apreciação por demais otimista da capacidade do veredito da Suprema Corte para de fato encerrar o ciclo vital do pânico moral. Os medos em torno dos games estão enraizados demais na consciência do público. As campanhas movidas contra eles durante décadas provocaram efeitos muito mais profundos e duradouros do que as cruzadas contra os quadrinhos e as letras de músicas. Muitas pessoas ainda demonstram uma permeabilidade imensa ao apelo moral que representa a satanização e a relação de causa e efeito entre videogame e violência. Bastou que ocorresse um novo massacre em uma escola para que as represas fossem rompidas e o pânico aflorasse novamente, com a mesma intensidade de outrora.

VIDEOGAME E VIOLÊNCIA

O MASSACRE NA ESCOLA SANDY HOOK E O REAPARECIMENTO DO PÂNICO MORAL

No dia 14 de dezembro de 2012, Adam Lanza, de 20 anos, matou vinte crianças e seis funcionários da Sandy Hook Elementary School, em Newtown, Connecticut, nos Estados Unidos. Antes de se dirigir à escola, Adam matou a própria mãe. Ele cometeu suicídio logo que a polícia chegou ao local. O atirador protagonizou o segundo maior atentado do gênero na história dos Estados Unidos, perdendo apenas para o de Virginia Tech. O número de vítimas foi superior ao de Columbine.[28]

Todas foram assassinadas com um rifle semiautomático Bushmaster XM-15 E2S, o que provocou um movimento consistente em prol do controle de venda de armas nos Estados Unidos, apesar das campanhas de vários sites que tentaram desqualificar a ideia de que o rifle teria sido empregado no ataque. Essa noção foi rechaçada veementemente pela autoridade policial que conduzia a investigação. A única pistola empregada por Lanza foi a que ele utilizou para se suicidar.[29]

O caso reaqueceu discussões sobre restrições para aquisição de armamentos nos Estados Unidos, um tópico que já explorei em outras oportunidades. Mas como é bastante previsível, o massacre não provocou somente debates sobre controle de armas.

Nas primeiras horas após o atentado, foi sugerido que o irmão de Adrian, Ryan Lanza, era o atirador responsável. Pessoas enfurecidas logo encontraram seu perfil no Facebook e viram que ele curtiu a página de um jogo, Mass Effect. Isso bastou para que a página do game fosse bombardeada com mensagens terríveis e acusações infundadas. A polêmica somente foi encerrada quando foi constatado que o irmão de Ryan era o responsável.[30]

O discurso criminógeno já está tão introjetado na cultura norte--americana que não surpreende que fatos como esse ocorram, por mais irracionais que pareçam. E como era de esperar, Adam também jogava games. Quantos jovens americanos não jogam? Naturalmente, isso bastou para que as engrenagens da criminalização cultural e do pânico moral retomassem sua costumeira movimentação.

O relatório final do massacre de Sandy Hook não conseguiu estabelecer nenhuma razão conclusiva para as ações de Lanza. Mas detalhadamente retrata a condição mental do atirador: "O que sabemos é que o atirador tinha problemas mentais significativos, que, embora não afetassem sua responsabilidade criminal, afetavam sua habilidade para levar uma vida normal e interagir com outras pessoas, mesmo aquelas com quem deveria ter proximidade. Não se sabe se isso contribuiu ou não. O atirador não reconheceu ou procurou ajuda para a sua condição. Ele tinha familiaridade e acesso a armas de fogo [sua mãe era entusiasta] e munição e uma obsessão por massacres, particularmente o de Columbine." De fato, é impressionante como os atentados desse tipo são semelhantes, particularmente no que se refere ao perfil dos autores.

Muitos jogos foram encontrados no porão da casa: *Left 4 Dead*, *Half-Life*, *Grand Theft Auto: Vice City*, *Doom*, *Call of Duty*, *Battlefield* e outros. Mas Lanza também gostava de *Dance Dance Revolution*, *Phantasy Star*, *Paper Mario*, *Pikmin* e *Luigi's Mansion*. O relatório indica que ele gostava tanto de jogos violentos quanto de não violentos e que seu favorito por um bom tempo foi *Super Mario Bros.*. O relatório também afirma que Lanza não gostava de aniversários, Natal ou festas de Ano-novo e não permitia que sua mãe montasse árvore de Natal em casa. Para ela, a explicação era simples: seu filho não tinha emoções e sentimentos.[31] Será uma prova do efeito de dessensibilização, sustentado por Bushman e Anderson?

Penso que não. Ferguson destaca que alguns acadêmicos e a grande mídia continuam contribuindo para a disseminação de pânico moral: Richard Slotkin discutiu a tragédia de Sandy Hook no *Bill Moyers Show* e declarou que "o relatório final indicou que o atirador utilizava games e jogava games violentos obsessivamente", apesar de não constar nenhuma referência a uma obsessão por jogos violentos no relatório. Já o *Daily Mail* escolheu ignorar completamente a investigação oficial e sugerir que Lanza havia "matado" milhares de adversários on-line em um jogo violento, como treino para o massacre.[32] Ferguson observa que essas figuras não constam do relatório e parecem inteiramente apócrifas (falsas).[33]

VIDEOGAME E VIOLÊNCIA

Como pode ser percebido, o monstro estava apenas adormecido. A tragédia de Sandy Hook ofereceu uma janela de oportunidade para que velhos medos desacreditados pela decisão da Suprema Corte renascessem das cinzas, como uma fênix. Uma nova onda de pânico moral rapidamente foi desencadeada. Donald Trump publicou no Twitter: "A violência e sua glorificação nos games têm que parar, estão criando monstros."[34] Ralph Nader igualou games violentos a "molestadores eletrônicos de crianças" (sua argumentação sugeria que os pais deveriam estar mais atentos ao que os filhos consomem). Joe Scarborough, da MSNBC, sustentou que o governo tem o direito de regulamentar os games, apesar da decisão da Suprema Corte.[35]

Com o súbito impulso que ganharam as propostas voltadas para o controle de armas (por exemplo, tornar universal o sistema de checagem de antecedentes dos compradores; legislações estaduais e federais propondo o banimento de certos tipos de armas semiautomáticas e munições com mais de dez cartuchos), a National Rifle Association resolveu entrar em cena para tumultuar o debate e literalmente (re)inventar um bode expiatório para tirar o foco da relação entre acessibilidade de armas de fogo e massacres em escolas.

A NRA é uma organização não governamental norte-americana fundada em 1871, que é contra qualquer restrição e controle de armas de fogo. Entre seus objetivos está a proteção da Segunda Emenda da Constituição Americana, que define o direito de o povo portar armas de fogo, a defesa dos direitos dos proprietários de armas de fogo, da caça e o direito de autodefesa. A organização conta com mais de cinco milhões de membros e é um dos três mais influentes grupos de lobby em Washington. Foi eleita pelos congressistas como a mais poderosa lobista em 1999.[36] Uma semana após a tragédia, o CEO da NRA, Wayne LaPierre, afirmou que as armas de fogo não deveriam estar no foco da atenção do público após o massacre de Sandy Hook: "Armas não matam pessoas. Os games, a mídia e o orçamento de Obama matam pessoas."[37] De acordo com ele, o verdadeiro problema é a glorificação cultural da violência com armas de fogo, sobretudo nos games. LaPierre declarou que "existe neste país uma insensível, corrupta e corruptora indústria obscura que vende e semeia violência contra o próprio povo".[38] Ele relacionou alguns jogos específicos: *Bulletstorm*, *Grand Theft Auto*, *Mortal Kombat* e *Splatterhouse* foram os escolhidos, além de um jogo independente pouco conhecido de mais de uma década atrás, intitulado *Kindergarten Killers* (que poderia ser traduzido como "Assassinos do jardim de infância").

A sensação foi de familiaridade e indignação: os supostos efeitos criminógenos dos games eram outra vez apontados, e de forma extremamente incisiva, pelo representante máximo da maior organização de proteção dos proprietários de armas de fogo dos Estados Unidos. Uma discussão sobre a importância constitutiva da posse de armas de fogo para a identidade daquele país e o chamado *American way of life* extrapolaria os propósitos deste estudo. Mas é importante que o leitor tenha consciência da centralidade desse debate na sociedade norte-americana. As discussões sobre posse de armas de fogo e "desarmamento" no Brasil não têm sequer remotamente a mesma importância e simbologia.

Mais uma vez os jogos eletrônicos eram criminalizados e transformados em bodes expiatórios de uma tragédia com a qual tinham envolvimento meramente circunstancial.

Em uma matéria do *Huffington Post*, Ben Hallman aponta que LaPierre procurou desviar o foco das armas de fogo para os games e insinuou que armas virtuais podem ser mais perigosas para a sociedade do que armas reais, um argumento considerado absurdo por quem defende medidas mais severas de controle de armas e rebatido por inúmeros pesquisadores. Ferguson é citado no artigo. A investida de LaPierre contra os games foi apenas o prelúdio de sua proposta principal: colocar guardas armados em todas as escolas dos Estados Unidos. Mas Hallman lembra que havia dois oficiais armados em Columbine e que eles não foram capazes de impedir os atiradores Harris e Klebold.[39] Curiosamente, LaPierre não menciona em momento algum que existe uma ligação entre as produtoras de games e os fabricantes de armas, que muitas vezes licenciam seus produtos, que são integrados a jogos FPS realísticos.[40]

VIDEOGAME E VIOLÊNCIA

Com certeza isso mostra quanto são hipócritas os seus alertas, não que muitos não estivessem dispostos a dar ouvidos. Em Salt Lake City, Utah, cerca de duzentos professores receberam instruções sobre uso de armas, como se isso efetivamente os capacitasse para a prevenção de massacres em escolas. Por outro lado, a Associação Nacional de Educação e algumas autoridades do setor escolar criticaram duramente a proposta da NRA.[41]

Mas esse não foi o único fato surpreendente que decorreu da tragédia: uma coalizão de organizações da cidade vizinha de Southington promoveu uma iniciativa inusitada. Ofereceram certificados em troca de games violentos doados que seriam recolhidos em um contêiner da cidade e posteriormente descartados. Representantes da coalizão não chegaram a dizer que os games causaram o atentado na cidade vizinha de Newtown, mas sustentaram que games e filmes violentos dessensibilizam crianças para atos de violência.[42]

Com certeza o leitor compreende minha constatação sobre quanto o pânico moral está culturalmente enraizado.

O senador Christopher Murphy, de Connecticut, propôs controle de armas, mas também culpou os games: "Penso que existe uma questão sobre se ele dirigiria o carro da sua mãe e iria até a escola se não tivesse acesso a uma arma que ele viu nos games e lhe deu um falso senso de coragem sobre o que poderia fazer naquele dia."[43] Murphy sucedeu Joe Lieberman (histórico adversário dos games violentos que o leitor já conhece) e deu continuidade à tradição de ativismo anti-games do senador anterior de Connecticut.

O novo episódio de criminalização cultural e difusão de pânico moral desencadeado nos Estados Unidos não passou em branco: como parte de um plano maior de controle de armas, o presidente Barack Obama pediu ao Congresso que destinasse dez milhões de dólares para que centros de controle e doença estudassem as ligações entre imagens violentas – especificamente mencionando os "efeitos dos jogos violentos em mentes jovens" e o crime violento.[44] Diga-se de passagem que Brad Bushman era um dos membros do comitê de Obama sobre violência com armas de fogo, o que com certeza contribuiu para a introdução dos games violentos no debate.[45]

No entanto, embora a concessão de mais verbas para pesquisas desse tipo pareça uma perda de tempo e um desvio do que realmente interessa, ao menos demonstra claramente que os estudos existentes sobre efeitos nocivos dos games são manifestamente inconclusivos.

Por outro lado, Ferguson participou de um encontro do vice-presidente Joe Biden com representantes da indústria dos games e da ESRB. Definindo-se como agnóstico no debate sobre a relação de causa e efeito entre videogame e violência, Biden pediu que a indústria pensasse em formas de melhorar sua imagem perante o público não adepto dos jogos.[46]

A eleição presidencial americana de 2016 colocou frente a frente dois candidatos que no passado demonstraram antipatia pelos games: Hillary Clinton e Donald Trump.[47] As políticas de restrição à imigração adotadas por Trump já foram objeto de repúdio por parte da indústria dos games. Um trecho do manifesto da Entertainment Software Association aponta que "a indústria norte-americana de games utiliza as contribuições de roteiristas e programadores inovadores do mundo todo. Embora seja compreensível que medidas de segurança nacional sejam adotadas, a indústria conta com a contribuição de cidadãos norte-americanos, estrangeiros e imigrantes, e sua participação na economia dos Estados Unidos deve ser assegurada".[48] A decisão da Suprema Corte não foi suficiente para sepultar anseios moralizantes no campo político. De qualquer modo, já houve enfrentamento, pelo menos indireto: a indústria dos games se posicionou com veemência contra as políticas restritivas de imigração de Donald Trump, possivelmente de forma mais contundente do que qualquer outra indústria. Os motivos são óbvios: os desenvolvedores empregam uma força multicultural de trabalho, recrutada em todas as partes do mundo.

Ferguson escreveu um artigo para a revista *Time* criticando a posição do senador Jay Rockefeller, proponente de uma investigação sobre os efeitos nocivos dos games, que declarou que "recentes decisões judiciais demonstram que algumas pessoas ainda não entenderam a questão. Elas

VIDEOGAME E VIOLÊNCIA

acreditam que jogos violentos não são mais perigosos do que literatura clássica ou desenhos animados. Pais, pediatras e psicólogos conhecem a realidade. Essas decisões demonstram que precisamos fazer mais e explorar meios pelos quais o Congresso possa enfrentar essa questão".

Ferguson é incisivo: a tragédia de Sandy Hook foi terrível, provavelmente mais do que qualquer crime do qual ele se recorda. Mas ao propagandear os resultados antes que o estudo por ele proposto ao menos comece, o senador Rockefeller está em clássico modo de pânico moral. Para ele, "a noção de que simplesmente removendo os games esses eventos desapareceriam é compreensivelmente tentadora, mas não faz o menor sentido. Depois do massacre de Columbine, em 1999, a nação desperdiçou uma década inteira elaborando leis sobre jogos violentos que foram finalmente consideradas inconstitucionais. Vamos esperar que os esforços do senador Rockefeller não nos distraiam das tarefas pela frente: controle de armas e melhorias nos serviços de saúde mental".[49]

Para Ferguson, a condenação de jogos violentos após o massacre é um clássico exemplo de pânico moral. Políticos pressionam a comunidade científica para que produza determinado tipo de resultados, partindo de suposições completamente equivocadas, enquanto a grande mídia produz manchetes no mesmo sentido. A maior parte do debate sobre os games e seus supostos efeitos prossegue sem que sequer fique estabelecido quanto o atirador de fato jogava. Para ele, Newtown representou uma oportunidade para os moralistas reclamarem dos games como haviam reclamado do rock nos anos 1980 e dos quadrinhos nos anos 1950. Ferguson acredita que é preciso se preocupar com a pobreza e com questões culturais se queremos fazer análises sérias sobre o crime.[50]

Carly Kocurek, do Illinois Institute of Technology, se pergunta se o foco nos games é algo mais do que um desvio das questões verdadeiramente importantes: "Quando falamos sobre jogos violentos, geralmente estamos falando de outra coisa e procurando por um bode expiatório." Um debate sério no âmbito de políticas públicas sobre violência pode incluir os games, mas deve atentar para a escassez de cuidados com a saúde mental da população, a extrema facilidade com que se adquire armas de fogo e a fragilidade do sistema de checagem de antecedentes, bem como outros fatores.[51]

As famílias das vítimas processaram o fabricante da arma empregada no massacre e também entraram contra o espólio de Nancy Lanza, buscando indenizações.[52] O processo tem como base o fato de que ela não manteve as armas fora do alcance de seu filho portador de doenças mentais e que isso permitiu que ele empregasse o arsenal contra as vítimas.[53] Aparentemente, os familiares das vítimas não sucumbiram ao discurso de indução de pânico moral propagado por parte significativa da grande mídia.

Este trecho poderia muito bem acabar aqui. Mas antes que eu possa encerrá-lo, tenho que fazer referência a mais um jogo, que merece fazer parte da triste relação que discuti na Fase 4. Surpreendentemente, a tragédia fez com que Ryan Jake Lambourn desenvolvesse outro game, anos após ter sido responsável por *V-Tech Rampage*, já discutido. Aparentemente o tempo não fez com que ele amadurecesse nada: *The Slaying of Sandy Hook Elementary School* é outra iniciativa lamentável e sem qualquer qualidade que a redima. Talvez realmente tenhamos que discutir o que pode provocar tamanha falta de sensibilidade diante do sofrimento alheio, o que decerto não é responsabilidade dos "jogos violentos". Lambourn é um indivíduo claramente inconsequente e que inadvertidamente contribui para alimentar os medos irracionais em torno dos supostos efeitos nocivos causados pelos games.[54]

Mas, afinal, que conclusões podemos tirar sobre a aparente ressurreição do pânico moral relativo aos games?

Para Gearoid Reidy, o pânico moral em torno dos games jamais desaparecerá por completo. Sempre haverá algo chocante que fará com que as habituais suspeitas sejam levantadas. Mas o ápice do pânico moral provavelmente foi Columbine, e se os games conseguiram sobreviver à reação naquele momento, diante da acusação de que desempenharam um papel substancial, o pior já passou.[55] Hoje os games são um negócio de literalmente bilhões de dólares e a indústria produz *blockbusters* tão lucrativos quanto os filmes mais bem-sucedidos de Hollywood, apesar

VIDEOGAME E VIOLÊNCIA

de o fantasma do pânico moral ainda reaparecer na grande mídia com alguma frequência, particularmente em solo norte-americano.

Nesse sentido, temos ainda mais um episódio pela frente. E ele provocou uma das mais ousadas manifestações sobre os efeitos criminógenos dos jogos violentos e sobre a forma de se precaver contra eles, como veremos a seguir.

O ATENTADO NA BASE NAVAL DE WASHINGTON: CAUSA PARA QUE OS GAMERS SEJAM SUBMETIDOS A MONITORAMENTO ESTATAL?

No dia 17 de setembro de 2013, um atirador matou doze pessoas e feriu outras oito, no quartel-general da Naval Sea Systems Command (NAVSEA), na Washington Navy Yard, o centro administrativo da Marinha Americana, localizado em Washington.

Aaron Alexis, de 34 anos, foi identificado como responsável. Ele trabalhava na base e tinha crachá de acesso. Entrou dirigindo um carro alugado e ingressou com uma espingarda (desmontada dentro de uma mochila) que legalmente era de sua propriedade e que ele utilizou para disparar contra dezenas de funcionários que tomavam café da manhã, assim como uma Beretta 92FS 9mm semiautomática que ele tomou de um guarda.

O atirador foi atingido mortalmente enquanto trocava tiros com policiais. Todas as vítimas eram civis. O atentado aconteceu pouco tempo depois da tragédia de Sandy Hook, em Connecticut, e foi o segundo maior do gênero em uma base militar norte-americana.

Não é surpreendente que o atirador tivesse problemas mentais, como em tantos outros casos. Alexis havia registrado uma ocorrência policial relatando que era vítima de assédio e que ouvia vozes dentro de sua cabeça.[56] Uma mensagem extraída por autoridades federais dos computadores dele tinha o seguinte conteúdo: "Estou sendo submetido a ataques de baixa frequência de ondas eletromagnéticas nos últimos três meses. E, para ser honesto, são eles que me levaram a isso."[57]

Uma reportagem da CNN relatou todos os precedentes que revelam que Alexis poderia protagonizar uma tragédia: por dez anos ele mostrou que era perturbado e tinha predileção por violência.[58] No entanto, não só tinha autorização para ingressar na base, como pode adquirir uma espingarda e duas caixas de cartuchos, depois de ter sido aprovado por uma checagem estadual e federal de antecedentes.[59] Em 2008, ele adquiriu documentação de checagem de segurança válida por dez anos, sonegando informações sobre antecedentes criminais. O presidente Obama disse que a tragédia mostra que o sistema de checagem de antecedentes precisa de aprimoramento: "As informações iniciais indicam que este é um indivíduo que teve alguns problemas mentais. O fato de não termos um sistema rigoroso de checagem de antecedentes nos torna mais vulneráveis a esse tipo de tragédia", declarou ele.[60]

Mais uma vez um atentado havia ocorrido e a questão do controle de armas surgia com força. O leitor já sabe o que esperar: o bode expiatório foi convocado para desempenhar a habitual cortina de fumaça que é feita nesse tipo de situação. No mesmo dia da tragédia, a Fox News começou a explorar as possíveis ligações entre games violentos e o caso. Amigos de Alexis informaram que ele era uma pessoa de temperamento forte, que tinha "obsessão" por jogos violentos. Um de seus vizinhos afirmou que gostava dele e que seu único problema é que ele passava horas jogando ininterruptamente.[61] Pessoas que o conheciam indicaram que Alexis rotineiramente enfrentava maratonas de horas em jogos do estilo FPS.[62]

Como sempre, os gatilhos do pânico moral eram acionados. Dificilmente alguém manifestaria preocupação semelhante se a maratona fosse de seriados. Porém, como em outras oportunidades, bastava uma rápida menção sobre games para que o processo de criminalização cultural fosse desencadeado.

Entrevistado pela Fox News, o pesquisador Bruce Bartholow (professor associado de psicologia da Universidade do Missouri), cujo trabalho o leitor conheceu na Fase anterior, disse que, mais do que qualquer outra mídia, os games encorajam participação ativa em atos de violência. Para ele, "games são uma excelente ferramenta de aprendizado, pois encora-

VIDEOGAME E VIOLÊNCIA

jam certos tipos de comportamento. Infelizmente, em muitos dos jogos mais populares, o comportamento é violento".[63]

Quase quarenta anos depois do pânico fundador de *Death Race*, a estratégia era substancialmente a mesma: criminalização cultural e certificação de autoridade por um especialista que dá ares de cientificidade ao que é convicção moral.

No início de 2016, Obama finalmente apresentou um programa para reduzir a violência com armas de fogo, tornando obrigatória a revisão de antecedentes criminais e o estado psiquiátrico de qualquer pessoa que queira adquirir uma arma.[64] Evidentemente, não é feita nenhuma menção aos games na iniciativa. Mas na época os argumentos foram suficientes para desencadear o pânico moral típico do tratamento midiático do tema: Elisabeth Hasselbeck, âncora da Fox News, sugeriu que pessoas que jogam games violentos devem ser monitoradas. Para ela, deve haver um controle de frequência: "Quantas vezes esse game é jogado? Se há realmente um vínculo com assassinatos em massa, por que não estamos observando a quantidade de compras de jogos violentos por pessoa e também quantas horas de jogo? Talvez eles percam o controle após certo tempo."[65] Hasselbeck afirmou que o caso evidenciava que enquanto a "esquerda" defende o controle da venda de armas, o que deve de fato ser controlado é a compra de games violentos.[66]

Com isso, definitivamente chegamos ao cúmulo do absurdo. Dois depoimentos em questão de poucos meses sustentaram que não são armas de fogo que matam pessoas. São games. Penso que o ponto ficou suficientemente esclarecido e não aborrecerei o leitor dizendo algo óbvio: a expressão bode expiatório é mais do que suficiente. Mas e quanto à sugestão de monitoramento? Parece ridícula, não é? Talvez.

Paranoia de um pesquisador comprometido com a resistência engajada contra a criminalização cultural dos games? Infelizmente não. Pura realidade. E não estou falando da polêmica em torno do Kinect no Xbox One.[67]

Os chamados Massive Multiplayer Online Role-Playing Games (MMORPGs) são um fenômeno tão grande que despertaram atenção estatal: foram infiltrados por agências de inteligência norte-americanas e britânicas. O *New York Times* relatou que espiões norte-americanos e britânicos se infiltraram em *World of Warcraft* e *Second Life*, conforme pode ser visto em documentos vazados por Edward J. Snowden.

Aparentemente, o que motivou a iniciativa foi o medo de que redes criminosas e terroristas poderiam se valer dos games em questão para mover somas de dinheiro, planejar ataques e promover encontros secretamente. Chega a ser irônico, uma vez que o terrorismo também foi historicamente empregado por diversos governos como argumento para justificar o cerceamento de liberdades civis. Um fim nobre a tudo justifica, não é mesmo?

Ao que tudo indica, a iniciativa não produziu nenhuma medida contraterrorista de impacto. Ex-agentes, funcionários de empresas que gerenciam os jogos em questão e especialistas consultados disseram que não tinham conhecimento de nenhuma evidência que indicasse que os games citados seriam uma espécie de refúgio para que terroristas planejassem ações ilegais.

A investigação, que incluiu também o serviço Xbox Live, mas aparentemente não a PSN, levantou questões pertinentes sobre privacidade: não ficou claro como as agências de inteligência tiveram acesso aos dados e comunicações dos jogadores, quantos foram monitorados e se cidadãos americanos foram inspecionados ou não. Havia até um grupo encarregado de evitar a espionagem mútua entre agentes.

A Blizzard, que gerencia os servidores de *World of Warcraft*, disse não estar a par de nenhuma vigilância; caso ela tenha ocorrido, teria sido sem seu conhecimento ou permissão.[68] É evidente que isso é bastante preocupante. Mas de qualquer modo, não deixa de ser hilário que o dinheiro dos contribuintes norte-americanos e britânicos tenha sido gasto dessa forma: enquanto milhões de pessoas pagam mensalmente para jogar *World of Warcraft*, agentes eram pagos para jogar, um "trabalho" que certamente interessaria a muitos gamers e não gamers mundo afora. Bem-vindo ao fascinante mundo da espionagem após o fim da Guerra Fria. James Bond ficaria vermelho de inveja. Ou não.

VIDEOGAME E VIOLÊNCIA

Apesar da ironia, a iniciativa levanta questões muito sérias sobre possíveis violações da intimidade e da privacidade do cidadão pelo controle social estatal. Em um artigo publicado no *San Jose Mercury News*, Michelle Quinn afirmou que a expansão da rede digital de vigilância americana havia se esticado até o limite do absurdo. O que dizer da espionagem de MMORPGs com base na suspeita de terrorismo, desprovida de qualquer evidência que lhe desse suporte? Para ela, isso faz com que a National Security Agency (NSA) e as "outras agências de três letras" pareçam ridículas e, francamente, ameaçadoras.

Segundo Linda Nye, advogada da American Civil Liberties Union of Northern California, "a agência tem propensão para iniciativas que não são pertinentes para o objetivo de apreensão de terroristas. É uma vigilância sem limites e simultaneamente ineficaz". Para Kurt Opsahl, advogado da Electronic Frontier Foundation, isso mostra que a NSA quer um mundo em que não exista privacidade, em que nada esteja fora do alcance do olhar vigilante do governo.[69]

Embora tenham negado envolvimento, a matéria do *New York Times* cita que muito antes de começar a espionar mundos virtuais o Pentágono já havia identificado o potencial de "inteligência" dos games. Aparentemente, em 2006 e 2007 o Comando Especial de Operações do Pentágono trabalhou com várias companhias estrangeiras, inclusive uma empresa absolutamente obscura em Praga, a fim de desenvolver jogos para aparelhos celulares, segundo o que foi relatado por pessoas envolvidas na iniciativa. De acordo com os participantes do programa, os jogos foram utilizados como ferramentas de extração de informações dos usuários.[70]

Não há dúvida de que esses episódios justificam a luta contra todo e qualquer monitoramento de atividade on-line, seja ela ligada aos jogos eletrônicos ou não. Sob o pretexto de combate ao terrorismo, o Estado pode se insinuar de maneira indevida na liberdade do cidadão, comprometendo a própria democracia, que raramente deixa de existir de forma abrupta: é aos poucos que ela se perde. Justamente por isso a guarda jamais deve ser baixada. Quando esse jogo é perdido, demora muito tempo até que tenhamos a oportunidade de recomeçar.

O MASSACRE DE REALENGO

Finalmente chegamos ao terceiro ciclo de criminalização cultural dos games no Brasil, que compreende a disseminação de pânico moral pela grande mídia na cobertura do massacre de Realengo e no caso Pesseghini. O massacre de Realengo aconteceu no dia 7 de abril de 2011, no Rio de Janeiro. Wellington Menezes de Oliveira, de 23 anos, invadiu a Escola Municipal Tasso da Silveira armado com dois revólveres 38 e matou doze alunos, deixando mais treze feridos. O rapaz entrou em confronto com policiais e em seguida se suicidou.[71]

Uma carta deixada por ele mostra que Wellington tinha intenção de se matar. Segundo o coronel Djalma Beltrami, do 14º Batalhão de Polícia Militar, a carta era confusa e apresentava conteúdo "fundamentalista islâmico".[72] Posteriormente, pessoas próximas ao rapaz negaram sua proximidade com o islamismo e o presidente da União Nacional das Entidades Islâmicas do Brasil, Jamel El Bacha, negou qualquer vínculo de Wellington com a religião islâmica.[73]

Uma reportagem do G1 com depoimento de líderes espirituais e especialistas mostra que atentados como o de Wellington nada têm a ver com religião: "A coisa mais complexa quando alguém pode ter uma conduta fanática é que ele não consegue enxergar a si mesmo como alguém que está num nível equivalente a outros seres humanos. Ele se considera ou um escolhido, ou um eleito, ou uma pessoa especial. Essa autoimagem muito completa, aquela que não tem críticas sobre si mesma, dá uma convicção e a convicção vira obsessão e a obsessão pode gerar uma conduta horrorosa, como a que nós tivemos", diz o filósofo e professor Mario Sergio Cortella, especialista em estudos da religião. "Acho muito importante as pessoas saberem diferenciar esses discursos ultrarradicais, intolerantes, das tradições das religiões, que na verdade são de milhões de pessoas pelo mundo inteiro, que não se pautam por esse nível de violência, não se pautam por nada que tenha essa função destrutiva", diz o rabino Nilton Bonder.[74]

Wellington aparentemente era obcecado por terrorismo e ataques terroristas: ganhou o apelido de Al Qaeda na juventude. Embora tenha

VIDEOGAME E VIOLÊNCIA

dado a entender que pertencia a um grupo terrorista ao seu barbeiro, a hipótese foi completamente descartada pela polícia: "Tudo o afasta de grupos extremáticos [sic]. É sim um louco, que de forma covarde resolveu atingir a vida de crianças indefesas para depois se suicidar como ocorreu", apontou o delegado Felipe Ettore.[75]

Wellington tinha estudado no mesmo colégio em que executou o massacre e sofrido constantemente *bullying*. Não tinha antecedentes criminais e era um aluno quieto, com baixo rendimento e que sofreu inúmeros abusos de outros estudantes, conforme relatos de seus ex-colegas. Para a professora Maria Luísa Bustamante, do Instituto de Psicologia da UERJ, as reações das vítimas de *bullying* costumam ser diversas: "Elas tanto podem partir para uma atitude mais introspectiva quanto reagir à violência assumindo o papel de seus agressores. Em muitos casos, a vítima do *bullying* tende a se recolher e a se isolar, tornando-se uma pessoa mais sozinha. Em outros, acontece o oposto. O *bullying* pode induzir uma agressividade, tornando a pessoa mais rebelde e até mesmo violenta", analisa a professora.[76]

O pai e a mãe de Wellington faleceram alguns anos antes do atentado e ele foi progressivamente se isolando: pediu demissão do emprego e foi morar sozinho na casa que pertencia ao pai, afastando-se da irmã mais velha.[77] Um vídeo encontrado pela polícia dá sinais de que ele planejara o atentado vários meses antes. "A maioria das pessoas que me desrespeitam, acham que eu sou um idiota, que se aproveitam de minha bondade, me julgam antecipadamente [...] descobrirão quem sou pela maneira mais radical", diz Wellington. A polícia concluiu que ele agiu sozinho e era uma pessoa com perturbação mental, que teve um surto psicótico que culminou com uma tragédia que comoveu o país inteiro.[78]

O retrato da história e personalidade de Wellington é decididamente perturbador e de algum modo o aproxima do perfil de outros autores de massacres em escolas já discutidos neste livro. Mas infelizmente, outra característica da personalidade de Wellington foi explorada pela grande mídia, como se fosse decisiva para a compreensão do caso: "Quando chegava do trabalho, ia para o computador, onde disputava jogos de tiro, a única coisa por que se interessava."[79]

Uma matéria publicada no jornal *O Globo* revelou o conteúdo de um caderno que pertencia a Wellington: nele constam textos curtos e incoerentes, que misturam islamismo, cristianismo, terrorismo e jogos eletrônicos. Ele também tinha um blog no qual disseminava mensagens desconexas sobre religião e jogos como *GTA* e *Counter-Strike*.[80] Isso bastou para que um processo de satanização dos games fosse novamente desencadeado no país.

O episódio inaugura o terceiro estágio da criminalização cultural dos games no Brasil, que também atingiria de forma contundente a série *Assassin's Creed*, cerca de dois anos depois.

Não é de todo espantoso que o jornalismo marrom tenha decidido explorar a questão: uma reportagem exibida na Rede Record foi muito além da mera exposição dos fatos, deliberadamente instigando pânico sobre os supostos perigos de jogos eletrônicos violentos. A chamada de Paulo Henrique Amorim contempla as diretrizes básicas do processo de criminalização cultural, com o qual o leitor já está suficientemente familiarizado: "O perigo dos videogames violentos. Como eles estimulam comportamento agressivo em jovens e crianças e podem servir de inspiração para massacres como o de Realengo. Saiba como proteger seus filhos desse problema." A matéria veiculada no programa Domingo Espetacular afirmou que os games estimulam comportamento agressivo, sem oferecer qualquer espécie de contraponto à acusação de efeito criminógeno feita aos "jogos violentos" em geral.

O sensacionalismo da cobertura é assustador: imagens de games e de adolescentes em pânico e pessoas ensanguentadas são intercaladas do início ao fim da reportagem de cerca de onze minutos, o que é um tempo considerado bastante extenso para os padrões televisivos.

A matéria destaca que Wellington jogava games violentos por horas a fio, conectando o massacre ao atentado de Mateus da Costa Meira, no Shopping Morumbi: "Assim como Wellington, ele sofria de transtornos de personalidade e era adepto de games violentos", diz o narrador da reportagem, que afirma que não é preciso ser doente para sofrer a compulsão que os jogos provocam.

VIDEOGAME E VIOLÊNCIA

As declarações da especialista consultada na entrevista são absolutamente superficiais, e a narrativa sataniza os games de forma implacável, trazendo descrições absolutamente equivocadas sobre jogos como *GTA, Counter-Strike* e *Duke Nukem 3D*. Mas o melhor foi reservado para o fim: não contente com a simples crucificação dos jogos incorretamente retratados, a reportagem traz o depoimento de uma mãe que afirma que o filho costumava jogar games violentos com 12 anos de idade e que isso o tornara cada vez mais agressivo. O jovem "admite" que os jogos influenciavam o modo com que ele tratava a família e se diz "recuperado". A matéria retrata os games "violentos" como uma espécie de vício, quase como se adolescentes fossem viciados em drogas e eventualmente tivessem conseguido se recuperar. O tom de reprovação moral é extremamente elevado, além de causar perplexidade a ênfase que é dada a adolescentes, uma vez que o atentado foi executado por um adulto. É quase como se a matéria alertasse: "Tome cuidado, ou seu filho acabará assim."

Moralista, desinformada, sensacionalista e absolutamente parcial, a reportagem veiculada no programa *Domingo Espetacular* é certamente um dos pontos mais baixos do jornalismo brasileiro e provocou uma mobilização imensa na comunidade gamer: a hashtag #GamerscontraR7 reuniu milhares de tuítes de gamers de todo o país contra o pânico moral irresponsavelmente veiculado pela emissora. Campanhas foram difundidas no Facebook e em sites especializados para coibir a satanização de um hobby que faz parte da vida de literalmente milhões de brasileiros, que obviamente não têm a menor intenção de praticar qualquer espécie de atentado. É lógico que é preciso discutir quais jogos são apropriados para adolescentes e crianças, e isso deve motivar um debate responsável que permita aos pais o exercício de um controle familiar sadio. A eventual quantidade de horas excessiva também deve ser observada. Mas isso é muito diferente de uma reportagem que incorretamente identifica o público-alvo de jogos adultos e elogia equivocados banimentos de jogos no Brasil, como se fossem produtos nocivos à saúde de seus potenciais consumidores.

SALAH H. KHALED JR.

Relembrando argumentos aos quais já me referi, quantos brasileiros de 23 anos de idade jogam games violentos com regularidade? Em última análise, o fato de alguém como Wellington gostar de games violentos é um componente tão pequeno de um somatório gigantesco de problemas mentais, circunstâncias pessoais e sociais, que sua relevância como elemento explicativo (quem dirá como causa) de uma tragédia é praticamente irrelevante.

O CASO PESSEGHINI E A CRIMINALIZAÇÃO CULTURAL DE ASSASSIN'S CREED

É significativo que o penúltimo trecho do livro antes do epílogo trate do caso Pesseghini e da criminalização cultural de *Assassin's Creed*. Digo isso porque de certa maneira foi a tragédia em questão e o tratamento criminalizante dispensado ao jogo que me motivou a escrever este livro. Este não é apenas o penúltimo trecho formalmente: é o penúltimo que escrevi. Propositalmente tomei o tempo necessário para concluir a pesquisa sobre a suposta relação de causa e efeito entre videogame e violência antes de me aventurar a enfrentar o caso. E isso não se deve apenas à integridade que deve demarcar uma pesquisa séria: também guarda relação com o necessário respeito aos avós de Marcelo Pesseghini. Considero totalmente inadequado instrumentalizar uma tragédia familiar com a intenção deliberada de atrair publicidade para qualquer obra. É um recurso eticamente questionável, embora seja rotineiramente utilizado. Não tenho a intenção de esclarecer a autoria do crime. Definir a responsabilidade de um agente específico em uma tragédia real é algo que extrapola o objeto deste livro. Discutirei o caso com base no processo de criminalização cultural e disseminação de pânico moral e na alegação de efeito criminógeno de *Assassin's Creed* por vários atores sociais. Minha análise sobre os aspectos pertinentes para a discussão proposta na obra comporta duas dimensões: a) o processo de criminalização cultural do jogo *Assassin's Creed*; e b) uma pequena discussão sobre o resultado das investigações e sobre os laudos que apontaram a

VIDEOGAME E VIOLÊNCIA

autoria de Marcelo Eduardo Bovo Pesseghini, bem como a influência dos supostos efeitos criminógenos do game.

Seguirei esta sequência para problematizar o caso.

Desde o princípio, uma linha de investigação foi assumida: Marcelo teria sido responsável pela morte do pai e da mãe (policiais militares), da avó e da tia-avó. Segundo essa leitura, o garoto matou todos eles com uma pistola .40, dirigiu o veículo da mãe até uma rua próxima do colégio em que estudava e dormiu nele. Contou para colegas que havia matado a família. Em seguida, voltou para casa e se matou. Todos foram mortos com tiros na cabeça.[81]

A chacina ocorreu no dia 5 de agosto de 2013, em Brasilândia, zona norte de São Paulo.

Como o perfil de Marcelo no Facebook tinha a foto do protagonista de *Assassin's Creed*, isso bastou para que fossem desencadeadas alarmadas reações que vinculavam o jogo à tragédia, praticamente de maneira simultânea ao descobrimento do crime.[82] O caso é inicialmente muito semelhante a tantos outros que já discuti: bastou o mero envolvimento circunstancial de um game para que o processo de criminalização cultural fosse deflagrado. Cerca de dois anos após o massacre de Realengo, mais uma vez os games eram submetidos ao processo de criminalização cultural pela grande mídia brasileira.

O programa *Cidade Alerta*, da Rede Record, explorou a hipótese de efeito criminógeno do jogo e recorreu a "especialistas" para atestar a possibilidade de que de fato o menino poderia ter sido influenciado por ele: no dia 6 de agosto de 2013, Marcelo Rezende ligou a chacina ao jogo *Assassin's Creed*. Com uma cópia de *Assassin's Creed Brotherhood* em mãos, o apresentador descreveu o jogo de forma completamente equivocada e apoiou seu ponto de vista em dados falsos: "Esse é um dos jogos que está sendo rejeitado no mundo inteiro, porque é de uma violência à prova de qualquer coisa. É um jogo que o matador invade uma cidade e sai matando todo mundo." O apresentador pergunta: "Ele pode ter saído desse mundo real pro mundo de ficção do nada?" A resposta da especialista (não identificada na reportagem) foi a seguinte:

SALAH H. KHALED JR.

"Olha, Marcelo, é possível. A gente sabe que crianças vulneráveis, adolescentes vulneráveis, podem ser influenciados sim por estes jogos, pela banalização da morte. Me parece que, como vocês disseram, ele tinha um pensamento obsessivo de ser um assassino, de repente ele pode ter entrado em um estado de alteração de consciência e feito tudo isso até de uma forma calma, mas a gente sabe que isso não é algo natural e algo comum, esse menino deveria estar passando por um momento muito difícil, em tese, tudo em tese."[83]

Por mais que a argumentação tenha sido suavizada como especulação – o que pode ser percebido pela ênfase no "em tese" –, "a gente sabe..." não é exatamente um embasamento científico confiável para assegurar que um game tem efeitos criminógenos. Mais uma vez a questão era retratada como se existisse uma relação de causa e efeito equivalente a fumar e adquirir câncer de pulmão, o que é manifestamente equivocado e irresponsável. Como tivemos a oportunidade de ver na Fase anterior, enfrentei o "estado da arte" das pesquisas sobre efeitos nocivos dos games violentos e mostrei que elas são manifestamente inconclusivas. Nenhum estudo até hoje conseguiu demonstrar que realmente existe uma relação de causa e efeito entre videogame e violência. Quem afirma que a questão está fechada desconhece o debate ou está sendo leviano. Não existe uma terceira alternativa. Mas, evidentemente, nem todos pensam assim: uma reportagem publicada no *Diário do Centro do Mundo* conectou o caso às pesquisas de Craig Anderson e afirmou apressadamente que estudos haviam demonstrado que jogos violentos fizeram com que 47 estudantes ficassem "altamente excitados física e psicologicamente". A matéria destaca que "os assassinos de Columbine e o rapaz que abriu fogo em um cinema em Aurora eram gamemaníacos". O texto conta com declarações do então presidente da comissão de segurança da OAB, Arles Gonçalves Junior.[84] Com todo o respeito, na matéria não há nada além de reprodução descuidada e simplificadora de pesquisas cuja credibilidade científica é extremamente questionável, como já demonstrei.

O processo de criminalização cultural foi deflagrado de forma semelhante ao que já vimos em inúmeras outras oportunidades. Como a

VIDEOGAME E VIOLÊNCIA

tragédia foi terrivelmente impactante, não surpreende que a indignação moral tenha de imediato atingido níveis extremamente elevados e que o envolvimento circunstancial de *Assassin's Creed* bastasse para fazer do jogo bode expiatório da tragédia. A Rede Record novamente veiculava uma reportagem sensacionalista e descomprometida com os fatos, com um agravante: a acusação não era dirigida aos "jogos violentos" em geral: elegia um produto cultural específico como objeto de criminalização.

Não é exatamente uma novidade que matérias e programas de televisão emitam juízos apressados sobre questões que dizem respeito ao universo do crime. A forma com que a grande mídia retrata tais problemas rotineiramente flerta com sensacionalismo da pior espécie, e muitas vezes os telespectadores assumem tais discursos inflamados como se fossem a expressão mais perfeita de uma verdade incontestável. Já discuti a fundo as questões que envolvem o produto vendido por determinados meios de comunicação social na Fase 2 e não irei reiterar novamente as críticas aqui. Apenas afirmarei que o público não é um simples receptor passivo de discursos com forte conotação moral, veiculados por comunicadores sociais. A retratação da tragédia por parte da grande mídia neste caso exemplifica isso muito bem.

Diferentemente dos pânicos irracionais despertados pelo atentado no Morumbi Shopping, o sentimento generalizado foi de absoluta descrença nos supostos efeitos criminógenos do game. Durante alguns dias o assunto tomou conta do país e a credibilidade dessa hipótese foi rechaçada com veemência pelas pessoas. Isso mostra que existe um limite para o alcance do discurso criminalizante: uma coisa é admitir que um adulto tenha sido influenciado por um jogo específico (*Duke Nukem 3D*) e que ele tenha relação com os disparos efetuados contra estranhos em uma sala de cinema. Outra coisa bem distinta é assumir que um game possa ter induzido um menino de apenas 13 anos a executar a própria família com extraordinária habilidade e precisão. O processo de construção discursiva de um bode expiatório para o caso perante o público falhou miseravelmente.

A Ubisoft, empresa responsável pela série, postou um comunicado oficial em sua página no Facebook logo após a manifestação de Rezende.

"Em resposta aos pedidos de posicionamento da Ubisoft sobre o caso da família Pesseghini, trata-se de uma tragédia e nossos pensamentos e orações vão para a família e os amigos das vítimas. Nessa hora de consternação de toda a sociedade, é natural a busca por respostas.

No entanto, em nenhum estudo até agora realizado há consenso sobre a associação entre violência e obras de ficção, incluindo livros, séries de televisão, filmes e jogos. É uma falácia associar um objeto de entretenimento de milhões de pessoas, todos os dias, em todo o mundo, com ações individuais e que ainda estão sendo esclarecidas. Novamente, isso é uma tragédia sem sentido e nossos pensamentos e orações estão com a família e amigos das vítimas.

Agradecemos aos fãs da série que manifestaram apoio contra mensagens sensacionalistas associando o jogo à tragédia e convidamos a todos a se solidarizarem com a família e os amigos das vítimas."[85]

A subcultura gamer brasileira mostrou sua força e reagiu massivamente: milhares de pessoas trocaram suas fotos de perfil no Facebook por representações dos personagens da série *Assassin's Creed*. Fóruns, blogs e sites especializados em games mostraram a inconformidade da comunidade com a retratação do jogo como bode expiatório por parte da imprensa.

O apresentador Marcelo Rezende se retratou posteriormente e afirmou que, apesar de ser um jogo muito popular, nem por isso "há uma quadrilha de crianças matando por aí". "Resumo, a questão é um pouco diferente", disse ele. A entrevista do psicólogo Jacob Goldberg foi bem mais cautelosa, e o próprio apresentador mostrou maior restrição na abordagem do tema. O detalhe curioso é que, dois anos depois do episódio, Rezende aceitou ser garoto-propaganda de *Battlefield: Hardline*, um jogo que coloca em lados opostos policiais e criminosos. Questionado pelo UOL, Marcelo Rezende se disse confortável em promover o jogo de tiro *Battlefield: Hardline:* "Se não estivesse confortável com isso, teria recusado." Para o então apresentador do *Cidade Alerta*, não há relação entre o game e o caso com *Assassin's Creed* em 2013: "A questão lá de trás foi outra: a polícia colocou na conta de um menino a morte dos pais, da avó e da tia-avó. E aparecia o jogo no centro da investigação."[86]

VIDEOGAME E VIOLÊNCIA

As declarações mostram que o tempo parece ter se encarregado de modificar ainda mais a opinião originalmente exposta pelo apresentador, que faleceu em 2017. Mas se houve mudança de posição por parte de quem originalmente satanizou o jogo e o público ainda não considera factível a hipótese de que o game tenha influenciado o menino, ou até mesmo de que ele realmente tenha sido o responsável, em outros lugares sociais o desfecho foi muito diferente, como todos sabemos.

Logicamente estou me referindo à tese sustentada no inquérito policial e embasada pelo laudo elaborado pelo psiquiatra forense Guido Palomba. Nove meses de investigação – um prazo extremamente dilatado para um inquérito policial – resultaram na confirmação da linha de investigação inicial: Marcelo teria matado quatro familiares e se suicidado.

A situação é completamente distinta do massacre de Realengo. Não há qualquer dúvida sobre a responsabilidade de Wellington Menezes de Oliveira no atentado que atingiu a Escola Municipal Tasso da Silveira. Não é possível dizer o mesmo sobre o caso Pesseghini: apesar da insistência das autoridades, muitas pessoas consideram que sua resolução foi manifestamente insatisfatória, o que me parece difícil de negar.

O caso gerou controvérsia desde o princípio: apesar de a Polícia Civil ter descartado a possibilidade de um ataque de terceiros e considerar desde o princípio a hipótese de tragédia familiar, o coronel Wagner Dimas, comandante do 18º Batalhão da Polícia Militar, foi entrevistado pela Rádio Bandeirantes e sugeriu uma possibilidade diferente: a cabo Andreia Regina Bovo Pesseghini, mãe de Marcelo, que trabalhava no 18º BPM, contribuiu para investigações que apontavam ligação de policiais do batalhão com roubo de caixas eletrônicos. Dimas disse que não acreditava na versão de que o menino teria sido o autor da chacina.[87]

Mas no dia seguinte ele voltou atrás e disse que "se perdeu" na entrevista. A Folha de S.Paulo apurou que as declarações de Dimas irritaram o comando da corporação, já que batiam de frente com a investigação da Polícia Civil. O secretário de Segurança Pública de São Paulo, Fernando Grella Vieira, afirmou que não há nenhum dado objetivo que enfraqueça a hipótese de homicídio seguido de suicídio.[88]

Será mesmo? Minhas impressões são muito diferentes. Penso que a visibilidade do caso permanece em grande medida borrada mesmo muitos anos depois. Pessoas bastante qualificadas e que tiveram acesso a fotos do local têm opiniões manifestamente distintas. É o caso de George Sanguinetti, legista do caso Paulo César Farias. Sua autoridade e credibilidade como perito é mais do que notória. Ele afirma que a posição do corpo do menino mostra que ele foi assassinado. Sanguinetti sustenta que as marcas na mão e no braço de Marcelo indicam que ele tentou se defender antes de ser executado. Para ele: "Apesar de as pessoas próximas ao menino dizerem que ele sabia atirar, a forma como cada um deles foi morto, com apenas um tiro na cabeça, é de atirador profissional. Por mais que o menino tivesse habilidade, ele iria efetuar mais de um disparo para atingir os corpos dos pais e se certificar de que eles teriam morrido."[89] O parecer de Sanguinetti chegou ao MP, mas não impediu que o caso fosse arquivado: foi considerado que Marcelo era o assassino e estava morto.[90]

Os avós de Marcelo Pesseghini não se conformaram com o resultado das investigações e contrataram uma advogada para contestar a versão da polícia. "É mentira. É lógico que não foi o Marcelinho", disse sua avó paterna, a dona de casa Maria José Uliana Pesseghini, de 62 anos. "Ele amava a todos e jamais faria isso. Sequer sabia atirar ou dirigir." "Querem culpar o menino porque ele não está mais aqui", completou o avô do suspeito, o aposentado Luís Pesseghini, de 65 anos, que ainda guarda os celulares das vítimas. Neles, estão gravadas mensagens de carinho entre o garoto e a mãe. A advogada Roselle Soglio, especialista em perícias, foi contratada para defender os interesses da família e acredita que o verdadeiro assassino está solto. "A defesa da família Pesseghini contesta a versão da polícia e, por isso, vai pedir a abertura de um novo inquérito", declarou Roselle, que trabalha na capital paulista. "Por mais que a polícia tenha antecipado a conclusão de que Marcelo matou a família e depois se matou, não há provas cabais e técnicas dentro do inquérito que demonstrem ou comprovem isso."[91]

A Justiça negou por duas vezes a reabertura do caso. A primeira negativa aconteceu em julho de 2014, quando um juiz concordou com o pedido de arquivamento do MP. Na segunda oportunidade, a negativa partiu de de-

VIDEOGAME E VIOLÊNCIA

sembargadores do Tribunal de Justiça de São Paulo, em fevereiro de 2015. "Vamos recorrer ao STJ e STF. Vou ainda pedir a federalização do caso para a Procuradoria Geral da República. Vou alegar que só investigaram uma hipótese: a de Marcelo ser culpado", disse Roselle.[92]

Antes de qualquer manifestação, quero deixar claro que não tenho nenhuma intenção de questionar a seriedade da investigação conduzida pela autoridade policial. Não subscrevo a qualquer teoria da conspiração que sustente explicitamente que houve acobertamento e que a polícia teria contribuído de forma deliberada para desviar o foco do que teria sido uma queima de arquivo. Dito isso, penso que existem elementos suficientes para indicar que a conclusão de que Marcelo foi responsável pela chacina ultrapassa os limites do que seria aceitável diante das inúmeras questões que permanecem sem resposta no caso. O contundente laudo de Sanguinetti já bastaria por si só para lançar fundadas dúvidas sobre a autoria. Como se isso não bastasse, a advogada Roselle Soglio enumera 14 pontos obscuros sobre o caso Pesseghini que justificariam a reabertura do caso, apesar de a Polícia Civil e o MP terem concordado que o menino foi responsável:[93]

	Testemunha mente em depoimento
1º	A principal testemunha do caso, que afirma que Marcelo Pesseghini sabia dirigir e atirar, disse que a família realizou um churrasco no dia dos assassinatos, mas ingressos de cinema comprovaram que eles passaram a tarde em um shopping.
	Testemunha se contradiz
2º	Segundo a advogada, essa mesma testemunha dá depoimentos contraditórios: ora diz que viu a mochila de Marcelo, ora diz que não. Ele também afirma e depois nega que a porta da casa da família estivesse fechada.
	Avós paternos não foram ouvidos
3º	Os pais do sargento da Rota Luís Marcelo Pesseghini, Maria José e Luiz Carlos, não foram chamados para depor. Eles dizem ter certeza de que o garoto é inocente e que não sabia dirigir ou atirar.

	Registro de ligações telefônicas foi adulterado
4º	A principal testemunha diz ter encontrado os corpos por volta das 18h. O laudo do IC (Instituto de Criminalística) indica que os registros de ligações do telefone de Luís Marcelo foram apagados, e o aparelho só voltou a registrar telefonemas e mensagens por volta das 18h20, o que indica que alguém apagou a agenda. Segundo a advogada, várias pessoas ligaram para Luís Marcelo ao longo do dia, mas isso não foi investigado.
	Parecer psiquiátrico encomendado a profissional externo
5º	A advogada questiona a decisão do DHPP de solicitar que o psiquiatra Guido Palomba emitisse parecer sobre a condição mental de Marcelo, uma vez que o IML e o IMESC possuem psiquiatras forenses. Ela diz que houve uma usurpação de função pública, crime previsto no artigo 328 do Código Penal, já que era necessária a negativa dos órgãos oficiais do Estado para se pensar em "convidar" um profissional para realizar um parecer técnico.
	Laudo psiquiátrico construído sem informações dadas por familiares
6º	A advogada diz que o psiquiatra não ouviu os familiares da vítima, não teve acesso ao prontuário médico do examinado (por via judicial ou por familiares) e utilizou apenas as peças do inquérito fornecidas pelo delegado.
	Depoimentos da médica do garoto foram desconsiderados
7º	A advogada afirma que não foram levadas em consideração as declarações da médica de Marcelo, que o acompanhou desde quando se descobriu sua doença (com meses de vida). A profissional de saúde afirma taxativamente que ele não era portador de nenhuma doença mental ou desvio de comportamento.
	Imagens não foram periciadas
8º	As imagens registradas por câmeras de segurança (17 DVDs, ao total) foram anexadas ao processo somente após o relatório final do delegado e não passaram por perícia. Dentre elas, há um vídeo que mostra um vulto saindo do carro que supostamente era dirigido por Marcelo Pesseghini.

VIDEOGAME E VIOLÊNCIA

	Página no Facebook
9°	Uma página no Facebook em homenagem ao pai de Marcelo, criada antes do horário em que os corpos foram descobertos, foi atribuída a um garoto de 15 anos que diz ter feito a publicação com outro nome. A polícia acatou justificativa. A advogada questiona por que a investigação não tentou comprovar o fato com a rede social.
	Mistério sobre celulares de pai e filho
10°	A defesa afirma que a polícia não pediu às operadoras de celular o rastreamento dos telefones de Marcelo e da testemunha do churrasco no dia 4 de agosto com bases nas torres das ERBs (Estações Rádio Base). Na investigação do assassinato da advogada Mércia Nakashima, essa informação do telefone colocou o ex-policial Mizael Bispo, agora condenado pela Justiça, na cena do crime.
	Afastamento de comandante da PM
11°	A advogada questiona o afastamento, por problemas de saúde, do Comandante do 18° Batalhão da PM Wagner Dimas logo após dar declarações à imprensa de que a cabo da PM Andreia Pesseghini, mãe de Marcelo, teria denunciado policiais envolvidos em roubo de caixas eletrônicos.
	Local do crime foi invadido
12°	A advogada questiona as declarações do DHPP de que o local do crime fora preservado, mas os laudos necroscópicos apontam que a casa dos Pesseghini foi invadida por dezenas de pessoas, entre elas policiais.
	Lesões na mão de Marcelo
13°	Marcelo apresentava lesões de defesa na mão que não foram analisadas. Além disso, o perito assinala manchas de sangue com características de espargimento (gotas projetadas com alta velocidade) na face interna da mão do garoto. Não há possibilidade de isso acontecer quando se está empunhando a arma, argumenta a advogada.
	Laudo põe em dúvida quem apertou o gatilho
14°	Em laudo complementar, o perito relator do laudo de local afirma que, diferentemente do que consta do laudo inicial, o dedo de Marcelinho não se encontrava no gatilho da arma.

Evidentemente, existem motivos para que sérias dúvidas sejam levantadas contra a linha de investigação perseguida pela autoridade policial. Penso que estamos diante de um "limbo jurídico" preocupante e digno de atenção: a criminalização póstuma de um menino de 13 anos, exclusivamente com base no inquérito policial e sem que tenha existido qualquer possibilidade de contraditório. Logicamente, alguém poderia dizer que para Marcelo isso é indiferente, já que ele está morto. Mas seus avós têm o direito de zelar pela memória social do neto. De certo modo, a situação se assemelha aos casos de familiares de pessoas que desapareceram ou foram torturadas durante a ditadura civil-militar: o reconhecimento oficial de sua condição de vítimas é um elemento importante de restauração da dignidade violada e até mesmo perdida.

A situação é ainda mais grave pelo fato de que Guido Palomba – autor do laudo que corroborou as conclusões do inquérito policial – escreveu um livro com o título *Insania Furens*, no qual Marcelo Pesseghini é relacionado juntamente com pessoas responsáveis por terríveis crimes, sobre os quais não há quaisquer dúvidas. Referido somente como "M." – possivelmente para evitar processos – Marcelo é a "joia da coroa" de uma terrível galeria de horrores: o primeiro capítulo retrata o ponto de vista de Palomba sobre a tragédia que atingiu a família Pesseghini. É mais do que compreensível que os avós não queiram que Marcelo seja referido de qualquer modo em uma obra com tais contornos.[94]

Tentarei ser claro: não estou afirmando que Marcelo é inocente, o que certamente seria um exagero tão grande quanto concluir que ele de fato foi o responsável. O que estou dizendo é que existe dúvida mais do que razoável para que a presunção de inocência opere em favor do menino e seja reconsiderada a conclusão do inquérito policial, que de forma anômala acabou se tornando a palavra final sobre o caso. Por isso disse que de certo modo estamos diante de um limbo jurídico: a identificação de Marcelo como autor abortou o processo, já que o "responsável" está morto.

VIDEOGAME E VIOLÊNCIA

O ponto consiste no reconhecimento de que sua "culpa" foi juridicamente produzida, fora do ritual judiciário em contraditório que deve demarcar o horizonte cognitivo do processo penal. Ela é produto de uma única leitura, produzida fora das amarras do contraditório e que por isso facilmente pode sucumbir a erros devido à falta de mecanismos de correção das hipóteses apresentadas. Como escreveu Franco Cordero, "a solidão na qual os inquisidores trabalham, jamais expostos ao contraditório, fora dos grilhões da dialética, pode ser que ajude no trabalho policial, mas desenvolve quadros mentais paranoicos. Chamemo-los 'primado da hipótese sobre os fatos': quem investiga segue uma delas, às vezes com os olhos fechados; nada a garante mais fundada em relação às alternativas possíveis, nem esse mister estimula, cautelarmente, a autocrítica; assim como todas as cartas do jogo estão na 'sua' mão e é ele que as coloca sobre a mesa, aponta na direção da sua hipótese. Sabemos com quais meios persuasivos conta [...] usando-a, orienta o êxito para onde quer."[95]

Em minha tese de doutorado, *A busca da verdade no processo penal: para além da ambição inquisitorial*, discuti extensivamente a questão da verdade e apontei que em toda condenação sempre restará uma margem irredutível de incerteza. O passado não se dobra diante dos poderes investigativos do homem. Mesmo quando a fortaleza da presunção de inocência aparentemente tiver sido destruída de forma irremediável, mesmo quando aparentemente não existir qualquer margem de dúvida sobre a culpabilidade do acusado, mesmo nesses casos permanecerá algo além do que é possível conhecer, o que significa que a possibilidade de condenações equivocadas é imensa. E isso dentro do processo: lugar de confronto com paridade de armas, ampla defesa e respeito às garantias e regras do jogo do devido processo legal.[96] Quem dirá então no monólogo do inquérito policial: a possibilidade de equívocos é infinitamente maior.

Reafirmo que com isso não estou dizendo que os investigadores não tenham dado o seu melhor. O problema é muito mais profundo: a consciência é opaca e tendente à confirmação de suas próprias hipóteses.

SALAH H. KHALED JR.

Mesmo um investigador bem-intencionado pode sucumbir às armadilhas inerentes ao esforço de construção do conhecimento. É por isso que precisamos de dispositivos exteriores de avaliação. Por isso precisamos do processo. Afinal, são incontáveis os inquéritos policiais que levaram a denúncias mas não resultaram em condenações. No caso Pesseghini, a indicação da autoria de Marcelo depende de uma crença desmedida na capacidade de um laudo retrospectivo para revelar a verdade sobre o passado, o que é ainda mais grave por sua questionável legalidade, já que foi requisitado a profissional externo.

Diante de tudo isso, penso que o caso deve ser reaberto e que as investigações devem apontar que, considerando a enormidade de dados discrepantes apontados pela advogada Roselle Soglio, bem como pela perícia de Sanguinetti, a autoria deve permanecer inconclusa, a não ser que elementos probatórios até agora desconhecidos venham a ser incorporados. Creio que embora seja óbvio que não se possa falar estritamente em "condenação" injusta do menino – já que o resultado jurídico é o arquivamento do caso –, o preço social pago pela conclusão do inquérito policial viola flagrantemente o processo de luto de seus avós e exige a reabertura das investigações.

Enfatizo mais uma vez que não estou interessado na determinação de eventuais "verdadeiros culpados" nem desprestigiando o trabalho investigativo da Polícia Civil. O que estou dizendo é que não foram reunidos elementos suficientes para afastar a grande margem de dúvida existente no caso e que isso, a meu ver, basta para que seja resguardada a presunção de inocência de Marcelo, o que em âmbito processual não poderia ter outro resultado que a absolvição por força do *in dubio pro reo*. É claro que aqui falo de categorias processuais penais e defendo sua relevância para a investigação preliminar diante de uma situação visivelmente incomum. Também é importante dizer que Marcelo era menor de idade. Isso introduziria inúmeras outras questões caso ele ainda estivesse vivo. Mas creio que o leitor compreendeu meu argumento: são princípios civilizatórios do Estado Democrático de Direito e certamente devem ter peso nesta anômala situação de criminalização póstuma.

VIDEOGAME E VIOLÊNCIA

Mas ainda temos uma última questão a enfrentar: os laudos que apontaram que Marcelo foi compelido a matar seus parentes e a conexão com *Assassin's Creed*. Podemos extrair deles a conclusão de que games têm efeitos criminógenos?

Dois laudos corroboraram a linha de investigação da Polícia Civil e conectaram *Assassin's Creed* com a chacina supostamente executada pelo garoto, embora apenas o laudo de Palomba conste no relatório final do caso. Para efeito da discussão aqui proposta, vamos assumir em um primeiro momento que os laudos estão corretos e Marcelo de fato foi autor: mesmo assim, nenhum deles afirma que o jogo causou diretamente a tragédia, ao contrário da criminalização cultural originalmente feita por uma parte da grande mídia. *Assassin's Creed* é apontado como apenas um elemento dentre vários aspectos que integravam a complexa condição social e pessoal do menino.

O primeiro laudo é de Vera Lúcia Lourenço Jacometi, psicóloga jurídica. Ela enumera cinco fatores que teriam sido responsáveis pelo "surto psicótico" de Marcelo: uma doença grave; uma família superprotetora; uma psicose em processo de agravamento; um filme; um game. A perita afirma que Marcelo tinha uma "disfunção psíquica" que o estava fazendo embaralhar fantasia e realidade. Quando teve o surto, o menino acreditou ser o personagem de *Assassin's Creed* e executou a família como o garoto do filme *Horror em Amityville*. "O que eu fiz foi montar um quebra-cabeças que mostra a conexão do jogo e do filme com o crime. Eles não são tudo, mas tiveram um papel decisivo", afirmou. A psicóloga analisou depoimentos dos colegas de Marcelo colhidos pela polícia, textos do garoto, vídeos e perfis na internet. "Quando ele foi à escola, era o matador de aluguel. Quando viu os pais, saiu da psicose e se arrependeu.", afirmou. Referindo-se especificamente ao jogo, ela aponta que "*Assassin's Creed* desempenhou um papel fundamental na motivação. Marcelo criou na escola, inspirado pelo game, o grupo Mercenários, no qual quem matasse os pais ganhava pontos e se tornava um líder. Falava em ser um assassino como o personagem principal e, na medida em que a psicose se agravava, confundia essa fantasia com a realidade. Dias antes do crime, colou uma imagem do personagem como identificação em seu perfil no Facebook". Para Vera Lúcia Lourenço Jacometi: "Ele vestiu o personagem. Só falava nisso. Quando se analisa o vídeo dele chegando à escola, o que se vê é o matador de aluguel do jogo. As passadas largas, a roupa, a postura, tudo é como se ele dissesse: 'sou um matador'."[97]

Jacometi afirma que o menino tinha uma "disfunção psíquica". Mas teria sido *Assassin's Creed* a causa da disfunção? Segundo ela: "Ele era tratado quase como um bebê. Em razão disso, o menino passava o tempo todo dentro de casa, diante do computador, envolvido com filmes ou jogos violentos. Esse contexto teria contribuído para que ele desenvolvesse uma psicose de adolescência." Ela aponta que a morte de uma amiga com a mesma enfermidade que ele também poderia ter sido um desencadeador, assim como o ambiente no qual vivia, onde, segundo ela, a violência era banalizada.[98]

Sob essa perspectiva, o jogo teria sido apenas um elemento a mais dentro de um conjunto de fatores sociais e pessoais. Podemos assumir como verdadeira essa explicação para os fatos? Somente se estivermos dispostos a apostar nela, enquanto exercício de fé. E os motivos são muitos para desconfiar da narrativa de Jacometi.

O parecer do psiquiatra forense Guido Palomba é substancialmente distinto do laudo de Jacometi. Ele pinta um retrato perturbador sobre o rapaz. Afirma que M. tinha o costume de cobrir a cabeça com capuz, como o protagonista de *Assassin's Creed*. Além disso, tinha o hábito de pegar uma régua e simular o "esfaqueamento dos amigos mais próximos".[99] Ele compara a perda da noção de realidade vivida por M. com o ocorrido ao personagem Dom Quixote, de Cervantes: Quixote perdeu a razão após ter lido muitos livros de cavalaria, M. supostamente depois de muitos videojogos.[100] Mas o contato com os games seria apenas um dos fatores e certamente não o decisivo: Palomba sustenta que M. era encefalopata, o que o fez desenvolver um "delírio encapsulado" que afeta algumas áreas da mente e preserva outras. Encefalopatas costumam apresentar frieza afetiva, insensibilidade moral, indiferença, ausência

VIDEOGAME E VIOLÊNCIA

de sentimentos (piedade, compaixão, remorso) e premeditação doentia. Segundo Palomba, a motivação do crime foi psicopatológica: "Sofrendo de encefalopatia, desenvolveram sobre esse terreno (inconsciente neural) ideias delirantes sistematizadas e circunscritas (delírio encapsulado), nas quais imaginação e realidade se misturam morbidamente. Corrobora sobremaneira esse estado de doença mental um evidente estancamento na fase infantil, pois seus ideais delirantes eram simples, pueris, pouco elaborados." Para ele, "É o que ocorre, guardadas as proporções, com o psiquismo de todas as crianças de pouca idade, em que fantasia e realidade ainda permanecem amalgamadas: quando vestem a máscara de leão, não se acham seres mascarados, mas o próprio leão. Em M., a máscara era de justiceiro errante".[101]

O delírio sistematizado teria começado no início de 2013: M. teria confundido ficção com realidade e quis se tornar justiceiro. Convidou os amigos para fazer parte de um grupo imaginário de justiceiros matadores de corruptos, denominado Os Mercenários. A ideia original teria amadurecido com o passar do tempo.[102] O quadro teria se agravado devido à profissão dos pais e ao fato de a morte e a vida lhe serem próximas, devido a uma fibrose cística, doença genética e degenerativa da que era portador.[103] Era um adolescente tímido e frágil que se encontrava, aos 13 anos, em período de autoafirmação: "Aí vieram os games, em uma época em que já tinha familiaridade com as armas de verdade. Nasceu o desejo de tornar-se um herói, mais importante que seus próprios pais." De acordo com Palomba, "Assim, despontou a sua realidade, não mais fictícia como nos videojogos, cujos atores sempre retornam à vida, mas um mundo real que lhe satisfazia o sentimento de ser um justiceiro de verdade". O delírio é encapsulado porque é circunscrito a esse tema específico, como um câncer que pega apenas uma parte do órgão, mas não o todo. Por isso frequentava aulas e ninguém percebia qualquer anormalidade. Mas para realmente se tornar um herói, era necessário se livrar de seus pais superprotetores, que não o deixavam sequer ir à esquina desacompanhado: ele nunca havia saído sozinho. M. teria matado os pais e outros dois familiares, que também exerciam controle sobre ele, na sequência.[104] O garoto finalmente teria se sentido completamente livre e poderoso como imaginara. Contou aos amigos na escola o que havia feito, mas ninguém lhe deu crédito. Quando retornou para casa de carona com o pai de um amigo, toda a sua fantástica realidade ruiu completamente. Palomba afirma então: "Por cima do monte de entulho sobrevém a cena de imobilidade e morte dos pais. Então, não por arrependimento, mas por fracasso, com a mão esquerda (era canhoto) deu um tiro no próprio ouvido, com a mesma simplicidade que dava tiros nos games, nos quais as pessoas mortas sempre apareciam de novo."[105]

Se aceitarmos o diagnóstico de Palomba como "verdadeiro", a tragédia teria sido ocasionada pela falta de oxigenação no cérebro e o consequente desenvolvimento de delírio encapsulado, com perda de distinção entre ficção e realidade. Assim como no laudo anterior, não se pode falar estritamente em qualquer relação de causa e efeito entre videogame e violência, como é sustentado pelo discurso moralista da mídia e de alguns pesquisadores. O laudo de Palomba também não autoriza essa interpretação: o game seria apenas um componente dentro do quebra-cabeça que teria levado Marcelo a executar seus familiares.

Penso que as duas opiniões a seguir podem ajudar a compreender o papel de *Assassin's Creed* na tragédia, se hipoteticamente admitirmos que Marcelo tenha sido o autor.

O psicanalista Mario Corso afirmou: "A violência de certos games, em especial os de atirar, ao estilo de *Doom* e *Quake*, choca o observador alheio ao tema. A primeira ideia é de que aquilo não pode dar em boa coisa. Nossa intuição nos faz pensar o pior. Imaginamos que a experiência virtual contínua de atirar e matar deveria embrutecer os usuários. Muitos pesquisadores foram atrás de fatos que comprovassem essa tese e nada encontraram. Nenhuma pesquisa sugere uma correlação que sustente a tese espontânea, nossa intuição nos trai nesse caso [...] A violência real nasce de experiências da vida concreta e não da fantasia e da virtualidade. A ficção e os games no máximo, e às vezes, fornecem um cenário para um drama que já estava escrito e se encenaria de qualquer

VIDEOGAME E VIOLÊNCIA

modo."[106] De forma semelhante, Ruggero Levy afirmou: "Não acredito que assassinatos possam ser causados pelo hábito de jogar games violentos. É necessário, para chegar a um ato extremo desses, uma doença psiquiátrica subjacente maior, como um transtorno psicótico ou uma personalidade antissocial. O game poderá dar o 'colorido' ou a forma, mas não ser a causa."[107]

Na Fase 5, discuti as pesquisas sobre o tema e mostrei que, de fato, nenhuma pesquisa jamais conseguiu comprovar uma relação de causa e efeito entre videogame e violência: games não são catalisadores de motivação. Mas uma hipótese parece merecer crédito: a de que os games (ou filmes, livros etc.) não são causadores, mas podem ser catalisadores de estilo. Ela se aproxima muito das considerações de Levy e Corso: mídias violentas influenciariam a forma que a violência assume, mas, se retiradas da equação, a violência também aconteceria, ainda que de outro modo.

Será essa hipótese factível caso Marcelo realmente tenha sido o autor, como indicam os laudos de Jacometi e Palomba? Talvez. Embora o menino tenha manifestado uma predileção muito grande pela série *Assassin's Creed*, a execução em si mesma do crime não parece guardar nenhuma relação estética com os cenários do jogo, como qualquer pessoa que o conhece pode facilmente atestar. A relação consistiria na redução ao elemento comum mínimo: o assassinato em si mesmo; mas reduzida de tal forma, ela seria grosseira e simplificadora. O fato é que todas as associações entre a conduta do menino e o caso (modos de vestir e andar, conversas com colegas, perfil no Facebook etc.) remetem a elementos externos à execução do crime: não é possível vislumbrar nenhum traço de *Assassin's Creed* na forma com que foram assassinados seus quatro familiares. Parece discutível até assumir essa espécie de conexão, que não é da ordem da causa e efeito, como já enfatizei. O laudo de Jacometi suscita a hipótese de que o catalisador de estilo teria sido o filme *Horror em Amityville*, mas ele não embasa o inquérito policial e não tem relação direta com a questão que nos interessa nesta obra.

De qualquer modo, nenhuma dessas quatro leituras dá suporte à relação de causa e efeito entre videogame e violência, e isso me parece bastante claro.

Por outro lado, uma coisa é hipoteticamente assumir a autoria de Marcelo para efeito de uma discussão teórica sobre causa e efeito entre videogame e violência e, desse modo, verificar que nos laudos não é sustentada a existência dessa conexão. Outra bem diferente é assumir as conclusões dos laudos e, logo, a autoria do menino como verdade, hipótese sobre a qual penso que a dúvida persiste.

As declarações de Palomba sobre a personalidade do menino contrastam enormemente com os depoimentos de quem de fato o conhecia: Neiva Damasceno, a médica pneumologista que o acompanhou desde a infância, relata que ele era educado, sorridente e carinhoso e que nunca teve transtorno de comportamento.[108] Evidentemente é um testemunho impactante, uma vez que a tese de Palomba consiste na combinação de "encefalopatia hipóxica", que o fez desenvolver um "delírio encapsulado", confundindo ficção com realidade, particularmente com base em *Assassin's Creed*. A descrição de Palomba sobre a personalidade do menino enquanto encefalopata (frieza afetiva, insensibilidade moral, indiferença, ausência de sentimentos, como piedade, compaixão, remorso) destoa completamente da avaliação da médica que de fato o conheceu. Isso já seria motivo suficiente para lançar fundadas dúvidas sobre o teor do parecer.

Mas uma expressão em particular me causa desconforto e chama atenção: "Exame de insanidade mental póstumo retrospectivo" é o título do documento de 35 páginas elaborado por Palomba. Como o laudo de Vera Lúcia Lourenço Jacometi, ele foi confeccionado com base em "depoimentos e entrevistas de testemunhas que conviveram com Marcelo — médicos que cuidavam dele, colegas de classe, professores, outros parentes e exames periciais sobre as mortes".[109] É um texto que retrata um objeto plenamente ausente e que inevitavelmente será produto de uma imaginação criativa que agrega algo seu ao que escreve. A escrita sempre é um ato de criação que imita a liberdade divina. E, neste caso em particular, o pintor retrata uma realidade ausente, com a qual não teve nenhum contato direto.

Alguém poderá dizer que é comum que laudos sobre insanidade mental sejam elaborados dessa forma quando o "autor" não sobreviveu, ou seja, sem que tenha havido qualquer contato do "sujeito" com o "objeto" do exame. Dirão que nem poderia ser de outro modo e que uma análise indireta permite que conclusões sejam extraídas com segurança suficiente para determinar – ou no mínimo embasar – o resultado de investigações policiais. É neste ponto que ocorre o que já foi chamado de "excesso epistêmico": o autor levanta hipóteses que a realidade não autoriza completamente e as divulga como se fossem verdades absolutas, apesar de o referencial factual estar em questão (vide a perícia de Sanguinetti, por exemplo). O leitor se recordará de que Block fez um estudo semelhante sobre as motivações dos atiradores de Columbine, Harris e Klebold, sem jamais ter tido contato com eles. Block leu milhares de páginas da investigação sobre o caso, mas fez questão de enfatizar que seu estudo era meramente especulativo. Nos laudos do caso Pesseghini aqui discutidos, não é encontrada qualquer espécie de restrição semelhante. Seus autores são absolutamente taxativos e compartilham suas conclusões como se fossem verdades absolutas.

Com todo o respeito ao trabalho de Vera Lúcia Lourenço Jacometi e Guido Palomba, a situação se assemelha muito ao caso de Dillen Constant e ao testemunho do Dr. Craig Anderson, como visto no final da Fase 5. Eles não tiveram qualquer contato com o menino e, mesmo assim, fazem afirmações que não deixam nenhuma margem de dúvida sobre a sua condição e como ele supostamente agiu. A diferença é que não foram confrontados em público por alguém que tenha opiniões contrárias, como os promotores fizeram com Anderson naquele caso. Por sinal, o confronto entre os dois laudos mostra conclusões bastante distintas, ainda que possa haver concordância quanto à autoria. Um deles está errado? Ou os dois estão? Como saber?

Qual é a condição de verdade de laudos produzidos no contexto de tantas limitações, interrogações e aspectos não esclarecidos? O fato de nenhum dos dois jamais ter tido qualquer contato com o menino sugere que é preciso ter muita cautela, ainda mais quando é atribuída uma centralidade tão grande à confusão entre ficção e realidade que teria motivado o garoto a cometer o crime.

Mesmo os depoimentos de colegas podem ter resultado de um processo de contaminação por falsas memórias. As discussões sobre o tema em âmbito processual são extremamente avançadas. Os estudos de Elizabeth Loftus mostram que é bem possível que determinadas informações possam criar uma memória falsa que afeta profundamente a recordação. Isso pode acontecer com facilidade durante um interrogatório que sugestiona a testemunha, ou quando a pessoa tem contato por meio da grande mídia com diferentes leituras sobre um fato ou evento do qual ela participou. As falsas memórias são criadas pela combinação de memórias reais com induções provocados por terceiros: durante o processo em questão, os indivíduos podem esquecer a fonte de informação.[110] Adolescentes são ainda mais vulneráveis, como já foi exaustivamente estabelecido.

O referencial fático está sob suspeita, em razão dos 14 pontos obscuros apontados pela advogada Roselle Soglio e a perícia de Sanguinetti certamente merece atenção. Não vejo como não considerar que o laudo não expressa mais do que o ponto de vista de Palomba sobre o caso, formado com base em fontes indiretas. Isso não significa que ele tenha apenas manifestado uma opinião desqualificada, já que está amparado pelo conhecimento em sua área de atuação. Mas outros psicólogos e psiquiatras têm opiniões muito diferentes sobre o caso. O laudo de Jacometi também apontou a autoria de Marcelo, mas é absolutamente diferente em inúmeros aspectos da reconstrução de sua conduta.

Como reorganizar o quebra-cabeça com tantas peças faltando e tantas outras que simplesmente não se encaixam? Ignorar todas as informações conflitantes para confirmar uma conclusão inicial a qualquer preço é típico da situação descrita por Cordero como *primado das hipóteses sobre os fatos*: trata-se de uma péssima forma de construção do conhecimento, que facilmente sucumbe a erros pela inexistência de mecanismos

VIDEOGAME E VIOLÊNCIA

de correção que só são possíveis quando é dada oportunidade para o contraditório.

Quando um autor escreve isoladamente e fora das amarras do contraditório, é possível produzir um texto que ignora os elementos que não se coadunam com a hipótese desejada e caminha inexoravelmente rumo a sua inevitável conclusão: a corroboração da investigação policial. Penso que as conclusões expostas nos laudos são produto de um excesso manifesto, que ignora por completo os dados que não confirmam a hipótese inicial da qual partiram os autores. Creio que existem amplos motivos para que o caso seja reaberto: não porque eu tenha certeza de que Marcelo Pesseghini não foi o autor da chacina, o que provavelmente jamais saberemos, mas porque sinceramente acredito que existe margem suficiente para dúvida e o Estado Democrático de Direito exige que, em tais situações, a inocência seja preservada, ainda que de maneira anômala como neste caso.

Como se tudo que relatei não fosse suficiente, quase quatro anos após o caso, constatou-se que houve manipulação em um vídeo utilizado para culpar Marcelo pela tragédia. Um perito particular norte-americano contratado pelos avós paternos do garoto descobriu que sumiram frames das filmagens que mostram Marcelo saindo do carro da mãe a caminho da escola. Além da ausência de alguns quadros, há repetição de outros. Vizinhos disseram ao G1 que ouviram no bairro que policiais militares podem ter executado a família. Os avós vão tentar levar o caso à Comissão Interamericana de Direitos Humanos (CIDH) da Organização dos Estados Americanos (OEA), uma vez que a Procuradoria Geral da República (PGR) também negou os pedidos de reabertura do caso. O STJ e o STF também não responderam às solicitações da família.[111]Ao que tudo indica, a polêmica em torno do caso está longe de ser encerrada. "Já se passaram quatro anos, fica muito difícil encontrar realmente quem é ou são os autores do crime, mas a família quer que Marcelinho seja considerado inocente. Ele também é vítima", diz Roselle Soglio, advogada da família.[112]

Os novos subsídios fortalecem ainda mais a hipótese aqui sustentada: Marcelo deve ser oficialmente reconhecido como inocente pelo Estado brasileiro, como desejam seus avós. Que as autoridades tenham a coragem e a dignidade de retificar o erro cometido: Há dúvida mais do que fundada para que assim seja.

O PÂNICO PERSISTE. ATÉ QUANDO?

Mas e quanto ao problema que nos ocupou desde o princípio, ou seja, a suposta relação de causa e efeito entre videogame e violência?

Enquanto o estado das pesquisas permanecer no ponto atual, não há razão para assumir que os jogos violentos tenham efeitos criminógenos e impor qualquer espécie de censura que de algum modo atinja a liberdade de expressão artística de seus criadores. Quem sustenta algo diferente parte de suas próprias significações morais e não é possível esconder isso com nenhum tipo de colorido científico.

Infelizmente, os disseminadores de pânico moral continuarão promovendo criminalização cultural e inventando bodes expiatórios que só servem para nos afastar da verdade e que muitas vezes podem ter consequências muito sérias para direitos fundamentais e liberdades civis diante do controle estatal.

Creio que este livro pode contribuir para que esse tipo de discurso perca mais uma parcela de credibilidade. Embora o pânico moral em torno dos games demonstre extraordinária resiliência, tudo indica que eventualmente restarão apenas alguns pregadores isolados e que as cruzadas contra os jogos eletrônicos farão parte do passado, ainda que isso pareça distante. Nesse sentido, dois exemplos recentes de crucificação moral merecem rápida menção: Rodrigo Constantino acusou *Assassin's Creed Syndicate* de fazer "doutrinação ideológica" por retratar Marx como herói, enquanto políticos da esquerda francesa se irritaram com *Assassin's Creed Unity* por retratar Robespierre como vilão psicopata. Como pode ser visto, os juízos morais podem partir de pessoas com convicções absolutamente opostas no espectro político e que acabam se comportando como gestores da moral alheia.[113]

VIDEOGAME E VIOLÊNCIA

Ainda mais surpreendente é a cruzada movida por "supremacistas brancos" contra o jogo *Wolfenstein II: The New Blood*. A campanha publicitária do jogo abertamente confronta a tolerância demonstrada pelo presidente Donald Trump com a emergência da extrema direita nos Estados Unidos, o que fez com que verdadeira guerra de palavras fosse deflagrada contra o game na internet.[114] Pete Hines, representante da Bethesda, distribuidora do game, foi enfático: "*Wolfenstein* tem sido uma série antinazista desde seu início, há mais de vinte anos. Nós não iremos esconder do que trata o jogo. Não sentimos que há exagero algum em dizer que nazistas são ruins e contrários aos valores norte-americanos e não temos nenhuma dúvida de em que lado estamos."[115] A última edição da consagrada série *COD*, cujo subtítulo é *WWII*, retomou as origens da franquia e novamente colocou os jogadores em confronto com nazistas na campanha *single player*. Embora a desenvolvedora Sledgehammer tenha decidido que não retrataria diretamente campos de concentração, o simples fato de refrescar no imaginário coletivo a memória do Holocausto é digno de mérito, especialmente em tempos de ascensão de ideologias nazifascistas ao redor do mundo.

Dois trailers de games revelados pela Sony no evento Paris Game Week também suscitaram uma boa dose de controvérsia: apesar do contexto apocalíptico da série, *Last of Us 2* foi criticado pelo nível elevado de violência contra mulheres, enquanto *Detroit: Become Human* causou polêmica pela retratação de violência doméstica. Embora rotineiros em outras mídias, os temas ainda provocam desconforto quando contemplados nos games. Questionado sobre o tema, David Cage, roteirista de *Detroit: Become Human* questionou se as mesmas perguntas seriam feitas a um escritor ou cineasta e arrematou: "Jamais produziria algo que contrariasse os valores que prezo. Não faria um jogo racista ou misógino [...] games são uma forma de expressão artística que deve ser livre para expressar diferentes temas, incluindo emoções fortes e sombrias, desde que isso ocorra de modo justo, honesto e sincero."[116] A violência doméstica não é retratada de forma favorável, mas isso não impediu que a temática gerasse fortes reações simplesmente pelo fato de fazer parte de um game.

No Brasil, o preconceito contra os games ainda é muito forte: no dia 15 de janeiro de 2016, o ministro da Justiça do governo Dilma Rousseff, José Eduardo Cardoso, afirmou que a "apologia à violência" em esportes e games alimenta a criminalidade no Brasil. De forma desastrada ele afirmou que a "a violência é hoje cultivada e aplaudida, seja em esportes ou jogos de crianças pequenas". "Outro dia ouvi um especialista dizer que nunca viu um game em que o vencedor é quem salva vidas, pois o vencedor é sempre quem mata. Essa cultura da exaltação da violência se projeta e acaba banalizando a violência, disseminando uma realidade perversa em que seres humanos podem aniquilar, ferir os outros em atos que são socialmente reprovados", afirmou Cardozo. A matéria indica que o ministro não forneceu detalhes sobre como o governo pretendia lidar com o tema.[117] Como tivemos a oportunidade de notar, o ministro parte de premissas completamente equivocadas sobre o público-alvo e o próprio sentido dos games.[118] É preciso reagir de imediato quando declarações dessa espécie forem veiculadas na grande mídia, como eu fiz em entrevista para o site Bahia Notícias, refutando as alegações de Cardozo.[119] Já queimamos bruxas e histórias em quadrinhos. Felizmente, hoje essa violência não é mais do que uma lembrança desagradável, ainda que eventualmente tenhamos que lidar com declarações como a do deputado federal Jair Bolsonaro, que afirmou: "Isso leva a molecada a perder o freio. Por exemplo: videogame é um crime. Você tem que coibir o máximo possível, não aprende nada." O deputado teceu o comentário durante sua participação no programa *Mulheres*, da TV Gazeta. Procurado alguns anos depois pelo UOL Jogos, seu filho, o também deputado Eduardo Bolsonaro, atenuou as declarações afirmando que o pai teria se referido a jogos violentos que deviam ser proibidos para menores, sendo considerada criminosa a sua venda.[120] A proposta reflete exatamente o espírito da legislação californiana derrubada pela Suprema Corte dos Estados Unidos, como vimos no início desta fase.

VIDEOGAME E VIOLÊNCIA

No dia 14 de fevereiro de 2018, Nikolas Cruz, ex-aluno da escola Marjory Stoneman Douglas, de Parkland, ao norte de Miami, protagonizou um ataque a tiros na instituição: armado, com um rifle AR15 legalmente adquirido, provocou a morte de 17 pessoas. Cruz, de 19 anos, havia sido expulso da escola por problemas disciplinares. O conteúdo de seus perfis em redes sociais foi considerado perturbador, já que o rapaz aparecia em inúmeras fotos portando rifles e armas. Mas dois dias depois, o "responsável" havia sido eleito: os jogos eletrônicos. Matt Bevin, governador de Kentucky, e Brian Mast, deputado da Flórida, fizeram os comentários habituais sobre os supostos efeitos dos games.[121] Os dois políticos receberam doações da National Rifle Association ao longo de sua carreira.[122] Alguns dias depois, o presidente Donald Trump declarou estar preocupado com o conteúdo violento dos games e convocou uma reunião na Casa Branca para discutir o tema. Trump exibiu uma compilação que reunia trechos descontextualizados de vários games e arrematou: "isso é violento, não é?".[123] O vídeo foi posteriormente disponibilizado no canal da Casa Branca no *YouTube.*[124]

Enfrentemos o tema com a seriedade que ele exige: os games podem ser apenas diversão, mas a criminalização cultural de jogos, criadores e gamers ainda é uma espantosa e anacrônica realidade. E contra ela é preciso resistir no âmbito de uma Criminologia abertamente engajada em defesa da liberdade e da democracia, contra a criminalização cultural promovida por reacionários culturais e empreendedores morais.

NOTAS

1. Suprema Corte dos Estados Unidos. Em: <http://www.supremecourt.gov/opinions/10pdf/08-1448.pdf>.
2. *Ibidem.*
3. *Ibidem.*
4. *Ibidem.*
5. *Ibidem.*
6. *Ibidem.*
7. *Ibidem.*
8. *Ibidem.*
9. *Ibidem.*

SALAH H. KHALED JR.

10. *Ibidem.*
11. *Ibidem.*
12. Stephen Totilo. Em: <http://kotaku.com/5679655/highlights-of-todays-big--supreme-court-video-game-case>.
13. Suprema Corte dos Estados Unidos. Em: <http://www.supremecourt.gov/opinions/10pdf/08-1448.pdf>.
14. Christopher J. Ferguson *et al.*, 2012a.
15. Stephen Totilo. Em: <http://kotaku.com/5795472/video-games-defeat-california--in-supreme-court-battle-over-violent-video-games>.
16. *Ibidem.*
17. Eddie Makuch. Em: <http://www.gamespot.com/articles/anti-game-senator--gets-5-years-in-prison-for-polit/1100-6435068/>.
18. *Idem.* Em: <http://www.gamespot.com/articles/supreme-court-justice-who-ruled--in-landmark-video-/1100-6434781/>.
19. Christopher J. Ferguson, 2009.
20. Salah H. Khaled Jr., 2016e.
21. Rui Cunha Martins e Fernando Gil, 2002, pp. 22-23.
22. Rui Cunha Martins, 2010.
23. *Idem*, 2013, pp. 98-99.
24. *Idem. In:* Salah H. Khaled Jr. (coord.), 2015.
25. Salah H. Khaled Jr., 2016d.
26. Fred Barbash. Em: <https://www.washingtonpost.com/news/morning-mix/wp/2015/09/18/how-and-why-justices-kagan-and-breyer-faced-off-in-a-violent-video-game-to-help-decide-a-major-case/>.
27. Christopher J. Ferguson *et al.*, 2012b, pp. 141-146.
28. Becky Bratu. Em: <http://usnews.nbcnews.com/_news/2012/12/14/15909827--connecticut-school-shooting-is-second-worst-in-us-history?lite>.
29. Neil Vigdor. Em: <http://www.ctpost.com/newtownshooting/article/State-Police--All-26-Newtown-victims-shot-with-4222299.php>.
30. Andrei Droba. Em: <http://games.softpedia.com/blog/Connecticut-School--Shooting-Blamed-Wrongly-on-Mass-Effect-314991.shtml>.
31. Stephen J. Sedensky III. Em: <http://www.ct.gov/csao/lib/csao/Sandy_Hook_Final_Report.pdf>.
32. Daniel Bates e Helen Pow. Em: <http://www.dailymail.co.uk/news/article-2516427/Sandy-Hook-shooter-Adam-Lanza-83k-online-kills-massacre.html>.
33. Christopher J. Ferguson. Em: <http://www.huffingtonpost.com/christopher-j-ferguson/how-journalists-contribut_b_6213190.html>.
34. Em: <https://twitter.com/realdonaldtrump/status/280812064539283457?lang=pt>.
35. Eric Kain. Em: <http://www.motherjones.com/politics/2013/06/video-games-violence-guns-explainer>.

VIDEOGAME E VIOLÊNCIA

36. *Time Warner.* Em: <http://www.timewarner.com/newsroom/press-releases/1999/11/15/fortune-releases-annual-survey-of-most-powerful-lobbying>.
37. Eric Kain, *op. cit.*
38. Ben Hallman. Em: <http://www.huffingtonpost.com/2012/12/21/nra-video--games-gun-violence_n_2348219.html>.
39. *Ibidem.*
40. Barry Meier e Andrew Martin. Em: <http://www.nytimes.com/2012/12/25/business/real-and-virtual-firearms-nurture-marketing-link.html?hp&pagewanted=all&_r=0>.
41. *G1.* Em: <http://g1.globo.com/mundo/noticia/2012/12/professores-de-utah-sao--treinados-a-usar-arma-apos-massacre-em-newtown.html>.
42. *The Guardian.* Em: <http://www.theguardian.com/world/2013/jan/03/newtown-shooting-video-game-buyback>.
43. *Game Politics.* Em: <http://gamepolitics.com/2013/01/25/conn-senator-blames--video-games-influencing-sandy-hook-shooter#.Vag6Y_lVikp>.
44. Brett Molina. Em: <http://www.usatoday.com/story/tech/gaming/2013/01/16/obama-gun-violence-video-games/1839879/>; Owen Good. Em: <http://kotaku.com/5976454/president-asks-congress-to-fund-study-of-video-games-and-violence>.
45. Ver o currículo de Bushman na página da Ohio State University. Em: <http://www.comm.ohio-state.edu/people/faculty/userprofile/67.html>.
46. Jason Schreier. Em: <http://kotaku.com/5975805/on-friday-joe-biden-asked-the-video-game-industry-to-improve-its-image>.
47. Patrick Howell O'neill. Em: <http://www.dailydot.com/layer8/donald-trump-hillary-clinton-video-games-violence/>.
48. Jonathon Dornbush. Em: http://www.ign.com/articles/2017/02/03/how-game-developers-publishers-are-responding-to-president-trumps-immigration-ban.
49. Christopher J. Ferguson. Em: <http://ideas.time.com/2012/12/20/sandy-hook-shooting-video-games-blamed-again/>.
50. *Idem.* Em: <http://www.courant.com/opinion/hc-op-ferguson-violent-video--games-blamessless-for-20140103-story.html>.
51. Eric Kain, *op. cit.*
52. *BBC News.* Em: <http://www.bbc.com/news/world-us-canada-30484531>.
53. Rob Polansky. Em: <http://www.wfsb.com/story/28472592/nine-sandy-hook--families-sue-lanza-estate>.
54. James Nye. Em: <http://www.dailymail.co.uk/news/article-2510991/Ryan-Jake--Lambourn-Sandy-Hook-video-game-Virginia-Tech-Rampage.html>.
55. Gearoid Ready. Em: <http://www.escapistmagazine.com/articles/view/videogames/issues/issue_101/558-The-Great-Gaming-Moral-Panic.3>.
56. Eric Tucker. Em: <http://www.huffingtonpost.com/2013/09/18/aaron-alexis--microwave-machine_n_3946916.html>.

57. Greg Botelho e Joe Sterling. Em: <http://edition.cnn.com/2013/09/25/us/washington-navy-yard-investigation/?hpt=us_c2>.
58. Eliott C. Mclaughlin. Em: <http://edition.cnn.com/2013/09/18/us/navy-yard-alexis-red-flags/index.html?iid=article_sidebar>.
59. Michael Schmidt. Em: <http://www.nytimes.com/2013/09/18/us/state-law-stopped-gunman-from-buying-rifle-officials-say.html?_r=2&>.
60. Tommy Cristopher. Em: <http://www.mediaite.com/tv/president-obama-tells-telemundo-navy-yard-shooting-shows-need-for-tighter-background-checks/>.
61. Wayne Carter. Em: <http://www.dallasnews.com/news/local-news/20130916--navy-yard-shooter-faced-gun-charges-in-fort-worth-seattle.ece>.
62. Ana Campoy. Em: <http://blogs.wsj.com/washwire/2013/09/16/friend-aaron--alexis-skilled-at-shooter-videogames/>.
63. *FOX News*. Em: <http://www.foxnews.com/us/2013/09/17/dc-gunman-obsessed--with-violent-video-games-reports-say/>.
64. *Agência Brasil*. Em: <http://zh.clicrbs.com.br/rs/noticias/noticia/2016/01/obama--apresenta-medidas-para-reduzir-violencia-com-armas-de-fogo-4944687.html>.
65. Jason Scheeler. Em: <http://kotaku.com/after-mass-shooting-fox-news-host-wonders-if-gamers-sh-1335462866>.
66. David Edwards. Em: <http://www.rawstory.com/rs/2013/09/17/fox-news-hasselbeck-navy-yard-shooting-shows-need-for-video-game-registry-not-gun-control/>.
67. Sean Hollister. Em: <http://www.theverge.com/2013/7/16/4526770/will-the-nsa-use-the-xbox-one-to-spy-on-your-family>; Dale North. Em: <http://www.destructoid.com/your-privacy-and-what-xbox-one-kinect-really-sees-264691.phtml>.
68. Mark Mazzeti. Em: <http://www.nytimes.com/2013/12/10/world/spies-dragnet--reaches-a-playing-field-of-elves-and-trolls.html?pagewanted=1>.
69. Michelle Quinn. Em: <http://www.mercurynews.com/michelle-quinn/ci_24696675/quinn-nsa-looking-terrorists-video-games-its-now>.
70. Mark Mazzeti, *op. cit.*
71. *G1*. Em: <http://g1.globo.com/Tragedia-em-Realengo/noticia/2011/04/atirador--entra-em-escola-em-realengo-mata-alunos-e-se-suicida.html>.
72. *UOL*. Em: <http://noticias.uol.com.br/cotidiano/ultimas-noticias/2011/04/07/irma-de-atirador-diz-que-ele-era-ligado-ao-islamismo-e-nao-saia-muito-de-casa--ele-deixou-carta-suicida.htm>.
73. *Agência Brasil*. Em: <http://memoria.ebc.com.br/agenciabrasil/noticia/2011-04-07/muculmanos-negam-que-homem-que-matou-alunos-no-rio-seja-islamico-ou--tenha-vinculos-com-religiao>.
74. *G1*. Em: <http://g1.globo.com/Tragedia-em-Realengo/noticia/2011/04/manuscritos-de-atirador-mostram-fixacao-por-terrorismo.html>.
75. *Ibidem*.

VIDEOGAME E VIOLÊNCIA

76. *O Globo*. Em: <http://oglobo.globo.com/rio/wellington-menezes-era-vitima-de--bullying-nos-tempos-da-escola-2798927>.
77. Clarissa Monteagudo *et al.*. Em: <http://extra.globo.com/casos-de-policia/realengo-conheca-em-detalhes-quem-era-como-vivia-wellington-menezes-de--oliveira-1539375.html>.
78. Aluizio Freire. Em: <http://g1.globo.com/Tragedia-em-Realengo/noticia/2011/04/delegado-da-divisao-de-homicidios-concluiu-que-atirador-agiu-sozinho.html>.
79. Clarissa Monteagudo *et al.*, *op. cit.*
80. Antônio Werneck e Sérgio Ramalho. Em: <http://oglobo.globo.com/rio/wellington-tinha-interlocutor-com-quem-falava-sobre-religiao-jogos-eletronicos-de--guerra-2798308>.
81. *G1*. Em: <http://g1.globo.com/sao-paulo/noticia/2014/05/apos-9-meses-policia--conclui-inquerito-do-caso-pesseghini.html>.
82. Kleber Tomaz. Em: <http://g1.globo.com/sao-paulo/noticia/2013/08/suspeito-de--matar-pais-pms-usa-foto-de-game-de-assassino-no-facebook.html>.
83. *Redação Arena/IG*. Em: <http://arena.ig.com.br/2013-08-08/ubisoft-responde--veiculos-que-associaram-assassins-creed-a-tragedia-familiar.html>.
84. Kiko Nogueira. Em: <http://www.diariodocentrodomundo.com.br/os-games--violentos-levaram-marcelo-pesseghini-a-cometer-o-crime/>.
85. *Terra*. Em: <http://games.terra.com.br/ubisoft-e-uma-falacia-associar-entretenimento-com-acoes-individuais-sobre-caso-pesseghini,d9585ae45ae50410VgnVC-M3000009acceb0aRCRD.html>.
86. *UOL*. Em: <http://jogos.uol.com.br/ultimas-noticias/2015/03/11/antes-de-battlefield-marcelo-rezende-ja-criticou-os-games-na-tv-veja.htm>.
87. Bruno Paes Manso. Em: <http://sao-paulo.estadao.com.br/noticias/geral,mae-de--menino-denunciou-pms-diz-comandante,1061621>.
88. Giba Bergamim Jr. e Daniela Lima. Em: <http://www1.folha.uol.com.br/cotidiano/2013/08/1324595-governo-cobra-esclarecimentos-de-coronel-sobre-denuncias--de-pm.shtml>.
89. Aliny Gama. Em: <http://noticias.uol.com.br/cotidiano/ultimas-noticias/2013/08/11/legista-do-caso-pc-farias-contesta-pm-de-sp-e-diz-que-filho-de--sargento-da-rota-foi-assassinado.htm>.
90. Kleber Tomaz. Em: <http://g1.globo.com/sao-paulo/noticia/2015/02/pela-segunda-vez-justica-nega-reabertura-do-caso-pesseghini.html>.
91. *G1*. Em: <http://g1.globo.com/sao-paulo/noticia/2014/05/apos-9-meses-policia--conclui-inquerito-do-caso-pesseghini.html>.
92. Kleber Tomaz. Em: <http://g1.globo.com/sao-paulo/noticia/2015/02/pela-segunda-vez-justica-nega-reabertura-do-caso-pesseghini.html>..

SALAH H. KHALED JR.

93. Amanda Mont'alvão Veloso. Em: <http://noticias.r7.com/sao-paulo/um-ano--depois-advogada-levanta-14-misterios-sobre-caso-pesseghini-05082014>
94. Guido Palomba, 2017.
95. Franco Cordero, 1986, p. 51.
96. Salah H. Khaled Jr., 2016e.
97. Itamar Melo. Em: <http://zh.clicrbs.com.br/rs/noticias/noticia/2013/09/psico-loga-diz-que-ambiente-familiar-e-jogos-mortais-teriam-influenciado-marcelo--pesseghini-4263833.html>.
98. *Ibidem*.
99. Guido Palomba, *op. cit.*
100. *Ibidem*, p.34.
101. *Ibidem*, p.35.
102. *Ibidem*, p.32.
103. *Ibidem*, p.33.
104. *Ibidem*, p.33.
105. *Ibidem*, p.34.
106. Mário Corso. Em: <http://zh.clicrbs.com.br/rs/noticias/tecnologia/noticia/2013/09/a-violencia-real-nao-vem-da-fantasia-afirma-psicanalista-mario-corso-4266334.html>. (Grifos meus.)
107. Ruggero Levy. Em: <http://zh.clicrbs.com.br/rs/noticias/tecnologia/noticia/2013/09/o-game-podera-dar-o-colorido-mas-nao-ser-a-causa-diz-psicanalista--ruggero-levy-4266336.html>. (Grifos meus.)
108. Kleber Tomaz. Em: <http://g1.globo.com/sao-paulo/noticia/2013/08/medica--dira-policia-que-remedio-nao-afetou-suspeito-de-chacina-em-familia.html>.
109. Kleber Tomaz. Em: <http://g1.globo.com/sao-paulo/noticia/2013/09/laudo--aponta-doenca-mental-e-compara-filho-de-pms-dom-quixote.html>.
110. Elizabeth Loftus, 1997, pp. 71-75.
111. Kleber Tomaz e Cíntia Acayaba. Em: <https://g1.globo.com/sao-paulo/noticia/familia-quer-levar-a-oea-laudo-dos-eua-sobre-manipulacao-em-video-do-caso--pesseghini.ghtml>.
112. Thais Skodowski. Em: https://istoe.com.br/caso-pesseghini-marcelinho-e-inocente/.
113. Rodrigo Constantino, Em: <http://rodrigoconstantino.com/artigos/doutrinacao--ideologica-no-jogo-assassins-creed-marx-vira-heroi/> ; Thiago Jansen. Em: <http://oglobo.globo.com/sociedade/tecnologia/novo-assassins-creed-irrita--franceses-por-retratar-robespierre-como-um-vilao-psicopata-14588745>.
114. Tauriq Moosa. Em: <https://www.theguardian.com/global/commentisfree/2017/oct/27/nazis-videogames-white-grievance-wolfenstein>.
115. James Batchelor. Em: <http://www.gamesindustry.biz/articles/2017-10-06-be-thesda-were-not-afraid-of-being-openly-anti-nazi>.

VIDEOGAME E VIOLÊNCIA

116. Martin Robinson. Em: <http://www.eurogamer.net/articles/2017-10-31-david-
-cage-on-detroit-and-its-depiction-of-domestic-violence>.
117. João Fellet. Em: <http://www.bbc.com/portuguese/noticias/2016/01/160114_en-
trevista_cardozo_jf_cc?ocid=socialflow_facebook>.
118. Salah H. Khaled Jr., 2016d.
119. Cláudia Cardozo e Marcos Maia. Em: <http://www.bahianoticias.com.br/justica/
noticia/53248-especialista-discorda-de-ministro-da-justica-e-diz-que-games-nao-
-provocam-violencia.html>.
120. *UOL Jogos*. Em: <https://jogos.uol.com.br/ultimas-noticias/2017/03/07/para-
-jair-bolsonaro-crianca-jogar-game-violento-e-um-crime.htm>.
121. Sean Keach Em: <https://www.thesun.co.uk/tech/5592445/florida-school-shoo-
ting-blamed-video-games-guns-kentucky-governor-matt-bevin/>.
122. *Digital Trends*. Em: <https://www.digitaltrends.com/gaming/republicans-blame-
-violent-video-games-for-encouraging-killings/>.
123. CAMPBELL, Colin. 'This is violent, isn't it?' Em: <https://www.polygon.
com/2018/3/8/17098056/trump-white-house-video-games-meeting>.
124. Disponível em: <https://www.youtube.com/watch?v=0C_IBSuXIoo&feature=
youtu.be>.

Epílogo

Em defesa de uma inigualável experiência do impossível

Este livro foi escrito por alguém que não se contentou em viver uma única vida: fui encanador, soldado, piloto de fórmula 1, jogador de basquete, técnico e jogador de futebol, jedi, prefeito, mago, demônio, cavaleiro medieval e desempenhei infinitos outros papéis. Salvei incontáveis mundos da destruição iminente que os ameaçava. Sobrevivi a explosões nucleares. Resgatei princesas. Experimentei a agonia da derrota e o triunfo inigualável de quem acerta um arremesso de três pontos instantes antes de o tempo se esgotar, vencendo uma partida praticamente perdida. Dei um disparo certeiro e explodi a Estrela da Morte. Vivi uma vida de delinquência e criminalidade e prosperei como nunca no submundo do crime. Fui uma aventureira(!) e desbravei incontáveis tumbas repletas de tesouros perdidos. Desenvolvi hábitos alimentares exóticos e devorei fantasmas. Enfrentei as próprias hordas do inferno e triunfei sobre elas sem maiores dificuldades. Construí uma civilização a partir do nada e conquistei as estrelas. Sim, eu vivi e permaneço vivendo uma vida plena e repleta de histórias. Uma vida nunca me bastou, e por isso escolhi viver várias. E devo tudo isso a uma inigualável experiência do impossível, que me acompanhou (e continua a me acompanhar) ao longo de toda a vida: os games.

Digo mais: vivenciar todas essas emoções foi muito mais prazeroso do que escrever este livro, que com certeza foi um dos meus maiores desafios. De certo modo ele está sendo escrito há mais de três décadas.

Foram necessários 31 anos até que aquele pequeno menino presenteado com um Telejogo passasse por todos os rigores de uma formação acadêmica e dominasse as ferramentas conceituais necessárias para tratar um tema tão rico com a devida dignidade. Mesmo os jogos mais difíceis que enfrentei empalidecem diante da dificuldade que a conclusão da obra representou. Não exagero quando digo que sob muitos aspectos o livro foi tão difícil quanto a elaboração da minha tese de doutorado, principalmente em função da gigantesca quantidade de fontes pesquisadas. Foram quatro anos de pesquisa e construção do texto. Quatro anos nos quais joguei pouco e escrevi muito. Não foi um trabalho contínuo. Foi feito de maneira intercalada, nos intervalos que sobraram entre aulas, palestras, orientações, prazos para entrega de artigos, colunas semanais no *Justificando* e assim por diante. Sem dúvida, é uma obra muito diferente da que planejei originalmente. Era algo muito mais modesto, mas decidi ir atrás de todos os troféus (ou conquistas) possíveis. Quanto mais eu pesquisava, mais me encantava com a temática e mais era necessário aprofundar a fundamentação teórica e, ao mesmo tempo, me preocupar em fazer com que o texto permanecesse claro e acessível. Apesar de ter sido desgastante, o processo foi gratificante: aprendi muito sobre Criminologia e sobre games. Sei muito mais do que sabia sobre esses dois assuntos antes de enfrentar a dura jornada até a conclusão da obra.

Confesso que por muitas vezes cogitei abandonar o livro. Quem joga conhece o sentimento: aquela frustração típica de quem quer atirar o controle longe. Mas a idade me ensinou a ser paciente. Eu me tornei um jogador melhor por isso e, creio, um pesquisador melhor também. Perseverei e o resultado final está aí. Obviamente não platinei, mas cheguei até o fim, o que não deixa de ser um novo começo. Entrego a obra para os milhões de amigos e amigas que habitam a subcultura gamer e espero as devidas contribuições. Considere a obra um *open beta* e sinta-se convidado a participar, apontando omissões e eventuais equívocos que serão prontamente corrigidos em futuras edições. Se tudo der certo, o livro poderá render infinitas atualizações, embora eu sinceramente espere que ele perca seu prazo de validade e eventualmente a criminalização cultural dos games se torne um fantasma ridículo do passado.

VIDEOGAME E VIOLÊNCIA

O juízo final da obra é do público leitor. Caberá a ele julgar se a argumentação é ou não consistente e se valeu a pena o tempo investido. Como sempre digo, o que escrevi não é a palavra definitiva sobre o tema. Não é uma verdade acabada. É apenas uma hipótese qualificada e preenchida de significado por uma pesquisa exaustiva e pelo referencial teórico adotado. Dizer isso não é pouco, mas é muito menos do que reivindicar a condição de autoridade e de "dono da verdade" sobre determinado tema. A humildade é uma exigência para todos os pesquisadores que realmente estão comprometidos com o avanço do conhecimento. Gosto de pensar que é o meu caso.

Eu poderia encerrar o livro com um texto contemplando todas as pequenas conclusões que compartilhei ao longo da obra. Mas como disse no prelúdio, este não é um livro acadêmico, embora tenha um substrato teórico claramente identificável. Não será defendido perante uma banca. Não é uma tese de doutorado. É uma obra escrita por um criminologista engajado contra o processo de criminalização cultural dos games e que reconhece que eles são parte essencial de sua vida e da própria identidade. Devo muito do que sou aos games e essa é a minha maneira de retribuir.

Prefiro encerrar de modo condizente com essa proposta, compartilhando um pequeno fragmento que mostra quanto os games podem tocar a vida de alguém e proporcionar sensações que jamais poderiam ser experimentadas de outro jeito. Acomode-se na poltrona caso você não conheça essa história. É possível que a melhor parte do livro tenha ficado para o final.

Um menino adorava jogar games de corrida com seu pai no console Xbox original. Mas o pai morreu tragicamente quando o garoto tinha apenas 6 anos. Ele confessa não ter muitas lembranças do pai, mas se recorda de que eles experimentavam uma ligação especial quando jogavam *Rallisport Challenge*. Quando o pai morreu, ele abandonou o console.

Dez anos depois, ele finalmente teve coragem de ligar o Xbox novamente e dar uma olhada no jogo. E ficou espantado com o que encontrou: um fantasma.

SALAH H. KHALED JR.

Quando o rapaz, agora com 16 anos, começou uma corrida, percebeu que o jogo havia gravado a volta mais rápida de seu pai na pista. Ela ficou registrada como um "ghost car", que ainda pode ser enfrentado pelo jogador. Sempre que alguém corre na pista, uma espécie de espectro do carro do detentor do melhor tempo também aparece para que ele possa ver quanto está perto de superar o adversário virtual. O jogador literalmente corre contra o detentor do melhor tempo. O rapaz, contra o tempo registrado por seu falecido pai.

O rapaz relata que jogou, jogou e jogou até que um dia finalmente conseguiu ultrapassar o carro fantasma.

Ele conta que parou justamente na frente da linha de chegada, para garantir que o fantasma não fosse apagado e substituído por sua volta, que se tornaria a mais rápida. Enquanto a marca não for superada, ele poderá continuar jogando com seu pai.[1]

Felicidade é a palavra que ele utiliza para descrever a sensação que experimentou. Pai e filho. Novamente correndo juntos, dez anos depois. Em defesa de uma inigualável experiência do impossível. Nada mais precisa ser dito.

Um grande abraço e boa diversão!

NOTAS

1. David Raven. Em: <http://www.mirror.co.uk/news/technology-science/technology/teenager-who-found-dead-fathers-4111514>.

Agradecimentos

Para Aline, pela paciência. Te amo. Sempre.

Para Salah Hassan Khaled, *in memoriam*. Obrigado por me apresentar ao mundo repleto de magia dos games. Nada nunca mais foi igual depois do Telejogo.

Para Bolt, o supercão: incansável companheiro de intermináveis horas de jogatina.

Para os amigos Rubens Casara, Marcia Tiburi, Maurício Muniz, Henderson Fürst, Gustavo Abreu, Aury Lopes Jr., Álvaro Filipe Oxley da Rocha, Gabriel Divan, Guilherme Michellotto Böes, Bernardo de Azevedo e Souza, Carlos André Birnfeld, Cristian Ramos Alves, Felipe de Almeida Motta, Márcio Superti de Oliveira, Diogo Miranda, Otávio Pontes Corrêa e Bryan Devos.

Para Andréia Amaral, Ana Clara Werneck, Fábio Martins e Leticia Feres, por terem tornado meu sonho realidade.

Para todos os alunos com quem tive a oportunidade de debater nos meus sete anos como professor de Criminologia na Universidade Federal do Rio Grande (FURG).

Para todos os amigos e amigas da subcultura gamer que lutam contra a criminalização cultural do nosso hobby. Este livro não é apenas meu. É de todos nós. Que ele nos ajude nas batalhas que inevitavelmente virão. Somos um só!

Créditos finais

ADACHI, Paul J.C.; WILLOUGHBY, Teena. "The effect of violent video games on aggression: Is it more than just the violence?". In: *Aggression and Violent Behavior*, n° 16, 2011.

ADDARIO, Ana Carolina. "Videogame pode fazer bem à saúde". IG Jovem. Em: <http://jovem.ig.com.br/oscuecas/noticia/2011/01/15/videogame+pode+fazer+bem+a+saude+10346394.html>. Acesso em 17/7/2015.

ADKINSON, Cary D. "The amazing spider-man and the evolution of the comics code: a case study in cultural criminology". In: *Journal of Criminal Justice and Popular Culture*, v. 15, n° 3, 2008.

AFAQI, Aijaz. "Life is not a video game". Em: <http://web.archive.org/web/20120403063549/http://arabnews.com/opinion/columns/article161055.ece>. Acesso em 5/8/2013.

AGÊNCIA BRASIL. "Muçulmanos negam que homem que matou alunos no Rio seja islâmico ou tenha vínculos com a religião." Em: <http://memoria.ebc.com.br/agenciabrasil/noticia/2011-04-07/muculmanos-negam-que-homem-que-matou-alunos-no-rio-seja-islamico-ou-tenha-vinculos-com-religiao>. Acesso em 3/12/2016.

_____. "Obama apresenta medidas para reduzir violência com armas de fogo." Em: <http://zh.clicrbs.com.br/rs/noticias/noticia/2016/01/obama-apresenta-medidas-para-reduzir-violencia-com-armas-de-fogo-4944687.html>. Acesso em 6/1/2016.

ALPHAGALILEO. "Do violent video games really make us violent?". Em: <http://www.alphagalileo.org/ViewItem.aspx?ItemId=109982&CultureCode=en>. Acesso em 3/10/2013.

ALVES, Gabriel. "Na área da psicologia, 61% dos estudos são frágeis". *Folha de S.Paulo.* Em: <http://www1.folha.uol.com.br/ciencia/2015/08/1674716-na-area-da-psicologia-61-dos-estudos-cientificos-sao-frageis.shtml>. Acesso em 4/12/2016.

ANDERSON, Craig. A. "An update on the effects of playing violent video games". In: *Journal of Adolescence*, n° 27, 2004.

SALAH H. KHALED JR.

_____. CARNAGEY, Nicholas L. "Causal effects of violent sports video games on aggression: Is it competitiveness or violent content?". In: *Journal of Experimental Social Psychology*, n° 45, 2009.

_____. SHIBUYA, Akiko; IHORI, Nobuko; SWING, Edward L.; BUSHMAN, Brad J.; SAKAMOTO, Akira; ROTHSTEIN, Hannah R.; SALEEM, Muniba. "Violent video game effects on aggression, empathy, and prosocialbehavior in eastern and western countries: a meta-analytic review". In: *Psychological Bulletin*, v. 136, n°. 2, 2010.

_____. DILL, Karen E. "Video games and aggressive thoughts, feelings, and behavior in the laboratory and in life". In: *Journal of Personality and Social Psychology*, v. 78, n° 4, 2000.

_____. BUSHMAN, Brad. "External validity of 'trivial' experiments: the case of laboratory aggression". In: *Review of General Psychology*, 1, 1997.

_____. BUSHMAN, Brad. J. "Human aggression". In: *Annual Review of Psychology*, n° 53, 2002.

ASSOCIATED PRESS. "Columbine lawsuit against makers of video games, movies thrown out." Em: <http://www.firstamendmentcenter.org/columbine-lawsuit--against-makers-of-video-games-movies-thrown-out>. Acesso em 25/7/2015>.

AUGE, Karen. "Violent entertainment still popular". Denver Post. Em: <http://extras.denverpost.com/news/col0420f.htm>. Acesso em 17/9/2013.

BANGOR DAILY NEWS. "Pedestrian hunting game called sick, sick, sick." Em: <http://news.google.com/newspapers?nid=2457&dat=19761224&id=MmwzA AAAIBAJ&sjid=nDgHAAAAIBAJ&pg=2487,2825349>. Acesso em 21/2/2015.

BARATTA, Alessandro. *Criminologia crítica e crítica do Direito Penal*: Introdução à sociologia do Direito Penal. Rio de Janeiro: Revan, 1999.

BARBASH, Fred. "Why two Supreme Court justices played a violent video game to help decide a major case". *The Washington Post*. Em: <https://www.washington-post.com/news/morning-mix/wp/2015/09/18/how-and-why-justices-kagan-and--breyer-faced-off-in-a-violent-video-game-to-help-decide-a-major-case/>. Acesso em 6/1/2016.

BARKER, Andrew. "Review: 'Playing Columbine'". Variety. Em: <http://variety.com/2008/film/reviews/playing-columbine-1117939050/>. Acesso em 9/9/2013.

BARTELS, Lynn; CROWDER, Carla. "Fatal friendship: how two suburban boys traded baseball and bowling for murder and madness". In: *Denver Rocky Mountain News*. 22/8/1999. Em: <http://denver.rockymountainnews.com/shooting/0822fatal.shtml>. Acesso em 4/9/2013.

BARTHOLOW, Bruce D.; ANDERSON, Craig A. "Effects of Violent Video Games on Aggressive Behavior: Potential Sex Differences". In: *Journal of Experimental Social Psychology*, n° 38, 2002, pp. 283-290.

————·BUSHMAN, Brad J.; SESTIR, Marc A. "Chronic violent video game exposure and desensitization to violence: Behavioral and event-related brain potential data". In: *Journal of Experimental Social Psychology*, n°42, 2006.

BATES, Daniel; POW, Helen. "Lanza's descent to madness and murder: Sandy Hook shooter notched up 83,000 online kills including 22,000 'head shots' using violent games to train himself for his massacre". *Daily Mail*. Em: <http://www.dailymail. co.uk/news/article-2516427/Sandy-Hook-shooter-Adam-Lanza-83k-online-kills- -massacre.html>. Acesso em 17/7/2015.

BBC NEWS. "Bully game dropped from UK shops." Em: <http://news.bbc.co.uk/2/ hi/technology/6063502.stm>. Acesso em 7/9/2013.

————· "Germany lifts Doom sales ban after 17 years." Em: <http://www.bbc.com/ news/technology-14748027>. Acesso em 2/12/2016.

————· "Liam fox defends call for ban of Medal of Honor game." Em: <http://www. bbc.co.uk/news/technology-11056581>. Acesso em 11/9/2013.

————· "Man jailed for life for toddler Violet Mullen's murder." Em <http://www.bbc. co.uk/news/uk-england-manchester-11784103>. Acesso em 13/9/2013.

————· "MP attacks school bullying game." Em: <http://news.bbc.co.uk/2/hi/uk_news/ politics/4380020.stm>. Acesso em 7/9/2013.

————· "Police reject game link to murder." Em: <http://news.bbc.co.uk/2/hi/uk_news/ england/leicestershire/3538066.stm>. Acesso em 3/9/2013.

————· "Sandy Hook victims' families file lawsuit against gun maker." Em: <http:// www.bbc.com/news/world-us-canada-30484531>. Acesso em 16/7/2015.

————· "Teenage murderer gets life term." Em: <http://news.bbc.co.uk/2/hi/uk_news/ england/leicestershire/3624654.stm>. Acesso em 4/9/2013.

BECK, Ulrich. "La sociedad del riesgo: hacia una nueva modernidad". Barcelona: Paidós, 2002.

BECKER, Howard. *Métodos de pesquisa em ciências sociais*. São Paulo: Hucitec, 1993.

————· *Outsiders*: estudos de sociologia do desvio. Rio de Janeiro: Zahar, 2009.

BECKER, Rachel. "Why calling screentime 'digital heroin' is digital garbage". *The verge*. Em: <http://www.theverge.com/2016/8/30/12715848/new-york-post-internet- -texting-addiction-irresponsible-hysteria>. Acesso em 2/12/2016.

BENEDETTI, Winda. "Were video games to blame for the massacre?". *NBC News*. Em: <http://www.nbcnews.com/id/18220228#.UiuB2JLUm3s>. Acesso em 7/9/2013.

BERGAMIM JR, Giba; LIMA, Daniela. "Governo cobra esclarecimentos de coronel sobre denúncias da PM". *Folha de S.Paulo*. Em: <http://www1.folha.uol.com.br/cotidiano/2013/08/1324595-governo-cobra-esclarecimentos-de-coronel-sobre--denuncias-de-pm.shtml>. Acesso em 13/8/2015.

BLASKO, Larry. "Naughty software is pushing the limits". In: *The Free Lance-Star*. 18/1/1997. Em: <http://news.google.com/newspapers?nid=1298&dat=19970118&id=L-oyAAAAIBAJ&sjid=0AcGAAAAIBAJ&pg=3167,3109733>. Acesso em 23/2/2015.

BLOCK, Jerald J. "Lessons from Columbine: virtual and real rage". In: *American journal of forensic psychiatry*, v. 28, nº 2, 2007, p. 5.

BOLGER, Timothy. "Video game addiction: kiddicted". *Long Island Press*. Em: <http://archive.longislandpress.com/2009/04/30/kiddicted/>. Acesso em 21/2/2015.

BOTELHO, Greg; STERLING, Joe. "FBI: Navy Yard shooter 'delusional,' said 'low frequency attacks' drove him to kill". CNN. Em: <http://edition.cnn.com/2013/09/25/us/washington-navy-yard-investigation/?hpt=us_c2>. Acesso em 25/9/2013.

BOUDREAU, Abbie; ZAMOST, Scott. "CNN exclusive: Secret files reveal NIU killer's past". CNN. Em: <http://edition.cnn.com/2009/CRIME/02/13/niu.shooting.investigation/index.html>. Acesso 13/2/2009.

BRAMWELL, Tom. "Manhunt 2 excuses in early". *Eurogame*. Em: <http://www.eurogamer.net/articles/manhunt-2-excuses-in-early>. Acesso em 4/9/2013.

BRATU, Becky. "Connecticut school shooting is second worst in US history". *NBC News*. Em: <http://usnews.nbcnews.com/_news/2012/12/14/15909827-connecticut-school-shooting-is-second-worst-in-us-history?lite>. Acesso em 16/7/2015.

BREZNICAN, Anthony. "'Bully' hits schoolyard, for good or bad". *USA Today*. Em: <http://usatoday30.usatoday.com/tech/gaming/2006-08-09-bully-preview_x.htm>. Acesso em 7/9/2013.

BRIEGLEB, Volker. "Brutalo-Spiel bundesweit beschlagnahmt". Em: <http://www.onlinekosten.de/news/artikel/15125/0/Brutalo-Spiel-bundesweit-beschlagnahmt>. Acesso em 3/9/2013.

BUCHANAN, Levi. "The horror of retro". *IGN*. Em: <http://www.ign.com/articles/2008/10/31/the-horror-of-retro>. Acesso em 18/2/2015.

BUNCOMBE, Andrew. "Grand Theft Auto is pulled from Thai shops after killing of taxi driver". *Independent*. Em: <http://www.independent.co.uk/news/world/asia/grand-theft-auto-iv-is-pulled-from-thai-shops-after-killing-of-taxi-driver-885204.html>. Acesso em 13/9/2013.

BURGESS, John. "Video game ratings plan reached". In: *Pittsburg Post-Gazette*. 8/12/93. Em: <http://news.google.com/newspapers?nid=1129&dat=19931208&id=5pQmAAAAIBAJ&sjid=EXADAAAAIBAJ&pg=6499,4727293>. Acesso em 20/1/2015.

BUTTS, Steve. "Left Behind: Eternal Forces review". *IGN*. Em: <http://www.ign.com/articles/2006/11/14/left-behind-eternal-forces-review?page=1>. Acesso em 9/9/2013.

CÂMARA DOS DEPUTADOS. PL 1654/1996. Em: <http://www.camara.gov.br/proposicoesWeb/fichadetramitacao?idProposicao=17037>. Acesso em 26/7/2015.

CAMPBELL, Gerard. "Controversy just for the sake of it?". *The Australian*. Em: <http://www.theaustralian.com.au/australian-it/personal-tech/gore-fest-goes-too--far/story-e6frgazf-1225798466332>. Acesso em 3/9/2013.

CAMPOY, Ana. "Friend says Alexis was videogame fan, heavy drinker". *The Wall Street Journal*. Em: <http://blogs.wsj.com/washwire/2013/09/16/friend-aaron--alexis-skilled-at-shooter-videogames/>. Acesso em 8/9/2014

CANADA.COM. "Brandon Crisp died after falling from a tree: autopsy." Em: <http://www.canada.com/story.html?id=f0ee0f84-2e80-46db-a1f7-1709c9a050a0>. Acesso em 13/9/2013.

CARDOZO, Cláudia; MAIA, Marcos. "Especialista discorda de ministro da Justiça e diz que games não provocam violência". *Bahia Notícias*. Em: <http://www.bahianoticias.com.br/justica/noticia/53248-especialista-discorda-de-ministro-da--justica-e-diz-que-games-nao-provocam-violencia.html>. Acesso em 21/1/2015.

CARNAGEY, Nicholas; ANDERSON, Craig; BUSHMAN, Brad. "The effect of video game violence on physiological desensitization to real-life violence". In: *Journal of Experimental Social Psychology*, n° 43, 2007.

CARON, Frank. "FTC report: retailers clamping down on M-rated game sales". Arstechnica. Em: <http://arstechnica.com/gaming/2008/05/ftc-report-retailers--clamping-down-on-m-rated-game-sales/>. Acesso em 28/1/2015.

CARTER, Wayne. "Navy Yard shooter had faced gun charges in Fort Worth, Seattle". Dallas News. Em: <http://www.dallasnews.com/news/local-news/20130916-navy--yard-shooter-faced-gun-charges-in-fort-worth-seattle.ece>. Acesso em 8/9/2014.

CARVALHO, Salo De. "Criminologia cultural, complexidade e as fronteiras de pesquisa nas ciências criminais". In: *Revista Brasileira de Ciências Criminais*, n° 81, nov-dez/ 2009.

_____. *Antimanual de criminologia*. São Paulo: Saraiva, 2013, p.89.

CBC DIGITAL ARCHIVES. "Pornographic game taking heat." Em: <http://www.cbc.ca/archives/categories/arts-entertainment/media/the-arcade-age/pornographic--game-taking-heat.html>. Acesso em 15/2/2015.

CBS News. "Most Columbine Lawsuits Dismissed." Em: <http://www.cbsnews.com/news/most-columbine-lawsuits-dismissed/>. Acesso em 25/7/2015.

CHALK, Andy. "Inappropriate Content: a brief history of videogame ratings and the ESRB". *Escapist Magazine*. Em: <http://www.escapistmagazine.com/articles/view/

video-games/columns/the-needles/1300-Inappropriate-Content-A-Brief-History-
-of-Videogame-Ratings-and-t.2>. Acesso em 17/7/2015.

———. "Jack Thompson threatens Gabe Newell over school shooter mod". *Escapist
Magazine*. Em: <http://www.escapistmagazine.com/news/view/108523-Jack-
-Thompson-Threatens-Gabe-Newell-Over-School-Shooter-Mod>.

———. "Virginia Tech report makes no mention of video games". *Escapist Magazine*.
Em: <http://www.escapistmagazine.com/news/view/73166-Virginia-Tech-Report-
-Makes-No-Mention-of-Videogames>. Acesso em 10/9/2013.

CHARTER, David. "Breivik played video games for a year to train for deadly attacks."
Em: <http://www.thetimes.co.uk/tto/news/world/europe/article3388879.ece>.

CHAYES, Matthew. "Cops: Grand Theft Auto inspired teen crimes". *News Day*, 27/6/2008.
Em: <http://web.archive.org/web/20080630075011/http://www.newsday.com/news/
local/crime/ny-lirob275743162jun27,0,4494415.story>. Acesso em 10/9/2011.

CHINA DAILY. "Young Addict's Suicide Sounds Stark Warning." 31/5/2005. Em:
<http://www.china.org.cn/english/Life/130551.htm>.

CLARCKSON, Fredrick. "Christian groups boycott religious warfare kid vid". *Daily
Kos*, 28/11/2006. Em: <http://www.dailykos.com/story/2006/11/28/275327/-
-Christian-Groups-Boycott-Religious-Warfare-Kid-Vid#>. Acesso em 9/9/2013.

CLARK SCOTT, David. "The lure of Pac-Man; parents voice concern over video game
centers." Em: <http://www.csmonitor.com/1982/1012/101214.html>. Acesso em
21/2/2015.

CLARK, Justin. "Hatred review." Em: <http://www.gamespot.com/reviews/hatred-
-review/1900-6416157/>. Acesso em 17/7/2015.

CNN. "College shooter showed rage, no motive." Em: <http://web.archive.org/
web/20080430192032/http://www.cnn.com/2006/WORLD/americas/09/14/
montreal.shooting/index.html>. Acesso em 9/9/2013.

———. "Trump blames video games, movies for violence". Em: <https://edition.cnn.
com/videos/politics/2018/02/22/trump-blames-video-games-movies-violence.
cnn>. Acesso em 19/2/2018.

COCHRAN, Lee. "Teens say: video game made them do it". *ABC News*, 27/6/2008.
<http://abcnews.go.com/TheLaw/story?id=5262689&page=1>. Acesso em
13/9/2013.

COHEN, Karen J. "Sega taking video game Night Trap off the shelves". In: *The Mil-
waukee Sentinel*, 11/1/1994. Em: <http://news.google.com/newspapers?nid=1368&
dat=19940111&id=8atRAAAAIBAJ&sjid=_hIEAAAAIBAJ&pg=7012,2439094>.
Acesso em 20/2/2015.

COHEN, Stanley. *Folk devils and moral panics*: the creation of the mods and rockers.
Nova York: Routledge, 2010.

CONJUR. "Justiça gaúcha proíbe venda do jogo Bully com base em psicologia." 10/4/2008. Em: <http://www.conjur.com.br/2008-abr-10/juiz_proibe_venda_ jogo_bully_base_psicologia>.

CONSTANTINO, Rodrigo. "Doutrinação ideológica no jogo Assassin's Creed: Marx vira herói". *Gazeta do Povo*, 30/10/2015. Em: <http://rodrigoconstantino.com/ artigos/doutrinacao-ideologica-no-jogo-assassins-creed-marx-vira-heroi/>. Acesso em 21/12/2015.

CORDERO, Franco. *Guida alla procedure penale*. Torino: UTET, 1986.

CORREIO DA MANHÃ. "Uma vida de crime online." 19/7/2007. Em: <http://www. cmjornal.xl.pt/domingo/detalhe/uma-vida-de-crime-online.html>.

CORSO, Mário. "'A violência real não vem da fantasia', afirma psicanalista Mário Corso". *Gauchazh*, 12/9/2013. Em: <http://zh.clicrbs.com.br/rs/noticias/tecnologia/ noticia/2013/09/a-violencia-real-nao-vem-da-fantasia-afirma-psicanalista-mario- -corso-4266334.html>. Acesso em 14/8/2015.

COVER, Rober. Gaming (ad)diction: discourse, identity, time and play in the production of the gamer addiction myth. In: *Game Studies*, v. 6. n° 1, dez/2006.

CRISTOPHER, Tommy. "President Obama tells Telemundo navy yard shooting shows need for tighter background checks". *Mediaite*, 18/9/2013. Em: <http://www. mediaite.com/tv/president-obama-tells-telemundo-navy-yard-shooting-shows- -need-for-tighter-background-checks/>.

CROSSLEY, Rob. "Hotline Miami 2 ban: australian censor has 'stretched the facts', dev says". *Gamespot*. Em: <http://www.gamespot.com/articles/hotline- -miami-2-ban-australian-censor-has-stretche/1100-6424669/>. Acesso em 19/1/2014.

CUBADEBATE. "Nueva operación contra Cuba: EEUU lanza videojuego cuyo objetivo es asesinar a Fidel." Em: <http://www.cubadebate.cu/noticias/2010/11/09/nueva- -operacion-contra-cuba-eeuu-lanza-videojuego-cuyo-objetivo-es-asesinar-a-fidel/#. VcdJ3iZViko>. Acesso em 9/8/2015.

CUMBERLANDNEWSNOW. "Combating video game addiction must be made priori- ty, experts urge." Em: <http://www.cumberlandnewsnow.com/Living/2008-11-10/ article-381477/Combating-video-game-addiction-must-be-made-priority,-experts- -urge/1>. Acesso em 9/8/2015.

CUNDY, Matt. "Manhunt nearly caused a 'mutiny' at Rockstar". *GamesRadar*. Em: <http://www.gamesradar.com/manhunt-nearly-caused-a-mutiny-at-rockstar/>. Acesso em 3/9/2013.

CUNHA MARTINS, Rui. *A hora dos cadáveres adiados*: corrupção, expectativa e processo penal. São Paulo: Atlas, 2013.

SALAH H. KHALED JR.

_____. "Contraintuição e processo penal". In: KHALED JR., Salah H. (coord.). *Sistema penal e poder punitivo*: estudos em homenagem ao prof. Aury Lopes Jr. Florianópolis: Empório do Direito, 2015.

_____. *O ponto cego do direito*: the brazilian lessons. Rio de Janeiro: Lumen Juris. 2010.

_____. GIL, Fernando. "Modos da Verdade". In: *Revista de História das Ideias*. Instituto de História e Teoria das Ideias da Faculdade de Letras da Universidade de Coimbra, v. 23, 2002. pp. 22-23.

DAILY MAIL. "Call of Duty: Black Ops plot allowing players to assassinate Fidel Castro causes outrage in Cuba." Em: <http://www.dailymail.co.uk/news/article-1328719/Call-Duty-Black-Ops-Fidel-Castro-plot-causes-outrage-Cuba.html?ITO=1490>. Acesso em 10/9/2013.

_____. "Iraq War video game branded 'crass and insensitive' by father of Red Cap killed in action." Em: <http://www.dailymail.co.uk/news/article-1168235/Iraq--War-video-game-branded-crass-insensitive-father-Red-Cap-killed-action.html>. Acesso em 11/9/2013.

DAILY MAIL. "Most controversial game of all time to be 'reborn' Carmageddon, where drivers are rewarded for running over pedestrians." Em: <http://www.dailymail.co.uk/sciencetech/article-2142436/Carmageddon-Reincarnation-Most--controversial-game-ALL-time-reborn.html>. Acesso em 19/1/2015.

_____. "Store withdraws video game after brutal killing." Em: <http://www.dailymail co.uk/news/article-312008/Store-withdraws-video-game-brutal-killing.html>. Acesso em 4/9/2013.

_____. "Senator says teachers should steer clear of violent video games." 18/4/1998. Em: <http://news.google.com/newspapers?nid=1696&dat=19980418&id=7_Ea AAAAIBAJ&sjid=20cEAAAAIBAJ&pg=2344,2194316>. Acesso em 23/2/2015.

DE TELEGRAAF. "Hij had het altijd over dat spel." Em: <http://www.telegraaf.nl/binnenland/article20270009.ece>. Acesso em 13/9/2013.

DEMARIA, Rusel. *Reset*: changing the way we look at video games. São Francisco: Berret-Koehler, 2007.

DESTRUCTOID. "Destructoid interview: Jerald Block MD on videogames and Columbine." Em: <http://www.destructoid.com/destructoid-interview-jerald--block-md-on-videogames-and-columbine-36153.phtml>. Acesso em 28/7/2014.

_____. "Virtual school shootings: interviewing two of the most hated game creators alive." Em: <http://www.destructoid.com/virtual-school-shootings--interviewing-two-of-the-most-hated-game-creators-alive-31610.phtml>. Acesso em 10/9/2013.

DROBA, Andrei. "Connecticut school shooting blamed wrongly on Mass Effect". *Softpedia News*. Em: <http://games.softpedia.com/blog/Connecticut-School--Shooting-Blamed-Wrongly-on-Mass-Effect-314991.shtml>. Acesso em 16/7/2015.

DUGAN, Patrick. "Soapbox: why you owe the Columbine RPG". *Gamasutra*. Em: <http://www.gamasutra.com/view/feature/1699/soapbox_why_you_owe_the_columbine_.php>. Acesso em 9/9/2013.

DWORKIN, Andrea. *Letters from a Warzone*. Nova York: Lawrence Hill Books, 1993.

EASTERBROOK, Michael. "Taking Aim at Violence". *Psychology Today*. Em: <http://www.psychologytoday.com/articles/199907/taking-aim-violence>. Acesso em 5/9/2013.

EDGE. "The Making Of... Carmageddon." Em: <http://web.archive.org/web/20090302052537/http://edge-online.com/magazine/the-making--of%E2%80%A6-carmageddon>. Acesso em 2/8/2015.

EDWARDS, David. "Fox News' Hasselbeck: Navy Yard shooting shows need for video game registry, not gun control". *Rawstore*. Em: <http://www.rawstory.com/rs/2013/09/17/fox-news-hasselbeck-navy-yard-shooting-shows-need-for-video--game-registry-not-gun-control/>. Acesso em 8/9/2014.

EL MUNDO. "Detenido el parricida de Murcia." Em: <http://web.archive.org/web/20100212094603/http://www.elmundo.es/2000/04/04/sociedad/04N0071.html>. Acesso em 12/9/2013.

_____. "El joven que asesinó a su familia con una catana, en libertad tras cumplir la condena." Em: <http://www.elmundo.es/elmundo/2008/01/13/espana/1200238424.html>. Acesso em 12/9/2013.

ELSTON, Brett. "The bloodiest games you've never played". *GamesRadar*. Em: <http://www.gamesradar.com/the-bloodiest-games-youve-never-played/?page=2>. Acesso em 18/2/2015.

EMERSON, Bo. "Gore, carnage in latest games". In: *New Straits Times*, 22/7/1999. Em: <http://news.google.com/newspapers?nid=1309&dat=19990721&id=DvdOAAAAIBAJ&sjid=qBQEAAAAIBAJ&pg=5768,2002603>. Acesso em 26/2/2015.

ENGELHARDT, Christopher R.; BARTHOLOW, Bruce D.; KERR, Geoffrey T.; BUSHMAN, Brad J. "This is your brain on violent video games: Neural desensitization to violence predicts increased aggression following violent video game exposure". In: *Journal of Experimental Social Psychology*, v. 47, Issue 5, set/ 2011.

ERBE, Bonnie; HART, Betsy. "Is self-regulation the best way to combat violent games". In: *The Deseret News*. 27/12/1993. Em: <http://news.google.com/newspapers?nid=336&dat=19931227&id=bExTAAAAIBAJ&sjid=5oQDAAAAIBAJ&pg=3422,6155139>. Acesso em 20/2/2015.

ESA. "More Than 150 Million Americans Play Video Games." Em: <http://www.theesa.com/article/150-million-americans-play-video-games/>. Acesso em 31/7/2015.

ESTADÃO. "Cinco razões pelas quais os videogames fazem bem à saúde." Em: <http://blogs.estadao.com.br/modo-arcade/cinco-razoes-pelas-quais-os-videogames--fazem-bem-a-saude/>. Acesso em 17/7/2015.

ESTADÃO. "Justiça suspende sites que dão acesso a jogo 'The Crims'." Em: <http://www.estadao.com.br/noticias/geral,justica-suspende-sites-que-dao-acesso-a-jogo--the-crims,20060320p71223>. Acesso em 28/7/2015.

FARIA, Thiago. "Protesto a favor do Counter Strike leva 30 pessoas à av. Paulista". *Folha de S.Paulo*. Em: http://www1.folha.uol.com.br/tec/2008/02/369233-pro-testo-a-favor-do-counter-strike-leva-30-pessoas-a-av-paulista.shtml>. Acesso em 26/7/2015.

FBI. "The school shooter: A threat assessment perspective" 1999. Em: <http://www.fbi.gov/publications/school/school2.pdf>. Acesso em 24/7/2015.

FELDMAN, Curt. "Postal 2 banned in New Zealand". *Gamespost*. Em: <http://www.gamespot.com/news/postal-2-banned-in-new-zealand-6114067>. Acesso em 4/9/2013.

FELLET, João. "'Apologia à violência' em esportes e games incentiva crimes, diz ministro da Justiça". *BBC Brasil*. Em: <http://www.bbc.com/portuguese/noticias/2016/01/160114_entrevista_cardozo_jf_cc?ocid=socialflow_facebook>. Acesso em 18/1/2016. [O título da matéria foi posteriormente alterado para "'Violência é aplaudida em esportes e games', diz ministro da Justiça".]

FENWICK, Mark; HAYWARD, Keith. "Youth crime, excitement and consumer culture: the reconstruction of aetiology in contemporary theoretical criminology". In: PICKFORD, Jane (ed.). *Youth Justice*: Theory and Practice, London: Cavendish, 2000.

FERGUSON, Christopher J. The school shooting/violent video game link: causal relationship or moral panic? In: *Journal of Investigative Psychology and Offender Profiling* n°. 5, 2008, pp. 25-37.

_____. "Evidence for publication bias in video game violence effects literature: A meta-analytic review". In: *Aggression and Violent Behavior*, n° 12, 2007.

_____. "Media Violence Effects: Confirmed Truth or Just Another X-File?". In: *Journal of Forensic Psychology Practice*, n° 9, 5/8/2009.

_____. "How Journalists Contribute to Moral Panics". *Huffington Post*. Em: <http://www.huffingtonpost.com/christopher-j-ferguson/how-journalists--contribut_b_6213190.html>. Acesso em 13/8/2015.

VIDEOGAME E VIOLÊNCIA

————·"Sandy Hook Shooting: video games blamed, again". *Time*. Em: <http://ideas time.com/2012/12/20/sandy-hook-shooting-video-games-blamed-again/>. Acesso em 13/8/2015.

————·GARZA, Adolfo; JERABECK, Jessica; RAMOS, Raul; GALINDO, Mariza. "Not worth the fuss after all? cross-sectional and prospective data on violent video game influences on aggression, visuospatial cognition and mathematics ability in a sample of youth. In: Journal of youth and adolescence". *NCBI/Publimed.org*, v. 41, n° 7, jul/2012.

————· RUEDA, Stephanie M.; CRUZ, Amanda M.; FERGUSON, Diana E.; FRITZ, Stacey; SMITH, Shawn M. "Violent video games and aggression: causal relationship or byproduct of family violence and intrinsic violence motivation?" In: *Criminal justice and behavior*, v. 35, n° 3, mar/2008.

————· Lanza's Violent Video Game Play Overblown. Em: <http://www.courant.com/ opinion/hc-op-ferguson-violent-video-games-blamessless-for-20140103-story. html>. Acesso em 16/07/2015.

————·SAN MIGUEL, Claudia; GARZA, Adolfo; JERABECK, Jessica M. "A longitudinal test of video game violence influences on dating and aggression: A 3-year longitudinal study of adolescents". In: *Journal of Psychiatric Research*, n° 46, 2012. pp. 141-146.

FERGUSON, Craig. "Violent video games and the Supreme Court: lessons for the scientific community in the wake of brown v. Entertainment merchants association". In: *American Psychologist*, v. 68, n° 2.

FERREIRA, Carlos. "Justiça de SP condena 'atirador do shopping' a 120 anos de prisão". *Folha de S.Paulo*. Em: <http://www1.folha.uol.com.br/folha/cotidiano/ ult95u95219.shtml>. Acesso em 25/7/2015.

FERRELL, Jeff. "Cultural criminology". In: *Annual Review of Sociology*, v. 25, 1999.

————· "Crime and Culture". In: HALE, C.; Hayward, K.; Wahidin, A.; Wincup, E. *Criminology*. London/New York: Oxford University Press, 2007.

————· "Morte ao método: uma provocação". In: *Dilemas*: revista de estudos de conflito e controle social, v. 5, n° 1, jan/fev/mar 2012.

————·"Tédio, crime e criminologia: um convite à criminologia cultural". In: *Revista Brasileira de Ciências Criminais*. Ano 18, n° 82. jan/fev 2010.

————·"Urban Graffiti: Crime Control and Resistance". In: *Youth and Society*, n° 27, pp.73-92, 1995; FERREL, Jeff; Lyng, Stephen (org.), "The Only Possible Adventure: Edgework and Anarchy". In: Edgework: The Sociology of Risk-Taking, 2004, p. 77.

————·SANDERS, Clinton R. Culture, "crime, and criminology". In: FERRELL, Jeff; SANDERS Clinton R. (eds.). *Cultural criminology*. Boston: Northeastern University, 1995, pp.3-24.

SALAH H. KHALED JR.

————·HAYWARD, Keith; YOUNG, Jock. *Cultural criminology*: an invitation. Londres: Sage, 2008.

FEYERABEND, Paul. *Contra o método*. Rio de Janeiro: Francisco Alves, 1977.

FGV CTS. "Contribuição ao debate público sobre classificação indicativa." Em: <http://bibliotecadigital.fgv.br/dspace/bitstream/handle/10438/7774/Classificacao--indicativa-CTS.pdf>. Acesso em 26/7/2015.

FIRST AMENDMENT CENTER. "Connecticut woman sues game maker after son's death." Em: <http://www.firstamendmentcenter.org/connecticut-woman-sues--video-game-maker-after-sons-death>. Acesso em 25/2/2015.

FISCHER, Peter; KASTENMÜLLER, Andreas; GREITEMEYER, Tobias. Media violence and the self: The impact of personalized gaming characters in aggressive video games on aggressive behavior. In: *Journal of Experimental Social Psychology*, n° 46, 2010, pp. 192-195.

FISHER, Max. "Ten-country comparison suggests there's little or no link between video games and gun murders." Em: <https://www.washingtonpost.com/blogs/worldviews/wp/2012/12/17/ten-country-comparison-suggests-theres-little-or-no--link-between-video-games-and-gun-murders/>. Acesso em 17/7/2015.

————·KELLER, Josh. "What Explains U.S. Mass Shootings? International Comparisons Suggest an Answer". *The New York Times*. Em: <https://www.nytimes.com/2017/11/07/world/americas/mass-shootings-us-international.html>. Acesso em 19/2/2018.

FLAHERTY, Anne. "'Medal Of Honor,' video game That 'kills' U.S. troops, banned by military." Em: <http://www.huffingtonpost.com/2010/09/08/medal-of-honor--video-game_n_709619.html>. Acesso em 11/9/2013.

FOLHA DE S.PAULO. "Atirador do shopping tenta matar colega de cela em Salvador (BA), diz secretaria." Em: <http://www1.folha.uol.com.br/cotidiano/2009/05/569437--atirador-do-shopping-tenta-matar-colega-de-cela-em-salvador-ba-diz-secretaria.shtml>. Acesso em 23/7/2015.

————·"Jogo proibido pode ter motivado estudante de medicina." Em: <http://www1.folha.uol.com.br/fol/geral/ult16121999199.htm>. Acesso em 25/7/2015.

————·"Justiça do Rio Grande do Sul proíbe jogo Bully em todo o Brasil." Em: <http://www1.folha.uol.com.br/folha/informatica/ult124u390541.shtml>. Acesso em 7/9/2013.

————·"Justiça proíbe Counter Strike em todo Brasil; Procon tenta recolher os jogos." Em: <http://www1.folha.uol.com.br/folha/informatica/ult124u364924.shtml>. Acesso em 7/9/2013.

————·"Veja cronologia do caso que envolve o 'atirador do shopping'". Em: <http://www1.folha.uol.com.br/folha/cotidiano/ult95u95220.shtml>. Acesso em 25/7/2015.

VIDEOGAME E VIOLÊNCIA

FOX NEWS. "DC gunman obsessed with violent video games, reports say." Em: <http://www.foxnews.com/us/2013/09/17/dc-gunman-obsessed-with-violent-video-games--reports-say/>. Acesso em 8/9/2014.

_____. "Lawsuit blames 'Grand Theft Auto' for murders on Newman's ranch." Em: <http://www.foxnews.com/story/2006/09/26/lawsuit-blames-grand-theft-auto--for-murders-on-newsman-ranch/>. Acesso em 28/7/2014.

_____. "Chinese "Warcraft' game distributor sued over teen's suicide.". Em: <http://www.foxnews.com/story/2006/05/12/chinese-warcraft-game-distributor-sued--over-teen-suicide/>. Acesso em 12/9/2012.

FRASCA, Gonzalo. "Sim sin city: some thoughts about Grand Theft Auto 3". In: *Game Studies*, v.3, n°2, dez/2003.

FREIRE, Aluizio. "Delegado da Divisão de Homicídios conclui que atirador agiu sozinho". Em: <http://g1.globo.com/Tragedia-em-Realengo/noticia/2011/04/delegado-da-divi-sao-de-homicidios-concluiu-que-atirador-agiu-sozinho.html>. Acesso em 3/12/2013.

FROMME, Johannes. "Computer Games as a Part of Children's Culture". In: *Game Studies*, v.3, n°1, mai/2003.

G1. "Após 9 meses, polícia conclui culpa de garoto no caso Pesseghini." Em: <http://g1.globo.com/sao-paulo/noticia/2014/05/apos-9-meses-policia-conclui-inquerito--do-caso-pesseghini.html>. Acesso em 14/8/2015.

_____. "Atirador entra em escola em Realengo, mata alunos e se suicida." Em: <http://g1.globo.com/Tragedia-em-Realengo/noticia/2011/04/atirador-entra-em-escola--em-realengo-mata-alunos-e-se-suicida.html>. Acesso em 3/12/2015.

_____. "Justiça libera venda do game Counter-Strike no Brasil." Em: <http://g1.globo.com/Noticias/Games/0,,MUL1199747-9666,00-JUSTICA+LIBERA+VENDA+DO+GAME+COUNTER-STRIKE+NO+BRASIL.html>. Acesso em 7/9/2011.

_____. "Manuscritos de atirador mostram fixação por terrorismo." Em: <http://g1.globo.com/Tragedia-em-Realengo/noticia/2011/04/manuscritos-de-atirador--mostram-fixacao-por-terrorismo.html>. Acesso em 3/12/2016.

_____. "Professores de Utah são treinados a usar arma após massacre nos EUA." Em: <http://g1.globo.com/mundo/noticia/2012/12/professores-de-utah-sao-treinados--a-usar-arma-apos-massacre-em-newtown.html>. Acesso em 16/7/2015.

GAINESVILLE SUN. "Mortal Kombat III: a new blitzkrieg." Em: <http://news.google.com/newspapers?nid=1320&dat=19950501&id=H0RWAAAAIBAJ&sjid=reoDA AAAIBAJ&pg=3412,181681>. Acesso em 20/2/2015.

GAMA, Aliny. "Legista do caso PC Farias contesta PM de SP e diz que filho de sargento da Rota foi assassinado". Em: <http://noticias.uol.com.br/cotidiano/ultimas-noticias/2013/08/11/legista-do-caso-pc-farias-contesta-pm-de-sp-e-diz--que-filho-de-sargento-da-rota-foi-assassinado.htm>. Acesso em 12/8/2015.

SALAH H. KHALED JR.

GAME POLITICS. "Dr. walid phares: video games don't create terrorists." Em: <http://www.gamepolitics.com/2011/01/28/dr-walid-phares-video-games-don039t-create--terrorists#.UinicZLUm3s>. Acesso em 6/9/2013.

———. "Jack Thompson, seeking killer's video game history, threatens NIU with lawsuit." Em: <http://www.gamepolitics.com/2008/02/18/jack-thompson-seeking--killers-video-game-history-threatens-niu-with-lawsuit#.VbPWt_lViko>. Acesso em 25/7/2015.

———. "School board ponders student's counter-strike map of his school." Em: <http://gamepolitics.com/2007/05/02/school-board-ponders-students-counter-strike-of--map-of-his-school#.VbPpcflViko>. Acesso em 25/7/2015.

———. "Super columbine creator comments on V-Tech game." Em: <http://game-politics.com/2007/05/15/super-columbine-creator-comments-on-v-tech-game#.Ui8cXZLUm3s>. Acesso em 10/9/2013.

———. Conn. "Senator blames video games for influencing sandy hook shooter." Em: <http://gamepolitics.com/2013/01/25/conn-senator-blames-video-games--influencing-sandy-hook-shooter#.Vag6Y_lVikp>. Acesso em 16/7/2015.

GAMEOLOGY. "Left behind: Eternal Forces First Impressions, finally." Em: <http://www.gameology.org/reviews/left_behind_eternal_forces_first_impressions_fi-nally>. Acesso em 9/9/2013.

GAMESFORCHANGE.ORG. "Interview with Radwan Kasmiya of Afkar Media." Em: <http://www.gamesforchange.org/2010/11/592/>. Acesso em 13/8/2013.

GAMESPOT. "Russian lineage II player beats rival... to death." Em: <http://www.gamespot.com//news/russian-lineage-ii-player-beats-rivalto-death-6235216?>. Acesso em 13/9/2013.

GAMESRADAR. "The 10 most shocking game moments of the decade." Em: <http://www.gamesradar.com/the-10-most-shocking-game-moments-of-the--decade/?page=3>. Acesso em 6/9/2013.

GAUER, Ruth M. Chittó. "Falar em tempo, viver o tempo!". In: *Tempo/história.* GAUER, Ruth M. Chittó (coord.); DA SILVA, Mozart Linhares (org.). Porto Alegre: EDIPUCRS, 1998.

———. Alguns aspectos da fenomenologia da violência. In: GAUER, Gabriel J. Chitto e GAUER, Ruth M. Chittó (orgs.). *A fenomenologia da violência.* Curitiba: Juruá, 2008.

GENTILE, Douglas A.; LYNCH, Paul J.; LINDER, Jennifer Ruh; WALSH, David A. "The effects of violent video game habits on adolescent hostility, aggressive behaviors, and school performance". In: *Journal of Adolescence*, nº 27, 2004.

VIDEOGAME E VIOLÊNCIA

GIANT BOMB. "Ethnic cleansing." Em: <http://www.giantbomb.com/ethnic-cleansing/3030-29306/>. Acesso em 9/9/2013.

GIBSON, Ellie. "Bully gets a name change". *Eurogamer*. Em: <http://www.eurogamer.net/articles/news_010906_bullychnge>. Acesso: 27/2/2015.

GIBSON, Steve. "Columbine lawsuit dismissed". Shack News. Em: <http://www.shacknews.com/article/19017/columbine-lawsuit-dismissed>. Acesso em 25/7/2015.

GLABERSON, William. "Finding futility in trying to lay blame in killings". In: *The New York Times*, 4/8/2000. Em: <http://www.nytimes.com/2000/08/04/us/finding-futility-in-trying-to-lay-blame-in-killings.html?ref=michaelcarneal&pagewanted=1>. Acesso em 25/2/2015.

————. "Lawsuits fail to lessen tragedy of 3 killed in 1997 school rampage". In: *Chicago Tribune*, 4/8/2000. Em: <http://articles.chicagotribune.com/2000-08-04/news/0008040189_1_school-rampage-school-shooting-heath-high-school>. Acesso em 25/2/2015.

————. "When grief wanted a hero, truth didn't get in the way". In: *The New York Times*, 25/7/2000. Em: <http://www.nytimes.com/2000/07/25/us/when-grief--wanted-a-hero-truth-didn-t-get-in-the-way.html>. Acesso em 25/2/2015.

GOFFMAN, Erving. *Estigma*. Rio de Janeiro: Guanabara Koogan. 1988.

GOLDSTEIN, Jeffrey. "Effects of electronic games on children. Testimony submitted to a hearing held by the U.S. Senate Committee on Commerce, Science, and Transportation, 'The Impact of Interactive Violence on Children'". *United State Senate*. 21/3/2000. Em: <http://commerce.senate.gov/hearings/0321gol.pdf>.

GONZALEZ, Lauren. "When two tribes go to war: a history of video game controversy". *Gamespot*. Em: <http://www.gamespot.com/features/when-two-tribes--go-to-war-a-history-of-video-game-controversy-6090892/?page=2>. Acesso em 4/9/2013.

GOOD, Owen. "President asks congress to fund study of violence and media—video games included". *Kotaku*. Em: <http://kotaku.com/5976454/president-asks--congress-to-fund-study-of-video-games-and-violence>. Acesso em 17/7/2015.

GOODSON, Simon; PEARSON. Sarah; GAVIN, Helen. "Violent video games: the media scapegoat for an aggressive society". *Inter-disciplinary*. Em: <http://www.inter-disciplinary.net/wp-content/uploads/2010/06/goodsonpaper.pdf>. Acesso em 3/10/2013.

GRACE, Julie. "West Paducah, KY: when silence fell". Em: <http://content.time.com/time/magazine/article/0,9171,987528,00.html>. Acesso em 25/2/2015.

GREEN, Al. "'Death race' really knocking them dead". In: *Times Herald Register*, 31/10/1976.

GREITEMEYER, Tobias; OSSWALD, Silvia. "Prosocial video games reduce aggressive cognitions". In: *Journal of Experimental Social Psychology*, n° 45, 2009, pp. 896-900.

GRIFFITHS, SARAH. "Video games can make your brain BIGGER: Playing for 30 minutes a day 'boosts memory, ability to plan and dexterity'". *Daily Mail*. Em: <http://www.dailymail.co.uk/sciencetech/article-2483687/Playing-video-games--half-hour-day-make-brain-bigger.html>. Acesso em 17/7/2015.

GTA Publisher. "Jack Thompson settle lawsuit." *Game Politics*. Em: <http://gamepolitics.com/2007/04/19/breaking-grand-theft-auto-publisher-settles-lawsuit-against--jack-thompson#.Uic5i5LUm3s>. Acesso em 4/9/2013.

GUDMUNDSEN, Jenny. "10 Most Violent Video Games of 2013 (and 10+ Alternatives)". *Common Sense*. Em: <http://www.commonsensemedia.org/blog/10-most--violent-video-games-and-10-alternatives>. Acesso em 10/9/2013.

GUNTER, Whitney D.; DALY, Kevin. "Causal or spurious: Using propensity score matching to detangle the relationship between violent video games and violent behavior". In: *Computers in Human Behavior*, n° 28, 2012.

GURWIN, Gabe. "Republican politicians blame 'Call of Duty' and 'John Wick' for gun violence". Em: <https://www.digitaltrends.com/gaming/republicans-blame--violent-video-games-for-encouraging-killings/>. Acesso em: 19/2/2018.

GWINN, Eric. "'Manhunt' the next step in video game violence". *Chicago Tribune*. Em: <http://articles.chicagotribune.com/2003-11-24/features/0311240176_1_gaming--scene-optional-headset-manhunt>. Acesso em 4/9/2013.

HALLMAN, Ben. "NRA Blames 'Corrupt' Video Game Industry For Gun Violence". *Huffington Post*. Em: <http://www.huffingtonpost.com/2012/12/21/nra-video--games-gun-violence_n_2348219.html>. Acesso em 16/7/2015.

HAMILL, Jasper. "Super Mario Run is so SEXIST that it's unsuitable for children, feminists claim." *The Sun*. Em: <https://www.thesun.co.uk/news/2451596/super-mario-run--is-so-sexist-that-its-unsuitable-for-children-feminists-claim/>. Acesso em 2/6/2017.

HANNA, Jason. "Father of boy who hopped flight: 'no one stepped up to help'". *CNN*. Em: <http://edition.cnn.com/2013/10/09/us/vegas-flight-child/>. Acesso em 26/2/2015.

HARTLEY, Adam. "Muslim Massacre game sparks pointless controversy". *Tech Radar*. Em: <http://www.techradar.com/news/gaming/muslim-massacre-game--sparks-pointless-controversy-464185>. Acesso em 5/8/2014.

HASAN, Youssef; BÈGUE, Laurent; BUSHMAN, Brad J. "Viewing the world through 'blood-red tinted glasses': The hostile expectation bias mediates the link between violent video game exposure and aggression". In: *Journal of Experimental Social Psychology*, v. 48, 4/7/2012.

VIDEOGAME E VIOLÊNCIA

_____. "Violent Video Games Stress People Out and Make Them More Aggressive". In: *Aggressive Behavior*, v. 00, 2012, p.17.

HAYWARD, Keith. "The vilification and pleasures of youthful transgression". In: MUNCIE, J.; HUGHES, G.; McLAUGHLIN, E. *Youth justice*: critical readings. Londres: Sage, 2002.

_____.FERRELL, Jeff. Possibilidades insurgentes: as políticas da criminologia cultural. In: *Sistema Penal & Violência*. Porto Alegre, v. 4, nº. 2, jul/dez. 2012, pp. 206-218.

HERN, Alex. "Grand Theft Auto 5 under fire for graphic torture scene". *The Guardian*. Em: <http://www.theguardian.com/technology/2013/sep/18/grand-theft-auto-5--under-fire-for-graphic-torture-scene>.

HO, Vanessa. "Enter the world of 'Doom' at your own risk". Em: <http://news.google.com/newspapers?nid=1346&dat=19941225&id=bb0wAAAAIBAJ&sjid=E_0DA AAAIBAJ&pg=4808,2553192>. Acesso em 23/2/2015.

HOLLISTER, Sean. "Could the NSA use Microsoft's Xbox One to spy on you?". *The Verge*. Em: <http://www.theverge.com/2013/7/16/4526770/will-the-nsa-use-the--xbox-one-to-spy-on-your-family>. Acesso em 13/8/2015.

HOLT, Gerry. "Tottenham riot: did the police get their tactics right?". BBC. Em: <http://www.bbc.co.uk/news/uk-14442821>. Acesso em 10/9/2013.

HONEST GAMERS. "Rapelay (PC) review." Em: <http://www.honestgamers.com/4775/miscellaneous/rapelay/review.html>. Acesso em 9/9/2013.

HOPKINS, David. "Produtora de 'Carmageddon' lamenta proibição no Brasil". *Folha de S.Paulo*. Em: <http://www1.folha.uol.com.br/fsp/informat/fr031210.htm>. Acesso em 23/2/2015.

HOWELL O'NEILL, Patrick. "Trump and Clinton are both wrong about video game violence". *The Daily Dot*. Em: <http://www.dailydot.com/layer8/donald-trump--hillary-clinton-video-games-violence/>. Acesso em 4/12/2016.

HUESMANN, L. Rowell; MOISE-TITUS, Jessica; PODOLSKI, Cheryl-Lynn; ERON, Leonard D. "Longitudinal relations between children's exposure to tv violence and their aggressive and violent behavior in young adulthood: 19771992". In: *Developmental Psychology*, v. 39, nº 2, 2003.

HUMAN, Katy. "Study links computer denial to Columbine". In: *The Denver Post*. 7/5/2007. Em: <http://www.denverpost.com/headlines/ci_6300370>. Acesso em 28/7/2014.

HURDLE, Jon. "U.S. Army recruiting at the mall with videogames". Reuters. Em: <http://www.reuters.com/article/2009/01/10/us-usa-army-recruiting-idUSTRE5 0819H20090110?feedType=RSS&feedName=technologyNews&pageNumber= 1&virtualBrandChannel=0>. Acesso em 9/8/2015.

HUTCHEON, Stephen. Outrage over Virginia Tech game. Em: <http://www.smh. com.au/news/games/outrage-over-virginia-tech-game/2007/05/16/1178995212668. html>. Acesso em 1/9/2013.

HYPE SCIENCE. "5 provas científicas de que vídeo games fazem bem à saúde". Em: <http://hypescience.com/23609-video-games-fazem-bem-a-saude-de-acordo-com--pesquisas/>. Acesso em 17/7/2015.

IGN. "A brief history of video game controversy." Em: <http://www.ign.com/ articles/2009/05/02/a-brief-history-of-videogame-controversy?page=2>. Acesso em 9/9/2013.

_____. "Carmageddon 2: Carpocalypse Now." Em: <http://www.ign.com/articles/1999/04/09/carmageddon-2-carpocalypse-now-3>. Acesso em 19/1/2015.

INGHAM, Tim. "Religious leaders slam Modern Warfare 2". *MCV*. Em: <http:// www.mcvuk.com/news/read/religious-leaders-slam-modern-warfare-2>. Acesso em 3/9/2013.

_____. "Modern games feature 'virtual rape', MP tells Parliament". Em: < http:// www.mcvuk.com/news/read/modern-games-feature-virtual-rape-mp-tells-parliament/016307 > Acesso em 9/9/2013.

_____. "Murder victim's parentes condemn Manhunt sequel". *MCV*. Em: <http:// www.mcvuk.com/news/read/murder-victims-parents-condemn-manhunt-sequel/019569> Acesso em 4/9/2013.

ITZKOFF, David. "Scholar finds flaws in work by archenemy of comics". *The New York Times*. Em: <http://www.nytimes.com/2013/02/20/books/flaws-found-in--fredric-werthams-comic-book-studies.html?pagewanted=all&_r=0>. Acesso em 22/2/2015.

JACKSON, Jasper. "Wikipedia bans Daily Mail as unreliable source". Em: <https:// www.theguardian.com/technology/2017/feb/08/wikipedia-bans-daily-mail-as--unreliable-source-for-website>. Acesso em 22/1/2018.

JANSEN, Thiago. "Novo 'Assassin's Creed' irrita franceses por retratar Robespierre como vilão psicopata". *O Globo*. Em: <http://oglobo.globo.com/sociedade/tecnologia/novo-assassins-creed-irrita-franceses-por-retratar-robespierre-como-um--vilao-psicopata-14588745>. Acesso em 21/12/2015.

KAIN, Eric. "The Truth About Video Games and Gun Violence." Em: <http://www. motherjones.com/politics/2013/06/video-games-violence-guns-explainer>.

KAPPELER, V.E.; BLUMBERG, M.; POTTER, G.W. *The mythology of crime and criminal justice*. Prospect Heights, IL: Waveland, 2000.

KARMALI, Luke. "The grand theft auto franchise has shipped over 220 million units". IGN. Em: <http://www.ign.com/articles/2015/08/21/grand-theft-auto-franchise--has-shipped-over-220-million-units>. Acesso em 25/8/2015.

———. "Games definitely don't harm kids, says huge study". *IGN*. Em: <http://www. ign.com/articles/2013/11/18/games-definitely-dont-harm-kids-says-huge-study>.

KASAVIN, Greg. "Manhunt review". Gamespot. Em: <http://www.gamespot.com/ manhunt/reviews/manhunt-review-6093884/>. Acesso em 18/9/2013.

KATZ, Jack. *Seductions of crime: moral and sensual attractions of doing evil*. Nova York: Basic Books, 1988.

KEACH, Sean. "Florida school shooting should be blamed on video games, not GUNS, says Kentucky Governor". Em: <https://www.thesun.co.uk/tech/5592445/florida- -school-shooting-blamed-video-games-guns-kentucky-governor-matt-bevin/>. Acesso em: 19/2/2018.

KEEGAN, Paul. Violence in video games and other media can cause school shootings. In: EGENDORF, Laura K. (eds.). *School shootings*. San Diego: Greenhaven, 2002.

KENNEDY, Brian. "Uncle Sam wants you (to play this game)." Em: <http://www. nytimes.com/2002/07/11/technology/uncle-sam-wants-you-to-play-this-game. html>. Acesso em 9/8/2015.

KENNEDY, Stuart. "Gore fest goes too far." Em: <http://www.theaustralian.com.au/ australian-it/personal-tech/gore-fest-goes-too-far/story-e6frgazf-1225798466332>. Acesso em 3/9/2013.

KENT, Steven L. "'Phantasmagoria' banned due to game's violence". In: *The Seattle Times*. 17/9/1995. Em: <http://community.seattletimes.nwsource.com/archive/?d ate=19950917&slug=2142084>. Acesso em 5/9/2013.

———. "Game glorifies a life of crime". *US Today*. Em: <http://usatoday30.usatoday. com/life/cyber/tech/review/games/2001/12/20/game-glorifies-crime.htm>. Acesso em 19/1/2015.

KENT, Steven. "Pong turns 25". In: *Lakeland Ledger*, 21/8/97. Em: <http://news. google.com/newspapers?nid=1346&dat=19970821&id=5vAvAAAAIBAJ&sjid =w_wDAAAAIBAJ&pg=3868,340436>. Acesso em 20/2/2015.

KHALED JR., Salah H. *Discurso de ódio e sistema penal*. Belo Horizonte: Letra- mento, 2016.

———. *Justiça social e sistema penal*. Rio de Janeiro: Lumen Juris, 2016.

———. *Ordem e progresso*: a invenção do Brasil e a gênese do autoritarismo nosso de cada dia. Rio de Janeiro: Lumen Juris, 2016.

———. *Justiça social e sistema penal II*: ação, jurisdição e processo. Rio de Janeiro: Lumen Juris, 2016.

———. *A busca da verdade no processo penal*: para além da ambição inquisitorial. 2ª edição. Belo Horizonte: Letramento, 2016.

KINGMAN DAILY MINER. "Video game raises issues of effects of violence on chil- dren". Edição de 15/9/1993.

KOCUREK, Carly A. "The agony and the exidy: a history of video game violence and the legacy of death race". In: *Game Studies*, v.12, n°1, set/2012. Inquisitorial. São Paulo: Atlas, 2013.

KOHLER, Chris. "How protests against games cause them to sell more copies". *Wired*. Em: <http://www.wired.com/2007/10/how-protests-ag/>. Acesso em 11/2/2015.

_____. "July 29, 1994: Videogame makers propose ratings board to congress". *Wired*. Em: <http://www.wired.com/2009/07/dayintech_0729/>. Acesso em 28/1/2015.

KOHN, David. "Addicted: suicide over everquest?". CBS. Em: <http://www.cbsnews.com/stories/2002/10/17/48hours/main525965.shtml>. Acesso em 12/9/2013.

KOLAN, Patrick. "MadWorld Gets AU Classification". *IGN*. Em: <http://www.ign.com/articles/2009/01/18/madworld-gets-au-classification>. Acesso em 9/9/2013.

KOSHOJI, Hiroyuki. "Japan moves to restrict cruel games". UPI. Em: <http://www.upi.com/Health_News/2005/06/11/Japan-moves-to-restrict-cruel-games/37471118492943/>. Acesso em 17/7/2015.

KOSLOV, Vladimir. "Russian government to produce 'patriotic' video games". *Hollywood Reporter*. Em: <http://www.hollywoodreporter.com/news/russian--government-produce-patriotic-video-644289>. Acesso em 20/1/2015.

KRAVER, Kevin P. "Killer was a 'quiet, smarter kid'". *Northwest Herald*. Em: <http://www.nwherald.com/2008/02/16/killer-was-a-quiet-smarter-kid/a70q7v6/doc47b-5d88b455b5780307923.txt?page=1>. Acesso em 7/9/2013.

KREM. "Parents, school officials terrified by school shooter video game." Em: <http://www.krem.com/story/news/2014/09/22/14981690/>. Acesso em 10/9/2013.

KUHN, Thomas S. *A estrutura das revoluções científicas*. São Paulo: Perspectiva, 1975.

KUREK, Mary. "Soldier of Fortune's journey into censorship." Em: <http://newsletter.igda.org/2011/08/23/soldier-of-fortune%E2%80%99s-journey-into-censorship>. Acesso em 7/9/2013.

KUTNER, Lawrence; OLSON, Cheryl K. Grand theft childhood: the surprising truth about violent video games and what parents can do. Nova York: Simon & Schuster, 2008.

LELCHUCK, Ilene. "'Convert or die' game divides Christians / Some ask Wal-Mart to drop Left Behind." Em: <http://www.sfgate.com/news/article/Convert-or-die--game-divides-Christians-Some-2465605.php>. Acesso em 9/9/2013.

LEUNG, Rebecca. "Can a video game lead to murder". CBS. Em: <http://www.cbsnews.com/stories/2005/06/17/60minutes/main702599.shtml>. Acesso em 12/9/2013.

LEVENE, Rebecca; ANDERSON, Magnus. "How crime was made to pay". *The Sunday Times*. Em: <http://www.thesundaytimes.co.uk/sto/Magazine/Features/article1146360.ece#nextt>. Acesso em 2/8/2105.

LEVY, Ruggero. "O game poderá dar o 'colorido', mas não ser a causa, diz psicanalista Ruggero Levy". *Gauchazh*. Em: <http://zh.clicrbs.com.br/rs/noticias/tecnologia/noticia/2013/09/o-game-podera-dar-o-colorido-mas-nao-ser-a-causa-diz-psicanalista-ruggero-levy-4266336.html>.

LIBERTADDIGITAL. "El 'Asesino de la catana', puesto en libertad tras ocho años de condena." Em: <http://www.libertaddigital.com/sociedad/el-asesino-de-la--catana-puesto-en-libertad-tras-ocho-anos-de-condena-1276321206/>. Acesso em 12/9/2013.

LIPTAK, Adam. "Defense portrays different sides of sniper suspect". <http://www.nytimes.com/2003/11/23/us/defense-portrays-different-sides-of-sniper-suspect.html?src=pm>. Acesso: 13/8/2015.

LOFTUS, Elizabeth. Creating false memories. In: *Scientific American*, Sep. 1997.

LOMBARDI, Frank. "Christine Quinn rips 'horrifying' rape game Rapelay." Em: <http://www.nydailynews.com/news/christine-quinn-rips-horrifying-rape-game--rapelay-article-1.389723>. Acesso em 9/9/2013.

LONGEN, Andrei. "Pesquisa: mulheres são 48% do público gamer nos EUA; games sociais são os que mais crescem." Em: <http://adrenaline.uol.com.br/games/noticias/22894/pesquisa-mulheres-sao-48-do-publico-gamer-nos-eua-games-sociais--crescem-muito.html>. Acesso em 6/10/2014.

LOPEZ, Vincent. Retail cards Kingpin. Em: <http://www.ign.com/articles/1999/07/01/retail-cards-kingpin>. Acesso em 7/9/2013.

LOS ANGELES TIMES. Middle east: "'Muslim massacre' game stirs debate." Em: <http://latimesblogs.latimes.com/babylonbeyond/2008/09/middle-east-mus.html>. Acesso em 28/2/2015.

LUO, Michael. "U.S. rules made killer ineligible to purchase gun." Em: <http://www.nytimes.com/2007/04/21/us/21guns.html>. Acesso em 25/2/2015.

MACDONALD, Keza. "Grand in every sense." Em: <http://www.ign.com/articles/2013/09/16/grand-theft-auto-v-review>. Acesso em 18/9/2013.

MACKEY, Robert. "Russian media points to Moscow airport attack in U.S. video game." Em: <http://thelede.blogs.nytimes.com/2011/01/25/russian-media-points--to-moscow-airport-attack-in-u-s-video-game/>. Acesso em 6/9/2013.

MAIBERG, Emanuel. "GTA Publisher: Game Development Getting More Expensive, Risky." Em: <http://www.gamespot.com/articles/gta-publisher-game-development--getting-more-expens/1100-6425318/>.

MAKUCH, Eddie. "Anti-Game Senator Gets 5 Years in Prison for Political Corruption and Gun-Running". *Gamespot*. Em: <http://www.gamespot.com/articles/anti-game-senator-gets-5-years-in-prison-for-polit/1100-6435068/>. Acesso em 15/5/2016.

———. "Glenn Beck criticizes Watch Dogs for promoting hacking 'what the heck is wrong with us?'". *Gamespot*. Em: <http://www.gamespot.com/articles/glenn--beck-criticizes-watch-dogs-for-promoting-hacking-what-the-heck-is-wrong-with--us/1100-6419977/>. Acesso em 4/8/2014.

———. "GOG responds to controversial ultraviolent killing game, 'Hatred'". *Gamespot*. Em: <http://www.gamespot.com/articles/gog-responds-to-controversial--ultraviolent-killing/1100-6423023/>. Acesso em 19/1/2015.

———. "GTA 5 Australia Ban Undermines Freedom of Expression, Take-Two Says". *Gamespot*. Em: <http://www.gamespot.com/articles/gta-5-australia-ban-under-mines-freedom-of-expressi/1100-6424110/>. Acesso em 27/1/2015.

———. "GTA V voice actors say game does not glamorize violence". *Gamespot*. Em: <http://www.gamespot.com/articles/gtav-voice-actors-say-game-does-not--glamorize-violence/1100-6415325/>. Acesso em 29/7/2014.

———. "Hotline Miami 2 sexual assault scene under review". *Gamespot*. Em: <http://www.gamespot.com/articles/hotline-miami-2-sexual-assault-scene-under--review/1100-6414142/>. Acesso em 19/1/2014.

———. "Stigmas associated with games 'exaggerated' says Heavy Rain dev". *Gamespot*. Em: <http://www.gamespot.com/articles/stigmas-associated-with-games--exaggerated-says-heavy-rain-dev/1100-6407658/>.

———. "Violent video games don't lead to increases in violent crimes, study finds". *Gamespot*. Em: <http://www.gamespot.com/articles/violent-video-games-dont--lead-to-increases-in-viol/1100-6422421/>. Acesso em 17/7/2015.

MALES, Mike. "Getting tough often backfires". In: *Star News*, 6/19/2000. Em: <https://news.google.com/newspapers?nid=1454&dat=20000619&id=bKwsAAAAIBAJ&sjid=xB4EAAAAIBAJ&pg=3701,1732948&hl=pt-BR>. Acesso em 17/7/2015.

MANSFIELD, Duncan. "Lawsuit filed against Sony, Wal-Mart over game linked to shootings". Em: <http://old.chronicle.augusta.com/stories/2003/10/23/biz_398118.shtml>. Acesso em 26/2/2015.

MARCONDES FILHO, Ciro. *O capital da notícia*. São Paulo: Ática, 1989.

MARKEY, Patrick M.; MARKEY, Charlotte N.; FRENCH, Juliana E. "Violent Video Games and Real-World Violence: Rhetoric Versus Data". *Psychology of Popular Media Culture*, 18 de agosto de 2014.

MARTIN, Michael. "Dragon Age: Inquisition Earns Special Recognition Award from Glaad." Em: <http://www.ign.com/articles/2015/01/23/dragon-age-inquisition--earns-special-recognition-award-from-glaad>. Acesso em 27/1/2015.

MAZZETI, Mark. "Spies infiltrate a fantasy realm of online games". *The New York Times*. Em: <http://www.nytimes.com/2013/12/10/world/spies-dragnet-reaches--a-playing-field-of-elves-and-trolls.html?pagewanted=1>. Acesso em 3/8/2014.

MCELROY, Griffin. "Sensationalized 'Top Gun' report blames pro gaming for death of Brandon Crisp". *Joystiq*. Em: <http://www.joystiq.com/2009/03/08/sensationalized-top-gun-report-blames-pro-gaming-for-death-of/>. Acesso em 13/9/2013.

MCLAUGHLIN, Eliott C. "Flags in Navy Yard shooter's past apparently not red enough". CNN. Em: http://edition.cnn.com/2013/09/18/us/navy-yard-alexis-red--flags/index.html?iid=article_sidebar>. Acesso em 17/7/2015.

MCPHEE, Mike. "Sister charged in 'Mortal Kombat' death of 7-year-old". Denver Post. Em: <http://www.denverpost.com/breakingnews/ci_7760927>. Acesso em 12/9/2013.

MCROBBIE, Angela; THORNTON, Sarah L. "Rethinking 'moral panic' for multi--mediated social worlds." In: *The British Journal of Sociology*, v. 46, n° 4, dez/1995.

MEIER, Barry; MARTIN, Andrew. "Real and virtual firearms nurture a marketing link". *The New York Times*. Em: <http://www.nytimes.com/2012/12/25/business/real-and-virtual-firearms-nurture-marketing-link.html?hp&pagewanted=all&_r=0>. Acesso em 16/7/2015.

MELO, Itamar. "Psicóloga diz que ambiente familiar e jogos mortais teriam influenciado Marcelo Pesseghini." Em: <http://zh.clicrbs.com.br/rs/noticias/noticia/2013/09/psicologa-diz-que-ambiente-familiar-e-jogos-mortais-teriam-influenciado-marcelo-pesseghini-4263833.html>. Acesso em 13/8/2015.

MERTON, Robert K. "Social structure and anomie". In: *American Sociological Review*, v.3, issue 5, oct.1938, pp.672-682.

_____. *Social Theory and Social Structure*. Nova York: Free Press, 1968.

MICHAEL, Sarah. "'Having an old Playstation is NOT torture': Norwegian police throw out bizarre claim by mass murderer Anders Breivik about his treatment in jail." Em: <http://www.dailymail.co.uk/news/article-2567184/Police-reject-right--wing-mass-murderer-Anders-Breiviks-claims-torture-outdated-Playstation-2.html>. Acesso em 28/2/2015.

MILLARD, Elizabeth. "New York balks at next Grand Theft Auto". *News Factor*. Em: <http://www.newsfactor.com/news/New-York-Balks-at-Grand-Theft-Auto/story.xhtml?story_id=0300003HXXO0>. Acesso em 10/9/2013.

MILLER, Kiri. "The accidental carjack: ethnography, gameworld tourism, and Grand Theft Auto". In: *Game Studies*, v.8, n°1, set/2008.

MINISTÉRIO PÚBLICO FEDERAL. "Justiça manda suspender sites com o jogo The Crims." Em: <http://www.prmg.mpf.mp.br/imprensa/noticias/direitos-do-cidadao/justica-manda-suspender-sites-com-o-jogo-the-crims>. Acesso em 28/7/2015.

MIRROR. "Violent video games "rewire" parts of the brain that control aggression, study claims." Em: <http://www.mirror.co.uk/news/technology-science/technology/violent-video-games-rewire-parts-94396>. Acesso em 29/7/2014.

MODINE, Austin. "Student expelled for high school Counter-Strike map". *The Register.* Em: <http://www.theregister.co.uk/2007/05/03/student_Counter-Strike_map_texasschool/>. Acesso em 1/8/2014.

MOLINA, Brett. "Obama seeks research into violent video games". *USA Today.* Em: <http://www.usatoday.com/story/tech/gaming/2013/01/16/obama-gun-violence--video-games/1839879/>. Acesso em 16/7/2015.

MONT'ALVÃO VELOSO, Amanda. "Um ano depois, advogada levanta 14 mistérios sobre caso Pesseghini". *R7.* Em: <http://noticias.r7.com/sao-paulo/um-ano-depois--advogada-levanta-14-misterios-sobre-caso-pesseghini-05082014>.

MONTEAGUDO, Clarissa; AMADO, Guilherme; BARRETO FILHO, Herculano. "Realengo: conheça em detalhes quem era e como vivia Wellington Menezes de Oliveira". *Extra.* Em: <http://extra.globo.com/casos-de-policia/realengo-conheca--em-detalhes-quem-era-como-vivia-wellington-menezes-de-oliveira-1539375.html>. Acesso em 3/12/2016.

MOORE, Matthew. "Rapelay virtual rape game banned by Amazon". Telegraph. Em: <http://www.telegraph.co.uk/technology/4611161/Rapelay-virtual-rape-game--banned-by-Amazon.html>. Acesso em 9/9/2013.

_____. "Muslim Massacre' video game condemned for glamorising slaughter of arabs". *Telegraph.* Em: <http://www.telegraph.co.uk/news/uknews/2776951/Muslim-Massacre-video-game-condemned-for-glamorising-slaughter-of-Arabs.html>. Acesso em 5/8/2014.

MOORE, Timothy. "Scientific Consensus and Expert Testimony: Lessons from the Judas Priest Trial". In: *Skeptical Observer,* v. 20.6, nov./dez. 1996.

MORFORD, Mark. "Jesus loves a machine gun / it's the new 'Left Behind' video game, where you maim and murder and hate, all in god's name. Praise!". *SFGATE.* Em: <http://www.sfgate.com/entertainment/morford/article/Jesus-Loves-A-Machine--Gun-It-s-the-new-Left-2495488.php>. Acesso em 9/9/2013.

MORIN, Edgar. *Introdução ao pensamento complexo.* Porto Alegre: Sulina, 2005.

MOVIE CENSORSHIP. "Soldier of fortune: payback." Em: <http://www.movie--censorship.com/report.php?ID=660879>. Acesso em 7/9/2013.

MUÑOZ CONDE, Francisco; HASSEMER, Winfried. *Introdução à criminologia.* Rio de Janeiro: Lumen Juris, 2008.

MUSGROVE, Mike. "Fire and brimstone, guns and ammo". *Washington Post.* Em: <http://www.washingtonpost.com/wp-dyn/content/article/2006/08/16/ar2006081601764.html>. Acesso em 9/9/2013.

MY FOX HOUSTON. "School-shooting spree game making waves." Em: <http://www.myfoxhouston.com/story/18176468/school-shooting-spree-game-making--waves>. Acesso em 10/9/2013.

N4G. "Jack Thompson versus Manhunt 2." Em: <http://n4g.com/news/26185/jack--thomspon-versus-manhunt-2>. Acesso em 4/9/2013.

NAGATA, Tyler. "The top 7... most evil games". *GamesRadar.* Em: <http://www.gamesradar.com/the-top-7-most-evil-games/?page=7>. Acesso em 10/9/2013.

NBC NEWS. "Bored, lonely man' charged in horrific crime." Em <http://www.nbcnews.com/id/12344689/#.VbuE3m5Viko>. Acesso em 13/8/2015.

———·"Police investigate Niu shooter's two sides." Em: <http://www.nbcnews.com/id/23200851/ns/us_news-crime_and_courts/t/police-investigate-niu-shooters-two--sides/#.UiuSNpLUm3s>. Acesso em 7/9/2013.

NEIL, Martha. "Controversial Fla. Lawyer is disbarred; Jack Thompson alleges 'enemies list'". *Abajournal.* Em: <http://www.abajournal.com/news/article/controversial_fla_lawyer_is_disbarred_jack_thompson_alleges_enemies_list>. Acesso em 7/9/2013.

NEUMANN, Johana; MACIAS, Tina Marie. "Report weaves dark tale of gunman's past". *Los Angeles Times.* Em: <http://articles.latimes.com/2007/aug/31/nation/na-vatech31>.

NEW STRAITS TIMES. "Gaming industry in need of rating system." 3/12/1998. Em: <http://news.google.com/newspapers?nid=1309&dat=19981203&id=4rRO AAAAIBAJ&sjid=tRQEAAAAIBAJ&pg=5667,1663203>. Acesso em 23/2/2015.

NEW YORK POST. "College killer crazy for violent vid game." Em: <http://nypost.com/2008/02/16/college-killer-crazy-for-violent-vid-game/>. Acesso em 7/9/2013.

NEWS. "Cambridge music shop targeted by drunken men dressed in stolen Mario and Luigi costumes." Cambridge. Em: <http://www.cambridge-news.co.uk/Cambridge--music-shop-targeted-drunken-men-dressed/story-25974154-detail/story.html>. Acesso em 5/2/2015.

NIZZA, Mike. "Tying Columbine to Video Games". *The New York Times.* Em: <http://thelede.blogs.nytimes.com/2007/07/05/tieing-columbine-to-video-games/?_php=true&_type=blogs&_r=0>. Acesso em 28/7/2014.

NOGUEIRA, Kiko. "Os games violentos influenciaram Marcelo Pesseghini a cometer o crime?". *Diário do Centro do Mundo.* Em: <http://www.diariodocentrodomundo.com.br/os-games-violentos-levaram-marcelo-pesseghini-a-cometer-o-crime/>. Acesso em 14/8/2015.

NORTH, Dale. "Your privacy and what Xbox One Kinect really sees". Em: <http://www.destructoid.com/your-privacy-and-what-xbox-one-kinect-really-sees-264691.phtml>. Acesso em 13/8/2015.

NU.NL. "Man (24) richt bloedbad aan in Alphen a/d Rijn." Em: <http://www.nu.nl/alphen-ad-rijn/2488241/man-24-richt-bloedbad-in-alphen-ad-rijn.html>. Acesso em 13/9/2013.

NYE, James. "Video game designer behind sick Sandy Hook shoot-em-up was also behind banned Virginia Tech game which he said he made because he's a 'heartless b*****d'". *Daily Mail*. Em: <http://www.dailymail.co.uk/news/article-2510991/Ryan-Jake-Lambourn-Sandy-Hook-video-game-Virginia-Tech-Rampage.html>. Acesso em 16/7/2015.

NZGAMER. "Review of Grand Theft Auto IV." Em: <http://nzgamer.com/reviews/691/grand-theft-auto-iv.html>.

O DIA. "Games trazem benefícios físicos e intelectuais aos praticantes." Em: <http://odia.ig.com.br/portal/cienciaesaude/games-trazem-benef%C3%ADcios--f%C3%ADsicos-e-intelectuais-aos-praticantes-1.488862>. Acesso em 17/7/2015.

O GLOBO. "Wellington Menezes era vítima de 'bullying' nos tempos da escola." Em: <http://oglobo.globo.com/rio/wellington-menezes-era-vitima-de-bullying-nos--tempos-da-escola-2798927>. Acesso em 3/12/2016.

O'KEEFE, Ed. "Game developer's newest 'Call of Duty' helps veterans find jobs." *Washington Post*. Em: <http://www.washingtonpost.com/wp-dyn/content/article/2009/11/08/AR2009110817897.html>. Acesso em 19/1/2015.

OCALA STAR-BANNER. "Atari trying to halt x-rated video games." Em: <http://news.google.com/newspapers?nid=1356&dat=19821017&id=FJdPAAAAIBAJ&sjid=-wUEAAAAIBAJ&pg=5343,427811>. Acesso em 21/2/2015.

OPEN SCIENCE COLABORATION. "Estimating the reproducibility of psychological science." In: *Science* 28, ago/2015: v. 349, Issue 6251.

OSBOURNE, Scott. "Kuma\War review". *Gamespot*. Em: <http://www.gamespot.com/reviews/kumawar-review/1900-6103077/>. Acesso em 9/8/2015.

_____. "America's Army: Operations review". *Gamespot*. Em: <http://www.gamespot.com/reviews/americas-army-operations-review/1900-2895424/>.

OUT-LOW. "Sony to be sued over Manhunt murder." Em: <http://www.out-law.com/page-4760>. Acesso em 4/9/2013.

OWEN, David. "Can video games make dyslexic children read better?." *IGN*. Em: <http://www.ign.com/articles/2013/05/29/can-video-games-make-dyslexic-children-read-better>.

OWENS, Nick. "Norway massacre: killing ended after killer ran out of bullets." Mirror. Em: <http://www.mirror.co.uk/news/uk-news/norway-massacre-killing--ended-after-143637>.

OXLEY DA ROCHA, Álvaro. "Crime e controle da criminalidade: as novas perspectivas e abordagens da criminologia cultural." In: *Sistema Penal & Violência*, Porto Alegre, v. 4, n°. 2, pp. 180-190, jul./dez. 2012.

VIDEOGAME E VIOLÊNCIA

PAES MANSO, Bruno. "Mãe de menino denunciou PMs, diz comandante". *Estadão*. Em: <http://sao-paulo.estadao.com.br/noticias/geral,mae-de-menino-denunciou--pms-diz-comandante,1061621>. Acesso em 13/8/2015.

PALO ALTO MEDICAL FOUNDATION. "The impact of video games." Em: <http://www.pamf.org/parenting-teens/general/media-web/videogames.html>.

PALOMBA, Guido. *Insania furens*: Casos verídicos de loucura e crime. São Paulo: Saraiva, 2017.

PANTAGRAPH. "Live coverage: Harris faces life in prison after jury convicts him of murder." Em: <http://www.pantagraph.com/news/local/crime-and-courts/beason-slayings/live-coverage-harris-faces-life-in-prison-after-jury-convicts/article_3ad9adda-ae9e-11e2-ba34-001a4bcf887a.html>. Acesso em 28/7/2013.

PARKER, Laura. "Six Days in Fallujah: the untold story". *Gamespot*. Em: <http://www.gamespot.com/articles/six-days-in-fallujah-the-untold-story/1100-6396567/>. Acesso em 20/1/2015.

_____. "US government recognizes video games as art". *Gamespot*. Em: <http://www.gamespot.com/articles/us-government-recognises-video-games-as--art/1100-6314344/>. Acesso em 6/1/2016.

PARKES Alison; SWEETING, Helen, WIGHT, Daniel, HENDERSON, Marion. "Do television and electronic games predict children's psychosocial adjustment? Longitudinal research using the UK Millennium Cohort Study". *BMJ Journals*. Em: <http://adc.bmj.com/content/early/2013/02/21/archdischild-2011-301508.full.pdf+html>. Acesso em 17/7/2015.

PARKIN, Simon. "Don't blame video games for Anders Behring Breivik's massacre". *The Guardian*, 22/4/2012. Em: <http://www.theguardian.com/commentis-free/2012/apr/22/video-games-anders-breivik-massacre>.

PARLAMENTO DO REINO UNIDO. Transcrição da sessão de 9/11/2009. Em: <http://www.publications.parliament.uk/pa/cm200809/cmhansrd/cm091109/debtext/91109-0002.htm>. Acesso em 3/9/2013.

PARSONS, Zack. "RapeLay". *Somethingawful*. Em: <http://www.somethingawful.com/hentai-game-reviews/rapelay/>. Acesso em 9/9/2013.

PATTERSON, John. "Politician urges restraint on gun control". *Daily Herald*. Em: <http://prev.dailyherald.com/story/?id=136567&src=109>. Acesso em 25/7/2015.

PECKHAM, Matt. "'Play as Taliban' angle controversial in 'Medal of Honor'". *NBC News*. Em: <http://www.nbcnews.com/id/38740099/ns/technology_and_science--games/t/play-taliban-angle-controversial-medal-honor/#.UjBVF5LUm3s>. Acesso em 11/9/2013.

SALAH H. KHALED JR.

———. "Konami abandons 'Six Days in Fallujah' war game". Em: <http://www.
pcworld.com/article/163938/konami_drops_6daysfallujah.html>. Acesso em
11/9/2013.

PEREIRA, Ivan; SAUL, Michael; GENDAR, Alice. "Pols rage as vid game takes shot
at city." Em: <http://www.nydailynews.com/entertainment/pols-rage-vid-game-
-takes-shot-city-article-1.214924>. Acesso em 10/9/2013.

PLUNKETT, Luke. "Rape, racism & repetition: this is probably the worst game ever
made". Kotaku. Em: <http://kotaku.com/5847507/rape-racism--repetition-this-is-
-probably-the-worst-game-ever-made>. Acesso em 15/2/2015.

POLANSKY, Rob. "Nine Sandy Hook families sue Lanza estate". Em: <http://www.
wfsb.com/story/28472592/nine-sandy-hook-families-sue-lanza-estate>. *Eyewitness
News*. Acesso em 13/8/2015.

POLITIKEN. "Danske veteraner raser over Taleban-spil." Em: <http://politiken.dk/
tjek/digitalt/spil/article1044536.ece>. Acesso em 11/9/2013.

POOLE, Oliver. "Fear and a sense of loss amid high street's smoking ruins." *Standart.*
Em: <http://www.standard.co.uk/news/fear-and-a-sense-of-loss-amid-high-streets-
-smoking-ruins-6430641.html?origin=internalSearch>. Acesso em 10/9/2013.

POPHAM, Peter. "US forces 'used chemical weapons' during assault on city of Fallujah." *The Independent.* Em: <http://www.independent.co.uk/news/world/middle-
-east/us-forces-used-chemical-weapons-during-assault-on-city-of-fallujah-514433.
html>. Acesso em 20/1/2015.

POWERS, Lenita. "The Judas Priest Trial: Fifteen years later". Em: <http://www.rgj.com/
news/stories/html/2005/07/01/103090.php?sps=rgj.com&sch=LocalNews&sp1=rg
j&sp2=News&sp3=Local+News&sp5=RGJ.com&sp6=news&sp7=local_news>.

PRESDEE, Mike. "Cultural criminology and the carnival of crime". Londres: Routledge,
2001.

———. "Young People, Culture and Construction of Crime: Doing Wrong Versus
Doing Crime". In: BARAK, G. *Varieties of Criminology Reading from a Dyna-
mic Discipline.* Londres: Praeger, 1994. Apud FENWICK, Mark; HAYWARD,
Keith J. "Youth Crime, Excitement and Consumer Culture: The Reconstruction
of Aetiology in Contemporary Theoretical Criminology". In: PICKFORD, Jane
(org.). *Young Justice:* Theory and Pratice. Londres: Cavendish, 2000.

PREVICH, Chad. "Report details cannibalism talk". Em: <http://newsok.com/report-
-details-cannibalism-talk/article/3070921>. Acesso em 13/8/2015.

PURCHESE, Robert. "Fans rage at anti-MadWorld campaign." *Games Industry.* Em:
<http://www.gamesindustry.biz/articles/fans-rage-at-anti-madworld-campaign>.
Acesso em 9/9/2013.

QUINN, Michelle. "Quinn: With the NSA looking for terrorists on video games, it's now time to be afraid". *Mercury News*. Em: <http://www.mercurynews.com/michelle-quinn/ci_24696675/quinn-nsa-looking-terrorists-video-games-its-now>. Acesso em 5/8/2014.

RAINN. "How often does sexual assault occur?". Em: <http://www.rainn.org/get--information/statistics/frequency-of-sexual-assault>. Acesso em 6/9/2013.

RAMOS, Raul A.; FERGUSON, Christopher J.; FRAILING, Kelly; ROMERO--RAMIREZ, Maria. "Comfortably numb or just yet another movie? Media violence exposure does not reduce viewer empathy for victims of real violence among primarily hispanic viewers". In: *Psychology of Popular Media Culture*, v. 2, nº 1, 2013, pp. 2-10.

RANCHO Cardova. "Army video game tourney draws protest." *ABC News* 10. Em: <http://archive.news10.net/news/local/story.aspx?storyid=51581&catid=2>.

RAVEN, David. "Teenager who found dead father's 'ghost' on racing video game tells moving story". *Mirror*. Em: <http://www.mirror.co.uk/news/technology-science/technology/teenager-who-found-dead-fathers-4111514>.

READY, Gearoid. "The Great Gaming Moral Panic". *Escapist Magazine*. Em: <http://www.escapistmagazine.com/articles/view/video-games/issues/issue_101/558-The--Great-Gaming-Moral-Panic.3>.

REDAÇÃO ARENA. "Ubisoft responde a veículos que associaram *Assassin's Creed* à tragédia familiar". IG. Em: <http://arena.ig.com.br/2013-08-08/ubisoft-responde-vei-culos-que-associaram-assassins-creed-a-tragedia-familiar.html>. Acesso em 14/8/2015.

REED, Jim. "Thailand bans Grand Theft Auto". BBC. Em: <http://news.bbc.co.uk/newsbeat/hi/technology/newsid_7540000/7540623.stm>. Acesso em 10/9/2013.

REILLY, Jim. "Taliban Renamed in Medal of Honor Multiplayer". Em: <http://www.ign.com/articles/2010/10/01/taliban-renamed-in-medal-of-honor-multiplayer>. Acesso em 11/9/2013.

ROMO, Rene. "Relatives of Posey's victims say video game helped turn teenager into a killer". Em: <http://www.abqjournal.com/paperboy/text/news/state/496235nm09-26-06.htm>. Acesso em 28/7/2014.

ROSSI, Jones. "Autor de jogo que inspirou assassinatos no Canadá fala ao G1". G1. Em: <http://g1.globo.com/Noticias/PopArte/0,,AA1282580-7084,00-AUTOR+DE+JOGO+QUE+INSPIROU+ASSASSINATOS+NO+CANADA+FALA+AO+G.html>. Acesso em 28/7/2015.

———. "ONG brasiliense quer proibir jogo 'Bully' no Brasil". Em: <http://g1.globo.com/Noticias/PopArte/0,,MUL24970-7084,00-ONG+BRASILIENSE+QUER+P ROIBIR+JOGO+BULLY+NO+BRASIL.html>.

RUSHTON, Bruce. "Backdooring it: defense maneuvers around setback". *Illinois Times*. Em: <http://www.illinoistimes.com/Springfield/article-11440-backdooring-it.html>. Acesso em 13/9/2013.

SAMPAIO, Paulo. "Revista J.P: 15 anos depois, ninguém esquece o franco-atirador do cinema". *Glamurama*. Em: <http://glamurama.uol.com.br/15-anos-depois--ninguem-esquece-mateus-da-costa-meira-o-franco-atirador-do-cinema/>. Acesso em 15/1/2014.

SARTO, Dan. "Who's really up in arms over EA's new Medal of Honor?". *AWN*. Em: <http://www.awn.com/blog/who-s-really-arms-over-ea-s-new-medal-honor>. Acesso em 11/9/2013.

SAUNDERS, Michael. "Gory game deserves Wal-Mart snub". *Bangor Daily News*, 22/8/1997. Em: <http://news.google.com/newspapers?nid=2457&dat=19970822&id=zLBJAAAAIBAJ&sjid=vQ4NAAAAIBAJ&pg=2029,1872227>. Acesso em 23/2/2015.

SCHECTER, Anna. "DOD stops plan to send christian video game to troops in Iraq". *ABC News*. Em: <http://abcnews.go.com/blogs/headlines/2007/08/dod-stops--plan-/>. Acesso em 9/9/2013.

SCHEELER, Jason. "After mass shooting, fox news host suggests gamers should be monitored". *Kokaku*. Em: <http://kotaku.com/after-mass-shooting-fox-news-host--wonders-if-gamers-sh-1335462866>. Acesso em 8/9/2014.

SCHEERES, Julie. "Games Elevate Hate to Next Level". *Wired*. Em: <http://archive.wired.com/culture/lifestyle/news/2002/02/50523>. Acesso em 9/9/2013

SCHENECTADY GAZETT, "Ozzy Osbourne suicide suit is dismissed." 8/8/1986. Em: <https://news.google.com/newspapers?nid=1917&dat=19860808&id=7Q8hAAAAIBAJ&sjid=bnIFAAAAIBAJ&pg=3802,1907542&hl=pt-BR>. Acesso em 23/7/2015.

SCHIESEL, Seth. "Author faults a game, and gamers flame back". *The New York Times*. Em: <http://www.nytimes.com/2008/01/26/arts/television/26mass.html?_r=0>. Acesso em 29/7/2015.

———. "Grand Theft Auto takes on New York". *The New York Times*. Em: <http://www.nytimes.com/2008/04/28/arts/28auto.html?_r=1&ref=arts>. Acesso em 10/9/2013.

SCHMIDT, Michael. "State law prevented sale of assault rifle to suspect last week, officials say". *The New York Times*. Em: <http://www.nytimes.com/2013/09/18/us/state-law-stopped-gunman-from-buying-rifle-officials-say.html?_r=2&>.

SCHREIER, Jason. "From Halo To Hot Sauce: What 25 Years Of Violent Video Game Research Looks Like". *Kokaku*. Em: <http://kotaku.com/5976733/do-video-games--make-you-violent-an-in-depth-look-at-everything-we-know-today>.

VIDEOGAME E VIOLÊNCIA

_____. "On friday, Joe Biden asked the video game industry to improve its image". *Kokaku*. Em: <http://kotaku.com/5975805/on-friday-joe-biden-asked-the-video--game-industry-to-improve-its-image>. Acesso em 13/8/2015.

SCIENCE NEWS. "Video games: bad or good for your memory?". Em: <http://www. sciencedaily.com/releases/2013/04/130418094751.htm>. Acesso em 17/7/2015.

SEATTLE PI. "You, too, can riot in new video game based on WTO here". Em: <http:// www.seattlepi.com/local/article/You-too-can-riot-in-new-video-game-based--on-1055867.php>. Acesso em 10/9/2013.

SEDENSKY III, Stephen J. "Report of the State's Attorney for the Judicial District of Danbury on the Shootings at Sandy Hook Elementary School and 36 Yogananda Street, Newtown, Connecticut on December 14, 2012". *CT*. Em: http://www.ct.gov/ csao/lib/csao/Sandy_Hook_Final_Report.pdf>. Acesso em 16/7/2015.

SELLGMAN, Catherine. "Don't blame 3-D game, devotees of 'Doom' say". Em: <http:// news.google.com/newspapers?nid=336&dat=19990423&id=q6YpAAAAIBAJ&s jid=D-wDAAAAIBAJ&pg=6633,3702059>. Acesso em 25/2/2015.

SENADO NORTE-AMERICANO. "Record Labeling: Hearing before the Committee on Commerce, Science, and Transportation". United States Senate, Ninety-ninth Congress, First Session on Contents of Music and the Lyrics of Records (September 19, 1985). Washington, DC: U.S. Government Printing Office. Em: <http://www. joesapt.net/superlink/shrg99-529/>. Acesso em 22/2/2015.

SERRELS, Mike. "Hotline Miami 2 refused classification because of an implied rape scene". *Kokaku*. Em: <http://www.kotaku.com.au/2015/01/hotline-miami-2--refused-classification-because-of-an-implicit-rape-scene/>. Acesso em 19/1/2014.

SERVIÇO SECRETO NORTE-AMERICANO E DEPARTAMENTO DE EDUCAÇÃO NORTE-AMERICANO. "The final report and findings of the Safe School Initiative: Implications for the prevention of school attacks in the United States". 2002. Em: <http://www.secretservice.gov/ntac/ssi_final_report.pdf>. Acesso em 24/7/2015.

SESTIR, Marc A.; BARTHOLOW, Bruce D. "Violent and nonviolent video games produce opposing effects on aggressive and prosocial outcomes". In: *Journal of Experimental Social Psychology*, nº 46, 2010.

SEYMAT, Thomas. "Mass killer Anders Breivik threatens hunger strike for better video games, end of "torture". *Euronews*. Em: <http://www.euronews. com/2014/02/14/far-right-terrorist-breivik-threatens-hunger-strike-for-better--video-games-end-/>.

SHECAIRA, Sérgio Salomão. *Criminologia*. São Paulo: RT, 2008.

SHEFFIELD, Brandon. "Q&A: Zombie Studios' Williamson talks game violence, psychology, Saw II." *Gamasutra*. Em: <http://www.gamasutra.com/view/

news/29099/Qamp_A_Zombie_Studios_Williamson_Talks_Game_Violence_
Psychology_Saw_II.php>. Acesso em 11/9/2013.

SHRIEVES, Linda. "Game-makers try to tap softer market". In: *The News*, 13/6/1994.
Em: <http://news.google.com/newspapers?nid=1290&dat=19940613&id=bLgzA
AAAIBAJ&sjid=c40DAAAAIBAJ&pg=4067,7045631>. Acesso em 20/2/2015.

SILIVE. "'V-Tech rampage' Internet game sparks outrage." Em: <http://blog.silive.
com/advanceupdate/2007/05/vtech_rampage_internet_game_sp.html>. Acesso
em 10/9/2013.

SILVERMAN, Dwight. "Game is coming of shareware". *Gainesville Sun.* Em: <http://
news.google.com/newspapers?nid=1320&dat=19931219&id=5rozAAAAIBAJ&s
jid=feoDAAAAIBAJ&pg=4161,5775407>. Acesso em 23/2/2015.

SINCLAIR, Brendan. "Student transferred for making Counter-strike map based on
school". *Gamespot.* Em: <http://www.gamespot.com/articles/student-transferred-
-for-making-counter-strike-map-based-on-school/1100-6235913/>. Acesso em
25/7/2015.

_____. Report: judge OKs Bully. *Gamespot.* Em: <http://www.gamespot.com/articles/
report-judge-oks-bully/1100-6159812/>. Acesso em 07/09/2013.

_____. Teen charged with harassing antigame activist. *Gamespot.* Em: <http://www.
gamespot.com/news/teen-charged-with-harassing-antigame-activist-6141010>.
Acesso em 7/9/2013.

_____. "Bully's boy-on-boy scenes causing a stir". *Gamespot.* Em: <http://www.
gamespot.com/news/bullys-boy-on-boy-scenes-causing-a-stir-6160340 Acesso
em 7/9/2013.

SINK, Mindy. "National briefing: rockies; colorado: columbine lawsuit dismissed".
The New York Times, 6/3/2002. Em: <http://www.nytimes.com/2002/03/06/us/
national-briefing-rockies-colorado-columbine-lawsuit-dismissed.html>.

SKY NEWS. "Boy 8, kills gran after playing video game." Em: <http://news.sky.com/
story/1132826/boy-8-kills-gran-after-playing-video-game>. Acesso em 10/9/2013.

_____. "Grand theft Auto V launch: 'sickies' expected." Em: <http://news.sky.
com/story/1142648/grand-theft-auto-v-launch-sickies-expected>. Acesso em
18/9/2013.

_____. "Grand theft Auto V: stab victim's game stolen." Em: <http://news.sky.
com/story/1142951/grand-theft-auto-v-stab-victims-game-stolen>. Acesso em
18/9/2013.

SLAGLE, Matt. "Critics gunning for 'bleak' 'Manhunt 2'". Em: <http://news.google.
com/newspapers?nid=1915&dat=20070620&id=p7ctAAAAIBAJ&sjid=J3MFAA
AAIBAJ&pg=4879,4003385>. Acesso em 27/2/2015.

SLIWINSKI, Alexander. "Military stores won't carry Medal of Honor despite 'Taliban' change [update]". Em: <http://www.joystiq.com/2010/10/05/military-stores-wont--carry-medal-of-honor-despite-taliban-cha/>. Acesso em 11/9/2013.

SNIDER, Mike. "'Call of Duty: Modern Warfare 3 answers the call". Em: <http://content.usatoday.com/communities/gamehunters/post/2011/11/call-of-duty-modern--warfare-3-answers-the-call/1#.VPHyoy6xWWw>. Acesso em 28/2/2015.

SNOPES. "The Harris levels." Em: <http://www.snopes.com/horrors/madmen/doom.asp>. Acesso em 29/7/2014.

STAR NEWS. "Game creator plots her way to success." *5/11/95.* Em: <http://news.google.com/newspapers?nid=1454&dat=19951105&id=ObxOAAAAIBAJ&sjid=fRUEAAAAIBAJ&pg=6935,1810848>. Acesso em 23/2/2015.

STEACY, Gavin. "Germany tightens censorship on game violence". Em: <http://www.tomsguide.com/us/german-censorship-violent-games,news-3654.html>. Tom's Guide. Acesso em 7/9/2013.

STUART, Keith. "Should gamers be accountable for in-game war crimes?". *The Guardian.* Em: <http://www.theguardian.com/technology/gamesblog/2013/oct/03/red-cross-players-accountable-war-crimes>. Acesso em 20/1/2015.

SUN JOURNAL. "Court dides with Ozzy Osbourne." 14/10/1992. Em: <https://news.google.com/newspapers?nid=1914&dat=19921014&id=YgogAAAAIBAJ&sjid=K2UFAAAAIBAJ&pg=2082,3339777&hl=pt-BR>. Acesso em 23/7/2015.

SUPREMA CORTE DOS ESTADOS UNIDOS. "Brown, governor of California, et al. v. Entertainment Merchants Association et al." Em: <http://www.supremecourt.gov/opinions/10pdf/08-1448.pdf>. Acesso em 16/7/2015.

SUTHERLAND, Edwin. CRESSEY, David. *Criminology.* Nova York: JB Lippincot, 1978

SUZUKI, Akira. "Sangue, violência e bits: uma história dos jogos proibidos no Brasil". Jogos/Uol. Em: <http://jogos.uol.com.br/ultimas-noticias/2013/11/01/sangue--violencia-e-bits-uma-historia-dos-jogos-proibidos-no-brasil.htm>. Acesso em 25/7/2015.

SYKES, Gresham; MATZA, David. "Techniques of neutralization: a theory of delinquency". In: *American Sociological Review*, v.22, Issue 6, Dec/1957.

TERRA. "Ubisoft repudia associação de morte de policiais com 'Assassin's Creed'" Em: <http://games.terra.com.br/ubisoft-e-uma-falacia-associar-entretenimento-com--acoes-individuais-sobre-caso-pesseghini,d9585ae45ae50410VgnVCM3000009ac-ceb0aRCRD.html>. Acesso em 12/8/2015.

THE BRITISH PSYCHOLOGICAL SOCIETY. "Football video gamers reach fever pitch." Em: <http://www.bps.org.uk/news/football-video-gamers-reach-fever--pitch>. Acesso em 3/10/2013.

_____. "Video games and real life violence." Em: <http://www.bps.org.uk/news/video-games-and-brreal-life-violence>. Acesso em 3/10/2013.

THE DAILY GAZETTE. "Computer game climbs to the top." 5/11/1995. Em: <http://news.google.com/newspapers?nid=1957&dat=19951105&id=Tz5GAAAAIBAJ&sjid=ROkMAAAAIBAJ&pg=5286,927166>. Acesso em 23/2/2015.

THE GUARDIAN. "Anders Breivik 'trained' for shooting attacks by playing Call of Duty." Em: <http://www.theguardian.com/world/2012/apr/19/anders-breivik-call--of-duty>. Acesso em 13/9/2013.

_____. "Columbine parents sue entertainment companies." 24/4/2011. Em: <http://www.theguardian.com/technology/2001/apr/24/internetnews1>. Acesso em 25/2/2011.

_____. "Connecticut town to burn violent video games as Sandy Hook returns to school." Em: <http://www.theguardian.com/world/2013/jan/03/newtown-shooting-video-game-buyback>. Acesso em 16/7/2015.

_____. "JFK shooting game 'despicable'." Em: <http://www.theguardian.com/technology/2004/nov/22/usnews.games>. Acesso em 10/9/2013.

THE KOREA HERALD. "Teens assault man 'copying' video game." Em: <http://www.koreaherald.com/view.php?ud=20120814001089&cpv=0>.

THE NEW YORK TIMES. "Media companies are sued in Kentucky shooting." 13/4/1999. Em: <http://www.nytimes.com/1999/04/13/us/media-companies-are--sued-in-kentucky-shooting.html>.

_____. "The battle for america's youth." 5/1/1982. Em: <http://www.nytimes.com/1982/01/05/nyregion/the-battle-for-america-s-youth.html>. Acesso em 21/2/2015.

THE OHIO STATE UNIVERSITY. "Violent video games: more playing time equals more aggression". Em: <http://researchnews.osu.edu/archive/violgametime.htm>. Acesso em 16/7/2015.

THE REGISTER-GUARD. "Video game ratings planned." 4/1/1994 Em: <http://news.google.com/newspapers?nid=1310&dat=19940104&id=_U1WAAAAIBAJ&sjid=2OsDAAAAIBAJ&pg=2767,759072>. Acesso em 20/2/2015.

THOMPSON, Kenneth. Moral Panics. Londres: Routledge, 1998.

THOMSEN, Michael. "Renaming the Taliban in Medal of Honor". *IGN.* Em: <http://www.ign.com/articles/2010/10/01/editorial-renaming-the-taliban-in-medal-of--honor>. Acesso em 11/9/2013.

THORSEN, Tor. "Take-Two self-censoring Vice City." Em: <http://www.gamespot.com/news/take-two-self-censoring-vice-city-6085346>. Acesso em 5/9/2013.

VIDEOGAME E VIOLÊNCIA

———. "Manhunt banned in New Zealand." Em: <http://www.gamespot.com/articles/manhunt-banned-in-new-zealand/1100-6085503/>. Acesso em 3/9/2013.

TIBURI, Marcia. *Como conversar com um fascista*: reflexões sobre o cotidiano autoritário brasileiro. Rio de Janeiro: Record, 2015

TILLEY, Steve. "Lazy, cheap and disappointingly one-sided: CBC's video games report". *Toronto Sun*. Em: <http://www.torontosun.com/entertainment/columnists/steve_tilley/2009/03/06/8647976-sun.html>. Acesso em 9/8/2015.

TIME WARNER. "Releases Annual Survey of Most Powerful Lobbying Organizations." Em: <http://www.timewarner.com/newsroom/press-releases/1999/11/15/fortune-releases-annual-survey-of-most-powerful-lobbying>. Acesso em 16/7/2015.

———. "Fortune Releases Annual Survey of Most Powerful Lobbying Organizations". Em: <http://www.timewarner.com/newsroom/press-releases/ 1999/11/15/fortune-releases-annual-survey-of-most-powerful-lobbying>. Acesso em 16/7/2015.

TIMES PICAYUNE. "Council runs down 'hit the pedestrian game'". 24/12/1976.

TITO, Greg. "Inside the sick mind of a school shooter mod". *Escapist Magazine*. Em: <http://www.escapistmagazine.com/news/view/108065-Inside-the-Sick-Mind-of--a-School-Shooter-Mod>. Acesso em 10/9/2013.

TODD, Brett. "Left Behind: Eternal Forces review." Em: <http://www.gamespot.com/left-behind-eternal-forces/reviews/left-behind-eternal-forces-review-6162370/>. Acesso em 9/9/2013.

TOMAZ, Kleber. "Laudo aponta doença mental e compara filho de PMs a Dom Quixote". Em: <http://g1.globo.com/sao-paulo/noticia/2013/09/laudo-aponta-doenca--mental-e-compara-filho-de-pms-dom-quixote.html>. Acesso em 13/8/2015.

———. "Médica dirá à polícia que remédio não afetou suspeito de chacina em família". G1. Em: <http://g1.globo.com/sao-paulo/noticia/2013/08/medica-dira-policia-que--remedio-nao-afetou-suspeito-de-chacina-em-familia.html>. Acesso em 14/8/2015.

———. "Pela segunda vez, Justiça nega reabertura do caso Pesseghini". G1. Em: <http://g1.globo.com/sao-paulo/noticia/2015/02/pela-segunda-vez-justica-nega--reabertura-do-caso-pesseghini.html>. Acesso em 14/8/2015.

———. "Pesseghini será citado em livro sobre criminosos com doenças mentais". G1. Em: <http://g1.globo.com/sao-paulo/noticia/2013/09/caso-pesseghini-sera-citado--em-livro-sobre-insanidade-diz-psiquiatra.html>.

———. "Suspeito de matar pais PMs usa foto de game de assassino no Facebook". G1. Em: <http://g1.globo.com/sao-paulo/noticia/2013/08/suspeito-de-matar-pais--pms-usa-foto-de-game-de-assassino-no-facebook.html>.

TOPPO, Greg. "10 years later, the real story behind Columbine". Em: <http://usatoday30.usatoday.com/news/nation/2009-04-13-columbine-myths_N.htm>.

TOTILO, Stephen. "Rockstar's controversial 'Bully' game not a schoolyard 'GTA' after all". MTV. Em: <http://www.mtv.com/news/articles/1538356/bully-game--not-schoolyard-gta-after-all.jhtml>. Acesso em 7/9/2013.

_____. "Highlights Of Today's Big Supreme Court Video Game Case". Em: <http://kotaku.com/5679655/highlights-of-todays-big-supreme-court-video-game-case>. Acesso em 28/7/2014.

TOWNSEND, Emru. "The 10 worst games of all time". *PCWorld*. Em: <http://www.pcworld.com/article/127579/article.html?page=3>. Acesso em 9/9/2013.

TUCKER, Eric. "Aaron Alexis, Navy Yard Shooting Suspect, Thought People Followed Him With Microwave Machine". *Huffington Post*. Em: <http://www.huffingtonpost.com/2013/09/18/aaron-alexis-microwave-machine_n_3946916.html>. Acesso em 17/7/2015.

TUOEHEY, Jason. "JFK Reloaded Game Causes Controversy". *PCWorld*. Em: <http://www.pcworld.com/article/118717/article.html>. Acesso em 10/9/2013.

TURI, Tim. "EA responds to FoxNews' Bulletstorm slam". *Game Informer*. Em: <http://www.gameinformer.com/b/news/archive/2011/02/08/ea-responds-to-foxnews-39--bulletstorm-slam.aspx>. Acesso em 6/9/2013.

UAI. "Jogar videogame pode melhorar o desempenho do cérebro." Em: <http://sites.uai.com.br/app/noticia/saudeplena/noticias/2013/08/22/noticia_saudeplena,145053/jogar-videogame-pode-melhorar-o-desempenho-do-cerebro.shtml>. Acesso em 17/7/2015.

UHLMANN, Eric; SWANSON, Jane. "Exposure to violent video games increases automatic aggressiveness". In: *Journal of Adolescence*, nº 27, 2004.

UOL. "Antes de divulgar 'Battlefield', Marcelo Rezende criticou games na TV." Em: <http://jogos.uol.com.br/ultimas-noticias/2015/03/11/antes-de-battlefield-marcelo--rezende-ja-criticou-os-games-na-tv-veja.htm>. Acesso em 14/8/2015.

_____. "Irmã de atirador diz que ele era ligado ao Islamismo e não saía muito de casa; ele deixou carta suicida." 7/4/2011. Em: <http://noticias.uol.com.br/cotidiano/ultimas-noticias/2011/04/07/irma-de-atirador-diz-que-ele-era-ligado-ao-islamismo--e-nao-saia-muito-de-casa-ele-deixou-carta-suicida.htm>. Acesso em 3/12/2016.

_____. "Venezuela sanciona lei que proíbe jogos violentos." Em: <http://jogos.uol.com.br/ultnot/multi/2009/11/04/ult530u7366.jhtm>. Acesso em 16/8/2015.

USHER, William. "Police blame GTA IV for violent attack on drunken man". Cinema Blend. Em: <http://www.cinemablend.com/games/Police-Blame-GTA-IV-Violent--Attack-Drunken-Man-45871.html>. Acesso em 28/7/2014.

_____. "Saw game is depraved and inhumane; Konami should be ashamed". Cinema Blend. Em: <http://www.cinemablend.com/games/SAW-Game-Is-Depraved-And--Inhumane-Konami-Should-Be-Ashamed-18899.html>. Acesso em 11/9/2013.

VALADEZ, Jose J.; FERGUSON, Christopher J. "Just a game after all: Violent video game exposure and time spent playing effects on hostile feelings, depression, and visuospatial cognition". In: *Computers in Human Behavior*, n°2, 2012.

VARGAS, José Antonio. "Shock, anger over Columbine video game". *Washington Post*. Em: <http://www.washingtonpost.com/wp-dyn/content/article/2006/05/19/ar2006051901979.html>. Acesso em 9/9/2013.

VEJA. "Em 1999, Mateus Meira e o massacre que chocou o Brasil." Em: <http://veja.abril.com.br/blog/acervo-digital/em-dia/em-1999-mateus-meira-e-o-massacre-que--chocou-o-brasil/>. Acesso em 3/9/2013.

_____. "Noruega recolhe games que inspiraram o atirador de Oslo." Em: <http://veja.abril.com.br/noticia/internacional/noruega-retira-do-mercado-dois-videogames--que-inspiraram-o-massacre-da-noruega>. Acesso em 3/9/2013.

VIGDOR, Neil. "State Police: All 26 Newtown victims shot with assault rifle". *CT-Post*. Em: <http://www.ctpost.com/newtownshooting/article/State-Police-All-26--Newtown-victims-shot-with-4222299.php>. Acesso em 16/7/2015.

WALKER, Wendy. "New game: chase pedestrians". In: *Daily Oregonian*, 3/7/1976.

WARD, Mark. "Columbine families sue computer game makers". In: *BBC News*, 1/5/2001. Em: <http://news.bbc.co.uk/2/hi/science/nature/1295920.stm>.

_____. "Virtual gaming worlds overtake Namibia". *BBC News*. Em: <http://news.bbc.co.uk/2/hi/technology/3570224.stm>. Acesso em 12/9/2013.

WDN. "Boy who killed girl: 'I did her a favor'." Em: <http://www.wnd.com/2003/12/22266/>. Acesso em 12/9/2013.

_____. "Trouble in the holy land." Em: <http://www.wnd.com/2003/03/17550/>.

WERNECK, Antônio; RAMALHO, Sérgio. "Wellington tinha interlocutor, com quem falava sobre religião e jogos eletrônicos de guerra". *O Globo*. Em: <http://oglobo.globo.com/rio/wellington-tinha-interlocutor-com-quem-falava-sobre-religiao--jogos-eletronicos-de-guerra-2798308>. Acesso em 3/12/2016.

WHEELER, Kim. "Indigenous video game designer takes stand against Custer's Revenge". *CBC News*. Em: <http://www.cbc.ca/news/aboriginal/indigenous--video-game-designer-takes-stand-against-custer-s-revenge-1.2851104>. Acesso em 15/2/2015.

WHITEHEAD, Dan. "Medal of Honor multiplayer beta". *Eurogamer*. Em: <http://www.eurogamer.net/articles/medal-of-honor-multiplayer-beta-hands-on?page=2>. Acesso em 11/9/2013.

WISE, Deborah. "Video-pornography games cause protest". In: *Infoworld*, número 8, nov./82.

WONG-ANAN, Nopporn. "Thai youth imitates Grand Theft Auto in cab murder". Reuters. Em: <http://uk.reuters.com/article/2008/08/04/oukin-uk-video-murder--idUKLAU42753320080804>. Acesso em 10/9/2013.

WOOLSEY, Cameron. "Carmageddon Reincarnation review". *Gamespot*. Em: <http://www.gamespot.com/reviews/carmageddon-reincarnation-review/1900-6416163>.

XERIFE do condado de Jefferson, Colorado. "The Trench Coat Mafia & Associates." CNN. Em: <http://edition.cnn.com/SPECIALS/2000/columbine.cd/Pages/MAFIA_TEXT.htm>.

YOUNG, Jock. "Constructing the Paradigm of Violence: Mass Media, Violence and Youth". In: ALBRECHT, H.-J.; SERASSIS, T.; KANIA, H. (eds.). *Images of Crime II. Representations of Crime and the Criminal in Politics, Society, the Media and the Arts.* edition iuscrim, Freiburg i. Br. 2004.

_____. *A sociedade excludente.* Rio de Janeiro: Revan, 2002

ZAFFARONI, Eugenio Raúl. *Em busca das penas perdidas*: a perda de legitimidade do sistema penal. Rio de Janeiro: Revan, 2001.

ZDNET. "Honduras votes to ban violent video games." Em: <http://www.zdnet.com/article/honduras-votes-to-ban-violent-video-games/>. Acesso em 26/7/2015.

*O texto deste livro foi composto em Sabon LT Std,
desenho tipográfico de Jan Tschichold de 1964,
baseado nos estudos de Claude Garamond e
Jacques Sabon no século XVI, em corpo 11/15.
Para títulos e destaques, foi utilizada a tipografia
Frutiger LT Std, desenhada por Adrian Frutiger em 1975.*

*A impressão se deu sobre papel off-white
pelo Sistema Cameron da Divisão Gráfica
da Distribuidora Record.*